História da Bruxaria em 13 Julgamentos

Marion Gibson

História da Bruxaria em 13 Julgamentos

Misoginia, Feminicídio e as Origens da Caça às Bruxas Através dos Tempos

Tradução
Marcos Malvezzi Leal

Editora Pensamento
SÃO PAULO

Título do original: *Witchcraft – A History in Thirteen Trials*.

Publicado pela primeira vez na Grã-Bretanha por Simon & Schuster UK, Ltd, 2023.

1ª edição 2024.

Editor: Adilson Silva Ramachandra
Gerente editorial: Roseli de S. Ferraz
Gerente de produção editorial: Indiara Faria Kayo
Preparação de originais: Adriane Gozzo
Editoração eletrônica: Join Bureau
Revisão: Luciane Gomide

Dados Internacionais de Catalogação na Publicação (CIP)
(Câmara Brasileira do Livro, SP, Brasil)

Gibson, Marion
História da bruxaria em 13 julgamentos: misoginia, feminicídio e as origens da caça às bruxas através dos tempos / Marion Gibson; tradução Marcos Malvezzi Leal. – 1. ed. – São Paulo: Editora Pensamento, 2024.

Título original: Witchcraft: a history in thirteen trials
ISBN 978-85-315-2378-6

1. Bruxaria – História 2. Bruxas – História 3. Caça às bruxas – História 4. Discriminação sexual contra as mulheres 5. Julgamentos (Bruxaria) – História I. Título.

24-209308 CDD-133.4309

Índices para catálogo sistemático:
1. Bruxaria: História: Ocultismo 133.4309
Cibele Maria Dias – Bibliotecária – CRB-8/9427

Direitos de tradução para o Brasil adquiridos com exclusividade pela
EDITORA PENSAMENTO-CULTRIX LTDA., que se reserva a
propriedade literária desta tradução.
Rua Dr. Mário Vicente, 368 – 04270-000 – São Paulo – SP – Fone: (11) 2066-9000
http://www.editorapensamento.com.br
E-mail: atendimento@editorapensamento.com.br
Foi feito o depósito legal.

Sumário

PARTE 3: TRANSFORMAÇÕES

Agradecimentos

Este livro não existiria sem a ajuda de muitas pessoas e organizações que generosamente compartilharam conhecimento, criatividade e recursos. Agradeço à Biblioteca da Universidade de Cambridge; à Biblioteca de Estudos Africanos da Universidade de Cambridge; à Biblioteca Britânica; aos Arquivos Nacionais do Reino Unido; ao Booth Family Center de Coleções Especiais da Universidade de Georgetown; aos Arquivos de Gloucestershire; aos Arquivos de Bristol; às Coleções Especiais da Universidade de Exeter; ao Escritório de Registros de Essex; aos Arquivos de Suffolk; aos Arquivos Diocesanos da Igreja Católica Romana de Nottingham; à *The Antigonish Review*; ao Ancestry.com; ao FindMyPast.com; a Liv Helene Willumsen, Peter Sanders, Malcolm Gaskill, Jamie Hampson, Anya Bergman, Mita Choudhury, Victoria Bates, Christopher S. Mackay, Jonathan Barry, Peter Elmer, Tom Killingbeck, Neil Wiffen, Scott Taylor, Annie-Rose Grant, Jennifer Skinner, Harry Bennett, Joanna Swainson, Fran Jessop, Kat Ailes, Sarah Levitt, Sally Howe, Kerri Sharp e a todos que me incentivaram na jornada.

Introdução: O que é uma bruxa?

O que é uma bruxa? Para respondermos a essa pergunta, precisamos começar com outra: o que é magia, a força usada pelas bruxas? Essa resposta depende do tempo e do espaço. Na história antiga, em várias culturas, magia era considerada um poder inato de curandeiros, xamãs e líderes religiosos, o que lhes permitia transcender as habilidades naturais, mudar o mundo de maneiras inexplicáveis. As comunidades contavam com várias personalidades na magia, combinando funções médicas e sacerdotais. Não havia distinção clara entre seu poder de curar e de fazer mal, pois a magia boa e a má eram dois aspectos da mesma força. Às segundas-feiras, um praticante de magia podia abençoar as pessoas; às quintas, amaldiçoá-las. Assim eram as coisas. Se você sentisse que um indivíduo dotado de poderes mágicos usava essa força para o mal, podia acusá-lo de "bruxo", praticante de magia maligna, o que culminaria em julgamento local e em arrependimento mandatório. Um bruxo ou uma bruxa podiam ser banidos ou mortos se seus crimes fossem inaceitáveis. No entanto, as acusações de bruxaria não eram tão difundidas, e, de modo geral, nem todos acreditavam que qualquer magia fosse malévola. Algumas sociedades se preocupavam com essa possibilidade – gregos e romanos, por exemplo, temiam que a magia fosse inerentemente profana –, mas a maior parte delas tinha vaga noção de que também pudesse ser uma força do bem.

Isso mudou na Europa no decorrer do período medieval, quando uma nova ciência teológica foi estabelecida: o estudo do diabo ou dos demônios, devidamente chamado de "demonologia". No século XV, clérigos cristãos que desenvolveram a demonologia divulgavam a visão única do funcionamento do cosmos e da vontade de Deus. Alegavam que a bruxaria não era apenas magia boa convertida em má; ela passou a ser vista como uma atividade comprometida com a maldade, sendo declarada, assim, contrária à Igreja. O mundo imaginativo dos séculos XV ao XVIII era repleto de maldições e bênçãos, anjos, demônios, fantasmas, espíritos obsessores, fadas, elfos e, acima de todos eles, um Deus benevolente. Entretanto, os demonólogos não enxergavam a habilidade sobrenatural do Deus cristão como parte de seu universo mágico mais amplo. Os poderes da deidade cristã e a realização de milagres pelos sacerdotes não eram classificados como magia. Eram vistos, por outro lado, como o nascimento da verdade religiosa, classe especial de poder reservado aos clérigos cristãos. Portanto, todos os outros poderes sobrenaturais do mundo deviam ser menores e passaram a ser vistos como bruxaria do mal.

O pensamento dicotômico que moldava a demonologia se desenvolveu, em parte, porque a Igreja Católica se dividia internamente. O que começara como uma série de argumentos em torno da doutrina eclesiástica logo se converteu em violência, parte de uma guerra cultural chamada insipidamente de "Reforma". As discordâncias da Reforma forçavam as pessoas a escolherem entre seitas católicas (tradicionais) e protestantes (reformadas). Esse conflito religioso teve início com boas intenções, quando os devotos católicos desafiaram seus líderes religiosos a se tornarem cristãos melhores. O papa, os cardeais e os bispos já não eram mais humildes pregadores, afirmavam os reformistas, mas oligarcas que habitavam palácios e faziam vista grossa aos pecados dos mantenedores. Místicos como Catarina de Siena, estudiosos como Jan Hus e tradutores como John Wycliffe começaram a falar de fontes alternativas da sabedoria cristã: visões de Deus, reinterpretações de textos antigos. A Igreja aceitou alguns dos reformistas, mas outros foram expulsos. No século XVI, centenas de milhares deixaram o corpo principal da Igreja e formaram uma seita própria: o protestantismo.

À medida que crescia o ódio entre os dois lados, tornou-se permissível matar irmãos cristãos, chamados de oponentes demoníacos, acusação já atribuída a judeus e a muçulmanos havia muitos séculos, porém agora dirigida aos próprios cristãos.[1] Católicos e protestantes acusavam-se mutuamente de heresia: eram descrentes, odiadores da Igreja verdadeira e, portanto, por associação lógica, seguidores de Satanás. A punição para a heresia era morte na fogueira.

Em uma cultura dividida de maneira tão violenta, suspeita só gerava mais suspeita; líderes das duas seitas logo começaram a investigar se Satanás tinha outros agentes em suas congregações. Antes do século XV, a maioria dos clérigos considerava curandeiros e adivinhos meros canastrões ineficientes, pecadores veniais que comercializavam amuletos e lançavam maldições que não causavam grandes males. Contudo, com a lógica dicotômica da Reforma, crescia o medo de que esses praticantes de magia talvez tivessem uma fonte maligna de poder: Satanás. Como a força por eles usada não era, obviamente, cristã, devia ser do mal. Portanto, esses indivíduos deviam ser bruxos. Daí o passo seguinte da condenação dos hereges às chamas para a fogueira de bruxos e bruxas; apesar de não serem idênticos, ambos eram inimigos de Deus. A magia praticada por uma bruxa de carreira era apenas um tipo supremamente perigoso de heresia.[2]

Quem eram as pessoas acusadas de bruxaria? Acreditava-se que a maioria delas fosse mulheres. Embora existissem curandeiros e xamãs de ambos os sexos, à medida que a magia passou a ser associada ao mal, essa associação também se estendeu às mulheres; afinal, todos os sacerdotes cristãos eram homens. Embora muitos clérigos fossem bons cristãos, sinceros no evangelho do amor, outros se tornavam obcecados em controlar as mulheres: sua sexualidade, sua conduta e seu pensamento. Havia santas na teologia católica, e Maria, mãe de Cristo, era figura venerada. Esses modelos femininos eram considerados aceitáveis; os clérigos, no entanto, ressentiam-se de Eva, a primeira mulher. Eva vivia em paz com o marido, Adão, até sucumbir à tentação de Satanás para comer do fruto que simbolizava o conhecimento. Caiu em pecado, persuadiu Adão a fazer o mesmo e condenou os descendentes à punição, a menos que se arrependessem. Os homens da Igreja que estudavam o mito de Eva, geralmente celibatários no compromisso religioso, tendiam a desconfiar das mulheres, vendo-as como rebeldes perigosas, hereges. Por certo, a mente da mulher era fácil de ser confundida por mentiras demoníacas, e pior: sua lábia convencia os homens a pecar, escreviam os clérigos. Se um demonólogo quisesse encontrar seguidores de Satanás, obviamente começaria pelas mulheres.

Assim como Eva fora corrompida por Satanás, as mulheres do século XV também eram vistas como sugestionáveis a ele. Não se tratava apenas de tentações mentais, mas acreditava-se em aparições físicas do diabo oferecendo ajuda prática. Na década de 1480, os demonólogos achavam que, se uma mulher fosse pobre, Satanás poderia aparecer a ela oferecendo-lhe dinheiro ou bens e até mesmo torná-la rica. Se ela não quisesse obedecer aos homens, ele a libertaria do jugo masculino. Se desejasse companhia, podia visitá-la em forma de amante ou de algum animal de estimação. Se quisesse vingança, ele esmagaria seus inimigos. Satanás podia aparecer em forma humana ou animal como suposto espírito amistoso. No entanto, quando oferecia seus serviços, o preço era a alma da pessoa, seu vínculo com Deus e sua esperança de um lugar no céu. Se a mulher aceitasse o pacto, doando a alma em troca de assistência, Satanás a marcava com uma mancha ou uma verruga, o que indicava que ela lhe pertencia. E emprestaria a ela o poder que desejasse, e ela se tornaria bruxa.

Uma bruxa era capaz de adoecer a esposa de um inimigo; furtar o leite de suas vacas; danificar seus bens, suas plantações e sua saúde; ou até matá-lo, explicavam os demonólogos. Feito o pacto, a bruxa estava condenada. Entraria para a igreja de Satanás: irmã gêmea maligna do cristianismo. Suas congregações realizavam ritos obscenos em encontros chamados "sabás", termo semelhante ao nome dado ao dia santo dos cristãos. Nesses encontros, aos quais, supostamente, elas iam voando em animais ou em cabos de vassoura, as bruxas adoravam o diabo e procuravam novas adeptas para entregar a alma a ele. Segundo os demonólogos, o diabo não era apenas um tentador ou facilitador do mal; a nova ciência da demonologia concluiu que ele se tornara um deus das bruxas, realizador de sortilégios sustentados com assassinato e desordem. O pensamento dicotômico – Deus/diabo, devoto/herege, cristão/bruxo – incitou o julgamento em massa das bruxas. Afinal, se elas eram totalmente malévolas, inimigas de Deus e da humanidade, a única solução possível seria submetê-las a julgamento, condená-las e matá-las. Centenas de bruxas foram julgadas pela Igreja e pelo Estado, executadas, aprisionadas ou exiladas.

Claro que essa teoria demonológica não correspondia à realidade. Era impossível provar que a magia realmente causava doenças e morte; nunca foram encontradas evidências físicas de sabás satânicos, e relatos orais variavam sobremaneira. Portanto, se não acreditarmos que as pessoas acusadas de bruxaria matavam, de fato, os inimigos com maldições ou se reuniam em culto em uma igreja satânica, como poderemos explicar a acusação? Papel crucial teve a misoginia por trás do medo, do ódio e da discriminação dos acusadores. A maioria das bruxas acusadas eram mulheres mais pobres, algumas com crenças incomuns acerca da religião ou donas de postura assertiva preocupante. Outras apesar de comparativamente ricas, também atraíam o ressentimento da comunidade. Algumas eram mulheres mais velhas, viúvas, que moravam sozinhas. Muitas, porém, eram mais jovens: com ou sem filhos, algumas casadas, outras, não; algumas trabalhadoras, outras mendigas. A comunidade percebia que havia mulheres feridas, oprimidas, rejeitadas que, no entanto, recusavam caridade ou até trabalho. Às vezes, a vizinhança as ouvia proferir palavras indevidas.

De repente, algo podia acontecer com alguém que ofendera a suposta bruxa: a morte de uma vaca, as visões de uma criança, o naufrágio de um barco. As pessoas começavam a pensar que o dano fora causado por ela. Talvez, na realidade, a acusada tivesse mesmo tentado a magia. Era comum a existência de pessoas sem grande poder na sociedade, e a ideia de que alguém indefeso pudesse usar magia dava esperança – a qual, na verdade, era limitada por gênero, situação financeira ou diferenças de crença e oportunidade. Às vezes, contudo, não havia a menor evidência de que pessoas suspeitas tivessem exercido qualquer ato mágico.

De qualquer modo, quando as acusadas eram levadas ao ministro ou ao magistrado, geralmente confessavam praticar bruxaria ou, ao menos, admitiam a crença em magia, divergindo, assim, do medo dos interrogadores. Por livre e espontânea vontade, uma mulher era mais propensa a imaginar-se realizando encantamentos de cura em vez de maldições; a dizer que interagira com espíritos impuros em vez de demônios; e a inventar histórias folclóricas sobre barganhas com fadas ou fantasmas em vez de adoração satânica formal. Sob pressão, porém, o depoimento alinhava-se à versão dos acusadores, o que possibilitava a condenação.[3]

Em algumas jurisdições, as suspeitas eram torturadas com equipamentos especiais, cujo uso era legal em boa parte da Europa. Uma pessoa torturada era capaz de confessar qualquer coisa: encontros de bruxas, culto ao diabo, orgias, profanação de túmulos, matança de bebês, voo e canibalismo. O pânico dos próprios interrogadores sobre a natureza do mal, do proibido e do tabu influenciava as perguntas às acusadas e, portanto, a resposta confessada. E, mesmo nos distritos nos quais a tortura era proibida, uma pessoa suspeita de bruxaria era intimidada pelas autoridades que a interrogavam – clérigos e magistrados, senhores e reis. Em geral, esses homens não prestavam a mínima atenção às mulheres, por isso a prisioneira dizia o que queriam ouvir. Ela podia ser oprimida, enganada e ameaçada. Em alguns locais, era permitida a privação do sono, não considerada tortura.[4] Sob essa forma de suplício, a mulher podia vasculhar na memória encantamentos que usara, pensamentos de raiva que nutrira por um, palavras duras dirigidas a outro, e assim por diante. Mesmo que nada tivesse feito de errado, e, portanto, não houvesse confissão no interrogatório, a acusada era levada ao tribunal responsável por julgar os atos de bruxaria na região.

A Europa Medieval e Reformista ainda tinha muita confusão jurisdicional. Onde o catolicismo imperava (ou seja, no centro, no sul e no leste da Europa), os clérigos conhecidos como inquisidores costumavam conduzir os julgamentos das bruxas, embora bispos, parlamentares, governantes seculares e magistrados locais também tivessem suas jurisdições. Nas áreas protestantes (sobretudo norte e oeste), as autoridades estatais substituíam os tribunais religiosos. Pouco a pouco, à medida que a demonologia se espalhou até a América, o julgamento de uma bruxa podia ser incitado por pessoas comuns, funcionários de baixas patentes ou investigadores amadores. Em tribunais do Estado, não havia inquisidor. No lugar dele, múltiplos acusadores apresentavam evidências a um corpo de juízes ou ao um júri popular, os quais decidiam o veredicto. No julgamento, a suspeita de bruxaria podia ser exonerada e posta em liberdade. Mas também podia ser condenada à penitência, à prisão, ao exílio ou à morte por enforcamento ou na fogueira. As leis da Igreja ou do Estado determinavam se ela seria humilhada, banida ou morta como inimiga do povo. E essa era a resposta, no fim do século XV, à pergunta: "o que é uma bruxa?". As bruxas eram a representação do mal. Eram o inimigo.

Ao narrar essa história de sete séculos, este livro mostra como a ideia demonológica da bruxa teve origem, expandiu-se, mudou com o tempo, mas não acabou. Ao contrário, foi reformulada para que as bruxas continuem sendo julgadas em todo o mundo. A imagem da bruxa como a inimiga alada, aliada do diabo, espalhou-se pelo mundo cristão, ponto focal deste livro, entre os séculos XV e XVIII. Na Parte 1, o livro apresenta seis histórias de julgamento de bruxas, desde aqueles conduzidos por altos funcionários da Igreja e do Estado até outros orquestrados por cidadãos mais autônomos que absorveram as ideias dos demonólogos.

Todas as "bruxas" da Parte 1 são mulheres. Isso acontece, como vimos, por causa de um foco particular de preocupação nos séculos XV a XVIII de que os rituais mágicos eram um conhecimento feminino, com Eva como modelo. Ao longo de toda a história da humanidade, as mulheres sempre tiveram pouco acesso à formação teológica ou ao estudo de leis, da medicina e de outras profissões. Mas tinham conhecimento especializado do corpo humano e das ciências domésticas. A maioria dos lugares tinha praticantes femininas de magia – enfermeiras, encantadoras, conselheiras, parteiras –, às vezes ganhando dinheiro por sua sabedoria não oficial. Algumas bruxas na Parte 1 deste livro são mulheres assim.

Com o intuito de ajudar um bebê doente, essas mulheres entoavam preces e encantamentos, davam conselhos sobre amamentação e cuidados, corretos ou não. Para abençoar a fabricação de cerveja ou de leite, elas, às vezes, jogavam algum objeto de ferro quente em um tonel (de cerveja ou de leite). Podiam tocar um paciente para lhe transmitir cura ou receitar-lhe uma bebida à base de ervas. Também vendiam amuletos abençoados: sementes em saquinhos de pano, pata seca de um animal, uma oração escrita. Mulheres não praticantes de magia, apenas parteiras ou cidadãs comuns, recorriam igualmente a essas preces, dicas e encantamentos, assim como alguns homens. Todavia, as autoridades da Igreja e do Estado começaram a se incomodar com esses sinais de poder. Às vezes, e com razão, consideravam os remédios inúteis, mas também os viam como demoníacos: se não agiam de modo natural e eram reprovados pela Igreja, talvez fossem manuseados pelo diabo. Pacientes e clientes para os quais a magia não funcionava podiam concordar com isso. Por causa dessas suspeitas e da associação que se fazia entre as mulheres e o pecado, as praticantes de magia eram frequentemente acusadas nos julgamentos de bruxas. Entretanto, eram implicadas com outras mulheres, algumas das quais haviam usado seus serviços, enquanto outras eram suspeitas de bruxaria por motivos diferentes. Outras razões para essa suspeita entre as mulheres eram as desconfianças de heresia e a reputação de promiscuidade. Algumas das bruxas da Parte 1 eram vistas como descrentes, membros da seita cristã "errada" ou opositoras declaradas do poder cristão. Outras eram pessoas que seguiam religião própria. Outras teriam amantes ou filhos ilegítimos, atos que as marcavam como transgressoras da moralidade cristã. Atividades sexuais não regulamentadas eram consideradas ligadas a conhecimentos femininos específicos sobre sexo e fertilidade.

Em muitas jurisdições, as mulheres constituíam de setenta e cinco a noventa por cento das acusadas – uma enorme representação. Os homens também eram julgados e, em certos locais, chegavam a ser a maioria. Contudo, de modo geral, a bruxaria era um crime predominantemente feminino. Alguns historiadores interpretam os julgamentos de bruxas como uma perseguição de gênero – relacionada ao sexo, embora não específica a ele –, mas a maioria examina fatores econômicos, sociais e políticos nas acusações. Uma visão persuasiva é a de que os mais pobres eram desproporcionalmente mais passíveis de acusação do que os mais ricos. Outros prováveis suspeitos eram indivíduos que se destacavam pelo caráter, pelas crenças, pelo comportamento ou pela escolha de vida não muito populares. Conflitos religiosos e políticos fomentavam os julgamentos de bruxas, criando disputas entre as comunidades. Quando o período de colonização europeia se espalhou em nível global, no século XV, também ficou ostensivo o fato de que os povos indígenas passaram a ser escolhidos como alvo de acusação, por causa das diferenças religiosas e raciais entre eles e os colonizadores. Todas essas noções são importantes e discutidas neste livro. Mas é surpreendente que a preponderância das suspeitas femininas tenha sido ignorada pelos estudiosos, como se fosse algo óbvio demais ou apenas secundário a alguma outra explicação.[5] Este livro se concentra no fato de que as mulheres, de modo geral, sempre foram vítimas dos julgamentos de bruxas, e a misoginia ainda permeia as culturas globais. Se nos furtarmos a enxergar isso, não compreenderemos a perseguição imposta à chamada "bruxaria" nem poderemos explicar, de maneira satisfatória, o uso contínuo do termo como arma atualmente.

Depois de criada a ideia demonológica da bruxa, pouca diferença fez quando o mundo mudou, e um "Iluminismo" trouxe interesse mais profundo pela experimentação científica e mais tolerância religiosa. Em meados do século XVIII, o mundo cristão não precisava mais de julgamentos em massa de bruxas praticantes; tudo ficou mais sutil e nuançado. As mentes e as leis começaram a mudar. As explicações dos infortúnios alteraram-se, em geral graças à melhor compreensão e ao conhecimento do mundo natural e da medicina. Para algumas pessoas, o hábito mental dicotômico enfraqueceu, sendo substituído pela complexidade exploratória: os enigmas da biologia, da filosofia e da economia. A demonologia sofreu declínio, e as teorias da conspiração cresceram após a Revolução Francesa, com novos inimigos em forma de sociedades secretas: maçons, jesuítas, Illuminati. Elas se estenderam a outros grupos marginalizados; de repente, judeus tornaram-se o alvo, tanto como antes na história humana.[6] No fim do século XIX, os supostos inimigos podiam ser espiritualistas, anarquistas, comunistas, sufragistas, homossexuais; e, no século XX, os defensores dos direitos civis e os nacionalistas anticoloniais entraram na lista.

Esses inimigos não eram mais chamados de bruxos ou bruxas, e a ameaça que pareciam impor à ordem estabelecida variava; contudo, os ataques a eles continuaram a ser chamados de "caça às bruxas" pelos opositores. De fato, o tratamento dos suspeitos lembrava os julgamentos de bruxas dos séculos anteriores. Esse novo tipo de julgamento é o foco da Parte 2 do livro: pós-demonológico, mas ainda baseado no pensamento binário da demonologia. Velhos hábitos se recusam a morrer, e a ideia do inimigo interior persistiu. As pessoas exigiam bodes expiatórios, e os políticos precisavam de inimigos. Essas bruxas metafóricas da

Parte 2 ainda eram dos mais variados tipos: mulheres e homens mais pobres, indivíduos notáveis pelas políticas religiosas ou culturais, pela raça, pela sexualidade não conformista ou pela religião não convencional. Onde antes viam uma igreja satânica, as pessoas começaram a temer um novo "mal".

Contudo, muita gente, antes e agora, acreditava, e ainda acredita, na existência literal de bruxas. Nem todos no mundo cristão passaram por secularização e pelas mudanças revolucionárias em estruturas políticas ou aceitaram a crença de que os cidadãos modernos deveriam se dedicar mais à sociedade que à religião. O cristianismo teve expansão global na era das colonizações do fim do século XVIII até o século XX, e seus missionários e seguidores levaram consigo, de maneira deliberada ou não, a imagem demonológica da bruxa. Encontraram pessoas crentes em muitas outras espécies de bruxaria e magia em todos os continentes, culturas e religiões e as converteram, geralmente acrescentando a demonologia às crenças indígenas. Não existe consenso mundial, portanto, de que as bruxas não mais existem.

A Parte 3 do livro conclui o percurso da bruxaria na história, explorando o significado das bruxas reais e metafóricas e dos julgamentos delas em dois continentes: África e América do Norte. Em algumas partes do mundo, mesmo hoje, a prática de perseguir com vigor uma vizinha vista como demoníaca ou suspeita de praticar bruxaria é perturbadoramente comum; o exílio, a prisão ou a execução das bruxas após os julgamentos oficiais ou não oficiais são muito verdadeiros. Enquanto isso, outras pessoas gostam de se identificar como "bruxas" porque seguem religiões pagãs modernas, convictas de que são reais, às vezes como ferramenta eficaz contra inimigos políticos e, frequentemente, como fé no empoderamento pessoal. Esses indivíduos também são submetidos à perseguição.

Em todas essas formas, as bruxas sempre foram objeto de fascínio aos historiadores, mas, muitas vezes, aparecem em estudos acadêmicos apenas para ilustrar uma teoria acerca da escolha das pessoas suspeitas. As circunstâncias e as histórias de vida dessas pessoas comuns como eu ou você costumam ser ignoradas. Por isso, este livro tem o objetivo de narrar as histórias das bruxas acusadas sob a própria perspectiva, acrescentando informações recém-pesquisadas sobre suas origens e suas famílias, suas crenças, suas esperanças e seus medos, ou seja, os históricos *dessas pessoas*, não de seus perseguidores. Veremos o que acontece com elas nos contextos social, político e econômico, mas a ênfase será em suas experiências. Os julgamentos de bruxas têm o objetivo de impor poder sobre os outros: ferir, silenciar, julgar e matar. Se não sentirmos essa dor nem o que ela desencadeia, não conseguiremos compreender a ilegitimidade, o terrível erro, da perseguição. Se não a sentirmos, como poderemos lutar contra ela? Portanto, sempre que posso, aproximo-me das acusadas, chamo-as pelos nomes verdadeiros, imagino o que teriam visto, ouvido, sentido ou pensado. Particularmente, o histórico das mulheres é considerado, às vezes, irrevogável. Mas nem sempre. Há lacunas em nosso conhecimento das experiências das mulheres, sobretudo pelo fato de que os registros nos tribunais eram escritos por homens condenados pela sociedade a crenças misóginas que não se importavam muito com a vida de quem eles mesmos condenavam. Entretanto, algumas dessas lacunas podem ser preenchidas por mais pesquisa ou pelo pensamento criativo. Esta não é uma história de especulação; as fontes, incluindo registros originais e estudos especializados, aparecem nas notas. Fortalecido com essas pesquisas, o livro tem como meta devolver às pessoas acusadas uma identidade diferente da de "bruxo" ou "bruxa", permitindo ao leitor que também a descubra e a conheça.[7]

Até hoje, as bruxas continuam sendo alvo do medo das pessoas, a personificação do outro; e os julgamentos de bruxas ainda são um mecanismo útil para quem está no poder. À medida que alguns grupos marginalizados vêm ganhando alavancagem nos últimos três séculos, a imagem da bruxa persiste como ferramenta útil para sua supressão, e as notícias de julgamentos de bruxas são cada vez mais comuns. Espero que, até terminar a leitura deste livro, você saiba reconhecer uma bruxa e ficar do lado dela contra o acusador, o inquisidor, o juiz e o caçador de bruxas. A compreensão da história e dos hábitos de perseguição tem vital importância hoje, pois ainda vemos bruxas sendo julgadas.

PARTE 1

ORIGENS

CAPÍTULO 1

O julgamento de Helena Scheuberin: um demonólogo e *O martelo das feiticeiras*

Em Innsbruck, na Áustria, ergue-se uma casa de tijolos dourados que cintilam sob a luz do sol dos Alpes. Ela fica na praça principal da cidade, e os telhados dourados cobrem um terraço com vista para o mercado. Na década de 1480, a residência pertencia aos governantes de Innsbruck: o arquiduque Sigismundo da Áustria e sua esposa Catarina. Sigismundo era um pequeno imperador, um dos príncipes católicos mais ricos da Europa. Das janelas, ele observava as barracas que vendiam vidro veneziano, sedas e especiarias chinesas e indonésias, sal e prataria dos Alpes, salames e vinhos alemães. Innsbruck ganhava dinheiro – *kreutzers* e, mais tarde, *thalers*, que se tornaram os dólares – das rotas comerciais alemãs e italianas. Os ávidos cidadãos exibiam suas fortunas em mercadorias sofisticadas e telhas realmente feitas de ouro. Os mercadores, que geravam a riqueza de Sigismundo, viviam em torno do mercado e da ponte sobre o rio Inn, a "*brücke* de Inn", daí o nome da cidade. Gincanas, peças teatrais religiosas e festivais eram realizados nos feriados. Dançarinos africanos e músicos poloneses divertiam as multidões que se fartavam de *strudel* e de cerveja clara tirolesa. A praça também abrigava os edifícios governamentais de Innsbruck, e na manhã de 29 de outubro de 1485, um sábado, os espectadores testemunharam a chegada de dignitários à prefeitura. Muitos eram sacerdotes nas longas túnicas, trajando lã preta contra o frio do inverno. Funcionários eclesiásticos apressavam o passo, carregando livros e documentos. Haviam coletado registros para o julgamento de uma bruxa.

A sede da prefeitura de Innsbruck era o centro da vida municipal. Os conselheiros se reuniam ali para tratar de negócios, havia lojas no piso térreo, e as salas de reunião e os escritórios públicos acima formavam uma torre de quase cinquenta e cinco metros de altura. Da torre, os guardas supervisionavam a vida na cidade e na zona rural fora das muralhas. Ficavam atentos a incêndios, invasores e perturbadores da paz, os quais tinham o poder de aprisionar, trancafiando-os na própria sede da prefeitura. Nessas células, em outubro de 1485, sete suspeitas de bruxaria aguardavam ser chamadas ao tribunal: Helena Scheuberin, Barbara Selachin, Barbara Hüfeysen, Agnes Schneiderin, Barbara Pflieglin, Rosina Hochwartin e a mãe de Rosina, que também se chamava Barbara. Já haviam sido interrogadas no saguão do conselho do edifício, para onde seriam levadas de novo na hora do julgamento, e fazia várias semanas que estavam presas. Seriam acusadas de bruxaria em um julgamento organizado pelo juiz, o inquisidor Heinrich Kramer. Os inquisidores eram oficiais católicos do alto escalão que investigavam heresias: crenças contrárias aos ensinamentos da Igreja. No fim do século XV, alguns clérigos pensavam que a bruxaria era uma heresia cujos seguidores veneravam o diabo. Heinrich Kramer era um dos pensadores dessa nova geração, um demonólogo. Queria um julgamento espetacular para demonstrar a teoria demonológica.

A história do julgamento da bruxa que abalou Innsbruck em 1485 começa com a obsessão de Heinrich pelas bruxas, parte de sua outra obsessão, que consistia em silenciar dissidentes. Ele nascera por volta de 1430 em Schlettstadt, na Alsácia, em uma época em que os reformistas atacavam a hierarquia da Igreja Católica na região. O jovem tinha o intelecto necessário para defender a Igreja; tornou-se monge, um grande passo, pois vinha de família de lojistas, e ascendeu rapidamente na profissão religiosa. Em 1474, Heinrich já era um inquisidor que investigava todos os tipos de heresia, mas a que mais o fascinava era a bruxaria. Nos anos 1480, a maioria dos clérigos ainda tinha visão bastante tradicional das bruxas, considerando-as sonhadoras ineficientes, lançadoras de pragas e encantamentos. Contudo, no decorrer de meio século, uma minoria influente, que incluía Heinrich começou a crer que as bruxas eram adoradoras do diabo, com a alma comprometida a Satanás; rezavam para o diabo, matavam animais e pessoas e realizavam toda espécie de mal imaginável, ou melhor, que Heinrich pudesse imaginar.[1] Monge celibatário, esse inquisidor pouco sabia acerca das mulheres suspeitas. Imaginava-as criaturas vulgares, vaidosas, sedutoras, indignas, obcecadas por sexo e poder. Assim como a cultura *incel*[*] que se desenvolveu

---

* O termo *incel* é uma aglutinação de *involuntary celibates*, que significa "celibatários involuntários", e se refere a membros de uma cultura digital que se autodefinem incapazes de conseguir um parceiro romântico ou sexual, apesar de desejá-lo. (N. da P.)

em nossa era digital, alguns clérigos medievais tentavam culpar as mulheres por sua sexualidade, ao mesmo tempo que expressavam fascínio por elas. As reflexões de Heinrich sobre o assunto o convenceram de que, como o diabo era masculino, as bruxas deviam fazer sexo com ele como parte do pacto satânico. Portanto, assim como Eva, usariam seu poder para enganar os homens. Parece espantoso que os clérigos pudessem inventar e difundir essas crenças, mas esse novo pensamento, a demonologia, se popularizou nos círculos acadêmicos.

Heinrich aperfeiçoara sua teoria demonológica e o método de caça às bruxas no ano anterior, em Ravensburg, cerca de cento e sessenta quilômetros a oeste de Innsbruck. Chegou à cidade em 1484, com uma carta do senhor local, o qual, assim como em Innsbruck, era o arquiduque Sigismundo, o homem com telhados de ouro que governava boa parte da Áustria e algumas regiões da Alemanha, da Hungria e da Itália. Trabalhando com as autoridades locais, Heinrich passou a interrogar mulheres enquanto as torturava, pois, infelizmente, como inquisidor austríaco, tinha esse direito. Em Ravensburg, concentrou-se em duas: Anna de Mindelheim e Agnes Baderin. Sob seu interrogatório, que plantava ideias nas mentes aterrorizadas, as duas mulheres confirmaram suas teorias: sim, haviam matado cavalos, causado tempestades e venerado o diabo. Anna e Agnes também confessaram ter praticado sexo com demônios e até feito sumir o pênis de um homem. Por quê? Porque Heinrich desenvolvera a hipótese de que as bruxas odiavam os homens e queriam castrá-los. Era uma teoria ridícula, que só poderia mesmo ter surgido em uma sociedade dominada por homens, mas, por mais bizarra que fosse a marca particular da demonologia de Heinrich, Anna e Agnes foram queimadas vivas por causa dela.[2]

Em agosto de 1485, Heinrich Kramer chegou a Innsbruck. Depois das execuções em Ravensburg, ele relatara seu sucesso na caça às bruxas ao arquiduque Sigismundo. Na condição de clérigo, ele não dependia, em teoria, do controle secular do arquiduque, porém, por razões práticas e políticas, se quisesse dar continuidade às investigações, Sigismundo teria de concordar. O inquisidor também se reportava ao papa e pôde mostrar a Sigismundo os decretos papais que autorizavam seu trabalho demonológico e pedia a cooperação do arquiduque. Portanto, se o governante desejasse os favores do papa, precisaria ajudar. Por certo, ele não tinha o menor desejo de ver hereges ou bruxas à solta em seu arquiducado, e, segundo Heinrich, isso estava acontecendo. Todavia, embora aceitasse a caça às bruxas de Heinrich, Sigismundo irritava-se com o poder da Igreja. Lá estava um inquisidor intrometido dando-lhe ordens. E se Heinrich causasse revolta em comunidades que viviam em paz, ganhando dinheiro destinado ao seu governante? Assim, o apoio de Sigismundo não foi incondicional; não aceitaria abrigar bruxas sob seu telhado dourado, mas tampouco queria que cessasse o fluxo de dinheiro dos mercadores que o sustentavam.

Heinrich encontrou semelhante ambivalência da parte do bispo de Brixen, cuja diocese pertencia ao arquiducado de Sigismundo. O bispo Georg Golser fora recém-confirmado no posto após décadas de conflitos políticos entre o arquiduque, o papa e o predecessor de Georg no bispado, o qual lutara constantemente pelo controle de terras, instituições religiosas, tribunais e impostos. O bispo Georg não tinha a menor predisposição de comprometer suas relações com Sigismundo, conciliadas tão recentemente. Considerava Heinrich um bom estudioso, admirava suas recomendações pelo papa e não tinha motivo para suspeitar de suas inclinações, mas, sob o conselho de Sigismundo, escreveu a vários colegas de confiança pedindo-lhes que observassem o comportamento do inquisidor, com a justificativa de auxiliá-lo, claro. Assim como Sigismundo, Georg estava certo ao se preocupar com um possível descontrole da situação. No entanto, o que nenhum deles poderia prever era o papel crucial de uma mulher: alguém sem função na Igreja ou no Estado, sem império comercial ou reputação em teologia ou política, da qual se esperava que se sentasse em silêncio enquanto os homens discutiam questões espirituais. Essa mulher foi a primeira investigada como bruxa em Innsbruck, e seu nome era Helena Scheuberin.

HELENA NASCEU E FOI CRIADA em Innsbruck. Oito anos antes da chegada de Heinrich, casara-se com o mercador Sebastian Scheuber. Como convenção, o sobrenome "Scheuberin" era o de Sebastian com o sufixo "-in" para indicar a contraparte feminina; portanto, não conhecemos seu nome de família. Quando se casou em 1477, Helena era um bom partido e, além de Sebastian, tinha outro admirador, o cozinheiro do arquiduque – não um mero "mexedor de panelas", mas, sim, o administrador das cozinhas de Sigismundo. Como não pôde conquistar Helena, acabou se casando com uma mulher da Baviera. Em 1485, quando Helena estava com trinta e poucos anos, esse homem e a esposa deixaram a corte de Sigismundo para se encontrar com Heinrich Kramer e acusar Helena de bruxaria. O cozinheiro disse a Heinrich que ele e Helena haviam sido amantes antes de ela se casar, e ela "teria ficado feliz" em desposá-lo. Quando se separaram, alegou o cozinheiro, ambos continuaram amigos. Ela se casou com Sebastian Scheuber e, em seguida, foi ao casamento do ex-namorado. Mas, na realidade, quem abandonou quem? Se Helena fosse tão apaixonada por esse homem, por que se casara antes dele? Foi nas bodas do cozinheiro que começaram os rumores. O cozinheiro – não mencionado nas evidências porque lhe foi concedido o direito de permanecer no anonimato – informou que, na recepção, Helena disse à noiva: "Você não terá muitos dias felizes e saudáveis aqui".[3] Talvez estivesse se referindo a algo inócuo ou, possivelmente, nunca tenha dito nada; também é possível que o comentário não tenha sido hostil. De qualquer modo, a noiva sentiu um quê de ameaça de feitiço. No depoimento a Heinrich em 18 de outubro de 1485, ela relatou que passara apenas um mês com boa saúde desde o casamento, sete anos antes.

Helena, por sua vez, permanecera atraente desde o dia em que se casou. Segundo os vizinhos, mantinha "amizade íntima" com um cavaleiro, Jörg Spiess, o qual desejava muito mais,[4] porém ela rejeitara suas propostas. Jörg ficou arrasado e morreu repentinamente na primavera de 1485. Em 15 de outubro, os familiares de Spiess atenderam ao convite público de Heinrich para serem acusadores de bruxas durante o sermão e alegaram que Helena assassinara Jörg. O irmão, Hans, disse que, no dia em que Jörg morreu, ele jantara com Helena. Já estava doente antes da refeição, mas depois entrou em pânico, curvou-se todo e começou a falar insanamente sobre veneno. "Comi algo que me fez mal!", dizia, e "Vou morrer porque aquela mulher me matou!". Jörg mandou o criado comprar um suposto antídoto de efeito universal e chamou um médico que consultara outrora. O médico lhe disse que não deveria mais se "aproximar" de Helena, mas Jörg não lhe dera ouvidos.[5] Enquanto o doutor tentava consolá-lo, Jörg caiu e morreu. Hans disse a Heinrich: "Esses eventos são conhecidos por toda população". Helena era celebridade na cidadezinha cuja população não passava de cinco mil; uma mulher jovem, rica e bonita, sobre a qual as pessoas gostavam de fofocar. E, assim como acontece com as celebridades de hoje, com a fofoca vieram as críticas.

A evidência apresentada a Heinrich mostra que Helena já era suspeita de bruxaria havia, ao menos, sete anos, com a alegação mais recente de que assassinara Jörg Spiess. Infelizmente, Hans Spiess tinha condições de espalhar rumores sobre ela; assim como o cozinheiro que contara a história anterior de Helena e vários outros que se uniram contra ela, Hans trabalhava na corte de Sigismundo. Além disso, era parente da amante dele, Anna Spiess.[6] Dentro e fora dos palácios e das casas municipais, Hans vivia às voltas com príncipes e sacerdotes. Chegava até a controlar o acesso a Sigismundo, e, no depoimento contra duas outras suspeitas, Rosina Hochwartin e a mãe, explicou que era capaz de impedir que os solicitantes incomodassem o arquiduque. Uma mulher, inclusive, ofereceu-lhe dez florins de ouro – centenas de dólares em termos modernos – para apresentar-lhe uma petição, explicou ele, tamanha era sua influência. Teria sido Hans o primeiro a sugerir a Sigismundo que permitisse uma investigação de bruxas em Innsbruck? Pelos menos dois outros acusadores trabalhavam na corte de Sigismundo e, juntos, talvez tenham convencido o arquiduque a facilitar a visita de Heinrich; provavelmente esperavam acabar com a ameaça de bruxaria, conseguindo um especialista para eliminar os inimigos.[7]

Contudo, não levaram em consideração Helena Scheuberin. Além de bela e rica, ela tinha personalidade e opiniões fortes. Os historiadores a descrevem, em geral, como causadora de problemas apenas por confrontar Heinrich em agosto de 1485, pois ela sabia que a caça às bruxas do inquisidor era errada e não aceitava fingir o contrário. Estava mais interessada em justiça que em autoproteção. Assim que Heinrich chegou, Helena passou a atacar sua missão de caçar bruxas, embora ainda não sofresse acusação nenhuma. Posteriormente, Heinrich escreveu ao bispo, Georg Golser, que "ela não só me perturbou desde o início com constantes repreensões (estava na cidade havia meros três dias)", mas "houve uma ocasião em que passei por ela sem a reconhecer, e a mulher cuspiu no chão e disse em voz alta: 'Você, monge nefasto! Espero que sofra da doença da queda!'". Parece que Helena amaldiçoou Heinrich com uma referência à epilepsia: provavelmente, não uma praga literal, mas que podia ser interpretada assim. "Por esse motivo", diz Heinrich puritanamente a Georg, "tive de investigar seu nome e sua vida pela primeira vez."[8] Para sorte dele, várias pessoas adoraram a ideia de acusar Helena de bruxaria.

Heinrich sentia-se seguro em Innsbruck, por isso ficou genuinamente surpreso com o desafio de Helena. "Quando eu pregava", continua na carta a Georg, "primeiro a cada dia, durante quinze dias, depois só em dias santos, no decorrer de dois meses, ela não só faltava aos sermões como ainda fazia de tudo para impedir os outros de ir."[9] Helena tinha ojeriza pelo conteúdo dos sermões de Heinrich. Talvez conhecesse sua reputação antes de ele chegar à cidade; mas, de qualquer maneira, logo concluiu que as visões do religioso eram absurdas e perigosas. Dizia aos amigos que a demonologia de Heinrich era "herética" e acrescentava: "Quando o diabo desvia um monge do caminho, ele só fomenta heresia. Espero que a doença da queda o derrube de cabeça!". Há várias versões das palavras de Helena nos registros dos julgamentos de bruxas. Segundo um relato, ela gritou a Heinrich: "Afinal, quando o diabo o levará?". Quando Heinrich lhe perguntou por que vivia falando mal dele, Helena simplesmente disse que ele "só sabia pregar contra as bruxas".[10] E tinha razão: os eventos em Ravensburg no ano anterior mostram que Heinrich tinha obsessão grotesca por bruxaria e ansiava por conduzir outro julgamento.

Imagine o temor que seus sermões deviam infligir! Ele chegou à cidade em agosto, pregou suas credenciais papais nas portas da igreja e todos os dias, por duas semanas, destilou sua teoria de que havia bruxas assassinas por toda parte. Mandou que qualquer pessoa ciente da presença de bruxaria em Innsbruck se apresentasse. Não havia escapatória para as mulheres. Enquanto vociferava seus sermões, Heinrich avaliava as esposas dos aldeões agrupadas à frente. Cada uma delas sabia que era examinada: estaria escutando com atenção, respondendo ao que lhe era perguntado? Vestia-se com modéstia? O véu de linho sobre a cabeça era puro, e a gola, alta? Quantas joias usava? Seriam suficientes para fazê-la parecer uma Jezebel? Heinrich queria que as mulheres, incluindo as matronas ricas, vestidas de seda e pele, se submetessem a ele, respeitassem suas palavras. Ao controlar os movimentos diários da congregação dentro e fora da igreja, convocando as pessoas aos sermões e orquestrando sua submissão aos olhos inquisidores, definiu sua autoridade sobre as questões de bruxaria. De repente, queria a morte de um número de membros de sua congregação. A fúria de Helena não foi à toa.

A história a subestimou, descrevendo-a como vítima ou criticando-a como megera. Poucas pessoas leram suas verdadeiras palavras. Quando as encontramos, podemos notar sua bravura: ela grita insultos aos perseguidores de mulheres; alerta as pessoas contra seus sermões. Não exagerava nem ignorava os riscos; a vida das mulheres de sua cidade estava em perigo, e ela não se calaria. Longe de ser bruxa, Helena era uma cristã engajada e inteligente. Conhecia teologia o suficiente para debater com Heinrich, quando foi interrogada em outubro. Em um dos sermões, Helena o acusou, afirmando que dizia heresias. Ele descrevera "o método de quebrar um jarro de leite para descobrir se uma bruxa furtara o leite das vacas". Heinrich exasperou-se. Citava essa crença com base em evidências apresentadas, afirmou. Uma acusadora lhe dissera que alguém roubara leite de suas vacas por meio de bruxaria. Para identificar a ladra, ela colocava um jarro de leite no fogo e o quebrava, dizendo que o fazia em nome do diabo. A ladra vinha correndo, atraída por uma ligação mágica ao leite, assim que o líquido atingia as chamas.[11] Absurdo, contestou Helena: os bons clérigos achavam que era demoníaco realizar rituais em nome do diabo. Se Heinrich não compactuava da crença herege, por que a mencionava? Em tom de escárnio, ela lhe disse que continuaria ignorando seus sermões. Quem era o herege, afinal?[12]

O ataque de Helena ao inquisidor sugere que ela aceitava algumas ideias reformistas da década de 1480. Por certo conhecia o reformista tcheco Jan Hus. No início daquele século, Hus fundou um movimento criticando várias práticas católicas. O hussismo cresceu na Boêmia e na Morávia (República Tcheca), na Alemanha e na Suíça, onde influenciou outros grupos que se reuniam em segredo para estudos bíblicos e debates. Criticavam a hipocrisia sexual nas instituições eclesiásticas e os clérigos que assumiam várias funções remuneradas que não executavam. O sentimento antimonástico poderia explicar as palavras de Helena a Heinrich: "Você, monge nefasto!". Outra tradução seria "Você, monge criminoso!", fortalecendo sua condenação. Se tinha, de fato, simpatia pelos hussitas, Helena devia se sentir chocada com as visões de Heinrich acerca da heresia, bem como com sua moralidade. Acusações de tirania e corrupção permeavam sua carreira; ele fora investigado em 1474 e 1475 por caluniar colegas e, em 1482, por desfalque. Sem dúvida, esses escândalos se tornaram conhecidos em Innsbruck.[13] O próprio trabalho oficial de Heinrich teria ofendido um reformista. Uma de suas fontes de renda era vender indulgências: documentos que garantiam benefícios a cristãos ricos, livrando-os de punições após a morte por pecados cometidos na terra. Os hussitas consideravam as indulgências um produto para fazer dinheiro no mercado, incentivando os pecados. Também desgostavam da violência da Igreja, vendo-a como inerentemente anticristã. Queimar hereges ou bruxas era uma prática que os ofendia, e Helena tinha a mesma posição deles.

Heinrich investigava os hussitas desde a década de 1460 e via em Helena sinais de reformismo tanto quanto de bruxaria.[14] Ao montar a acusação para o julgamento, anotou que ela era suspeita de "dupla heresia, isto é, da Fé e da Heresia das Bruxas".[15] E, claro, era mulher. Heinrich teve o cuidado de omitir do documento oficial sua misoginia; mas depois, em 1486-1487, escreveu um livro sobre demonologia intitulado *Malleus Maleficarum*, "martelo das feiticeiras". Martelos eram usados para torturar bruxas acusadas, cravejando pregos em botas de ferro de modo que as pernas das vítimas fossem dilaceradas. No livro usado como arma, Heinrich explicava que "todo mal é pequeno se comparado ao mal de uma mulher". As mulheres são "defeituosas em todos os poderes da alma e do corpo", comenta ele, e uma mulher maligna é "mais carnal que um homem", "mentirosa na fala" e "avessa a receber ordens".[16] Essas afirmações refletem as acusações que o inquisidor e outros faziam contra Helena: ela era promíscua, não confiável, independente. Em uma carta ao bispo Georg Golser, Heinrich a descreve como "enganosa, atrevida e mordaz". Explica que só poderiam considerá-la culpada: ela deveria ser interrogada sob tortura e julgada "com cautela e astúcia".[17] Em outros trechos, ele a chama de "vagabunda e promíscua" e alega que, além de Jörg Spiess e do cozinheiro do arquiduque, Helena tinha muitos outros amantes. Eram alegações ousadas, mesmo naquela época e naquele lugar. Heinrich chegou a declarar: "Mais de cem homens teriam deposto contra as mulheres detidas, em particular Scheuberin, mas se calaram... por medo de que o nome dos depoentes se tornasse público".[18] O inquisidor acreditava que esses homens tinham sido silenciados por Helena; após seduzi-los, ela ameaçava expor a identidade deles, além de enfeitiçá-los.

Como Helena, outras mulheres em Innsbruck com ideias próprias sobre sexo e religião atraíram o olhar de Heinrich. Duas eram da comunidade judaica de banqueiros e agentes de mercadores estrangeiros, embora fossem cristãs convertidas. Essas conversões, porém, reais ou forçadas, ajudavam os judeus a minimizar as perseguições sofridas. Na década de 1420, os judeus foram massacrados na Áustria, e os sobreviventes, deportados, só obtendo permissão para retornar dali a cinquenta anos. Eram banidos de várias profissões e considerados párias, a menos que se convertessem. Entretanto, apesar de convertida, Ennel Notterin foi acusada de realizar um rito mágico herético: chicotear uma imagem de Cristo enquanto se entoavam blasfêmias – clássica calúnia antissemita. A outra judia, Elsa Böhmennin, teria enfeitiçado a própria irmã por ciúme. Uma subcorrente de antissemitismo permeava várias outras acusações em Innsbruck: uma delas alegava que uma mulher suspeita de bruxaria mandara uma criada ao setor judaico juntar excremento como ingrediente mágico. Além daquele setor judaico, as acusadas vinham de todas as partes de Innsbruck e de aldeias próximas, pois a caça às bruxas englobava outras suspeitas, além das sete originais.

Algumas mulheres, como Elsa Heiligkrutzin, irmã de um padre, pertenciam a famílias devotas. Outras, como Rosina Hochwartin, tinham alguma ligação com o arquiduque: seu marido cuidara do arsenal de armas de Sigismundo até ser demitido. Barbara Hüfeysen, amiga de Helena, foi apontada por praticar medicina mágica, e sua paciente, Barbara Pflieglin, também sofreu acusação, pois encomendara a cura. Remédios como preces e amuletos eram comuns. Eram magias feitas por pessoas comuns, as quais, antes da invenção da demonologia, eram tidas como inócuas. Entretanto, pensava-se que a magia de Barbara

Hüfeysen podia curar e também matar. Ela jejuava durante três domingos, prática considerada propícia para matar um inimigo, e ensinava às moças "a invocar demônios para o amor ou para causar doenças", diziam. Algumas mulheres eram acusadas de promiscuidade combinada com magia: Agnes Schneiderin teria amaldiçoado o amante.[19] Os acusadores eram homens e mulheres, criadas domésticas e cortesãos, o que era normal: qualquer pessoa enferma ou em dificuldade financeira podia acreditar que o problema fora causado por magia. Barbara Pflieglin e Rosina Hochwartin foram acusadas pelas próprias serviçais; outras, por rivais nos negócios ou no amor. Duas do grupo mais acusado eram parteiras, e uma era babá; essas mulheres tornavam-se alvos comuns por causa do poder que exerciam. Várias acusadoras afirmavam que durante uma doença ou um parto encontravam escondidos em casa amuletos feitos de pano, sementes e pedras. Deviam ter sido colocados ali por curandeiras de magia. Contudo, no contexto de caça às bruxas, eram interpretados como sinais de ataque.

Outras acusações eram ainda mais bizarras: Rosina Hochwartin teria impregnado uma camisa com pasta mágica para causar doença a quem a usasse, além de ter fervido a cabeça de um falecido e usado um rato morto como amuleto para induzir o arquiduque a lhe prestar favores. Barbara Pflieglin causara diarreia ao colocar um junco na correnteza do rio Inn. Os ingredientes grotescos e nojentos, bem como os resultados de ritos mágicos, sugerem que os habitantes de Innsbruck viam as bruxas como pestes imundas que poluíam a comunidade. Helena Scheuberin era considerada por Heinrich e outros a líder desse bando de bruxas. Os acusadores sugeriam que a obsessão de Jörg Spiess por ela se devia a um encantamento de amor, e a irmã de Jörg achava que, em vez de usar veneno para matá-lo, Helena recorrera a um pedaço da carne de uma criança. Essa acusação a associava a outras mulheres igualmente acusadas, algumas das quais, supunha-se, usavam ossos de bebês mortos em amuletos. Em geral, as bruxas eram vistas como mulheres nada femininas: avessas a crianças, desprovidas de instinto materno, contrárias ao trabalho doméstico. Era uma inversão do conhecimento que rotulava as ocupações tradicionais da mulher, como cuidar de crianças, amamentar, ajudar no parto e cuidar das tarefas do lar; em vez de auxiliar, as pessoas desconfiavam de que essas mulheres cometiam assassinatos de bebês e crianças. Em vez de cozer comida saudável, usavam venenos ou carne humana em poções mágicas, ideia que se refletia nos contos populares europeus, como *João e Maria*.[20]

Quando Heinrich terminou a investigação, sessenta e três pessoas haviam sido acusadas, embora apenas as sete originais o tivessem sido formalmente, após serem arrastadas de casa e postas na prisão. Sessenta e uma delas eram mulheres – havia só dois homens. Um era marido de uma das acusadas; o outro era oleiro, sem nome citado, cuja acusação era praticar magia para descobrir quem enfeitiçara uma mulher chamada Gertrud Rötin. Ele mandara Gertrud cavar sob a entrada de sua casa. Ao fazê-lo, ela encontrou uma figura de cera que a representava atravessada com alfinetes, pedaços de pano e cinza, madeira de forca, fios de uma toalha de altar e ossos, possivelmente de crianças não batizadas. Gertrud afirmou que o oleiro sabia que o objeto estava lá porque ele era amante de Barbara Selachin, que plantara o amuleto.[21] O oleiro era curandeiro e adivinho e acabou sendo acusado porque sua magia supostamente boa fora reinterpretada como má, o que acontecia com frequência durante a caça às bruxas. Mas ele também se tornara suspeito porque tinha um relacionamento com uma acusada. A conclusão inevitável é que Heinrich Kramer procurava quase exclusivamente bruxas do sexo feminino, de maneira muito mais fanática que outros inquisidores da época. No fim, apenas as mulheres foram sentenciadas.

No interrogatório individual conduzido nas audiências preliminares, as sete mulheres negaram que fossem bruxas. Até então, nenhuma delas fora torturada, mas a partir daí seriam julgadas, e o tribunal determinaria se haveria necessidade de tortura para chegar à "verdade". Assim, naquele sábado, 29 de outubro, Heinrich e os clérigos atravessaram a praça do mercado rumo à sede da prefeitura de Innsbruck, prontos para conduzir o julgamento das bruxas sob os olhos dos funcionários do bispo e do arquiduque. Era um tribunal eclesiástico autorizado pelo papa, mas organizado pelo bispo local sob os auspícios da autoridade de Sigismundo. Heinrich atuaria como juiz, embora fosse o acusador de, ao menos, uma das mulheres, e já deixara claro que acreditava na culpa da acusada. E era assim que a Inquisição conduzia seus tribunais desde o início do século XII: acusações, investigações e julgamentos eram feitos pelos mesmos indivíduos. Entretanto, a conduta de Heinrich parece particularmente marcada por injustiça. Ele utilizava os métodos regulares da Inquisição para defender sua teoria demonológica. Permitia que a repugnância pessoal e a misoginia influenciassem a escolha de pessoas suspeitas. Pressionava em favor da tortura. E tornou óbvio seu alvo para o início dos julgamentos: Helena Scheuberin seria a primeira a ser chamada ao tribunal.

Às nove horas, os dignitários estavam reunidos na sala do Conselho, arrastando cadeiras e remexendo papéis, todos agasalhados com casacos de pele por causa do frio. Além de Heinrich, estava presente Christian Turner, um observador representante do bispo Georg Golser. Outros espectadores eram Sigismundo Sämer, pároco da cidade vizinha, Axams e o doutor Paul Wann, clérigo de Passau e outro amigo do bispo. O bispo Georg estava doente e não pôde comparecer, mas providenciou para que alguém ficasse de olho em Heinrich. Um tabelião local encarregou-se da ata, e, por trás de todos, pairava a autoridade do arquiduque. Apesar de ausente, o tribunal ficava a poucos metros de sua casa com telhado dourado, e o julgamento só aconteceria com sua aprovação. Heinrich mandou que o meirinho trouxesse Helena da cela da sede da prefeitura, na qual fora encarcerada no início de outubro. A conversa inicial foi conflituosa. Helena não queria fazer o juramento que lhe obrigava a falar a verdade, sinal de suas tendências reformistas, pois os reformistas rejeitavam qualquer juramento envolvendo objetos sagrados. Por fim, "após várias palavras dirigidas a ela pelo Inquisidor", resumiu o encarregado da ata, "ela finalmente jurou perante os quatro evangelhos de Deus dizer a verdade". Seria interrogada e, se o tribunal julgasse necessário, submetida à tortura. A essa altura, provavelmente confessaria, sendo, por fim, condenada à morte.

Primeiro, teria de responder às perguntas de Heinrich,[22] que começavam assim: "Diga-me onde nasceu e foi criada". "Em Innsbruck", Helena respondera, falando pouco. "É casada?" "Sim." "Há quanto tempo?" "Oito anos." O tabelião acrescentou: "Marido: Sebastian Scheuber", sugerindo que Helena citara o nome; afinal, era respeitado em Innsbruck. Sebastian não teve permissão de frequentar o tribunal para defender a esposa, mas seu nome era importante. A sala do tribunal estava em polvorosa, com as pessoas se lembrando dos mexericos: Helena era fiel a Sebastian? Jörg Spiess não a considerava sua amante? Heinrich sabia que esse era um ponto negativo na reputação de Helena e se apegou a ele. "Segue um estilo de vida correto?", ele prosseguiu, e, quando Helena disse sim, de maneira brusca e rápida, ele perguntou: "Era virgem quando se casou?". Os funcionários mal respiravam, dominados pelo suspense. Por certo, ninguém fazia tal pergunta às respeitáveis esposas de Innsbruck! E a pergunta que tinha o intuito de encurralar Helena lhe deu força, na realidade. Ela se recusou a responder. O silêncio chocante foi cortado pela voz do funcionário do bispo, Christian Turner, perguntando a Heinrich qual era a necessidade dessa informação.

Informado pelo bispo Georg, Christian sabia que algumas acusações eram inapropriadas. Não precisava de mais desculpas para intervir. Embora o julgamento fosse realizado sob a autoridade do bispo e do arquiduque, ambos tinham dúvidas. Seria prudente deixar um forasteiro perturbar a comunidade e aborrecer seus mercadores? Aquele inquisidor, a despeito da autoridade papal, seria um fanático perigoso? O arquiduque, as autoridades municipais e diocesanas tinham cooperado com os inquéritos até aquele ponto: o papa não podia duvidar da boa-fé deles. No entanto, naquele estágio, Heinrich mostrara como estava disposto a baixar o nível, e Christian atacou. A vida sexual dos cidadãos proeminentes de Innsbruck, dissera ele, eram "questões particulares que nada tinham a ver com o caso". O tabelião registrou que Christian "não estava disposto a participar dessas intrigas porque eram irrelevantes" e pediu a Heinrich que prosseguisse. Christian falava em nome da igreja local; por isso, Heinrich aquiesceu. Todavia, quando começou outra pergunta, Christian o interrompeu novamente. Por que, perguntou, Heinrich não produzira "artigos" escritos, acusações passíveis de investigação pelo tribunal, antes da audiência? Não deveria, então, fazê-lo agora? Desconcertado, Heinrich concordou em suspender o julgamento até as onze horas, escrever os artigos e trazê-los ao tribunal. Helena foi levada de volta à cela.

Contudo, ela não ficou calada. Não sabemos a ordem exata dos eventos, mas, quando reapareceu às onze horas, Helena não estava sozinha. Acompanhava-a Johann Merwart, de Wemding, a trezentos e vinte e dois quilômetros ao norte de Munique. Johann era especialista universitário em direito eclesiástico. De repente, tudo mudou: Helena contava com um advogado especial, caro, e a situação se complicou para Heinrich. Sem revelar exatamente como ou quando chegara, Johann explicou que atuaria "como representante legal da ré Helena Scheuberin e das demais detidas". Embora ainda não tivesse mandado oficial, disse, exigia que o registrassem na condição apresentada. Assim, "às doze horas, Helena Scheuberin, Rosina Hochwartin, sua mãe, Barbara, Barbara Pflieglin, Barbara Hüfeysen, Barbara Selachin e Agnes Schneiderin, todas presentes, juntas e separadamente, nomeavam como seu representante legal o senhor Johann de Wemding, o qual defenderia sua causa".[23] Helena e as demais acusadas podiam contar com um advogado de peso.

Se Christian foi discreto, Johann despedaçou Heinrich. Questionou a escolha do tabelião citando um conflito entre as cartas do papa autorizando Heinrich a montar um tribunal e as convenções legais que permitiam que os tabeliões fossem nomeados pelo bispo. Juntou-se a Christian Turner no desprezo às perguntas de Heinrich, alegando que "ele conduziu a inquisição com base em pecados ocultos", embora, em vez disso, "devesse ter examinado as mulheres no que dizia respeito à má reputação, com base em artigos que ele... não apresentou porque não os tinha escrito". Claramente, disse Johann com escárnio, Heinrich se limitara a "apreender as mulheres antes de instituir os procedimentos segundo o padrão legal". Heinrich contorcia-se de indignação, mas o pior ainda estava por vir. "Com essas e muitas outras coisas já explicadas verbalmente", escreveu o funcionário, Johann "rejeita o senhor Inquisidor como juiz suspeito, nesse caso." Por fim, sem hesitar, Johann pede ao "senhor Comissário, no lugar do senhor Bispo de Brixen, que ponha o senhor Inquisidor sob custódia". De repente, era Heinrich que acabaria na prisão. Na sequência, Johann "instruiu Scheuberin (então presente) e as outras mulheres que, juntas ou separadas, não respondessem a nenhuma pergunta do senhor Inquisidor, pois ele não era mais seu juiz".[24]

Foi um conflito sensacional. A defesa de Johann era incrível, e alguns aspectos dela permanecem obscuros até hoje. Apressadamente, ele deve ter produzido argumentos entre a suspensão do tribunal e o retorno ao meio-dia. Mas os detalhes não importam: o plano deu certo. Heinrich protestou, ainda na cadeira de juiz, agarrando-se a ela dizendo que "era o juiz competente no caso". "Muito bem", disse Johann, sem hesitar, "levarei a questão ao papa." Nesse momento, o funcionário do bispo, Christian Turner, interveio mais uma vez, como no papel de mediador. O que deveriam fazer, disse, é refletir por alguns instantes, até segunda-feira, por exemplo. Sim, na segunda-feira, na condição de representante do bispo, ele daria seu parecer quanto a Heinrich poder ou não atuar como juiz. Afinal, era a diocese do bispo, não era? Heinrich, ainda lutando para dar a palavra final, grunhiu que também se pronunciaria até segunda-feira em relação à decisão final, pois era o juiz com autoridade do papa. Mas a base de poder papal em Roma estava muito distante de Innsbruck. O tribunal, então, entrou em recesso.[25] Levara pouco mais de três horas para Helena, seus amigos e sua equipe de representantes legais esmagarem a acusação de Heinrich.

Dois dias depois, na última segunda-feira de outubro, o tribunal se reuniu de novo. Era a noite antes do feriado de Todos os Santos, conhecido atualmente como Halloween, quando as bruxas se encontravam para festejar, segundo se acreditava. Para Helena, seria um Halloween feliz. O julgamento fora transferido da prefeitura para a casa de um cavalheiro chamado Conrad Gunther, e as autoridades de Innsbruck, o arquiduque e o bispo se preparavam para abafar o caso em audiência fechada. Na sala particular de Conrad, Johann Merwart perguntou a Christian Turner o que decidira. Os protocolos estavam em ordem? Por certo, os procedimentos estavam anulados pelo modo de Heinrich os conduzir: prender suspeitos sem acusações escritas, além de outras falhas? Christian concluiu que "este julgamento foi instituído em violação ao sistema legal". Assim, "as mulheres detidas devem ser libertadas". Paul Wann, dignitário visitante, interveio, revelando que falara, no fim de semana, com representantes de Sigismundo. O arquiduque ("ilustríssimos príncipe e senhor") pagara todas as despesas penitenciárias das mulheres, assim como as de Heinrich em Innsbruck. Não era obrigado, mas o fez. Agora, sugeria Paul, em conclusão, Heinrich podia voltar para casa. Claro que o inquisidor protestou, mas seus protestos não foram registrados. Foi, portanto, completamente silenciado. Sigismundo se pronunciou, e o julgamento por bruxaria foi encerrado.

O arquiduque era um político astuto. Tentou salvar a imagem de Heinrich para que o papa não se ofendesse. Cada mulher teve de jurar a Christian Turner que não fugiria de qualquer outro julgamento e obedeceria às leis da Igreja, a menos que desejasse confessar sua culpa. Todas receberam a assinatura de vários avalistas do sexo masculino, os quais, na realidade, pagaram fiança por elas. Os avalistas juraram pagar preço alto se as mulheres fugissem, e "as mulheres, juntas ou separadas, por recurso próprio ou de outrem, não insultariam nem provocariam insultos ou quaisquer danos ao senhor Inquisidor". Heinrich não precisaria ter medo de vingança mágica ou legal e teria a permissão de fugir bravamente. No dia 3 de novembro, na sala do Conselho de Innsbruck – mais uma vez, diante dos mercadores e dos cidadãos "respeitáveis" –, Sebastian Scheuber garantiu a anuência de Helena às decisões do tribunal, enquanto vários outros homens também apoiavam as demais acusadas.[26] Helena Scheuberin deixou aquela sala do tribunal sentindo que ganhara um milhão de *thalers*. O julgamento contra ela jamais fora retomado.

HELENA E AS DEMAIS SUSPEITAS precisaram de toda a coragem possível para encarar Heinrich, sob ameaça de tortura e execução. Mas não teriam vencido sozinhas. Eram mulheres; não podiam estudar nem praticar as leis, ocupar cargos eclesiásticos ou pagar a própria fiança. O bispo Georg e seus funcionários tentaram impor uma audiência justa. Johann Merwart apressou-se em montar uma defesa eficiente. O arquiduque Sigismundo retirou o apoio a Heinrich e o transferiu às bruxas acusadas, sabe-se lá como ou por quê.

Os cortesãos acusadores, Hans Spiess e o cozinheiro do arquiduque, tiveram de engolir as palavras. Maridos, filhos e amigos das acusadas as apoiaram. Esses aliados salvaram as mulheres, que, sem eles, não teriam se safado. Entretanto, a própria atitude delas foi crucial. Foi a recusa de Helena em responder à pergunta de Heinrich sobre sua virgindade que mudou o rumo do julgamento. Acostumadas à submissão, Helena e as demais suspeitas tiveram de falar por elas mesmas e saber quando se recusar a dar respostas. Precisaram tomar a iniciativa, contatar e explicar o caso a Johann Merwart. Tiveram de aceitar a solução oferecida: não a completa justiça, mas uma saída para a liberdade.

Heinrich, porém, não voltou logo para casa. Permaneceu em Innsbruck, aguardando que o julgamento fosse retomado. O bispo Georg escreveu inúmeras cartas hostis a ele entre 1485 e 1486, insistindo que fosse embora. Em novembro, dirigindo-se a Heinrich educadamente como "vossa Paternidade", aconselhou-o a "sair deste lugar, diante das atuais circunstâncias", pois "muitas pessoas estão irritadas e consideram os procedimentos de vossa Paternidade incomuns ou equivocados". "Desejo à vossa Paternidade uma boa despedida", concluiu definitivamente. Mas Heinrich não se foi, e, em fevereiro de 1486, o bispo escreveu ao seu superior na catedral: "Estou farto daquele monge aqui no bispado". Chegara à conclusão de que Heinrich era demente: "infantil" pela idade ou, talvez, tão somente insano. "Parece-me realmente estar louco." Georg se preocupava. "Ele ainda quer continuar com a questão das mulheres, mas não deixarei que se envolva, pois cometeu vários erros nos procedimentos... pressupõe várias coisas não comprovadas." No mesmo dia, escreveu a Heinrich: "Estou pasmo que continue em minha diocese". Dessa vez, a carta terminava de maneira brusca: "De fato, pensei que já tivesse ido embora há muito tempo. Adeus".[27] Por fim, a despeito da teimosia, Heinrich deixou a cidade, pomposo e mal-humorado até o fim.

A questão deveria ter acabado ali. E, ao menos em relação àquele tribunal específico, acabou. Nada mais sabemos acerca de Helena e das outras acusadas, embora, talvez, algum dia, encontremos arquivos atestando que retomaram seus afazeres. Mas as consequências do julgamento de bruxas se estenderam, infelizmente. As vantagens implícitas que séculos de privilégios masculinos e clericais deram a Heinrich incluíam acesso à imprensa escrita. Enquanto gozava de férias na Alemanha, depois da vitória de Helena, Heinrich escreveu seu livro pedagógico *Malleus Maleficarum* como manual para futuros caçadores de bruxas. É possível que tenha finalizado o manuscrito com o colega de universidade, Jakob Sprenger, mas o mais provável foi que elaborou tudo sozinho; posteriormente, teólogos universitários condenaram a obra por encorajar a injustiça. O livro é um compêndio de falsa lógica, crueldade e misoginia. Heinrich apresenta as mulheres se tornando bruxas por serem "iguais a crianças", "tolas", cheias de "desejos irregulares e paixões", e obcecadas por "atos carnais imundos". A primeira mulher, Eva, foi "depravada e opositora, por assim dizer, do homem", afirmou. Segundo ele, as mulheres são "mentirosas na fala", "amargas e perigosas" para os homens, "dominadas por luxúria carnal, que, nelas, é insaciável".

Portanto, não era surpresa o fato de mais mulheres que homens caírem na tentação da Heresia das Feiticeiras", dizia ele. Ao contrário dos homens de Deus, as mulheres-bruxas passavam o tempo envenenando maridos e pretendentes, transformando homens em animais, fazendo sexo com demônios e sacrificando bebês. O *Malleus Maleficarum* detalhava essas teorias em suas centenas de páginas. Destacava a relação entre as mulheres e a bruxaria, instigando-a na mente dos leitores – outros clérigos e magistrados seculares –, e insistia que as bruxas fossem levadas aos tribunais. As cicatrizes da vitória de Helena fizeram Heinrich afirmar que não havia necessidade de "esmiuçar detalhes na sala do tribunal" no início de um julgamento, porque os advogados se preocupavam somente com "as sutilezas legais". Em vez disso, logo após a prisão, as suspeitas deveriam sofrer tortura, sendo esticadas até as juntas se quebrarem e os músculos se partirem. De fato, explicava Heinrich abertamente, "a tortura leve (ser erguida uns dois centímetros do chão"), com os braços amarrados às costas, já bastava para obrigá-las a confessar.

Embora muitos estudiosos tenham descartado o *Malleus Maleficarum* como insano, e os historiadores soubessem que muitas outras demonologias também tiveram influência – *Formicarius*, de Johannes Nider, e *Daemonomanie*, de Jean Bodin, for exemplo –, o livro foi um marco importante. Afirmava que as bruxas existem, devem ser mortas e quase todas eram mulheres. A misoginia da obra não é uma aberração: sua riqueza de detalhes era incomum, mas os princípios eram amplamente compartilhados.[28] O fenômeno da caça às bruxas acentuou-se na Europa, alimentado pela demonologia.

Sem se deixar abater pela derrota em Innsbruck, Heinrich conduziu outras inquisições na Alemanha, na Boêmia e na Morávia. Regozijava-se com seu sucesso e com o de outros homens de pensamento semelhante. Em 1486, contou, com orgulho, que um inquisidor italiano condenara quarenta e uma mulheres à fogueira por bruxaria. Outras, lamentava, conseguiram fugir, "abrigando-se nos domínios de Sigismundo, o arquiduque da Áustria", o qual, àquela altura, já era seu inimigo declarado. O telhado de ouro tornou-se, de fato, o refúgio das bruxas, graças à reviravolta do julgamento de Helena e das outras mulheres.

Em *Malleus Maleficarum*, Heinrich relatou em anonimato a história de Helena e das demais suspeitas de bruxaria em Innsbruck. Afirmava que ela não tinha o intento de "desgraçar o ilustríssimo arquiduque, mas, sim, louvá-lo e glorificá-lo". Sigismundo "não mediu esforços para exterminar feiticeiras, com a assistência do reverendíssimo bispo de Brixen". Pena que fracassaram, mentia o *Malleus Maleficarum*. No futuro, essas e outras autoridades se preparariam devidamente, e o livro demonológico de Heinrich e outras obras os ajudariam a conduzir os julgamentos com mais eficiência.[29] Infelizmente, apesar de toda a bravura de Helena, Heinrich tinha razão.

CAPÍTULO 2

O julgamento das bruxas de North Berwick: um rei que amava demonologia

Livros como o *Malleus Maleficarum* difundiam ideias demonológicas que provocaram uma explosão de julgamentos de bruxas. Vendidos nas universidades e em cidades com catedrais, formavam uma rede de leitores: não apenas clérigos, mas também nobres, rainhas e reis. Em 1600, a demonologia já era conhecimento essencial aos governantes nacionais, com aproximadamente quarenta e cinco demonologias impressas na Europa Ocidental. À medida que cresciam em popularidade, os julgamentos de bruxas tornavam-se mais comuns.[1] Eram questão de crença correta, mas também de ação governamental acertada, promulgando leis e nomeando funcionários para investigar, o que era difícil em tempos de mudança religiosa. Os ataques dos protestantes contra a Igreja Católica eram mais frequentes, e, conforme o conflito se intensificava, crescia, ainda, o interesse em identificar opositores hereges e satânicos da verdadeira religião (qualquer que fosse ela). Ironicamente, as comunidades católicas e protestantes realizavam julgamentos semelhantes de bruxas, apesar das diferenças religiosas, pois ambas as seitas compartilhavam do pensamento dicotômico que fomentava a demonologia. A principal diferença era que nas áreas protestantes não havia monges e, portanto, nenhum inquisidor monástico; não havia ninguém para desempenhar o papel de Heinrich Kramer. Em vez disso, as autoridades – reis, duques, constituintes – trabalhavam com funcionários da realeza. O jovem rei protestante Jaime VI, da Escócia, não era exceção à caça às bruxas por parte do governo, e, no fim da década de 1580, sua educação em demonologia saltou das prateleiras da biblioteca real e ganhou vida.

No verão de 1589, foi arranjado o casamento entre Jaime e Ana, filha do rei da Dinamarca e da Noruega, Frederico II (na época, os dois países eram um único reino). A Escócia vivia em desordem desde antes da ascensão de Jaime ao trono quando bebê, com nobres belicosos tramando raptos e tentando matar o jovem príncipe. Aos vinte e três anos, Jaime tinha intenso apego aos amigos e evitava mulheres; portanto, não tinha herdeiro, o que encorajava os inimigos a especular que ele morreria sem filhos. Em termos modernos, ele era homossexual, mas o casamento seria vital para produzir filhos da realeza.[2] O reino unificado da Dinamarca-Noruega era um lugar natural para ele encontrar uma esposa, pois se tratava de uma sociedade protestante como a Escócia, e escoceses e dinamarqueses compartilhavam uma história. Posses de terras dinamarquesas pontilhavam a Escócia, de Orkney à Groenlândia, passando pela Islândia, até o litoral norueguês, em Schleswig-Holstein. Stavanger, na Noruega, fica mais perto de Edimburgo que Londres, e havia bom comércio entre as nações, embora a viagem envolvesse um perigoso percurso pelo mar. Entretanto, Jaime não tinha planos para uma viagem à Dinamarca-Noruega. Ana se casaria com ele por procuração e só a partir daí iria de navio à Escócia. No fim das contas, porém, Jaime seria forçado a enfrentar o mar do Norte para buscar a noiva, e sua nova família dinamarquesa achava que sabia quem eram as culpadas por aquela emergência imprevista: as bruxas.

A caça às bruxas era uma prática bem fundamentada na parte sul da Dinamarca-Noruega (hoje Dinamarca) em 1589. As primeiras execuções de bruxas documentadas ocorreram em 1540. Na Dinamarca e na Áustria, o ímpeto de processar bruxas ganhara terreno com a disseminação da demonologia: devotos a Deus deveriam "caçar" [bruxas] como se caçam lobos", conforme escreveu o bispo dinamarquês Peder Palladius na década de 1530. A Dinamarca-Noruega convertera-se recentemente ao protestantismo, abandonando o catolicismo, e seria esperado que essa mudança de prática religiosa levasse ao declínio da caça às bruxas, mas aconteceu o contrário, com as seitas cristãs realizando julgamentos umas contra as outras. Após o rompimento com o catolicismo, o demonólogo dinamarquês Niels Hemmingsen passou a usar os termos "idolatria", "heresia", "apostasia", "sacrilégio" e "catolicismo" para descrever bruxaria. Qualquer crença não protestante, achava ele, seria sinal de que uma pessoa era bruxa. Entretanto, os clérigos dinamarqueses não eram os únicos caçadores de bruxas; funcionários da realeza puxavam a fila. Peder Palladius advertia as bruxas dizendo-lhes que os cortesãos do rei fingiriam contratá-las por suas habilidades mágicas de cura e adivinhação, assim como algumas das pessoas que infestavam a corte do arquiduque Sigismundo, em Innsbruck, e, em seguida, "prenderão vocês e as atirarão no calabouço para serem queimadas até as cinzas, com pele e ossos, carne e o corpo inteiro".[3]

Foi para esse país caçador de bruxas que Jaime VI velejou em 1589, a fim de encontrar a noiva. Precisou fazê-lo porque, quando a rainha viajava rumo ao novo lar na Escócia, a frota desviara do curso. Seis tentativas de deixar o estreito de Skagerrark, na Dinamarca, fracassaram, e o navio da rainha começou a vazar. A comitiva real deteve-se na cidade mais próxima, Oslo, no norte da Noruega, e Ana escreveu para Jaime, com a máxima firmeza possível (tinha apenas catorze anos), explicando-lhe que passaria o inverno lá. Jaime preparava-se para a chegada da esposa havia vários meses e ficou preocupado com a embaraçosa demora. Então, anunciou: pegaria um navio e buscaria Ana imediatamente. Isso significava deixar o reino em perigo político, talvez até militar, imposto pelos cortesãos beligerantes. O rei precisou nomear funcionários para cuidar dos afazeres diários, sendo um deles seu primo, Francis Stewart, duque de Bothwell, cuja principal habilidade era matar outros cortesãos em duelo. Jaime precisou esboçar uma carta humilhante ao embaixador inglês explicando o propósito da viagem, para que Elizabeth I, da Inglaterra, não confundisse o pequeno comboio com uma frota ofensiva de guerra.[4] O preço da súbita viagem, porém, foi cultural: aumento de sua reputação de coragem e determinação, uma esposa submissa e críticos silenciados.

Jaime velejou até Flekkefjord, perto de Stavanger, e de lá seguiu viagem para Oslo, onde ele e Ana se casaram pessoalmente em novembro de 1589. O casal passou o Natal em Helsingør, na corte do irmão de Ana, o rei Cristiano IV, onde cortesãos e admiradores já comentavam que as bruxas tinham atacado a família real, em particular os navios da frota de Ana.

Essa conversa culminou no julgamento, em Copenhague, no verão de 1590, de Anna Koldings, Karen Weuffers, Maren Matts Bryggers, Maren Mogensis e, pelo menos, de mais oito pessoas, cujos nomes não foram revelados. De acordo com Christoffer Valkendorff, ministro das finanças do rei, essas mulheres haviam provocado as tempestades marítimas que abalaram a frota de Ana. Acreditava-se que tinham realizado tal feito enviando demônios flutuantes em barris, os quais se achegaram aos navios e atacaram os cascos.[5] Por prudência, o contingente escocês de Jaime permaneceu em terra durante a estação de tempestades; Ana convenceu o marido a ficar na Noruega, e os recém-casados viajaram para casa em maio. Contudo, essa travessia pelo oceano foi prejudicada pelo mau tempo. As duas casas reais estavam convencidas agora de que havia bruxas tentando assassiná-las. Assim, em 1590, uma série paralela de julgamentos de bruxas teve início na Escócia e na Dinamarca, com o próprio Jaime conduzindo as investigações na capital, Edimburgo.

O rei Jaime VI era diferente dos caçadores de bruxas anteriores. Heinrich Kramer era monge católico, idoso, que vivia em clausura. Jaime era um rei jovem, protestante, ostensivo, com vinte e poucos anos de idade. Podemos ter uma boa ideia de como era se fizermos uma visita à Casa do Banquete, em Whitehall, Londres, e contemplarmos sua imagem. Há no teto uma tela gigante pintada por Peter Paul Rubens representando a recepção de Jaime no céu. Apesar de encomendada por Carlos, filho de Jaime, Rubens completou o projeto iniciado pelo próprio Jaime e nos fala da concepção que ele tinha de si mesmo como rei e homem. Olhar para o alto é importante: Jaime acreditava que os reis eram divinamente designados, mais próximos de Deus que a maioria dos seres humanos. Na década de 1590, escreveu dois tratados que defendiam essa posição: *A verdadeira lei das monarquias livres* e *Basilikon Doron*. "Monarquia", afirmava Jaime, "é o verdadeiro padrão da divindade", e os reis "sentam-se com Deus em seu trono na terra". Um rei é "o ministro de Deus", "senhor supremo de toda a região" e "dono da vida de toda pessoa que a habite... o rei está acima da lei". Jaime é retratado na Casa do Banquete com os pés sobre uma águia imperial e um globo: o mundo, assim como as bruxas que ele perseguia, está sob seus pés.

A noção de mérito real de Jaime era mais profunda que mero título terreno. Na imagem, em vez de se humilhar aos pés dos anjos cristãos, Jaime é elevado aos céus por uma figura clássica, a Justiça, e parece um deus grego ou romano voador. Clérigos como Heinrich Kramer e muitos pastores do próprio reino de Jaime não aprovariam a imagem. Para eles, os seres humanos pecadores só obtinham a salvação graças à generosidade de Deus. Salvação essa que deveria ser recebida com humildade, não com celebração arrogante. Embora supostamente Jaime também acreditasse nisso, na prática ele nada tinha de humilde. Iria ao céu por ser digno dele. Para ele, a justiça era um atributo particularmente importante de consanguinidade. Em *A verdadeira lei das monarquias livres*, ele destaca a administração de "justiça e julgamento" como seus deveres mais prementes.[6] Jaime considerava-se um rei justo, e, como tal, em sua imagem gigante no teto da Casa do Banquete, Deus é retratado compensando-o de maneira igualmente justa. E os murais relacionados representam os outros atributos da realeza que, segundo ele, lhe garantiriam a salvação: Virtude Heroica, Sabedoria, Temperança e Liberalidade, Religião, Verdade Bíblica e Vitória.

Sabemos muito a respeito de Jaime, mais que sobre Heinrich Kramer. Em seu retrato, o rei se mostra deliberadamente voando triunfante acima de todos os "espíritos rebeldes" que, segundo ele, queriam "fomentar desordem" em seu reino.[7] Ele parece invulnerável do pescoço para baixo. Mas não perdera todos os traços de humanidade. O rosto de monarca se destaca porque, a despeito da salvação, a testa aparece enrugada, e a boca se abre para exprimir um apelo trêmulo de um homem aflito. Em outras representações, ele também parece taciturno, nervoso, incomodado. Às vezes, tem aspecto totalmente perigoso, como no retrato pintado por Adrian Vanson, em 1595. Nele, os olhos cinzentos do rei parecem opacos, irados, defensivos, com sombras de cansaço abaixo, e a boca pequena se contrai sob um bigode ralo. Retratos de sua esposa Ana mostram muito mais determinação. Ela parece prepotente, com sorriso de Mona Lisa. Lembremo-nos de que ela o convenceu a ficar na Noruega. Parece que Ana é quem dá as ordens. Jaime dá a impressão de esperar pelo momento de agredir velhas senhoras, o que seria uma maneira de entender os julgamentos das bruxas. Em sua hostilidade pesarosa, apesar de todas as diferenças de religião, idade e estilo de vida, Jaime era parecido com Heinrich Kramer.

Se, assim como Heinrich, Jaime se preocupava com o poder feminino, essa insegurança teria causas plausíveis. Quando tinha apenas um ano, em 1567, sua mãe, Maria, rainha da Escócia, foi deposta do trono, acusada de cumplicidade no assassinato do marido, pai de Jaime, lorde Darnley; em seguida, casou-se com o principal suspeito. Portanto, as alegações talvez fossem verdadeiras. O infante Jaime foi coroado, ficando sob a tutela de pais adotivos. Foi nomeado um regente para governar a Escócia. Contudo, em 1568, Maria se rebelou. O pai adotivo de Jaime, duque de Mar, foi envenenado. O duque de Morton, que o sucedeu como regente, acabou sendo executado e sucedido pelo duque de Lennox, mas, em 1582, foi acusado de seduzir o rei de dezesseis anos. Jaime foi raptado pelos opositores de Lennox enquanto seu regente, amigo e possível amante era exilado. Em 1588, Maria foi executada por Elizabeth I da Inglaterra; com isso, chegamos a 1589, ao casamento de Jaime e seu problema com as bruxas. Jaime teve mãe militante, possivelmente assassina, uma rainha-consorte decidida e uma rainha ainda mais forte, como a vizinha inglesa. Era um rei jovem, ansioso, pressionado por mulheres dominadoras. Seria coincidência o fato de assumir papel incomum para a realeza, conduzindo pessoalmente um julgamento por bruxaria?

Jaime baseou-se no modelo dinamarquês de caça às bruxas. A relação de Peder Palladius entre cortesãos dinamarqueses e praticantes de magia lhe saltou aos olhos. Quando voltou para casa com Ana, Jaime temeu que na própria corte houvesse inimigos empregando bruxas para afastá-lo do trono. Para sua decepção, suspeitava de que um dos conspiradores fosse o próprio primo, aquele que deixara no comando quando partiu para a Dinamarca-Noruega: Francis Stewart, duque de Bothwell. A ideia de bruxaria usada em traição não era nova na Escócia. Várias bruxas tinham morrido na fogueira no século XV, e o Estado escocês tinha leis contra bruxaria desde 1563 – decreto parlamentar que proibia qualquer tipo de bruxaria, apesar de não definir o que isso significava. A lei foi introduzida, em parte, porque as bruxas coadunavam com hereges católicos, seguidores de "superstição abominável". Em 1568, *sir* William Stewart foi executado por usar magia com o intuito de prever o futuro da monarquia e matar o regente; portanto, Jaime sabia que a traição mágica funcionava.[8] Todavia, os julgamentos de "North Berwick" (como ficaram conhecidos) em 1590-1591 tinham novo foco nas teorias de poder da realeza, e sua identificação de bruxaria satânica subversiva, como o direto oposto. Enquanto Heinrich Kramer enfatizava a oposição entre a igreja de Deus e as bruxas do diabo, Jaime imaginava que os eventos na Dinamarca, e, de repente, também na Escócia, eram uma conspiração internacional de centenas de bruxas no encalço dos reis. Seria uma visão da demonologia que causara tanta confusão em Innsbruck, porém focada na realeza.

Tudo começou com a suspeita em torno de duas mulheres da periferia da corte real e no relacionamento delas com Francis Stewart, duque de Bothwell. Geillis Duncan e Agnes Sampson eram duas curandeiras. Geillis, conhecida como Gillie, era governanta de David Seton, magistrado local da cidade de Tranent, região de Lothian. Tranent fica a quase dezessete quilômetros de Edimburgo, e ali moravam os lordes Seton, primos importantes de David. David trabalhava como administrador dos lordes e, como o pai (que também se chamava David), tinha múltiplas propriedades, incluindo o castelo Foulstruther, em Edimburgo, e uma casa em Tranent conhecida como Royal George. Nela, Gillie trabalhou para os Seton arrumando as camas, limpando os tapetes, picando legumes e fazendo guisados. Contudo, também tinha vida pessoal. Às vezes, passava a noite inteira fora. Embora fosse jovem, Gillie tinha fama de curandeira, pessoa capaz de "ajudar qualquer um que sofresse de doença ou enfermidade". Não sabemos que curas usava, mas, com base em sua "confissão", quando descreve uma caminhada a Dalkeith, subindo a colina além do "fiorde do rei" pelo calmo rio Esk, "com o intuito de colher uma erva de folhas grandes", podemos deduzir que entendia de plantas. Talvez pretendesse usá-la em algum remédio à base de ervas ou em um amuleto? Gillie também tocava "flauta de judeu", instrumento de metal colocado entre os dentes que produz uma melodia estonteante, hipnótica.[9] Ela era um patrimônio para sua comunidade: talentosa e interessada em ajudar as pessoas.

Contudo, embora alguns a vissem como amiga habilidosa, seu empregador tinha outra opinião. David achava que Gillie usava magia profana em suas curas: ela "não fazia essas coisas por meios naturais ou legais", declarou. Como mulher, Gillie não era profissional da área médica qualificada, mas algumas de suas supostas curas foram descritas como "muito milagrosas".[10] Essa palavra era associada não só à magia como também ao catolicismo. "Milagres" iguais aos de Gillie eram bons na Bíblia, realizados por Jesus Cristo, mas em tempos modernos indivíduos devotos os consideravam falsos ou demoníacos, e certamente não podiam ser operados por mulheres. Até o empregador católico de Gillie achava que seus remédios eram eficazes demais ou estranhos demais para serem sagrados. Assim, David Seton a interrogou e a torturou, de maneira ilegal e não oficial, com prendedores nos polegares. Gillie confessou que era bruxa, e logo foram iniciadas investigações locais para apurar com quem ela trabalhava. Um dos nomes que ela mencionou foi o de Agnes Sampson.

Agnes, também conhecida como Anny, era de Nether Keith, perto de Haddington, onze quilômetros além de Tranent. Magistrados locais e clérigos suspeitavam dela e a interrogaram, sondando-a experimentalmente, a fim de verificar se seus temores demonológicos se refletiam nas atividades dela. Parece que Anny era considerada mais perigosa que Gillie, porque alguns de seus "pacientes" influentes eram a "senhora de Kilbaberton", "*lady* Littledean", "*lady* Roslin", o proprietário de terras do filho de Reidshill", a esposa do xerife de Haddington e "a filha de um proprietário de terras chamado Parkie". Uma suspeita específica contra Anny era o fato de ela tentar ajudar a esposa e as filhas do rico cavalheiro chamado Patrick Edmiston. Essas mulheres afirmaram ter sido atacadas por um cão preto sobrenatural. O cão também era citado como "o diabo", o que o associava a um espírito demoníaco que Anny iria expulsar; talvez representasse ansiedade ou depressão, ou fosse considerado o espírito acompanhante de outra bruxa hostil. Alguns acreditavam que as bruxas trabalhavam com demônios em forma de animais, ideia oriunda de crendices populares em torno de animais mágicos. Essas imagens se fundiam a temores demonológicos quando as pessoas suspeitas eram forçadas a confessar. Interrogada, Anny disse que ordenava ao cão-diabo que revelasse se seus pacientes viveriam ou morreriam. Ele lhe contou, então, que Euphan, a respeitável viúva *lady* Edmiston, morreria, mas ao menos duas de suas filhas sobreviveriam. Posteriormente, prossegue Anny, ela impediu que uma filha – Elizabeth Pringle, *lady* Torsonce – se afogasse, frustrando, assim, o plano do diabo. Anny realizava todas essas curas pelo poder da "prece", dizia, e aprendera suas técnicas com o pai.[11] Contudo, sua descrição de contato com um espírito foi facilmente percebida como bruxaria maligna pelos interrogadores influenciados por demonologia.

Provavelmente, Anny não tinha essa ideia sobre seu trabalho. Seu método de cura era tradicional, confiável e impressionante, transmitido pela família. Ela o compreendia como perfeitamente cristão. Sim, lidava com espíritos de animais e encantamentos mágicos, mas trabalhava pelo bem e ajudava as pessoas. Como sua arte poderia ser bruxaria satânica? Muitos de seus pacientes concordariam. Imagine que você está doente: triste com a vida, talvez, além de sentir dor nos quadris, ou na barriga, ou nos pés. Não consegue realizar seu trabalho habitual: cuidar da plantação, zelar pelas crianças, verificar as contas. Está *cansado* demais. É inverno, e cada dia escurece mais cedo por mais tempo. Será castigo de Deus? O diabo anda beliscando seus calcanhares? E você começa a se preocupar que talvez esteja enfeitiçado. Viu, certa vez, uma mulher maltrapilha na ponte, acompanhada de um cão preto bravo. Ela olhou para você com tamanho ódio, e você não imagina por quê. O mundo é um lugar aterrador, e tudo que você quer é se esconder dele e dessas pessoas insanas. Um dia, enfim, volta para sua cama quentinha e macia no meio da tarde e fica lá. Dali a pouco, para de falar com a família, e os amigos que o visitam se assustam com seu olhar vazio, acuado. Nesse instante, mandam uma criança ou uma criada chamar Anny Sampson.

E o que Anny faz é fantástico. Ela se aproxima da cama, ao seu lado, segura seu braço com força, olha fundo em seus olhos cansados e diz: "Rezei por você. Fiz a prece especial que aprendi com meu pai". E lhe ensina a prece. Você a reconhece: é o Credo dos Apóstolos, a versão que todos recitam na igreja. Mas está um pouco diferente. Parte é dita em dialeto, e algumas partes não fazem sentido. Mas é lindo:

> Creio em Deus Pai todo-poderoso
> Criador do céu e da terra [a partir do nada];
> E em Jesus Cristo, seu único filho,
> Que foi concebido pelo poder do Espírito Santo,

Nasceu da Virgem Maria,
Subiu aos céus [e se colocou]
À direita de Deus Pai todo-poderoso
[e lá nos aguarda]
De onde há de vir a julgar os vivos e os mortos.
Creio no Espírito Santo,
Na Santa Igreja [que é minha esperança],
Na comunhão dos santos
Na remissão dos pecados
Na ressurreição da carne
Na vida eterna.
Senhor, bem-amado!
Que fizestes de mim humano,
Que me redimistes na santa cruz,
E me emprestastes o corpo, a alma e a voz,
E para mim preparastes a glória do céu,
Por tudo isso, eu vos agradeço, Senhor.
E a todos os santos rogo
Que rezem por mim
E me livrem de todo o mal
E protejam minha alma do pecado.
Senhor, por vossa terrível paixão,
Guardai-me do pecado e da infâmia do mundo
E da condenação eterna
Concedei-me a alegria eterna.
Por Jesus Cristo, amém.

Então, Anny lhe diz que a prece sempre funciona quando ela a entoa. Se fosse interrompida durante a entoação por uma batida na porta, um lapso de memória ou uma palavra travada, ela saberia que você ia morrer. Mas ela reza até o fim, sem interrupção. Anny sabe que você viverá, que tudo ficará bem. E ela está bem ao seu lado, para lhe dar apoio.

E ela lhe trouxe seus amuletos especiais. Se a mulher da ponte realmente o enfeitiçou, Anny lutará por você. Ela coloca algo embaixo de seu travesseiro e outra coisa sob o pé da cama. Segura-o novamente, com força, e diz:

Em nome de Cristo, conjuro-vos,
Afastai todos os males,
Com todas as virtudes da Missa;
Pois Jesus, com as chagas, sangrou
Para que nunca mais sangremos;
E por esse mesmo sangue
Que escorreu da pesada cruz,
Que jorrou da carne e dos ossos,
E sobre a terra e as pedras,
Conjuro-vos em nome do Senhor.

Com os olhos fechados, Anny respira e se curva para trás, afastando-se de você, até soltar um gemido de tanta angústia que você sente os olhos marejar. É a sua angústia, a sua dor que ela pega para si. Anny diz que esse ato se chama "remoção da dor e da doença". Ela geme e chora. Então, solta seu braço e cai no chão. A filha de Anny, que aguarda rente à entrada com os olhos arregalados, ajuda-a a se levantar. Cambaleando, as duas se afastam da casa, e depois você ouve dizer que Anny passou aquela noite inteira agonizando na cama, com "altos gemidos e tormento". Na manhã seguinte, levantou-se, jogou a doença pela janela em um cão que por ali passava, e, lentamente, você começa a melhorar.

O MÉTODO DE ANNY ERA comum entre os curandeiros mágicos, tanto naquela época quanto depois, em diferentes comunidades do mundo. Algo semelhante provavelmente era praticado em Innsbruck, e, mais adiante, veremos que se repetia em outros lugares, incluindo locais distantes como Pensilvânia e Portsmouth, até o fim da década de 1940.

Igual aos curandeiros posteriores, Anny invocava a deidade cristã para ajudá-la e, como escocesa do século XVI, referia-se às práticas católicas, cujos procedimentos e usos de artefatos aprendera com o pai, o qual usava o sortilégio antes da conversão do Estado ao protestantismo. Essas referências católicas eram a Missa e os "santos", além da "cruz". Anny também utilizava a prece "Ave-Maria".[12] Na época do pai, essas eram as palavras sagradas, mas na Escócia protestante despertavam suspeita; particularmente na boca de uma mulher, indicavam perigo. Anny era temida como poderosa transmissora dessas palavras. Posteriormente, outra mulher suspeita de bruxaria, Janet Kennedy, afirmou que fora chamada uma vez para se encontrar com Anny, e, por ter recusado, o mensageiro a "ameaçou em nome de Agnes Sampson" dizendo que Anny a "obrigaria" a ir. Anny era celebridade espiritual, assim como Helena Scheuberin fora celebridade social em Innsbruck, no século XV. Era visível demais. Quando ela e Gillie Duncan foram interrogadas, ambas admitiram que Anny intervira em assuntos da realeza. Em colaboração com as bruxas de Copenhague, capital da Dinamarca, haviam "forçado o navio da rainha a voltar para casa".[13] Talvez fosse apenas fantasia ou uma lembrança real da tentativa de influenciar a política por meio da magia, mas, de qualquer modo, foi uma confissão fatal, passando da discussão a respeito de magia popular para a admissão de uma conspiração satânica contra o Estado escocês.

As declarações das mulheres às autoridades locais em maio de 1590 chamaram a atenção do rei Jaime. Ele suspeitava de que bruxas o estavam atacando e, de repente, elas foram encontradas. Disse, então, aos funcionários reais que as mulheres deveriam ser julgadas em Edimburgo, lar do rei, no palácio gótico e sombrio chamado Holyroodhouse. Levaria seu conselho interno, e, juntos, eles interrogariam e julgariam as suspeitas, com um júri simbólico de moradores locais. Era uma decisão excepcional. No fim do século XVI, a Escócia não tinha um sistema judiciário de pleno estado, com resultados previsíveis em tribunais organizados. Em vez disso, a administração da justiça costumava ser delegada a proprietários de terra locais e a indivíduos indicados pela casa real. A decisão de Jaime de julgar as bruxas pessoalmente transformava as audiências locais em um espetacular julgamento nacional, uma experiência em demonologia aplicada. Assim como julgamentos posteriores, a exemplo de Salem, a deturpação de processos jurídicos normais para atender a uma autoridade poderosa pode culminar em injustiça geral. Foi o que ocorreu em Edimburgo, em 1590. Quando Anny e Gillie foram interrogadas, citaram outras pessoas suspeitas. Enquanto isso, o rei permanecia "inflexível": "Deus estando com ele, o rei não temia quem estivesse contra", escreveu um observador.

Algumas pessoas suspeitas confirmaram que "o rei nada precisa temer abaixo de Deus". Essa é uma versão mais antiga da autoimagem de Jaime como o próprio monarca de Deus. Devemos reconhecer que Jaime tinha uma curiosidade intelectual: o julgamento das bruxas era uma chance de examinar o funcionamento do universo. Mas, de modo alarmante, ele enfocava seu posto especial nesse universo. Jaime "regozijava-se por estar presente no interrogatório [das bruxas]", disse um dos frequentadores. "Regozijar-se" não é um verbo que cai bem nesses julgamentos e acabou marcando a reputação de Jaime.[14]

No outono e inverno de 1590, porém, Jaime não pensava em como a história registraria suas ações. Queria saber como aquelas curandeiras, Gillie e Anny, tinham interferido em seus assuntos e ameaçado seu reino; assim, exerceu sua autoridade para torturá-las até descobrir. O que aconteceu com Anny – em data não especificada no fim de 1590 – é detalhado em um relatório impresso sobre as bruxas intitulado *Newes from Scotland*. Os carcereiros rasparam todos os pelos do corpo de Anny para poderem examiná-la em busca de marcas demoníacas, que eram pintas ou verrugas supostamente deixadas por Satanás indicando que a bruxa lhe pertencia. Em seguida, "amarraram-lhe a cabeça com uma corda", a qual ficava apertada e torcida em volta das têmporas, a ponto de causar dor. Anny era uma mulher forte. Aguentou por uma hora sem confissão, mas, quando suas "partes íntimas" foram examinadas e os torturadores lá encontraram uma suposta marca, sua resistência acabou. E, claro, a tortura e o ataque sexual, bem como a tortura de outras suspeitas após serem presas, culminaram em falsas confissões. Depois do julgamento, vários "bruxos" retiraram a admissão de culpa e outras declarações. Donald Robson e Janet Stratton, por exemplo, afirmaram ter dado evidências "falsas e fingidas" porque temiam o "tormento" e zelavam pela própria vida.[15] Quase nada sabemos dos dois, exceto que foram torturados até confessarem.

Todos os suspeitos contaram a Jaime o que ele queria ouvir. Em seu depoimento, Gillie explicou que Anny se empenhava em frustrar os planos de casamento do rei desde o outono de 1589. Não esclareceu por que ela e Anny seriam inimigas do Estado, apenas confirmou a conspiração, como Jaime temia. Não sabemos se ambas realmente se conheciam antes do julgamento, mas Gillie afirmara que sim. Em novembro de 1589, explicou Gillie, Anny teria dito em tom de ameaça: "Agora o rei vai buscar a esposa, mas chegarei antes deles". Em vez de contradizer a acusação, em seu depoimento ao tribunal no fim de 1590, Anny confirmou: enquanto Jaime esteve fora, "o diabo disse a ela que o rei teria dificuldade em voltar para casa, e a rainha jamais chegaria, a menos que ele fosse buscá-la". Significativamente, Anny disse a Jaime que perguntara ao diabo "se o rei teria filhos" e acrescentou que estivera presente, por meio da magia, na noite da cerimônia de casamento na Noruega. Para provar, sussurrou no ouvido de Jaime as palavras que o rei dissera à nova esposa; frases que, provavelmente, foram ouvidas e repetidas pelos criados.[16] Para Jaime, contudo, as palavras soavam como magia. Tudo confirmava suas suspeitas e estabelecia a exatidão de seu conhecimento demonológico de bruxaria.

Anny e Gillie eram pobres e não tinham estudo, como muitos outros suspeitos levados a julgamento. Estavam acostumadas a concordar com homens poderosos que se dignavam a falar com elas, sendo essa a principal diferença de Helena Scheuberin, cem anos antes. Helena tinha coragem, mas isso era possível, em parte, por causa de sua riqueza, do apoio familiar e da educação religiosa. Anny e Gillie não eram capazes de desafiar seus perseguidores da mesma maneira. Quando Anny foi questionada sobre "como começou a servir ao diabo", ela aceitou a premissa da pergunta, revelando seu isolamento e sua pobreza. O diabo a procurou após ela enviuvar, disse, e lhe ofereceu dinheiro para aceitá-lo como "mestre". Ela era uma das mulheres mais pobres da sociedade: uma viúva que vivia em uma cabana lotada e fria, compartilhando a cama com os filhos, um de cada lado, para se aquecerem. Gillie reforçou o relato de privação de Anny. Disse que as bruxas haviam trabalhado para o duque de Bothwell e outros com o intuito de ganhar "ouro, prata e comida para ajudar Anny Sampson e seus filhos". Após o julgamento, Gillie disse que "caluniara" a outra acusada porque "fora persuadida pelos dois David Seton, em Tranent, e outros". "Não passou de mentira, por isso peço perdão a Deus", ela confessou, usando um dialeto para a palavra "mentira". Ao contrário de Helena Scheuberin, quando Gillie e Anny foram intimidadas por homens poderosos, não tinham condição de pagar advogados para defendê-las. Que mais poderiam fazer além de confessar?

As duas mulheres contaram histórias cada vez mais estapafúrdias no decorrer do julgamento, até 1591. Confessaram especificamente ter criado uma tempestade no mar que afetou Jaime e Ana, em 1589, graças à aliança com uma bruxa dinamarquesa-escocesa. Como parte desse pacto internacional em 1589, o grupo de Copenhague teria dado a Gillie um nome de bruxa, batizando-a em sua fé satânica. Em seguida, o grupo enviou um cão preto para nadar debaixo da superfície e danificar os navios das casas reais, alegaram Anny e Gillie, e em Leith um gato batizado fora atirado ao mar com membros de homens mortos furtados de tumbas. Todo o horror anticristão imaginado pelos demonólogos transpareceu nas confissões das mulheres. Com o objetivo de planejarem esses danos, as bruxas tinham se reunido em "convenções" em vários locais da Escócia, afirmaram as duas. O diabo lhes explicou como prejudicar o rei. Satanás prometeu que, se Anny esculpisse uma "imagem" de cera do monarca (como a que Gertrud Rötin encontrara sob sua porta em Innsbruck), ele a impingiria de mal e a daria de volta às seguidoras para derretê-la, dissolvendo, assim, a vida do rei. Satanás também instruiu o grupo a matar e a assar um sapo, pendurando-o para deixar o veneno escorrer. Deveriam, ainda, juntar a pele de uma víbora um pouco de urina estagnada e uma concha para apanhar os sumos do sapo. Essa mistura poderia ser borrifada no rei ou esfregada na roupa que ele não estivesse usando no momento, para, assim, transmitir o veneno a ele por meio de magia.[17]

Por fim, o braço escocês do suposto culto das bruxas se reuniu novamente em North Berwick, explicou Anny. Essa última convenção – ou "sabá", como eram conhecidos os encontros de bruxas – foi a maior de todas. Contou com mais de cem delegados, mas apenas seis eram mulheres. O mais incrível, segundo Anny, foi que o evento se deu dentro da igreja de North Berwick, trinta e dois quilômetros ao norte de Keith, onde ela morava. Os sabás eram considerados paródias dos cultos nas igrejas, invertendo ritos cristãos para a adoração ao diabo, mas o encontro dentro de uma igreja cristã foi um gesto ousado. Anny contou que, certa noite, enquanto caminhava pelos campos perto de Keith, o diabo apareceu para ela. Ele a instruiu a ir até a igreja de North Berwick no dia seguinte. Primeiro, ela disse que seu genro, John Couper, a levou em seu cavalo; mas depois afirmou que as bruxas haviam velejado até a igreja – que ficava em um promontório – em peneiras. Claro que as peneiras têm tantos furos quanto a confissão apavorada de Anny (embora, posteriormente, Shakespeare tivesse resolvido usar esse detalhe da história de Anny em *Macbeth* – c. 1606 –, a história de bruxas mais famosa de todos os tempos). Chegaram a North Berwick, e logo as bruxas começaram a dançar uma roda folclórica por toda a igreja, todas cantando também. Gillie tocava sua flauta de judeu. As dançarinas conseguiram entrar na igreja por magia, e o diabo apareceu em forma de um homem negro usando túnica e chapéu pretos. Parecia o ministro que normalmente estaria lá. Anny descrevia o mais extraordinário oposto da normalidade que seus perseguidores poderiam imaginar: um diabo na igreja em vez do pastor; um líder de pele negra em vez de um homem branco; dança no lugar de prece. Era exatamente assim que os demonólogos queriam que as pessoas suspeitas descrevessem a bruxaria: o oposto de tudo que fosse bom. Satanás fez ranger os degraus enquanto subia ao púlpito, vestindo-se cinicamente diante dele. Anny contou que um professor da escola local – John Fian, também acusado de bruxaria – fazia o registro dos frequentadores. Satanás chamava as pessoas pelo nome, e todas respondiam "Aqui, mestre!". O diabo, então, pedia um relatório dos males realizados desde a última reunião e recompensou, com uma promoção, outro homem acusado, Robert Grierson. O testemunho publicado de Anny também declara que o diabo "fez flagrantes protestos contra o rei" em um sermão improvisado, e, quando as bruxas perguntaram “por que odiava tanto o rei”, ele respondeu: “Porque o rei é meu maior inimigo no mundo”.[18] Se Anny, de fato, disse tal coisa, foi música para os ouvidos de Jaime. Se não o disse, então esse endosso satânico foi tão bom que precisou ser inventado. Finalmente, o diabo virou as costas para a congregação e tirou a túnica. Excitadas, as adoradoras esperavam algo sexual, mas, em vez disso, Satanás subiu no corrimão do púlpito e disse às bruxas: “Beijem meu ânus!”. E elas obedeceram. Em seguida, escavaram cadáveres do cemitério da igreja. Anny apanhou uma placa e duas juntas para moer, fazendo, assim, um pó mágico. Infelizmente, perdeu esses troféus antes do interrogatório, o que acontece, em geral, com evidências físicas que nunca existiram. Após confessar tudo o que esperavam dela, Anny foi arrastada de volta à prisão em Holyroodhouse, acompanhada de Gillie e de um número maior de novos suspeitos.

No Natal de 1590, o esboço de uma conspiração mágica já era evidente. Mas Jaime e seus funcionários não se conformaram com o fato de o julgamento das bruxas se estender até 1591. À medida que crescia a lista de acusados, fazia-se um esforço para verificar a condição dos elementos demonológicos nas confissões. O tribunal planejava confrontos entre acusadores e suspeitos, com o intuito de comparar as histórias, esclarecer as contradições e detectar mentiras. No entanto, o plano não era exato, provavelmente porque, na realidade, eles não queriam que suas teorias caíssem por terra. Por exemplo, havia descrições repetidas de um sabá no qual um círculo de bruxas passava de mão em mão a imagem de cera do rei. Seguia da direita para a esquerda, até chegar às mãos de Satanás. No evento, Anny dizia: “Que se tome a imagem de Jaime Stewart, príncipe da Escócia”, e chamava o diabo de “Mahoun”, versão abreviada e islamofóbica de “Maomé”, pois os cristãos ocidentais da Idade Média presumiam que o Profeta fosse um demônio. Toda essa história era fascinante, e ninguém parecia se importar se as bruxas reunidas variassem de uma confissão a outra, e, também, se a pessoa que entregava a imagem de cera a Satanás mudasse em cada relato. Só o que importava era que as bruxas esperavam “afogar Sua Majestade, a rainha, e sua comitiva”, por meio de “magia traiçoeira”, e, embora isso não tivesse ocorrido, “a rainha foi detida pela tempestade”.[19]

No decorrer do interrogatório, Gillie citou muitos novos suspeitos. As acusações varriam o mapa desde Keith e Tranent até Edimburgo, subindo na escala social a ponto de atingir mulheres antes “consideradas honestas e ilibadas como qualquer outra moradora da cidade”. Uma dessas senhoras, Barbara Napier, foi acusada de usar a magia de Anny para ajudar o marido e obter favores de cortesãos. Comprara de Anny um amuleto contra enjoo matutino para *lady* Angus e um anel encantado; além disso, matara o duque de Angus usando uma imagem de cera. Nobre, Euphan McCalzean, conhecida como Effie, foi acusada de enfeitiçar o próprio marido e o sogro, além de consultar Anny e outras bruxas sobre a saúde de sua família. Anny aliviara as dores de parto de Effie espalhando amuletos em sua cama: uma pedra com um buraco, um amuleto escrito – objetos mágicos que as mulheres de Innsbruck também utilizavam. Supostamente, Anny ajudara Effie a seduzir um latifundiário local; como Helena Scheuberin, Effie era o alvo de mexericos em torno de um caso extraconjugal. Effie e Barbara Napier foram julgadas. Desesperadamente, Anny as incluiu na história da conspiração das bruxas: essas "grandes mulheres", disse, eram usadas para "conquistar a amizade de grandes lordes e senhoras e usá-los na execução do plano contra o rei". Embora a família de Effie tivesse contratado advogados, era tarde demais. Eles não conseguiram impedir o julgamento porque o rei o presidia; não havia autoridade superior à de Jaime. Mesmo as mulheres abastadas, autoconfiantes e educadas – as Helenas Scheuberin de Edimburgo – não puderam se livrar da perseguição do Estado.[20]

No fim de seu julgamento em 27 de janeiro de 1591, Anny foi considerada culpada. Se o júri a teria condenado sem a insistência do rei em conspiração mágica, não sabemos. Da forma como aconteceu, a demonologia misturou-se a crendices populares para provar que Anny era culpada de bruxaria satânica contra o Estado. Anny foi levada ao Castelo Edimburgo e aprisionada, até que fossem construídas uma pira de madeira seca e uma forca. Foi enforcada, e seu cadáver, consumido, até virar cinzas na pira; era a punição comum para bruxaria. Disseminando boatos nas ruas do mercado, ou fechadas nas próprias casas, as pessoas sentiam o cheiro da fumaça que o vento leste espalhava sobre a cidade.

Enquanto Gillie Duncan (ainda) era interrogada em dezembro de 1591, a mulher julgada com ela era Bessie Thompson, filha de Anny Sampson, o que implicava duas gerações da família. O professor de Tranent, John Fian, foi acusado com a vizinha, Gillie. Diziam que John trabalhara com Satanás na convenção na igreja de North Berwick, cuidando das atas e fazendo anotações, uma vez que era um dos poucos indivíduos alfabetizados na comunidade. Também o acusaram de fazer truques de magia e prever o futuro. Talvez um jovem estudado como John tivesse conhecimento dos horóscopos. Sua punição foi uma tortura horrenda com martelos e pregos de metal, antes de ser executado.[21] Muitos outros aldeões comuns de Keith, de Tranent e dos vilarejos próximos – Marion

Ranking, Meggie Thompson, Alexander Whitelaw, Janet Campbell, Ritchie Graham, Janet Fairlie, Kate Gray, Isobel Lauder, Helen White, Marion Paterson, Janet Nicolson e várias outras pessoas – foram citados como conspiradores para destronar o rei e colocar em seu lugar Francis Stewart, duque de Bothwell. Não se sabe por que faria diferença para essas pessoas quem seria o rei.

Gillie Duncan e Bessie Thompson foram executadas lado a lado no Castelo Hill, em 4 de dezembro de 1591.[22] Barbara Napier foi absolvida pelo júri, mas o rei acabou julgando os jurados, forçando-os a reverter o veredicto. Barbara escapou da execução imediata por estar grávida e, a partir daí, desaparece da história. Effie McCalzean foi queimada viva em 15 de junho de 1591, punição excepcional, porque era esposa "infiel", uma bruxa que tentara assassinar o marido e o sogro, além de seduzir outro homem por meio da magia. Na Escócia, esses crimes contra o patriarcado eram chamados "traição banal", a rebelião da esposa contra seu soberano legal: o marido. A traição nacional supostamente cometida por Anny e Gillie refletiu-se no crime doméstico de Effie, mostrando que os demonólogos estavam certos: as bruxas eram uma ameaça subversiva em todos os níveis da sociedade, desde o leito conjugal até o palácio. Em 1597, o rei Jaime escreveu uma demonologia própria, intitulada simplesmente *Daemonologie*, ilustrando esse ponto.[23]

O duque de Bothwell, citado como instigador do ataque das bruxas ao rei e à rainha, fora prudente, deixando a Escócia em 1591. Vários anos depois, com o clima político mais tranquilo, voltou e teve julgamento formal em 1593, para encerrar aquela questão. Foi acusado de consultar bruxas (Anny e algumas outras) sobre seu futuro político, comprando um amuleto para fazer o rei amá-lo e perguntando como podia "isolar" o monarca, matando-o por meio de uma imagem de cera, naufrágio ou veneno, ou detendo-o no exterior.

Nosso último vislumbre de Anny, Gillie, Effie e das outras mulheres se deu nos documentos do julgamento do duque: são descritas como "falecidas" por um termo próprio do dialeto local. O julgamento delas já fazia parte do passado; haviam cumprido a pena pela bruxaria cometida sob encomenda do duque, a qual confessaram sob tortura. Estavam mortas havia dois anos quando o duque respondeu pelos crimes que cometeram juntos. Por certo, ele também teria sido condenado e submetido a uma punição terrível. Mas era homem, nobre, cortesão do rei; contava com aconselhamento jurídico e tinha o apoio de outros nobres. Com a consolidação do poder de Jaime, o clima político também mudou. E, assim, o duque de Bothwell foi absolvido.[24]

CAPÍTULO 3

O julgamento das bruxas de Vardø: demonologia na era colonial da Europa

Trinta anos depois das execuções de Anny, Gillie, Effie e outras em Edimburgo, os escoceses começaram a emigrar para as colônias americanas, as ilhas do Caribe e qualquer outro local com um "mundo novo" a ser explorado. Os "Mundos Novos" não ficavam apenas no oeste, mas também no norte e no sul da Europa, estendendo-se pelas profundezas da ominosa vastidão do Círculo Ártico. No século XVII, os colonizadores do extremo sul – noruegueses, dinamarqueses, alemães, holandeses, escoceses e habitantes das ilhas Faroé – já se haviam estabelecido nessas regiões geladas, que hoje pertencem à Noruega e à Suécia. Expandiram os postos de comércio medievais, desenvolveram a agricultura, fundaram empresas de pesca e pele e construíram fortes, mas ainda havia menos de três mil pessoas espalhadas por quase trinta e dois mil quilômetros quadrados. O litoral norte da Escandinávia era tundra, montanha e fiorde, fim da segura terra firme e começo de um mar vasto e frio, onde os *icebergs* gemiam na escuridão invernal sob um céu que ardia em luzes inexplicavelmente vermelhas e verdes. Não era à toa que o extremo norte assombrava a imaginação dos colonos. Entretanto, não era deserto, como pensavam os recém-chegados. No início do século XVII, cerca de metade da população era de povos indígenas, os sami, e a outra metade era de forasteiros do sul.[1] Já fazia muito tempo que o Círculo Ártico era habitado por nômades, pastores e caçadores; era um local mapeado em suas histórias, de um modo que os colonizadores não compreendiam. Enquanto para os colonizadores ilhotas como Vardø e Vadsø eram meros pontos em um mapa com quilômetros de um grande vazio entre elas, os povos nativos viam trilhas, acampamentos e marcos onde os colonos só percebiam terreno deserto.

Se seguir o caminho daqueles colonizadores, você pode ir a Vardø em um avião pequeno que pousa em Svartnes, o promontório negro. Svartnes fica na região de Troms og Finnmark, na Noruega, comarca que faz fronteira com a Finlândia e a Rússia, o oceano Atlântico e o mar de Barents. Em Svartnes, pegue um táxi no túnel submarino até a ilha de Vardø. O motorista provavelmente o deixará no porto. De lá, siga para sudoeste, passe pelas casinhas vermelhas e laranja forradas de gaivotas, orientando-se pela torre da velha capela. Ao passar pelo cemitério por um caminho de terra, verá uma estrutura extraordinária que se ergue à beira-mar. Impossível não olhar: o que é? Uma forma longa e pontuda, semelhante a uma ponte, à vela de um barco, a um andaime ou até a uma faca. Uma passarela de madeira convida a entrar. Em seu ponto extremo, essa estrutura abriga um cubículo de vidro enfumaçado, misteriosamente opaco. Espalhados pela praia, há mastros até a cintura, e você tem uma sensação ainda mais acentuada de surrealismo quando vê sobre cada um desses mastros um sapato laranja com calcanhar pontiagudo. As construções compõem o Memorial Steilneset: um tributo às bruxas de Finnmark, cerca de noventa das quais foram executadas entre 1600 e 1700.

Eventualmente, um número impressionante de quatro e meio por cento da população de Finnmark foi acusada de bruxaria nesse período.[2] O monumento, projetado por Louise Bourgeois e Peter Zumthor, com textos explicativos de Liv Helene Willumsen, se destaca como um dos vários locais de execução e é uma homenagem aos mortos. O mar azul como ardósia cobre os pedregulhos cinzentos, e os corvos se agitam ao longo da enseada. Não parece que algo tão terrível aconteceu naquela praia linda e deserta.

A primeira acusação bem documentada de bruxaria da área de Vardø foi em 1620 e desencadeou uma série de julgamentos interligados até 1621. Tratou-se de um esforço contínuo de Cristiano IV – cunhado de Jaime VI – para eliminar bruxas da Dinamarca-Noruega. A caça às bruxas de Cristiano imitava os julgamentos em North Berwick de 1590-1591, uma vez que era supervisionada por um escocês: John Cunningham, governador de Finnmark, cortesão do rei Jaime VI e da rainha Ana. O rei dinamarquês Cristiano nomeou John capitão, depois almirante de uma frota enviada à Groenlândia em 1605 e 1606. Lá, os companheiros de John deram ao monte Qaqatsiac o nome de Cunningham em sua homenagem. John era "honesto e resoluto", mas um líder temível. Quando a tripulação quase se amotinou por causa dos *icebergs*, "ilhas de gelo... como montanhas enormes", ele a impediu de se rebelar. Dois marinheiros acusados de crime foram abandonados na costa da Groenlândia. John também matou ou capturou vários groenlandeses em conflito. Em 1606, sua expedição sequestrou outros cinco. De volta à Dinamarca, ele capitaneou um navio de guerra durante a Guerra de Kalmar (1611-1613), da Dinamarca-Noruega contra a Suécia. Em 1619, a personalidade forte, a liderança naval e colonial e a experiência de vida (ele já tinha quarenta e poucos anos) fizeram dele o indivíduo ideal para ser governador de Finnmark, distrito no qual o governo dinamarquês queria que o populacho local, uma mistura de povos nativos e colonizadores que pescavam e trabalhavam em pequenas fazendas, fosse obrigado a aceitar o protestantismo, pagando impostos e se submetendo a um governo militar.[3]

Em geral, os funcionários da realeza no norte da Noruega eram estrangeiros como John Cunningham. Eram bem-vindos porque traziam noções e boas práticas de seus países: novos comércios, conhecimento mercantil, experiência legal ou militar. Em Vardø, John Cunningham ajudou a implantar a lei antibruxaria de Cristiano IV. Em 1601, a morte do governador anterior de Finnmark fora atribuída à bruxaria do povo sami, e, desde então, Cristiano IV ficara cada vez mais preocupado com essa suposta ameaça.[4] Em 1617, ele emitiu o decreto "Sobre as Bruxas e Seus Cúmplices" que redefinia a bruxaria. O decreto afirmava que era dever de todo dinamarquês e norueguês responsável delatar qualquer pessoa considerada bruxa. O não cumprimento dessa determinação significava que o cidadão também seria punido como "cúmplice" de bruxaria. Mas o que *era* "bruxaria" em 1617? O decreto explicava que certos tipos de bruxaria eram diabólicos, envolvendo pacto com o diabo, enquanto outros exigiam o uso de amuletos. Essas definições remontam às explorações de demonologia na Áustria e na Escócia nos séculos XV e XVI. Nessa nova lei, a Dinamarca-Noruega codificava a teoria demonológica ao estilo de Heinrich Kramer, associando bruxaria à heresia, à adoração ao diabo e à magia popular de cura. A disseminação da demonologia prosseguiu, dessa vez conduzida por funcionários da realeza, com julgamentos de bruxas que não paravam de crescer. E, a partir de 1617, toda forma de bruxaria e magia na Dinamarca-Noruega seria punida com a morte ou, em casos de infrações menores, o exílio.

Essa nova definição demonológica alcançou o extremo norte do continente europeu, na Noruega, em 1620. Um dos indivíduos que a levou até lá foi John Cunningham. Além do acesso a todo material de leitura existente sobre o assunto, John tivera experiência direta, quando jovem, com os julgamentos de bruxas na Escócia. Sua cidade natal, Crail, ficava a apenas dezenove quilômetros de

North Berwick, onde Anny Sampson e Gillie Duncan teriam se encontrado com o diabo em 1590. Em 1597, quando John devia ter vinte e poucos anos, houve outros julgamentos de bruxas na própria Crail. Portanto, ele levou a Finnmark tanto a teoria demonológica geral quanto o conhecimento detalhado do que as bruxas escocesas haviam confessado: ideias nunca expostas nos julgamentos noruegueses anteriores.[5]

O decreto de Cristiano IV em 1617 possibilitava que se criasse uma onda de julgamentos de bruxas, mas John Cunningham tornou essa onda concreta. Em 1620, ele começou a supervisionar julgamentos como governador de Finnmark, geralmente realizados na fortaleza Vardøhus em Vardø. Essa fortaleza ainda existe, mas foi reconstruída, tendo as muralhas de pedra encimadas por painéis de turfa cobertos de concreto. O forte era uma defesa contra inimigos externos, mas também uma prisão. Pessoas suspeitas de bruxaria eram trancafiadas em células pequenas e úmidas, submetidas ao poder do Estado, enquanto aguardavam um julgamento por júri, presidido por um magistrado local. Alguns suspeitos eram do povo sami, e as autoridades acreditavam que os sami tinham poderes especiais de ataque, capazes de dominar até os guardas mais fortes. Claro que isso não era verdade, e a maioria dos sami que viviam em Finnmark se interessava apenas em pastorear seus animais e pescar. Entretanto, eram pessoas temidas.

Os sami eram conhecidos pelos forasteiros do sul como vizinhos fixos e também nômades. Alguns viviam permanentemente em aldeias de fiordes, enquanto outros peregrinavam todos os anos até as montanhas. Os nômades pastoreavam renas ou caribus semidomesticados que migravam (como hoje) entre os pastos de líquen no inverno e as pastagens de grama rentes ao mar. As renas podem percorrer de vinte e quatro a trinta e dois quilômetros por dia; portanto, os sami deslocavam-se rapidamente com esses animais, chegando ao litoral em março ou abril e saindo de lá depois da época da colheita, em setembro.

A migração coincidia com as primeiras precipitações de neve do ano. Em Finnmark, a neve permanecia no solo por até seis meses, e as renas dos sami puxavam trenós sobre ela. Esses animais eram também fonte de carne e derivados do leite, material para casa e roupas, ferramentas e instrumentos musicais. A pele das renas servia para as barracas apoiadas por mastros, *lavvu*, semelhantes às ocas dos nativos dacota norte-americanos, porém tinham cúpula e eram mais planas. A pele também era usada para vestir os sami, além de servir para a confecção de botas com bicos curvos, cintos e chapéus à prova d'água, os quais eram forrados também com pele de rena e de outros animais: foca, lebre ou boi. Muitos sami se vestiam da cabeça aos pés com pele animal habilmente decorada.

As comunidades sami não ofereciam resistência aos colonizadores noruegueses; na realidade, até comercializavam com eles, embora continuassem com seu estilo tradicional de vida. Na vasta paisagem do Ártico, porém, o contato entre os grupos era limitado, e não havia esforço missionário organizado antes do século XVIII, a despeito da preocupação dos colonos com o paganismo daqueles nativos. Para os forasteiros, os sami migrantes eram uma visão impressionante: pastores pequenos e poderosos trajando roupas de pele animal; mulheres e homens juntos, marchando ou esquiando com confiança em meio às nevascas, sob sol, chuva ou escuridão. Os primeiros observadores se referiam a eles como os "finlandeses andarilhos", e o cronista medieval Adão de Bremen dizia que pareciam andar mais rápido que animais selvagens.[6] No século XVII, os sami eram chamados de "finlandeses" ou "lapônios", povos da "Finlândia" e da "Lapônia"; mas o termo nativo próprio era realmente sami, ou seja, indivíduos pertencentes à terra por eles chamada "Sapmi". Sua habilidade para viver com tranquilidade no extremo norte, mesclando-se à paisagem e lidando bem com o clima, era invejada pelos forasteiros. Embora existissem anos de fome e frio excepcional, os sami suportavam tudo estoicamente. Raramente sofriam de doenças próprias do sul da Europa, como a peste, e eram resistentes a tal ponto que os colonos só podiam admirá-los. Também eram separados dos forasteiros pela cultura e a língua: diferentes grupos de sami falavam idiomas variados, embora próximos, com raízes nos montes Urais ao leste. Por exemplo, os povos ao redor de Vardø vinham do grupo linguístico sami do norte. É conhecido o fato de que alguns idiomas sami têm mais de duzentas palavras para diferentes tipos de neve, e o mundo da fala e do pensamento desses nativos era de difícil compreensão a um colono.

Por causa dessa estranheza, poderes mágicos eram atribuídos aos sami, o que levou Cristiano IV a crer que tinham assassinado seu governador de Finnmark. Pensava-se que esses poderes eram oriundos da religião dos sami: animista, com espíritos de animais, dos ancestrais e de divindades da natureza importantes em sua cosmologia. Esses espíritos contatavam os seres humanos por meio de *noaide*, xamãs que tocavam tambores cerimoniais forrados de pele. O toque do tambor ajudava o xamã a entrar em transe e a adivinhar, usando um marcador de osso que se movia por vibração, por meio de símbolos, sobre a pele do tambor. Alguns símbolos eram tempestades, o sol, renas e Deus ou deuses, anjos e demônios, quando os sami absorveram vocabulário cristão no fim do século XVI e no século XVII. Um xamã "tocava" para vizinhos que buscavam adivinhações; se o marcador parasse perto de um símbolo perigoso, algo de ruim aconteceria. Infelizmente, esse modo de adivinhação também podia ser interpretado como a *causa* do mal: prever uma tempestade poderia criá-la.

Os videntes sami, enfim, eram vistos como indivíduos capazes de lançar feitiços ou *gand*. Os *gand* tinham formato de flechas, de bolas de pelo e de balas orgânicas com aspecto de musgo ou de moscas demoníacas que os sami supostamente guardavam em bolsas de couro e soltavam para picar os inimigos. Outro método utilizado por um bruxo sami era invocar um gavião ou uma coruja que "carregasse esses *gand* no bico", enquanto outro consistia em fazer o pássaro "soltar das penas e das asas" esses demônios. Não era à toa que os defensores da fortaleza Vardøhus tinham medo dos *gand*. Foram essas crenças que levaram etnógrafos dos séculos XVI e XVII, como Olaus Magnus e Peder Claussøn Friis, a estudar os povos sami. Peder Claussøn Friis os descreveu como inimigos perigosos, malévolos, envolvidos com paganismo demoníaco e bruxaria.[7]

Não deve ser surpresa, portanto, que a primeira pessoa julgada por bruxaria após a chegada de John Cunningham a Finnmark fosse uma mulher sami que morava no minúsculo povoado de Omgang, ao longo do litoral de Vardø. Alguns julgamentos haviam sido realizados antes, em 1601, 1610, 1612 e 1617, mas a documentação de quase todos eles se perdeu. O primeiro julgamento bem documentado foi o de "Find-Karri", ou "Kari, a finlandesa", em 1620. Na época, o povo sami usava alguns nomes noruegueses. "Kari" deve ter sido uma versão de "Karen", embora talvez fosse também um nome sami. Os registros oficiais se referem a Kari como Karen Edisdatter, "Karen, filha de Edis", sendo Edis um nome sami masculino. Kari, portanto, tinha identidade complexa entre duas culturas, fazendo parte de ambas. Como tinha destaque entre os vizinhos, era vista como alguém com habilidades mágicas associadas à sua herança indígena. Foi acusada de bruxaria e julgada em 13 de maio de 1620, no tribunal do magistrado, por um júri composto de dez homens, entre eles o representante legal de Sua Majestade, Søffren Nielsen, que trabalhava com John Cunningham na legislatura local. Segundo os depoimentos dos vizinhos, Kari fora responsável por dois afogamentos nos fiordes, em torno do platô, ao norte de Finnmark, além de outros crimes contra Anders Rasmussen e sua esposa. Primeiro, em Båtsfjord, Abraham Nilsen, aldeão de Hop, caíra ao mar quando se aproximara do parapeito do navio para urinar. E um homem conhecido apenas como Henrik, que morara em Hop e

Omgang, também morrera afogado. A morte de Abraham parecia a mais impressionante das duas, por causa de seu envolvimento prévio como Kari e de sua ligação com o novo governador de Finnmark, John Cunningham.

Abraham era um comerciante moderadamente rico, que tinha ao menos uma criada, Ingeborgh. Pouco antes de o patrão morrer, Ingeborgh contou-lhe que estava grávida. Abraham acusou Johannis Oeslen de ter engravidado a criada, atribuindo a ele a paternidade da criança. Mas fosse ou não Johannis quem seduzira Ingeborgh, certamente era amante de Kari Edisdatter. Os vizinhos de Kari diziam que ela e Johannis "se uniram em enlace", em um "relacionamento licencioso", expressões estranhas que sugerem um relacionamento sexual semelhante a um casamento, mas não aprovado pela Igreja Católica. Enfim, Kari enredou-se no problema de Johannis.

Zangado e ressentido, Abraham foi procurar Johannis e lhe pediu que desse apoio financeiro a Ingeborgh. "Como minha criada espera um filho seu", disse friamente, "você deve sustentá-la." Johannis não negou ser o pai da criança. Mas disse a Abraham, de maneira casual, debochada e ofensiva: "Se eu conseguir alguma coisa, darei a ela". Abraham cerrou os punhos e preparou-se para golpeá-lo. Infelizmente para Kari, ela testemunhou o confronto. Colocou-se entre o amante e Abraham gritando: "Se bater nele, libertará o diabo!". Talvez fosse uma ameaça; talvez apenas quisesse dizer que a violência era um ato não cristão que poderia aumentar descontroladamente. Qualquer que fosse a intenção, Abraham ressentiu-se do desabafo de Kari. As palavras foram registradas e usadas contra ela, mais tarde, no tribunal.[8]

Alguns dias depois, Abraham velejou com Johannis ao longo da costa em missão oficial. Não sabemos como era a relação entre os dois, mas ambos desempenhavam algum trabalho na viagem. Abraham estava em um dos navios que compunham o comboio, pertencente ao próprio John Cunningham. E foi dele que Abraham caiu e morreu na viagem de volta para casa. O barco de John e Abraham se separara da embarcação principal em Båtsfjord, com Johannis no primeiro. Assim que ele desceu no píer, Kari lhe fez algumas perguntas suspeitas. "Onde está o outro barco?", quis saber. Johannis disse: "Ah, ficou para trás, em Båtsfjord". Kari parou para pensar e deu um suspiro. "Que pena! Que pena!", disse, como se soubesse de alguma tragédia. "Por que se importa com isso?", indagou Johannis, mas Kari não respondeu. Quando o segundo barco aportou em Omgang no dia seguinte, com a notícia de que Abraham se perdera no mar, Kari limitou-se a dizer: "Eu já sabia". Talvez se considerasse vidente ou tivesse consultado um a respeito do ataque de Abraham a Johannis. Talvez amaldiçoasse Abraham por ter agredido o amante; ou, possivelmente, apenas tenha tido uma sensação ruim em relação ao atraso do barco. Seja qual for a verdade, seus comentários foram lembrados posteriormente, e o traiçoeiro Johannis não deixaria as pessoas se esquecerem.

Ao que parece, Johannis foi fraco no depoimento no julgamento de Kari. Não só a acusou de amaldiçoar Abraham como também a traiu e, no fim, abandonou a outra namorada, a serviçal grávida. Questionado sobre seu "relacionamento licencioso" com Kari, ele estremeceu. Disse que Kari o obrigou a manter relações sexuais com ela, e ele não ousou resistir "por medo de que ela pudesse lhe fazer mal". Ela teria dito: "Se eu não puder tê-lo, você não terá ninguém em Finnmark". Entretanto, a história sugere que Kari fizera de tudo para ajudá-lo. Quando foi interrogada a respeito da acusação de Abraham Nilsen contra Johannis, ela disse que um rapaz conhecido como Jacob N engravidara Ingeborgh, não Johannis. Jacob negou e acabou machucando as costas. O ferimento foi tão sério que ele disse ao tribunal que sua coluna estava "quebrada", culpando Kari de bruxaria. Mesmo ao defender Johannis, Kari caiu em uma armadilha. A evidência do relacionamento dos dois e sua aparente vingança contra Abraham e Jacob causaram impressão negativa nos jurados. Era a velha história da bruxa lasciva, indigna de confiança, como no caso das acusações contra Helena Scheuberin e Effie McCalzean. A evidência contra Kari, porém, era mais forte: ninguém contestava sua intimidade com o acusador.

As acusações adicionais acerca do afogamento de Henrik só aumentaram a suspeita: Kari discutira com Henrik no percurso de Hop a Omgang e Gamvik. Sem dúvida, ela viajara pela costa e pelo vale arenoso do rio Tana, talvez migrando sazonalmente para cuidar do gado ou comercializá-lo. Era remunerada por pequenos serviços de costura, mas não sabemos mais nada a seu respeito. Em 1620, porém, todos conheciam a distinta "Find-Karri" e sua briga com Henrik. Recentemente, parecia que estavam se entendendo, até Kari visitar Henrik em Omgang e pedir que lhe desse um pequeno vasilhame. Quando Henrik recusou, foi por causa desse receptáculo banal que Kari perdeu a paciência de vez. E o resultado parecia ter sido o afogamento de Henrik.

Sempre que alguém se desentendia com Kari, algo ruim lhe acontecia. Era essa a impressão do júri. Talvez fossem os *gand*! A evidência também parecia inquestionável no caso de Anders Rasmussen e de sua mulher, cujo nome não é mencionado. A esposa de Anders encomendara de Kari a restauração de dois cachecóis e um dia foi pegá-los com ela, esperando que pudesse pagar depois. Kari, porém, sabiamente insistiu em receber o pagamento no ato, antes de entregar os cachecóis remendados. Como a esposa se recusou a pagar, disse Anders no tribunal, adoeceu. Ficou tão debilitada que precisou andar com muletas, cambaleando com dor pela lama gelada. Anders se enfurecia ao pensar naquilo: a amada esposa atacada em razão de dinheiro por aquela "finlandesa" suspeita, que provavelmente a deixara naquela condição. Ele foi à casa de Kari e a ameaçou. Kari insistiu que a mulher trouxesse o dinheiro que lhe devia. Assim que ela foi e saudou a dívida, imediatamente recuperou a saúde, tanto que nem precisou voltar da casa de Kari de muletas. Parecia um exemplo claro do mal que as bruxas eram capazes de fazer com a ajuda do diabo, de como era fácil manipular os outros e do porquê constituíam um perigo não só para os vizinhos, mas para o próprio governo. Se o colega de John Cunningham, Abraham Nilsen, pôde ser atirado ao mar do barco do próprio governador, ninguém estaria seguro. E nos depoimentos de Anders e Johannis, o Estado, representado por Søffren Nielsen, ouviu uma acusação séria contra Kari.

Contudo, para ajudar os jurados, todos homens e colonos, a decidirem quanto ao veredicto, Søffren Nielsen decretou que Kari "nadasse" no porto, o que significava que seria jogada no mar gelado para ver se afundava ou flutuava. Era um teste comum de bruxas em Finnmark, antiga forma de julgamento por "provação" que suplementava o interrogatório da acusada. Também era praticado em outros países do norte da Europa: há exemplos na Escócia, embora nada conste desse tipo de teste nos julgamentos de North Berwick. A provação tinha como base a crença popular de que aqueles que afundavam eram inocentes, enquanto os que flutuavam eram considerados culpados. As pessoas pensavam que, se um indivíduo flutuasse, era sinal de que a água criada por Deus o rejeitava. Afinal, mulheres sensatas e modestas não tomavam banho de mar; portanto, a maioria delas não tinha a habilidade de boiar. Flutuar era algo antinatural, e tudo que fosse antinatural era demoníaco.

Kari flutuou, agitando-se em desespero para sair do mar terrivelmente frio. Semiafogada, foi condenada por bruxaria pelo júri. Mas seu tormento ainda não acabara. Na Noruega, diferentemente da Escócia, a tortura era aplicada após a condenação, para forçar a pessoa culpada a delatar os cúmplices e purificar a própria alma, pronta para a morte. O principal instrumento era o cavalete, que esticava o corpo da vítima com imensa agonia, em particular as juntas, que acabavam deslocadas. Esse instrumento também era usado na Áustria e teria sido o destino de Helena Scheuberin e das outras acusadas caso não tivessem um bom advogado. Kari não tinha representante legal como Helena, por isso foi torturada. Podemos visualizar o ataque nefasto e impiedoso quando lemos nos registros do julgamento que a confissão de Kari foi extraída "no auge de seu sofrimento".[9]

No decorrer da tortura, Kari confessou tudo o que os interrogadores desumanos queriam, como fizeram Anny Sampson e Gillie Duncan trinta anos antes. Ela disse que se tornara bruxa quando ainda era jovem. Cansada de pastorear, caíra em estado de torpor entre o sono e a vigília. Um "fantasma" em forma de homem sem cabeça aparecera para ela e, nesse transe, oferecera-lhe um molho de chaves. "Se aceitar essas chaves", tentou-a o espírito, "tudo o que desejar fazer no mundo acontecerá." Mas Kari era uma sami, talvez morasse em uma oca *lavvu* com poucos bens. Para que precisaria de chaves? Notou, porém, que o fantasma trazia uma fita bonita, provavelmente o tipo de decoração que os sami costuravam nas próprias vestes. "Dê-me a fita", ela pedira ao fantasma. "Não sei usar as chaves." E o fantasma concordou. Claro que, quando foi interrogada por cristãos durante a tortura, Kari teve de dizer que o "fantasma" era, na realidade, o diabo; e ao aceitar o presente se tornara bruxa. Em um depoimento de cortar o coração, ela disse aos interrogadores que o diabo a torturara até enlouquecê-la, "esticando-lhe os braços e as pernas" quando ela se recusou a cumprir suas ordens, o que a machucou até ela sangrar pela boca e pelo nariz. Mas não foi o diabo que colocou Kari no cavalete, e sim Søffren Nielsen, em nome do governador e do rei, aplicando a recente lei contra bruxaria. Ao fim do julgamento, a inocente pastora sami, Kari Edisdatter, foi morta na fogueira como bruxa.[10]

Depois da execução de Kari, histórias continuaram a circular, levando ao prosseguimento da caça às bruxas, com vários julgamentos relacionados. As suspeitas recaíram sobre a filha da madrasta de Kari, a qual ela citara como cúmplice: Lisbet Nilsdatter, casada com Rasmus Joensen de Omgang. Outra suspeita era uma mulher conhecida como "Anne de Morten Nilsen, natural de Langefjord", que talvez também fosse filha da madrasta de Kari, embora as convenções de nomes citados não esclareçam esse ponto. Os cidadãos de Finnmark do século XVII eram conhecidos mais pelos nomes descritivos que pelos sobrenomes: como segundo nome, os filhos adotavam o primeiro nome do pai mais o sufixo "sen" (filho) ou "datter" (filha); e as esposas geralmente eram chamadas pelo nome do marido e por nomes de lugares, como Anne, casada com Morten Nilsen de Langefjord. Assim, apesar dos nomes diferentes, Lisbet e Kari eram parentes, e as histórias a respeito delas sugerem que Anne talvez fosse outra irmã. Lisbet Nilsdatter foi julgada em 28 de abril de 1621: ela "conhecia bruxaria", disseram no tribunal, "e era capaz de extorquir o que quisesse das pessoas"; além disso, "não pensou duas vezes antes de matar um ou dois homens". Como a irmã, foi julgada por flutuar no mar e acabou confessando "seus crimes". Lisbet afirmou que aprendera magia com Kari cinco anos antes, quando esta chegou ao estábulo das cabras na pequena fazenda acompanhada de Satanás em forma de um bode cinzento. Os sami nômades não conheciam os bodes, pois ordenhavam apenas renas. Na forma desse bode mágico, Satanás teria feito um pacto com Lisbet, ocasião em que ela renunciou ao batismo e prometeu servir ao diabo.[11]

Em seguida, segundo Lisbet, Kari lhe ensinou algo útil. O que, na realidade, nada mais era que furto de leite, exatamente o mesmo truque atribuído às bruxas de Innsbruck um século antes. O método de Kari e Lisbet era segurar o chifre do bode sob o ventre de qualquer animal que quisessem ordenhar, e o chifre se encheria de leite. Lisbet explicou, no desespero, que por intermédio da magia conseguia "encher um balde... a qualquer momento do dia". Essa regalia imaginada foi maravilhosa enquanto durou. Entretanto, para sua tristeza, contou Lisbet no tribunal, o pretenso poder acabou quando a irmã foi executada. E óbvio que Kari morrera acusando Lisbet, um legado maldito. Encurralada, Lisbet admitiu cumplicidade nos assassinatos cometidos por Kari: os afogamentos de Abraham e Henrik. Acrescentou, ainda, que as bruxas se reuniram no verão de 1619 para o sabá, assim como ocorrera nos encontros das bruxas de North Berwick. Dançaram e beberam durante a longa noite clara de julho no Círculo Ártico. Lisbet citou várias outras mulheres que compareceram ao sabá, uma delas Anne de Langefjord, igualmente presente no tribunal, em meio à multidão de aldeões curiosos, a qual "furiosamente" negou a acusação. Não sabemos o que aconteceu com Anne. A negação irada a salvou? Ou seria ela "Ane Larsdatter" ou "Ane Edisdatter", julgada mais tarde, em 1621 e 1624, respectivamente? A triste conclusão foi de que, assim como Kari, Lisbet morreu na fogueira, acusada de bruxaria.[12]

A MORTE DE ABRAHAM E Henrik, dois proeminentes comerciantes de peixe, e a execução das supostas assassinas despertaram rumores na comunidade de Finnmark. O foco principal era a crença de que as bruxas podiam provocar tempestades. Tanto na Dinamarca quanto na Escócia a bruxaria era vista como culpada por naufrágios em tempestades, e os noruegueses e os sami acreditavam que era possível criar, vender e comprar ventos tempestuosos. Uma brisa artificial podia ser guardada em uma sacola com *gand* amarrada ou disposta em nós de um cordão, e a brisa poderia ser ativada quando a sacola fosse aberta, ou os nós, desfeitos. Isso era útil para marinheiros ilhados, mas perigoso se um inimigo libertasse uma borrasca assassina. Essas tempestades mortais eram frequentes no litoral de Finnmark, tanto que os tambores usados pelos videntes sami tinham símbolo de uma tormenta. E, no mesmo ano da publicação do decreto de Cristiano IV contra bruxaria, em 24 de dezembro de 1617, uma tempestade violenta desabou sobre Vardø, invadindo as baías ao longo da costa leste, de Kiberg, no sul, até Vesterbarvika, no norte, soprando ondas enormes cuja crista encobria o céu. "O mar se elevou como cinzas", disse uma testemunha que o viu. Mais de quarenta homens de Finnmark haviam saído para pescar naquele dia em seus barcos pesqueiros. Eram (e são) embarcações fortes, leves, estreitas, que lembram os navios dos vikings dos quais descendem. Os barcos tinham pedras como lastro, mas um perfil raso, com uma quilha curta se estendendo para baixo. Caso se formasse uma tempestade quando as redes estavam nas laterais, as embarcações se tornavam vulneráveis e podiam virar. Foi isso que aconteceu na véspera de Natal em 1617.

Naquele dia, a tempestade não deveria ter causado um desastre. Muitos pescadores noruegueses eram marinheiros habilidosos, assim como as gerações de seus ancestrais nórdicos. Eram capazes de interpretar as nuvens e as marés, prever chuva e ventos. Ainda que toda sua experiência falhasse e eles saíssem ao mar, tinham melhor proteção contra o frio que quase todos os outros povos do mundo. Costumavam vestir casacos de couro que serviam de saco à prova d'água. Por baixo, usavam vestimenta de múltiplas camadas, feita de lã protetora. Entretanto, nada disso salvou os homens de Vardø e os povoados vizinhos. Naquele dia de 1617, quarenta homens se afogaram, e mulheres e crianças ficaram sozinhas nas aldeias quase vazias, de luto e sem entender o que se passara. No entanto, durante os julgamentos de Kari Edisdatter e Lisbet Nilsdatter, surgiu uma nova possibilidade que poderia explicar as terríveis mortes. Talvez tivessem sido causadas por bruxaria. A suspeita recaiu sobre mais onze mulheres: Mari Jorgensdatter, Siri e Else Knudsdatter, Kirsten Sørensdatter, Marrite Olsdatter, Guri Olsdatter de Lille Ekkerøy, Guri Olsdatter de Store Ekkerøy, Ane Larsdatter, Kari Olufsdatter, Ragnhilde Olusfdatter e Mette Thorgiersdatter. Embora alguns registros dos julgamentos tenham desaparecido, há ainda transcrições de vários deles, incluindo o da "bruxa" mais importante de 1621: Kirsten Sørensdatter.[13]

Kirsten também era conhecida como Kirsti e morava em Kiberg, vilarejo minúsculo a onze quilômetros de distância de Vardø, com o marido Anders Johansen. Kirsti viera com ele para Finnmark em 1597, pouco depois de se casarem. Nascera perto de Helsingør, na Dinamarca, pouco mais de mil e quinhentos quilômetros ao sul, trabalhara como criada e vivia em uma cidade chamada Bergen, no centro da Noruega. A mudança ambiciosa do casal para o extremo norte devia parecer um recomeço promissor. Era uma migração que oferecia novas oportunidades ao comércio e à prosperidade, como outros colonizadores experimentavam na América, naquela mesma época. Em 1620, Kirsti tinha cinquenta e sete anos, era uma mulher dinamarquesa competente e muito viajada. Mas em 1617 tornou-se suspeita de uma infração por bruxaria: matar quatro vacas. Era uma acusação que, ao que consta, só foi a julgamento em 1621, quando a culparam por liderar um grupo que causou a tempestade responsável pela morte dos quarenta pescadores. A acusação fazia sentido porque Kirsti brigara com uma das vítimas, Anders Blom, pouco antes de ele morrer. Os acusadores alegaram que as outras mulheres suspeitas – principalmente Else Knudsdatter e as duas Guri Olsdatters – se ofereceram para ajudar Kirsti em sua vingança. De acordo com os vizinhos de Kirsti, Anders Blom a agredira por causa de uma discussão tola, e ela o afogara; portanto, assassinara o homem assim como Kari assassinara Abraham Nilsen. Posteriormente, Kirsti teve uma briga com outro homem, Henrik Meyer, que assim como Anders morreu. Daí surgiu a alegação de que ela e as amigas bruxas foram as responsáveis pela morte dos quarenta homens afogados na véspera de Natal em 1617.

* * *

Por que Kirsti Sørensdatter e as amigas só foram acusadas de matar os pescadores quatro anos após o afogamento? A resposta, em parte, está com John Cunningham. Podemos ver suas claras preocupações, desde o julgamento em North Berwick e outros, trazidas até Finnmark, presentes em todas as evidências extraídas de Kirsti. Ao contrário dos julgamentos de Kari e Lisbet, supervisionados por ele como governador, embora não estivesse presente, Cunningham compareceu ao julgamento de Kirsti. Por meio dele, os altos escalões do Estado dinamarquês-norueguês assumiram o controle direto desse julgamento importante focado nos supostos assassinatos em massa dos marinheiros, garantindo o veredicto necessário e estabelecendo, de maneira definitiva, a demonologia como base dos futuros julgamentos de bruxas em Finnmark, como exigia o decreto de 1617.

O julgamento de Kirsti foi realizado na fortaleza Vardøhus em 26 e 28 de abril de 1621. Na cadeira de juiz na sala lotada do tribunal, John Cunningham era respeitado por todos os presentes; é descrito nos registros como "o ilustre Hans Køning" (sendo estrangeiro, também era conhecido por variações do nome, como Hanns Køningham e Hans Cunninghiemb).[14]

A despeito da função formal do representante legal como presidente, John-Hans montou a acusação com as próprias evidências, como fizera Jaime VI no julgamento de Anny e Gillie, com sua onipotente autoridade. Kirsti devia se sentir intimidada ao se deparar com o próprio governador ao lado do representante legal e do júri. A princípio, "negou com veemência" todas as alegações, exclamando que os acusadores a "caluniavam cruelmente". Era uma boa estratégia, mas culminaria com o tribunal ameaçando-a com a provação de nadar. E Kirsti não aguentaria. Era o mês de abril, e a temperatura do mar chegava a três graus Celsius. Kirsti passara a vida no mar ou perto dele. Sabia qual era o destino de pessoas que sucumbissem àquelas águas no extremo norte. Intimidada, exausta por causa da prisão e sozinha, perdeu a resistência e, como todas as outras, lamentavelmente confirmou ao interrogador o que ele queria ouvir, reforçando, assim, a nova lei do rei.

Primeiro, Kirsti contou a John uma história de como aprendera bruxaria, provavelmente em resposta a alguma pergunta. Fora treinada aos dezesseis anos em Helsingør, disse, quando trabalhou como criada e ajudante para uma velha senhora em uma fazenda. Um dia, enquanto pastoreava os gansos da fazendeira de volta para casa, Satanás lhe apareceu em forma de um cão, bem ao estilo do animal diabólico ou do espírito familiar que importunava os clientes de Anny Sampson. O cão lhe propôs um pacto, exatamente como esperaria qualquer demonólogo: "Se concordar em aprender bruxaria, tudo o que fizer neste mundo será um sucesso", disse. Kirsti precisaria renunciar ao batismo e servir ao diabo, assim como as bruxas de North Berwick e Kari. Kirsti não tinha certeza do que fazer e pediu aconselhamento. A empregadora lhe disse que deveria aceitar a proposta do diabo. Na realidade, revelou a fazendeira, ela mesma era bruxa, e as duas poderiam trabalhar juntas em uma conspiração de bruxas. A mulher ofereceu a Kirsti seu conhecimento, como fizera Eva. Envolvia o aprendizado com livros, o que era uma perspectiva interessante para uma mera criada. A fazendeira lia para Kirsti, ensinando-lhe bruxaria, e até elaborou um teste: ela conseguiria fazer um novelo de lã flutuar na água? Kirsti conseguiu. Gostou de soprar o novelo, vendo-o deslizar pela superfície. Claro que tudo isso era uma grande bobagem em vários sentidos, relacionada ao medo do conhecimento feminino. Talvez a empregadora de Kirsti a tivesse alfabetizado, além de lhe dar dicas para curar os gansos ou um amuleto para encontrar um bom marido. Kirsti tentou uma saída da confissão dizendo que não usava bruxaria havia dez anos, após sua iniciação. Mas o tribunal não a libertou.[15]

Ela foi obrigada a contar a história do restante de sua vida: o emprego seguinte foi como criada em Bergen; o casamento ocorreu em 1597 (ano em que John Cunningham aprendeu mais acerca dos julgamentos de bruxas ainda na cidade natal, Crial), seguido da audaciosa mudança, com o marido, para Finnmark. A lembrança da difícil viagem marítima na longa escuridão a alertava de que aquele local era o reduto de bruxas, considerado por todos no tribunal, que a ouviam em silêncio, um lugar assolado por *gand* e pelo diabo. Kirsti deveria confessar, e, sem dúvida, John Cunningham não a deixava se esquecer disso. Pressionada, ela cedeu e disse que em Finnmark voltara a usar sua habilidade mágica, dessa vez contra os vizinhos. Sim, frequentara os sabás. Ela e outras bruxas haviam atravessado o mar e voado. Sim, matara algumas pessoas também.

O tribunal entrou em recesso até o dia 28 de abril. Provavelmente Kirsti foi torturada, e John Cunningham deve ter presenciado o uso do cavalete, fazendo-lhe perguntas enquanto ela chorava e gritava. É difícil não sentirmos sua dor; uma dor provocada com o único propósito de extrair uma história deturpada da vida de Kirsti, a realidade sangrando dela e coagulando em relatos demonológicos insanos. Levada de volta ao tribunal em 28 de abril, machucada e alquebrada, ela confessou outros atos de bruxaria. Sim, trabalhara com Else Knudsdatter com a intenção de "criar tempestade para afogar as pessoas relacionadas a Anders Blom e Anders Rasmussen". Sim, fizeram isso com nós em um pedaço de linha de pesca, soprando sobre ele para que "o tempo ficasse ruim e todos aqueles homens perecessem".[16] O estado encontrou o que queria: uma explicação para o naufrágio na véspera de Natal em 1617.

Por que podemos inferir que John Cunningham manipulou os eventos do julgamento de Kirsti? Porque sua confissão é permeada por noções de julgamentos anteriores, em particular na Escócia, e é muito provável que o conhecimento demonológico seja, na realidade, de John. Há semelhanças gerais com os casos escoceses, mas vemos também similitudes específicas, além de referências à própria experiência pessoal de John. A história de Kirsti parece, em parte, a da vida de John, assim como o relato de Anny refletia, até certo ponto, a história de Jaime VI. Parece até mesmo que a história de Anny deu forma à de Kirsti, pois John devia conhecer o caso da primeira, talvez com base no boletim *Newes from Scotland*. Lembremo-nos de que a demonologia se espalhou pela palavra impressa assim como pela experiência transmitida oralmente.

Sem dúvida, o relato de Kirsti sobre as bruxas de Finnmark é muito parecido com o das bruxas de North Berwick. A ideia de que causavam tempestades era muito comum nos julgamentos dinamarqueses-noruegueses, como aquele de 1589; mas há outros detalhes que refletem o caso de North Berwick. Os dois grupos de bruxas vão de barco aos sabás. Nos dois casos, há a presença de um cão diabólico ou de um espírito familiar. Um dos crimes imputados a Kirsti era o de ser "mestra e almirante" da frota de bruxas, e a palavra "almirante" também foi usada no grupo de Anny. Além disso, "almirante" descreve a própria função de John Cunningham na carreira naval, naquelas expedições à Groenlândia.[17] As ideias demonológicas que ele importou da Escócia, baseadas em experiência, pessoal, mostram como eram disseminadas, de modo que um julgamento por bruxaria acabava gerando outros.

Alguns detalhes dos sabás supostamente frequentados pelas bruxas escocesas e de Finnmark também são idênticos. Na confissão, Kirsti disse que as bruxas "bebiam, dançavam e se divertiam" nessas festas, assim como as bruxas de North Berwick. Além disso, explicou que um homem chamado Bertil Henriksen "lia para elas". Por outro lado, Ane Larsdatter declarou que Kirsti "conduzia" as bruxas "com flauta e tambor". Parecem imitar o papel de John Fian e Gillie Duncan nos sabás de North Berwick: John Fian era o escriba das bruxas, encarregado das atas; Gillie Duncan conduzia a dança com uma flauta de judeu. Esses dois detalhes – a escrita e a música – não parecem criados por Kirsti ou Ane; provavelmente foram soprados por um interrogador, quiçá como a palavra "almirante". Talvez, enquanto as mulheres tremiam de medo e dor, John Cunningham tenha se baseado em seu conhecimento demonológico para perguntar: "Alguém fazia anotações para vocês no sabá?", ao que elas responderiam: "Sim. Bertil". Ou ele pode ter dito: "Alguém tocava música para vocês?", e Ane teria respondido: "Sim, Kirsti tocava flauta e tambor". Embora os detalhes possam ter aparecido espontaneamente em ambos os casos (e as bruxas eram acusadas de atividades parecidas em alguns outros julgamentos), a lista de semelhanças é extensa demais para ser coincidência.[18] Essas semelhanças não surgiram porque Kirsti, Ane e as acusadas em North Berwick pertenciam ao mesmo culto pagão; é muito mais provável que tenham ocorrido porque as mulheres acusadas tinham de confirmar os elementos de uma teoria da conspiração sugerida pelos agentes da elite do Estado cristão: homens cujas ideias demonológicas os acompanhavam em nível internacional.

Assim como Kari e Lisbet, Kirsti Sørensdatter foi queimada viva. Seu nome e os das outras constam hoje no memorial dos julgamentos das bruxas na praia de Vardø.

NO JULGAMENTO DE KIRSTI, VIMOS uma crença local e popular a respeito da bruxaria se juntar a ideias demonológicas internacionais e importadas, formando uma mistura tóxica, como acontecera na Escócia trinta anos antes. A menção de um tambor nas evidências contra Kirsti, por exemplo, não difere da flauta do judeu tocada por Gillie Duncan, e essa parte da evidência parece autêntica em nível local, pois remonta aos tambores divinatórios dos sami. Em julgamentos posteriores, os tambores dos sami eram confiscados como artefatos satânicos. Foi o que aconteceu com os tambores de Quiwe Baarsen e Anders Poulsen, dois xamãs sami acusados de bruxaria no século XVII. Julgado em 1627, Quiwe descreveu seu "tambor de runa, feito da raiz de um pinheiro sobre a qual se estica a pele forte de uma rena". Era decorado com as garras de todo tipo de animal e com símbolos de "seu Deus" (conforme consta nos registros), do sol, da lua e de animais.[19] Julgado em 1692, Anders Poulsen repetiu a descrição de Quiwe, acrescentando Cristo, Deus, a Igreja, o Espírito Santo, Santa Ana e a Virgem Maria, indicando que em 1692 os antigos símbolos sami haviam sido parcialmente cristianizados.

A devoção de Anders, contudo, não o protegeu. Quiwe morreu na fogueira; Anders foi assassinado por um vigilante avesso à bruxaria enquanto estava em custódia. O assassino explicou que "ouvira dizer que o referido sami lançara feitiços sobre um grande número de pessoas e barcos que haviam desaparecido", por isso resolveu matá-lo.[20] Novamente, a demonologia internacional e as crendices populares locais em torno da bruxaria encontraram-se em Finnmark no século XVII, dessa vez em histórias que misturavam conspiração satânica com tambores de bruxas, amuletos dinamarqueses e noruegueses com os *gand* dos sami; e o resultado foi o assassinato de Anders. Ainda se suspeitava de que "bruxas" da mesma espécie dele haviam afundado navios quase oitenta anos atrás, após os julgamentos de Kari, Lisbet, Kirsti e das demais em 1620 e 1621.

A REAÇÃO DOS SAMI AOS julgamentos de bruxas em 1620 e 1621, bem como a outras formas de agressividade colonialista, foi a de se afastarem pouco a pouco dos colonizadores, impelidos para o norte com a chegada de mais mercadores e ministros cristãos que insistiam em impedi-los de praticar a própria religião. A permanente migração para o norte deixava mais terras livres no sul para os colonizadores. Os julgamentos de bruxas não eram apenas festivais misóginos de tortura e ódio, mas também facilitavam diretamente o fortalecimento do império. Embora as bruxas acusadas na Noruega fossem, na maioria, mulheres colonas, a dimensão colonial das histórias de bruxaria é fator recorrente em muitos desses julgamentos. Os sami encontravam o mesmo tipo de preconceito religioso a que eram submetidos os povos nativos norte-americanos por parte dos colonizadores que, nos anos do primeiro julgamento por bruxaria em Finnmark, singravam o Atlântico rumo a outro "novo mundo". Também na América, os nativos seriam demonizados e expulsos de suas terras, às vezes acusados de bruxaria em julgamentos que acabavam implicando, ainda, alguns colonizadores, embora a primeira pessoa acusada fosse indígena. A demonologia espalhava-se como um vírus por todo o globo, encontrando-se com crendices locais por onde passasse. Em cada novo local, os agentes de Satanás eram descobertos e submetidos a julgamentos por bruxaria.

CAPÍTULO 4

O julgamento de Joan Wright: magia prática e a primeira bruxa da América

Um século e meio depois da morte de Kari Edisdatter e Kirsti Sørensdatter, o futuro presidente dos Estados Unidos, Thomas Jefferson, examinava papéis em cafeterias e tribunais na cidade de Williamsburg, na Virgínia. Através das lentes dos óculos que ele mesmo confeccionara e sob uma luz de vela trepidante, ele procurava documentos oriundos da primeira colônia europeia no "novo mundo", estabelecida em 1607. Como advogado, Thomas tinha bons contatos nos estabelecimentos onde os líderes civis daquela colônia bebiam, e, por ser historiador, sabia onde procurar antigos registros. Encontrou tesouros. Um deles veio da biblioteca do tribunal de Williamsburg. O tribunal guardava os primeiros registros da colônia da Virgínia, mas as páginas frágeis estavam "em tal estado de deterioração que a folha se espedaça ao ser virada", conforme Thomas escreveu a um amigo. Na década de 1770, havia naquela biblioteca, ou espalhados para além dela, volumes que cobriam cento e cinquenta anos de história. Muitos dos registros mais antigos da Virgínia haviam sido vendidos ou jogados fora. Alguns eram usados como papel de rascunho, folhas nas quais os escreventes e comerciantes de Williamsburg faziam anotações quando se encontravam na taverna Raleigh de Henry Wetherburn, na King's Arms de Jane Vobe ou na English Coffee House de John Marot.

Não se sabe ao certo onde Thomas encontrou seu livro de registros dos tribunais. Talvez entre as mesas de carteado do salão Apollo, onde dançava com sua paixão dos tempos de faculdade, Rebecca Burwell, ou na sala de conferências da taverna Raleigh, onde ajudou a elaborar um serviço de inteligência para as colônias norte-americanas nos anos 1770. Mas foi uma descoberta importante:

um registro de casos no Tribunal Geral da Virgínia na década de 1620. O Tribunal Geral fazia jus ao nome, pois era responsável por todas as disputas judiciais no novo território. Os juízes eram funcionários de alto escalão na colônia, membros da empresa que financiara na Virgínia a plantação de bens de luxo, como tabaco e vinho. O tribunal tratava de casos de direito de terra, comércio, dívidas e crimes morais, além de conceder novas terras a colonizadores recém-chegados da Inglaterra. Como tudo passava por ele, seus registros eram uma fonte valiosa de informação sobre a história da América. Provavelmente, Thomas queria usá-los para um de seus projetos pendentes. Nas décadas de 1770 e 1780, ele elaborou uma constituição para a Virgínia, um conjunto de leis estaduais e um histórico.

Thomas lamentava a perda dos registros que ocorrera nos anos 1770 e escreveu: "nossa experiência comprova que uma única cópia ou poucas delas depositadas em manuscritos nas repartições públicas não podem durar muito tempo. Os estragos causados por incêndio e inimigos ferozes contribuíram muito para a perda que hoje lastimamos".[1] Assim, ele guardou esse volume precioso em sua estante em Monticello, onde morava. Thomas Jefferson foi governador do estado de 1779 a 1780, diplomata na França entre 1784 e 1789, secretário de estado ao retornar e, por fim, tornou-se o terceiro presidente dos Estados Unidos em 1801. Se tinha a intenção de devolver o manuscrito ao tribunal de Williamsburg, esqueceu-se. Surpreendentemente, isso foi bom. No mandato de governador, providenciou para que todos os outros registros antigos do Tribunal Geral fossem guardados em Richmond, nova capital do estado da Virgínia. Durante a Guerra Civil dos Estados Unidos, na noite de 3 de abril de 1865, as forças confederadas em retirada atearam fogo aos documentos. Centenas de registros históricos viraram cinzas e fuligem. Exceto, claro, o volume protegido na estante de Thomas, que continha detalhes do primeiro julgamento de uma bruxa na América, evento contemporâneo aos julgamentos de Kari e Kirsti.

Ao ouvir referência à história da bruxaria nos Estados Unidos, talvez você pense logo em Salem, Massachusetts, cidade onde uma caça às bruxas eclodiu em 1692. A mente fica repleta de imagens de puritanos com rosto amargo, pelejando na neve da Nova Inglaterra (um capítulo posterior contará essa história). Poucas pessoas sabem que a primeira caça às bruxas da América aconteceu a mais de novecentos quilômetros ao sul e setenta anos antes de Salem, em meio aos mercantilistas e proprietários de terra em Jamestown, na Virgínia, que nada tinham de puritanos. Ali, Joan Wright foi acusada de praticar bruxaria em 1626. Ela não sabia que essa acusação se tornaria um momento histórico significativo, o primeiro julgamento de uma bruxa na América de que temos conhecimento. Tampouco se impressionaria ao saber que foi registrado em um livro considerado precioso pelo presidente da nova nação que ela ajudara a fundar. Para Joan, o julgamento por bruxaria foi simplesmente um tormento, dentre vários em uma vida conturbada.

Ela nasceu na cidade inglesa de Kingston-upon-Hull, entre 1580 e 1590. Hull, como a cidade é mais conhecida, fica na região de East Riding de Yorkshire, na costa leste do norte da Inglaterra. Os colonizadores saíram de Hull e de outros portos ingleses em busca de uma vida melhor na América, dando um exemplo brilhante ao "velho" mundo naquelas que seriam as cidades ideais do "novo". Em vez disso, porém, a história de Joan Wright nos mostra uma realidade terrível: os colonizadores içando velas com palavras de orgulho, mas logo se tornando vítimas de perseguição, racismo, misoginia e julgamentos por bruxaria idênticos àqueles da velha Europa. Como aconteceu essa calamidade?

Comecemos com uma empregada doméstica que trabalhava para uma produtora provinciana inglesa de laticínios, no início do século XVII. Na juventude, a "bruxa" da Virgínia, Joan, era empregada em uma casa em Hull que pertencia a uma mulher supersticiosa. Ela trabalhava na produção de leite, processando-o para fazer manteiga e queijo. Naquele século, muita gente ordenhava as próprias vacas e fazia derivados do leite para uso doméstico e para venda nos mercados dos arredores. Era um serviço que exigia habilidade, equipamento especializado e espaço para resfriamento. Nesse ambiente frio da empregadora, Joan desnatava e peneirava o leite, prensava-o e drenava-o para fazer queijos e coalhava-o até produzir manteiga. Um batedor de manteiga é um barril cônico de madeira com um pilão vertical dentro. Lembremo-nos disso, pois será importante. Dentro do batedor, o creme separado do leite líquido para concentrar a gordura é agitado quando se bate o pilão. À medida que os glóbulos de gordura se rompem e coagulam, forma-se a manteiga. Ela é raspada, comprimida, salgada e armazenada. Bater manteiga não é fácil. Na Inglaterra do século XVII, o trabalho só podia ser feito no fim da primavera e no verão, quando a grama verde produz leite gorduroso. Entretanto, antes da era da refrigeração, o leite coalhava muito rápido. Se isso acontecesse, a gordura não condensava, e mesmo após horas de uso do batedor não havia manteiga. As trabalhadoras do leite, intrigadas, chegavam à frequente conclusão de que alguma bruxa amaldiçoara o serviço, comprometendo a transformação quase mágica de creme em manteiga. Passavam a manhã inteira batendo, mas só obtinham um líquido coalhado e com cheiro forte.[2]

Um dia, enquanto Joan batia manteiga na casa da patroa, uma mulher chamou à porta. Conforme Joan disse aos vizinhos norte-americanos muitos anos depois, era suspeita de bruxaria. A mulher talvez tivesse parado ali para pedir esmola, uma das maneiras como começava a acusação de bruxaria. Embora as acusações às vezes resultassem de uma briga direta – como entre Helena Scheuberin e Jörg Spiess ou Kirsti Sørensdatter e Anders Blom –, até as aparições ambíguas podiam despertar suspeitas. Pessoas pobres que iam de porta em porta pedir algumas maçãs, um pouco de fermento ou uma pitada de leite às vezes eram acusadas de bruxaria. Se conseguissem o que pediam e fossem embora sorridentes, estava tudo bem. No entanto, se o pedido fosse recusado ou a pessoa parecesse decepcionada com o donativo, as coisas podiam ficar feias. Sobretudo se ela resmungasse e pouco depois ocorresse um desastre na propriedade por onde havia passado, os donos poderiam deduzir que a casa fora amaldiçoada. Embora os demonólogos insistissem que Satanás sempre participava de um ataque por parte das bruxas, essas acusações entre vizinhos geralmente não o mencionavam. Aquelas pessoas acreditavam em bruxaria, mas não engoliam todas as teorias detalhadas da demonologia. As supostas vítimas nem sempre levavam a questão à igreja ou ao tribunal local. Em vez disso, procuravam o próprio remédio, conhecido como "contra magia", que consistia em realizar um rito mágico ou utilizar um amuleto para anular o suposto ataque da bruxa. Era o tipo de magia praticada por Anny Sampson. E foi o que a patroa de Joan planejou fazer.[3]

Naquele dia quente, na virada do século XVII, a empregadora de Joan – a "dama", como os empregados a chamavam – esperava pelo momento de confrontar a visitante com uma acusação de bruxaria e tomar uma providência contra ela. Ao entrar resoluta no galpão do leite, ela mandou Joan interromper o trabalho. "Sob a instrução da dama", explicou Joan anos mais tarde, "empurrei o leite batido até o fundo do batedor e apertei depois, por cima". Segurando o pilão, ela ali se posicionou à espera de mais ordens. Em vez do barulho do pilão e das batidas, reinava o silêncio. A patroa sorriu triunfante, mandou Joan segurar ainda o pilão contra o fundo e saiu. A visitante, suspeita de bruxaria, se sentiu mal. Dali a algum tempo, a patroa voltou. Tanto a empregada quanto a convidada indesejável ainda estavam lá. Aliviada, porém confusa, Joan implorou à patroa que pedisse "à mulher que fosse embora". Naquele momento, então, foi revelado o motivo de Joan ter de segurar o pilão daquele jeito: era contra magia, com o objetivo de obrigar a "bruxa" a confessar e retirar o feitiço maligno do leite no batedor.

Algo espantoso aconteceu, Joan explicou anos depois. A mulher suspeita de bruxaria "caiu de joelhos e implorou por perdão" à empregadora. Ela "disse que sua mão estava no batedor e não podia se mexer enquanto a empregada não erguesse o pilão". Atônita, Joan soltou o pilão, e no mesmo instante a "bruxa foi embora". Aparentemente, a patroa de Joan prendera a mão da bruxa – ou, pelo menos, uma projeção espiritual imaginária da mão, conhecida como "espectro" – sob o pilão, impedindo-a de se mover. Essa mão mágica não deixava formar manteiga. Estando a bruxa aprisionada pelo próprio ataque, e depois de remover a maldição, o processo de fazer manteiga foi retomado.

A história de Joan demonstra como podia ser forte a crença em bruxaria. Não só Joan e sua dama, mas também a suposta bruxa, acreditavam que era possível projetar uma mão espectral e ela ser pega. Será que a "bruxa" realmente achava que sua mão estava dentro do batedor? Joan teria inventado a confissão da mulher para contar uma boa história? Seja qual for a verdade, o confronto demonstra que a magia fazia parte da experiência cotidiana; era tão real quanto um barril de madeira ou o gosto salgado da manteiga na língua. E não era preciso demonologia para dar sentido às crendices. Na ausência de clérigos ou oficiais reais para fazer perguntas baseadas em demonologia, as pessoas lidavam com a suposta magia à própria maneira, e, às vezes, esse hábito evitava um julgamento por bruxaria.[4]

Em uma fase posterior da vida, a mais de seis mil quilômetros de distância, Joan contou essa história aos vizinhos norte-americanos, além de um segundo caso de bruxaria e de um remédio informal contra magia. Certa vez, disse Joan, sua dama achou que estava enfeitiçada. Talvez pela mulher cuja mão ficara presa no batedor. A empregadora e Joan deviam imaginar a bruxa esgueirando-se como espectro pela casa, massageando a mão ferida e soprando doença sobre a vítima. A dama pediu a Joan que a ajudasse. Como no incidente anterior, Joan deveria esperar até uma mulher aparecer à porta. Quando ela chegasse, Joan teria de apanhar uma ferradura que já estava na cozinha e "atirá-la ao forno". O forno era um compartimento de tijolos com uma cúpula, embutido na lareira, e Joan precisaria assar nele a ferradura. Quando estivesse "vermelha e quente", ela a usaria em um amuleto contra bruxaria. A ferradura era feita de ferro, considerado poderoso contra bruxas. Em encantamentos contra magia, flechas com ponta de ferro eram atiradas em tonéis de cerveja para "retirar o feitiço" deles, e facas de ferro eram fincadas em mesas nas quais a comida fosse preparada. A ferradura, com forma de um largo sorriso e estrutura pesada e confiável, era um objeto de grande sorte. Enfim, quando a retirasse do forno, Joan deveria "atirá-la" em um recipiente com a "urina da dama". A urina sibilaria com o calor, e a bruxa seria acometida de dor intensa, removendo a maldição. Aparentemente, o amuleto da ferradura de Joan funcionou. Ao esfriar, a patroa se recuperou. Esse amuleto contra bruxaria e sua experiência anterior com o batedor de manteiga foram a estreia de Joan com as bruxas. Ela falou disso quando, vinte anos mais tarde, foi julgada também como bruxa na Virgínia.[5]

Em alguma data anterior a 1610, Joan saiu de Hull e fez uma viagem dificílima à América, enquanto Kirsti Sørensdatter migrava para Finnmark, ao norte, a milhares de quilômetros de distância. Kirsti viajou com o marido; Joan, talvez com uma patroa para não ficar sem emprego, mas é possível que tivesse ido sozinha. Como não era rica, sua passagem deve ter sido bancada por algum investidor colonial. O pagamento da passagem para um imigrante norte-americano dava ao pagador o direito a cinquenta acres de terra colonial, o que se chamava "direito por cabeça". Assim, criados e outros trabalhadores levados à América eram tratados como investimento de propriedade. A cabeça de Joan, zonza sobre as ondas do Atlântico, valia muito ao patrocinador. Em 1610, ela já estava na Virgínia, casada com um plantador de tabaco e serrador, Robert Wright. Pela primeira vez na vida de Joan, aparece-lhe um sobrenome: Wright era seu nome de casada. Robert vivia na Virgínia desde 1608, quando chegou em um navio chamado *Swan*. Nos termos daquele estado, ele era um "plantador antigo": um indivíduo que aportou na colônia nos primórdios, assentou-se e lá já morava havia ao menos três anos, tendo bancado a própria passagem. Robert Wright era um bom partido como futuro esposo de Joan.

Robert fizera dinheiro suficiente para velejar por metade do mundo e, posteriormente, conforme a colônia prosperava, conquistou o direito de ter, ao menos, cem acres de terra, cedidos pela Virgínia Company, para financiar a própria migração. Entretanto, a terra não vinha como um pacote pronto para usar, e ele precisava ter outro trabalho até ela prosperar. Por que escolheu Joan como esposa? Pode ter sido um enlace arranjado ou uma questão de conveniência mútua. Segundo as convenções, os plantadores precisavam de uma esposa para administrar a casa; as mulheres ideais deviam ser sensatas, empenhadas no trabalho, capazes de dar à luz filhos que ajudassem na fazenda e herdassem os negócios. Nossa Joan se enquadrava nessas especificações. Casou-se com Robert em 1610, provavelmente logo depois que seu navio aportou no rio James da Virgínia, na igreja de madeira da aldeia conhecida como Kecoughtan, ou

Elizabeth City. Até então, as coisas estavam dando certo para ela. Não tardou até se tornar mãe de duas crianças. Fizera o que esperavam dela os fundadores práticos e objetivos da colônia.[6]

⁂ ⁂ ⁂

Assentados na Virgínia, o senhor e a senhora Wright moraram em Kecoughtan, chamada "Kickotan" nos registros primordiais. Até 1610, Kecoughtan fora um povoado dos nativos norte-americanos, com dezoito casas cercadas por milharais. Os habitantes tinham aberto suas casas a exploradores brancos como o capitão John Smith, que os visitou em 1608, e compartilhavam com eles a comida: ostras, peixe, carne e pão. No entanto, em 1609, começaram os problemas. Houve um conflito entre os povos vizinhos, os Nansemond, e os colonizadores, que extorquiam deles comida, incendiavam suas casas e até destruíram o cemitério dos anciões. Em julho de 1610, essa guerra colonial culminou em desastre para Kecoughtan. Uma tropa de soldados se viu em maus lençóis no riacho, a trinta e dois quilômetros da aldeia. Um deles tentou recolher uma canoa da praia dos Nansemond e foi morto pelos nativos. O tenente-general *sir* Thomas Gate, líder da tropa, resolveu atacar Kecoughtan em retaliação, embora os nativos de lá fossem um grupo separado. Seus homens expulsaram os habitantes, matando mais de doze dos antigos anfitriões e incendiando suas moradias. Também se apoderaram das plantações. O ataque planejado na época da colheita não foi coincidência: mais de cento e cinquenta sacas de milho foram cortadas dos campos de Kecoughtan e transportadas para a ilha Jamestown, com o objetivo de alimentar os colonos famintos; em seguida, os colonizadores tomaram os milharais e a aldeia.

Ao alcançar seu objetivo, *sir* Thomas e sua milícia construíram dois fortes em Kecoughtan e lhes deram nomes em homenagem aos filhos de nossos velhos conhecidos, rei Jaime VI e rainha Ana, os quais, naquela época, governavam tanto a Escócia quanto a Inglaterra. Os fortes Henry e Charles constituíam a base de um plano de povoar a área. Kecoughtan passou a ser chamada Elizabeth City, tributo à filha de Jaime e Ana. Uma igreja foi construída, provavelmente aquela onde Robert e Joan Wright se casaram após o término da construção.[7] Robert e Joan prosperaram, trabalhando para outras famílias em suas plantações e desenvolvendo negócios adicionais como fonte de renda independente. Em meados da década de 1620, encontramos os dois vivendo em Elizabeth City com a família

Bonall, vinicultores franceses que vieram para a América com o intuito de plantar vinhas. Os Bonall possuíam uma vinícola em Buck Row, ou Buckroe, perto de Elizabeth City, a leste do assentamento principal, em um riacho. Em 1625, quando foi completado um recenseamento militar, Robert e Joan Wright e os filhos estavam vivendo com Anthony Bonall e Elias Legardo, dois plantadores de vinhas; dois jovens criados ingleses, William Binsley e Robert Godwin; e outros dois franceses. Fora da residência da família Bonall, as habilidades físicas de Robert como serrador eram solicitadas para derrubar árvores e abrir terreno para construir fortes e casas, além de pranchas para o transporte de barris e caixas de madeira.[8] Ao mesmo tempo, Joan trabalhava como parteira, tanto no sentido médico quanto espiritual, além de vidente. Lamentavelmente, assim como na Áustria, na Escócia, na Noruega e na Inglaterra, esse tipo de profissão tendia a atrair suspeitas de bruxaria.

Elizabeth City crescia rapidamente, com barcos de migrantes chegando repletos de colonizadores. A maior parte dos recém-chegados era da Inglaterra, mas havia também escoceses, irlandeses e pessoas da Europa continental – holandeses, poloneses, italianos – que traziam rica mistura de tradições mágicas. Em meados dos anos 1620, havia pelo menos vinte africanos na Virgínia, os primeiros de muitos para os quais o "novo mundo" seria uma prisão. Pessoas negras escravizadas eram trazidas à colônia para cultivar tabaco; assim, alguns vizinhos de Joan eram escravizados ou traficantes. Não tardou até os donos das plantações criarem o hábito de deixar em testamento aos seus descendentes, além do gado, dos produtos agrícolas e de armas, pessoas africanas. Moradores ricos da Virgínia também mantinham serviçais brancos contratados sob condições que levavam alguns a dizer que eram "vendidos aqui e acolá como cavalos". Em 1624, os proprietários John e Alice Proctor foram acusados de surrar até a morte dois de seus criados. Alguns eram forçados a trabalhar para os empregadores durante muitos anos, mesmo após terminado o contrato. E, além de não serem remunerados, quase passavam fome. Entretanto, ao contrário dos colegas escravizados, como estes tinham contrato, podiam recorrer aos tribunais por liberdade e um passe que lhes permitisse voltar para casa. Mas o poder autodeclarado da elite da Virgínia significava que os direitos de terceiros podiam ser frequentemente ignorados.

Viver na colônia era difícil. Joan e Robert Wright sobreviveram até 1626 porque eram esforçados, mas também porque tiveram sorte. Até então, o tribunal os via com bons olhos, e, em abril de 1626, Robert foi indenizado em um processo contra George Fryer, que não lhe pagara pelo trabalho de três semanas.[9] O casal Wright era empregável e adaptável, motivo pelo qual estava na Virgínia, afinal. Das praias planas e pantanosas em Buckroe, os dois podiam olhar para trás, lembrando-se do velho mundo, e se conscientizar de como haviam prosperado. A despeito das dificuldades, marido e mulher se mantinham lúcidos, concentrados e entretidos mesmo nas noites escuras e nos longos invernos. Talvez caminhassem pela areia dourada da praia, apanhassem os morangos que enfeitavam a grama, pescassem em lagoas dos pântanos e até molhassem os pés nas ondas. Os Wright tinham atitudes e habilidades práticas, e Joan era guiada por uma fé religiosa inabalável de que as coisas dariam certo no final. Precisava dessa fé enquanto a colônia da Virgínia crescia. Em meados da década de 1620, Elizabeth City e a capital, Jamestown, já eram densamente povoadas, com mais de mil e trezentos habitantes espalhados pelos dois assentamentos; eram, no entanto, sobreviventes da fome, dos ataques dos nativos e de uma epidemia que, juntos, dizimaram mais de três mil colonos.

Pairava sobre a vida de Joan um fato terrível e de grande importância: ela e os vizinhos viviam sob a sombra diária da fome ou do assassinato, pois eram invasores inexperientes da terra de outras pessoas. Não sabiam cultivar alimentos desconhecidos, por isso os roubavam. Não entendiam a cultura dos nativos norte-americanos; seus líderes não conseguiam criar alianças significativas, assim como os noruegueses também fracassavam com os povos sami. Essa situação era insustentável, e no dia 22 de março de 1622 um contingente de indígenas atacou as aldeias dos colonos na Virgínia, com a intenção de matar a todos. As plantações ao sul do rio James foram dominadas. Do outro lado da colônia, mais de trezentas pessoas foram mortas por flechas ou golpes de machado, ou perseguidas e apunhaladas, ou, ainda, expulsas até os pântanos, onde se afogaram. Poucos sobreviveram escondidos ou empenhados na luta até os agressores se afastarem. Depois, perdidos e traumatizados, rastejaram para fora do mato e das ruínas e se refugiaram em Jamestown. Onde estavam Joan e Robert naquele dia? Provavelmente em Elizabeth City, mais seguros na península que nas terras ao sul do rio. Fugiram para se salvar ou ficaram onde estavam, rezando para que tudo melhorasse? Qualquer coisa que tenha acontecido com Joan depois nunca seria tão ruim quanto aqueles dias na primavera de 1622, quando caçadores altamente habilidosos vasculharam os campos para matá-la.

Os colonos que sobreviveram ao "Massacre", como o episódio foi chamado, ainda não estavam livres de problemas. Os registros da colônia estão repletos de vítimas "mortas pelos índios". Assim, após 1622, os colonos passaram a viver sob um regime militar austero, com sentinelas patrulhando as comunidades, sempre preparados para ataques externos, mas também atentos aos erros na vida dos próprios colonos. De certo modo, o regime era meramente um reforço das restrições já existentes à liberdade. Em algum momento entre 1611 e 1616, uma mulher chamada Jane Wright, que pode ter sido nossa Joan, mas provavelmente não o é, pois nos registros coloniais constam os dois nomes, foi chicoteada por costurar camisas de má qualidade para as tropas coloniais. Os protestos sempre eram punidos com rigor.[10] Mas em 1623, além das ameaças externas, e, em parte, por causa delas, Jamestown sofreu escassez de comida. As pessoas abandonavam as fazendas no interior "por causa do enorme perigo de trabalhar nelas". Como geralmente acontece, a fome foi seguida de doenças, e houve uma epidemia de febre que matou muitas das famílias malnutridas que haviam sobrevivido ao massacre. Por causa dos desastres, a Virgínia Company, que fundara a colônia, faliu em 1624. Por essas e outras, em 1626, um novo governador tentou restringir ainda mais a vida colonial. Os colonos armazenavam armas e faziam exercícios militares; os movimentos eram controlados, e houve mudanças religiosas. A prece diária passou a seguir uma adoção mais estrita do protestantismo, especificamente a doutrina anglicana da Igreja da Inglaterra, e o "pecado" seria visto com mais rigor. A vida privada dos colonos já não era privada, e os principais alvos eram as mulheres: várias foram processadas por bebedeira, "promiscuidade" ou adultério. Joan, com seu trabalho de cura e magia, começava a correr perigo.[11] Quando fundaram sua colônia, os homens da Virgínia tinham importado para suas leis a Lei contra Bruxaria de 1604, criada pelo rei Jaime um ano após ele se tornar rei Jaime I da Inglaterra e rei Jaime VI da Escócia. Como se poderia esperar de Jaime e seus cortesãos, a Lei se baseou na leitura minuciosa da demonologia. Proibia "toda invocação ou conjuração de qualquer espírito maligno e perverso", bem como quaisquer outras formas de interação com esses espíritos. Ninguém deveria "consultar, fazer aliança, receber, empregar, alimentar ou recompensar qualquer espírito maligno ou perverso por quaisquer intentos ou propósitos". A profanação de túmulos com fins mágicos era particularmente proibida, sugerindo preocupação com o uso de partes de corpos, como ossos e carne, mencionado nas acusações em Innsbruck e North Berwick: ninguém podia mais "retirar cadáveres de homens, mulheres ou crianças de suas tumbas, ou de qualquer outro local de sepultamento, ou pele, ossos ou qualquer outra parte de uma pessoa morta, para uso ou emprego em bruxaria, magia, amuleto ou encantamento". Quem usasse qualquer tipo de bruxaria para matar ou prejudicar uma pessoa seria executado com seus cúmplices: "ajudantes, auxiliares e conselheiros". Infrações menores, como o uso de magia para encontrar bens roubados, eram punidas com aprisionamento.[12] Três décadas após a implantação da Lei contra Bruxaria, e a milhares de quilômetros de distância, Joan Wright seria julgada de acordo com a legislação contra bruxas, elaborada, em parte, em resposta aos julgamentos de Anny Sampson e Gillie Duncan e formulada por um de seus juízes. Entretanto, enquanto algumas alegações mais sensacionais dos demonólogos eram feitas nos julgamentos de North Berwick, os colonizadores na Virgínia eram indivíduos práticos, sem grande interesse na teoria demonológica; e foi essa falta de interesse que ditou o julgamento de Joan.

A PREOCUPAÇÃO DO GOVERNO COM bruxaria personificava-se diretamente nos homens militares que acusaram Joan Wright em setembro de 1626. Assim como no caso de Anny, Gillie, Effie e as outras mulheres na Escócia, e Kari, Kirsti e suas colegas em Finnmark, Joan foi julgada por bruxaria no contexto de crises interligadas. Na Escócia dos anos 1590, havia preocupações com a sucessão, os direitos civis e a mudança religiosa que se cristalizavam em torno de temores de que o rei e a rainha se perdessem no mar. Na Noruega, qualquer naufrágio de grandes proporções despertava o medo relacionado à governança e à religião, além dos temores que as pessoas tinham dos sami nativos. Na Virgínia, os problemas eram semelhantes: fome, doença e ataques dos indígenas, regime militar e colapso financeiro. Em todos esses lugares, as crenças religiosas impostas pela Reforma fomentava o medo de inimigos satânicos na comunidade, medo esse que se acentuava ao se juntar às apreensões locais. As mais vulneráveis eram as mulheres que se destacavam na comunidade: na fala, nas crenças, nas habilidades, nas ações ou nas atitudes. Talvez se essas bruxas fossem detectadas e exterminadas, refletiam os militares da Virgínia, Deus sorrisse para a colônia. A sorte dos colonos mudaria para melhor, e os governadores militares, os comerciantes, os fazendeiros e suas esposas poderiam viver o sonho de liberdade e abundância que os motivara a sair do "velho mundo" e cruzar o oceano até a borda do mapa, com o intuito de começar uma vida nova na Virgínia.

O primeiro acusador de Joan foi o tenente Giles Allington. Nas declarações no fim do verão de 1626 sobre si próprio e ela, feitas a um magistrado cujo nome não se sabe, Giles nos mostra tanto o contexto de suas suspeitas – as tensões mais graves da vida colonial – quanto o motivo de temer especificamente Joan. Como Robert Wright, ele era um antigo plantador, dono de cem acres em Blunt Point, a onze quilômetros a oeste de Buckroe. Vinha de família inglesa rica e tinha vida próspera na Virgínia. Deveria se sentir seguro, mas não conseguia. Em primeiro lugar, explicou ao magistrado, ele e os colegas oficiais tinham dificuldade na caça ultimamente. "Mesmo a curta distância de bons animais de caça", alguns homens não conseguiam acertar um único tiro havia mais de um ano, queixou-se. Outro acusador, Thomas Jones, tecelão de Pasbehays, perto de Jamestown, confirmou as alegações de Giles. O principal exemplo dado pelos dois era o sargento Reynold Booth, que saiu preparado com a arma, "encontrou boa caça para atirar, mas passou muito tempo sem conseguir matar animal nenhum". Reynold morava na Virgínia desde 1609; portanto, seu conhecimento local e suas habilidades deveriam ser suficientes para suprir as necessidades desesperadas e vulneráveis de comida na colônia. Mas não era o caso. Logo, embora fosse incomum culpar bruxas por perturbar a caça, os vizinhos famintos de Joan, incluindo Giles, começavam a pensar que só a bruxaria podia explicar as fugas dos veados e das aves, assim como a fome dos que precisavam de carne.

Outro temor que Giles tinha de Joan era de natureza pessoal. Mais ou menos seis meses antes, ele tomara algumas decisões equivocadas sobre os cuidados com a esposa grávida. O parto era uma situação perigosa para mãe e bebê, além de uma preocupação para a comunidade inteira, que dependia da criação de crianças. Em 1625, chegaram mulheres à Virgínia para se tornar mães de futuros colonos, e alguns meses depois o Tribunal Geral ouviu um caso de negligência contra o médico John Pott, que não recomendou alimentação com carne a uma futura mãe, causando-lhe, supostamente, um aborto espontâneo.[13] Com esse nível de sensibilidade em torno do parto, Giles foi meticuloso na hora de escolher uma parteira. Chamou Joan, que devia ter boa reputação pelas habilidades médicas e certamente atrairia a atenção da família de um tenente. Contudo, quando Giles conversou com a esposa, ela não gostou da escolha porque Joan era canhota. Essa condição, às vezes, era considerada sinal de azar: a mão esquerda era "sinistra" na terminologia do latim, enquanto a direita era a "destra", ágil e abençoada. Influenciado pelos temores da mulher, Giles cancelou o pedido feito a Joan, privando-a do trabalho lucrativo. Não se sentia à vontade para falar com ela, por isso não o fez. Simplesmente começou a evitá-la.

Em vez de Joan, a esposa de Giles pediu a ele que arrumasse outra mulher, Katherine ou Eleanor Graves, para atuar como parteira. Todavia, ser preterida era algo que irritava Joan, e quando soube da troca explodiu de raiva. Foi à fazenda dos Allington no dia seguinte ao nascimento do bebê, e Giles contou que "saiu de minha casa muito descontente por termos escolhido outra parteira". De repente, Joan parecia estar na posição da "bruxa" que aparecera à porta da fazenda de leite em Hull, tantos anos atrás: uma figura encrenqueira, resmungando diante da casa. Ninguém queria aborrecer uma parteira e curandeira; como Anny Sampson, essas mulheres eram temidas pelas habilidades secretas. Pouco depois de Joan sair enfurecida da fazenda dos Allington, a esposa de Giles adoeceu, com um abscesso no peito. Recuperou-se, mas aí foi a vez de Giles adoecer, e, por fim, o bebê ficou doente e morreu com apenas quatro meses de idade. Amargurado e apreensivo, Giles acreditava que a culpa era de Joan.[14]

Além de trabalhar como parteira, Joan praticava secretamente outro ofício, que deixou os Allington ainda mais desconfiados quando souberam. Ela previa o futuro. Usava a vidência para obter renda extra ou como parte de suas artes médicas. Talvez transmitisse a ideia de que conhecia certos segredos ou de que tinha habilidades e visões especiais. Infelizmente, muitas de suas previsões tinham a ver com morte. Uma acusadora de Joan, Rebecca Gray, explicou ao magistrado as coisas que ela dizia sobre o futuro. Rebecca contou que afirmara saber "por meio de um sinal que [ela] tinha na testa que [Rebecca] enterraria o marido". Por causa de algum sinal invisível no rosto de Rebecca, Joan sabia que ela viveria mais tempo que o esposo. Rebecca acrescentou ainda que Joan dissera algo semelhante ao plantador John Felgate. Explicara que ele perderia a esposa. E isso aconteceu. Por fim, Rebecca disse que Joan previra a Thomas Harris que sua esposa morreria antes dele, ainda recém-casados. Thomas tinha setecentos acres de terra e era um bom partido, mas corriam rumores de que era mulherengo e tinha várias amantes; e as pessoas comentavam que sua esposa morrera de maneira prematura. Parece que Joan tinha conhecimento desse resultado anos antes do evento: só podia ser bruxaria![15]

Com grandes posses de terra em jogo, qualquer pessoa ciente de qual dos cônjuges morreria primeiro, deixando todos os bens materiais para o outro, se interessaria. Rebecca Gray tinha interesse especial por esse conhecimento: era a terceira mulher de Thomas Gray, da propriedade Gray's Creek, com mais de quinhentos acres. Rebecca compreendia a fragilidade da vida e dos legados; era viúva quando se casou com Thomas, e o marido anterior, Daniel Hutton, morrera sem deixar um testamento escrito. Deixara a propriedade para ela verbalmente, e, por sorte, sua palavra foi aceita. Sem dúvida, Rebecca pensava muito na questão da morte prematura.[16] E não era a única. Alice Baylie disse que perguntara a Joan "se seu marido a enterraria ou se seria ela a enterrá-lo", mas Joan se recusara a responder. Isso deve ter acontecido pouco antes do julgamento por bruxaria, porque Joan teria dito claramente: "Eu poderia lhe dar essa informação, mas sou censurada por essas atitudes [acusada de bruxaria por fazer previsões] e nada mais falarei!". Apesar de não querer "falar" mais, as palavras de Joan nos mostram que ela se orgulhava de sua autoridade e realmente acreditava que era capaz de ver o futuro, se quisesse.

Rebecca e Alice temiam as previsões de Joan, assim como várias outras famílias de fazendeiros ao sul do rio James, em Pace's Paines. Em 1625, Joan e Robert Wright mudaram-se de Elizabeth City para Pace's Paines. Mas não foram bem recebidos. No testemunho contra os dois, o vizinho Daniel Watkins afirmou que, logo após a chegada de Joan, ela dirigira uma palavra descortês ao fazendeiro Robert Thresher sobre o donativo de galinhas a uma menina que ficara órfã recentemente. "Por que guarda essas aves aqui amarradas?", ela perguntou. "A serviçal para quem o senhor quer mandá-las estará morta antes de receber as galinhas." Essa previsão levou os donos de plantações em Pace's Paines, o conselheiro William Perry e sua esposa Isabella, a expressarem seus temores.[17]

Isabella lembrava-se da ameaça de Joan a uma empregada de Elizabeth Gates – esposa de Thomas Gates, invasor de Kecoughtan – de que "a faria dançar nua" por meio de magia. Era uma ideia apavorante para mulheres respeitáveis; por isso, Isabella e Elizabeth "acusaram a referida parteira Wright de bruxaria". Disseram, ainda, que algumas pessoas perguntaram a Isabella "por que deixava a parteira [Wright] frequentar sua casa, pois era uma mulher má, considerada bruxa por todos", quando morava em Elizabeth City. Seguiram-se outras acusações. Por certo, as pessoas se referiam às habilidades de Joan e ao seu passado. A própria Joan falava de sua vida no passado, pois foi a Isabella Perry que contou as duas histórias sobre suas aventuras com bruxaria em Hull.[18]

Assim, sob a suspeita de ter habilidades mágicas há muitos anos, as quais se tinham convertido em bruxaria, Joan foi denunciada como bruxa a um magistrado e julgada pelo Tribunal Geral da Virgínia. Os homens reunidos para ouvir o caso em 11 de setembro de 1626 eram três das principais autoridades da colônia: o governador, *sir* George Yeardley; o capitão Francis West, que seria governador a partir de 1627; e o doutor John Pott, que o sucedeu como governador em 1629.[19] Esses juízes ouviram as evidências contra Joan. Não havia júri, pois a colônia vivia sob regime militar. Claro que devia ser um caso sólido, motivado por emoções genuínas: luto, medo, raiva. Alguns acusadores eram cidadãos proeminentes, como os Allington e os Perry. Interessante, porém, foi o fato de nenhum clérigo intervir. Além disso, nenhuma das apreensões demonológicas mais extraordinárias é mencionada nos documentos do julgamento existentes ainda hoje. O julgamento de Joan foi conduzido como exercício prático ligado a questões materiais: ameaças ao suprimento de comida da colônia e à vida e à segurança dos colonos atuais e futuros. Satanás não foi citado, e a maioria dos crimes não se enquadrava na Lei contra Bruxaria. Embora a demonologia fundamentasse, de modo geral, o pensamento dos colonizadores, o julgamento por bruxaria foi menos uma cruzada contra a conspiração satânica que uma reação do tipo "faça você mesmo" a preocupações corriqueiras. Essa condição foi boa para Joan. A lei não permitia tortura, e ela não teria de confessar visões satânicas sob tormento físico. Embora não tivesse advogado, Robert Wright pôde falar pela esposa. Disse que era "casado com Joan havia dezesseis anos e não reconhecia os crimes contra os quais ela era acusada", explicou. Era um argumento robusto que poderia ajudá-la.

Infelizmente, não sabemos o que a própria Joan disse no julgamento. O livro do tribunal não registra uma declaração de culpada ou inocente. Mas contém algo que ela disse antes do julgamento, indicando suas possíveis respostas no tribunal. Enquanto discutiam o suposto ataque de Joan a Elizabeth Gates, Isabella Perry perguntara a Joan por que não havia processado a acusadora por calúnia: "Se sabes que não fizeste aquilo de que te acusam, por que não te queixas e te livras disso?". Joan respondeu com surpreendente serenidade cristã: "Que Deus os perdoe". Só isso. E Isabella achou que "ela não levava a sério as acusações", isto é, ignorava-as. Assim, embora não existam declarações escritas, Joan já dissera que não era bruxa, demonstrando a moralidade própria de uma boa cristã.

Talvez ela acreditasse que as habilidades contra bruxaria que aprendera na Inglaterra e seus conhecimentos proféticos fizessem dela uma cristã especial, uma mística que conhecia os segredos de Deus. Mais adiante neste livro, conheceremos outras mulheres dessa estirpe: na França do século XVIII e na Grã-Bretanha em tempos de guerra, ambas foram submetidas a julgamentos por bruxaria. Assim como Helena Scheuberin, mesmo mulheres devotas eram acusadas de bruxaria caso se autoafirmassem com veemência ou criticassem homens poderosos. Mas talvez a frase "Deus os perdoe" tenha ajudado Joan, pois ela não foi imediatamente considerada um perigo satânico, e o caso foi postergado até a próxima reunião no tribunal. Em 18 de setembro, duas testemunhas confirmaram em outra audiência as histórias de Daniel Watkins e Isabella Perry sobre seus contatos com Joan, mas nenhum veredicto foi registrado.

E AQUI TERMINA O RELATO. É impressionante que uma questão tão vital como a vida ou a morte de uma mulher não seja registrada. O hiato no relatório deixa claros dois pontos: um pavoroso e outro reconfortante. Em primeiro lugar, no século XVII, a vida de pessoas suspeitas de bruxaria não era muito valorizada. Em 1600, as acusações já eram comuns em toda a Europa e se espalharam pela América, onde se proliferariam. Em grande parte do mundo cristão, as mudanças impostas pela Reforma, privando a Igreja de poderes legais, significavam que as supostas bruxas não seriam mais investigadas por tribunais eclesiásticos, nos quais a atenção era voltada a interrogatórios minuciosos. Nos novos sistemas judiciários do Estado e das colônias, os tribunais ocupavam-se com acusações de bruxaria apenas por tempo limitado, como se fossem casos de furtos banais. O julgamento de Joan deve ter sido breve: o Tribunal Geral da Virgínia baseava suas práticas no Tribunal Penal inglês, no qual os julgamentos levavam de quinze a vinte minutos. Os julgamentos de bruxas não eram mais novidade e, surpreendentemente, não chamavam a atenção. Em segundo lugar, a agitação inicial das investigações motivadas por demonologia conduzidas pela Igreja e pelo Estado já diminuía em muitas jurisdições, em meados da década de 1620. Embora as leis contra bruxaria persistissem e os agentes do governo ainda perseguissem as bruxas, alguns regimes deixavam de aplicar leis próprias. Alguns haviam proibido a tortura porque a associavam à Inquisição. O próprio rei Jaime começava a demonstrar sinais de dúvida quanto à caça às bruxas após testemunhar algumas acusações falsas, e nos anos logo após sua Lei contra Bruxaria em 1624 ele se envolveu em vários julgamentos ingleses nos quais as acusadas foram absolvidas, e os acusadores, condenados por calúnia.[20] Portanto, os tribunais do governo podiam absolver suspeitas de bruxaria, sobretudo se os acusadores parecessem inseguros ou imparciais ou se as pessoas acusadas despertassem piedade ou oferecessem autodefesa bem elaborada. Qualquer um desses fatores deve ter determinado o destino de Joan.

Por um lado, não há evidência de que Joan foi condenada ou executada; mas, por outro, talvez tenha sido. Outros colonos foram sentenciados à morte, como Daniel Frank, executado em 1622 por roubar o governador. Sabemos, portanto, que a pena de morte existia, mas não há registros de execuções de bruxas. Em alguns casos, contudo, uma sentença de morte não consta no livro do tribunal, mas é mencionada, por acaso, em registro posterior. Richard Cornish foi executado por estuprar um tripulante de seu barco no início dos anos 1620, mas só descobrimos o caso por causa de um registro posterior detalhando que seus amigos foram processados em 1625 por protestar contra sua condenação. Em outros casos, penalidades menores exigidas formalmente pela lei também foram atenuadas. Uma sentença de surra ou multa era imposta à mulher que se comprometia com dois possíveis noivos, mas, quando Eleanor Sprague foi condenada por esse crime em 1624, a sentença se resumiu a confessar a culpa na igreja. Em 1626, John Ewins recebeu oitenta chibatadas por fornicar repetidas vezes com Jane Hill, mas ela, assim como Eleanor, só precisou confessar a falta na igreja.[21] As autoridades da Virgínia tratavam algumas mulheres com rigor, chicoteando-as por infrações menos graves, mas, às vezes, optavam pela misericórdia. Havia poucas candidatas a esposa e mãe, e a execução de uma mulher jovem – vulnerável e útil ao mesmo tempo – poderia parecer eticamente exagerada ao tribunal, além de ser um desperdício em termos práticos. Um demonólogo teria insistido em matar Joan como herege satânica, cuja alma estaria para sempre manchada pelo pecado; a administração da Virgínia preocupava-se mais com o corpo e a contribuição prática para os fins da colônia.

JOAN WRIGHT PROVAVELMENTE SOBREVIVEU, SENDO absolvida ou sentenciada a uma penalidade inferior ao enforcamento. Por certo, ninguém menciona enforcamentos de bruxas nos registros antigos da Virgínia. Joan fez o que estava ao seu alcance para se salvar: falou com moderação sobre os inimigos, usando termos convencionais cristãos, o que era uma boa estratégia. Mas as consequências de seu julgamento ainda são profundamente perturbadoras. Sabemos que a família Wright teve de abandonar sua casa, e, com isso, os negócios sofreram. Em 13 de janeiro de 1627, Robert Wright solicitou ao Tribunal Geral permissão para atravessar mais uma vez o rio James, de Pace's Paines de volta para Jamestown. O tribunal concordou, e em 27 de agosto foram-lhe concedidos doze acres a leste de Jamestown, para que construísse uma casa ao lado de um pântano. Entretanto, a terra tinha o nome desanimador de "Labuta em Vão" e era de baixa qualidade. Em outubro, Robert encontrou uma nova oportunidade de trabalho. Com

Andrew Rawleigh, arrendou por dez anos uma área de um marceneiro em Jamestown, a qual o arrendatário anterior, Thomas Grubb, lhes deixara em testamento. Mas a vida não era fácil. Em 14 de janeiro de 1628, Robert foi preso porque devia mil e duzentas libras de tabaco e, em 2 de março, foi para a prisão por causa de duas outras dívidas. A reputação dos Wrigth ficou muito manchada. Eles tiveram de abandonar a vida que haviam construído em Elizabeth City e, em seguida, em Pace's Paines. Talvez as pessoas desconfiassem de Robert por ser "marido de uma bruxa", e, em consequência, seus negócios desabaram.[22] De qualquer modo, podemos saber, com certeza, que o futuro de Joan, do marido e dos filhos na América foi comprometido para sempre em decorrência do julgamento por bruxaria.

CAPÍTULO 5

O julgamento de Bess Clarke: deficiência e famílias demoníacas na Guerra Civil inglesa

Embora a primeira onda de demonologia tivesse diminuído bastante na Europa ocidental até a terceira década do século XVII, a influência maligna da teoria persistia. A despeito das diferenças de opinião quanto ao papel de Satanás e de certa preocupação com acusações falsas, a era dos julgamentos de bruxas certamente ainda não chegara ao fim. As regiões coloniais da Europa e das Américas, lugares como Vardø ou Jamestown, também não eram as únicas a realizar julgamentos por bruxaria, apesar de o choque cultural nesses locais ajudar a fomentar os temores que culminariam em acusação. Centenas de bruxas eram acusadas por todo o coração da Europa: na década de 1630, ocorreram julgamentos em Würzburg, na Alemanha; em Loudun, na França; e em Trentino, na Itália. Pela Europa, ressurgiam guerras entre e em facções católicas e protestantes por causa das contínuas mudanças religiosas da Reforma, e qualquer que fosse a seita dominante ela sempre perseguia as outras.

Vinte anos após a provação de Joan Wright na Virgínia, os protestantes do litoral leste da Inglaterra, de onde ela emigrara, se encontravam em meio a uma guerra civil, motivada, em parte, por discordâncias religiosas, mas também por uma crise na autoridade da realeza que culminaria na execução do rei Carlos I, filho de Jaime VI, em 1649. No decorrer desse trauma nacional, os habitantes do leste da Inglaterra empenharam-se em uma caça às bruxas entre 1645 e 1647. Dezenas foram executadas sem sequer um registro de seus nomes que perdure até hoje. A fricção entre as seitas religiosas era dramatizada em muitas acusações, com protestantes dissidentes que rejeitavam o controle anglicano, apresentando essas acusações ou tornando-se vítimas delas. No entanto, apesar da teoria demonológica de alto grau e do temor de heresia por trás dos julgamentos, como acontecera na Áustria, na Escócia e na Noruega, os investigadores ingleses dos anos 1640 eram amadores na caça às bruxas, como os colonos da Virgínia. Eram clérigos ou funcionários governamentais de patamar inferior, aos quais se aliavam cidadãos entusiásticos que temiam a bruxaria, não demonólogos profissionais.

Essa descentralização da caça às bruxas decorria do colapso da Igreja e do Estado na Inglaterra: mesmo que quisesse, o rei não podia mais autorizar julgamentos por bruxaria, pois em 1645 pensava em fugir. A Igreja Anglicana da qual era chefe também perdera a autoridade. Apesar de diferente em todos os sentidos, a governança em partes da Inglaterra assemelhava-se à de uma autoridade colonial descentralizada; e o povo, nessas áreas parcialmente autônomas – governadores militares, clérigos e cidadãos comuns –, tinha de determinar as próprias prioridades e inventar procedimentos práticos. Portanto, os julgamentos por bruxaria no leste da Inglaterra eram como os de Joan Wright na Virgínia. Os habitantes dessa região elaboravam processos para investigar bruxaria com base nos conselhos de caçadores de bruxa amadores: homens que haviam lido livros de demonologia e internalizado muitos elementos básicos da teoria demonológica, mas não tinham cargo oficial nem doutrina fixa. Dispunham-se a ouvir dos suspeitos descrições de suas crenças mágicas, como um processo de "descoberta" experimental, literalmente a redescoberta dos artifícios ocultos de Satanás. O resultado era uma série caótica, controvertida, de julgamentos de bruxas que engolfava as comunidades de sete comarcas e servia para estabelecer a autoridade de caçadores de bruxas locais por algum tempo, antes de eles a perder para sempre. Os caçadores de bruxas tinham franca aliança com o lado insurgente e, no fim, vitorioso da guerra civil, além de com o grupo religioso que conhecemos como "puritanos".

Os puritanos eram protestantes devotos, fundamentalistas, que sentiam que a Reforma não fora forte o suficiente para varrer os rituais católicos dos cultos da igreja inglesa e da vida dos fiéis. A Igreja Anglicana do governo não era pura o bastante para os puritanos, e eles sentiam que ela precisava de mais reformas ou tão somente ser abolida. Dividiram-se em múltiplas facções na tentativa de purificar o próprio culto. Na sociedade geral, os puritanos queriam o fim de pecados como proferir blasfêmias, embriagar-se e fornicar; mas também pregavam o fim de frivolidades de todos os tipos: roupas luxuosas, dança e muitas formas de arte, música e literatura. Em suas mãos, os julgamentos por bruxaria eram um ato revolucionário, uma busca por aqueles que poluíam as comunidades com o pecado diabólico. À medida que os puritanos venciam a guerra civil, a prática dos julgamentos por bruxaria os ajudava a estabelecer um governo mais puro em partes da Inglaterra até então sob o controle do rei (que os puritanos viam como o chefe dos beberrões, da fornicação e das blasfêmias). Os julgamentos de bruxas também eram uma oportunidade para esses devotos aprenderem mais acerca do inimigo, o diabo, por meio do contato pessoal com ele: uma necessidade aos aspirantes a demonólogos. Precisavam apenas de possíveis bruxas – mulheres, na maioria, claro – e de ativistas de Deus. Em 1645, um desses investigadores de bruxas foi um perturbado e sugestionável cidadão de vinte e poucos anos chamado Matthew Hopkins, filho de um clérigo. Sua principal suspeita era uma jovem mãe que tinha uma deficiência, Elizabeth Clarke.

Elizabeth, conhecida como Bess, cresceu na aldeia de Bradfield, em Essex, com o pai Bartholomew e a mãe. Os vastos campos de Bradfield se estendiam desde a igrejinha de pedras até o rio Stour, e os aldeões criavam gado nas terras pantanosas e pescavam no rio lamacento. Do outro lado, Matthew vivia com os pais, James e Marie, a dezesseis quilômetros a noroeste, em Great Wenham, Suffolk. Viviam em uma confortável reitoria, com um jardim verdejante. Sem dúvida, Matthew entretinha-se com brincadeiras decorosas lá, com os irmãos James, Thomas e John, e no cemitério adjacente. Quando James Hopkins, pai dos meninos, morreu em 1614, e Matthew era pré-adolescente, a mãe se casou de novo, e ele se tornou o enteado de outro clérigo, Thomas Witham, reitor de Mistley/Manningtree, em Essex.[1]

As crianças cresceram em meio às disputas entre o rei Carlos I e os puritanos no Parlamento inglês. Em Bradfield e Great Wenham, assim como em outros lugares, os radicais religiosos desafiavam a autoridade anglicana, não aceitando detalhes como os ritos religiosos; e no início da década de 1640 essas tensões nacionais culminaram em uma guerra civil. De 1642 a 1645, o campo de batalha mudou para mais perto das casas de Matthew e Bess. Formas mais tradicionais de controle governamental, como o tribunal penal, foram desmanteladas. Juízes e magistrados nomeados pelo regime deposto perderam os empregos, e em alguns locais as sessões dos tribunais cessaram. Entretanto, as pessoas não deixaram de suspeitar de que os vizinhos fossem bruxos e, além dos remédios contra bruxaria, elaboraram meios de organizar julgamentos improvisados. Para os suspeitos, isso era ainda mais perigoso. Os julgamentos não eram mais supervisionados por especialistas jurídicos que se reportavam a uma autoridade central, e os tribunais passaram a ser manipulados por uma ou outra facção política responsável pelo pensamento grupal. Vimos o que acontecia quando clérigos de elite e governadores da realeza julgavam bruxas durante uma imposição demonológica, a qual já era suficientemente ruim. Mas os julgamentos ingleses de bruxas dos anos 1640 mostram que grupos de cidadãos comuns agindo com independência em circunstâncias revolucionárias causavam o mesmo tipo de mal, ou até pior.

Matthew Hopkins tinha boa posição para prosperar nas novas circunstâncias da Grã-Bretanha na guerra civil: não tão próximo do velho regime, mas beneficiando-se de muitas vantagens das elites. Era filho do reitor de uma paróquia abastada, recebera boa educação e estava destinado a ter uma carreira próspera. Também tinha a sorte de não passar nenhuma necessidade financeira ou geográfica que o obrigasse a se tornar soldado quando a guerra começou. Contudo, apesar da posição privilegiada, Matthew não tinha poder formal e vivia em tempos de mudanças violentas. Seu futuro era menos claro que antes do colapso nacional de 1642, e, pelo que se sabe, era um jovem nervoso, que facilmente se via como vítima, a despeito de todas as vantagens sociais. Há evidências de que talvez tenha sofrido uma doença séria, e ele se preocupava com o tempo que teria de vida. Matthew tinha pouco mais de vinte anos quando o conflito armado começou e logo em seguida concluiu que a comunidade do padrasto, Manningtree, para onde ele e a mãe se mudaram, estava infestada de bruxas: pessoas como Bess Clarke. Na época, ela morava em Manningtree, a quase cinco quilômetros de sua cidade natal. No entanto, como era jovem e se julgava muito esperto, Matthew se aproveitou da oportunidade de fazer a diferença no novo lar e também no de Bess.

Na década de 1640, Manningtree era uma aldeia ribeirinha de mercadores, marinheiros e carregadores, maior que Great Wenham e Bradfield juntas. Era próspera, embora o setor de transporte fluvial tivesse sofrido reveses por causa da guerra e os cidadãos tendessem a apoiar os vencedores puritanos. Alguns familiares do padrasto de Matthew, a família Witham-Edwards, sempre tinham sido devotos e queriam que sua aldeia fosse reconhecida não só pelas mercadorias, mas também pela dedicação religiosa. Nos anos 1630, Richard Edwards, o mais velho, cujo filho se casara com a filha do padrasto de Matthew, Susan Witham, financiou a reconstrução de uma igreja em ruínas em Manngingtree, convertida em capela. Era um local de reuniões separado da paróquia oficial em Mistley e, na condição de espaço adicional, permitia um pouco de experimentação puritana reformista: mudanças sutis em cerimônias mais apropriadas para o gosto fundamentalista. Quando Thomas Witham pregava lá, recusava-se a vestir a batina e a túnica do sacerdote anglicano porque os puritanos achavam que essas vestes tinham aspecto católico. Fora isso, seguia as normas anglicanas quando assim o orientavam e mantinha a região de Manningtree/Mistley calma.

A nova capela atraía muitos fiéis, entre os quais Bess Clarke. Todavia, em 1643, Thomas assumiu um novo posto em Londres e não foi enviado um novo reitor para substituí-lo, pois o processo de nomeação fora desmantelado durante a guerra. A falta da velha autoridade anglicana, do equilíbrio religioso e da atenção pessoal de Thomas (ele foi reitor por trinta anos) inesperadamente abriu espaço para o jovem Matthew ser ouvido como a voz do conflito religioso cada vez mais profundo.[2]

Devemos reconhecer que Matthew Hopkins não era o único aldeão a suspeitar de bruxaria em Manningtree/Mistley e incentivar os processos de acusação; era o membro líder de um grupo ativista, notável pela posição social como enteado do reitor. Assim como Heinrich Kramer, Jaime VI e John Cunningham, o grupo de Matthew de Essex que apontava bruxas se baseou em tensões preexistentes para elaborar as diretrizes de uma caça às bruxas. As acusações formais começaram em 21 de março de 1645, quando um alfaiate de Manningtree, John Rivet, foi procurar os magistrados locais, *sir* Harbottle Grimston e *sir* Thomas Bowes, provavelmente na casa da família de Harbottle, Bradfield Hall, a quase cinco quilômetros de Manningtree. A esposa de John sofrera surtos tão violentos que ele achou que eram "mais que apenas naturais" e fora visitar uma "mulher astuta", uma vidente com conhecimentos mágicos como Anny Sampson ou Joan Wright. Mas não via essa consultora como "bruxa". Para ele, era uma inimiga das bruxas, alguém que saberia lhe dizer se a esposa fora amaldiçoada. A vidente confirmou os temores de John: duas mulheres haviam enfeitiçado sua esposa, disseram. Uma delas morava na colina acima da casa de John, em Manningtree; a outra, na cidade abaixo. John compreendeu imediatamente quem era uma das identificadas: Bess Clarke vivia em uma casa da colina, acima da residência dele. Ele tinha certeza de que era a culpada. E assim John Rivet deu uma declaração aos magistrados, citando Bess como bruxa.

Há uma incerteza quanto à sequência de eventos depois desse episódio, mas é provável que Bess tenha sido convocada para um interrogatório. Foi emitido um mandado para sua prisão, utilizando um de seus nomes, ou ambos, Elizabeth Clarke e Elizabeth Bedingfield. Ela foi detida em seu chalé na colina e levada à presença dos magistrados. Presume-se que Bess fosse viúva; seu nome de solteira, portanto, seria Bedingfield, e o nome de casada, Clarke, o que explicaria a dupla identidade. No entanto, na realidade, ela provavelmente nasceu como Elizabeth Clarke, filha de Bartholomew Clarke de Bradfield, em abril de 1606. Tinha uma irmã mais nova, Jane Clarke, nascida em 1609, que se casou com Richard Benifield (ou Bedingfield) em Manningtree, em 1621. É possível que Bess tenha fixado residência em Manningtree com o pai (ele foi enterrado lá em 1614), ido morar com Jane e Richard Benifield em 1621, assumindo o nome de casada de Jane por associação. Mas Jane Benifield morreu em 1640, e Richard Benifield se casou novamente em 1643.[3] Bess teria sido forçada a sair da casa do cunhado por outros membros da família de Richard? Talvez os Benifield quisessem se desassociar de Bess porque, conforme John Rivet nos diz na acusação que fez dela: "a mãe da referida Elizabeth e outros parentes foram condenados e mortos por bruxaria e assassinato". O fato horrendo era que Elizabeth e Jane Clarke seriam filhas de uma "bruxa" condenada. Registros do julgamento dessa mulher parecem ter se perdido com seu nome. Nós a conhecemos apenas como a esposa de Bartholomew; mas Bess deve ter visto a mãe ser arrastada para fora de casa, jogada em uma carroça e levada à prisão, quando então foi julgada e morta. O evento deixou um legado de trauma.[4]

Além da ferida psicológica pela execução da mãe, o corpo de Bess também era marcado: ela só tinha uma perna. Talvez por isso dependesse da irmã e precisasse morar com ela. Podia ser um defeito congênito, mas é mais provável que tenha sofrido um acidente; são raros os bebês que nascem sem um dos membros, e a mortalidade infantil no século XVII era alta mesmo para bebês perfeitamente saudáveis. A causa mais comum de amputação era gangrena causada por um osso fraturado ou por cortes não devidamente tratados. As amputações eram realizadas por cirurgiões das aldeias: homens rudes, com aspecto de açougueiro, que também arrancavam dentes e cortavam cabelo. Eram hábeis com facas, navalhas, alicates, machados e serras. Não existia anestesia e quase nada para aliviar a dor. Os pacientes se deitavam de costas enquanto o cirurgião ficava de pé ou ajoelhado entre as pernas da vítima. Um assistente erguia o membro doente. Juntos, os homens amarravam com bandagens apertadas algumas partes da coxa, por exemplo. O assistente segurava o pé, e todos os presentes prendiam a respiração. Se o paciente tivesse sorte, o cirurgião teria limpado e afiado a faca antes, sem deixá-lo ouvir o som. Então, ele mergulhava a lâmina afiada no lado externo da perna e o puxava em sua direção, por baixo e para cima, sempre pelo lado interno. Quando a lâmina cruzava a parte superior da perna, cortando o osso, o assistente já tinha a serra preparada. O osso então exposto era serrado.

Em seguida, os vasos sanguíneos eram amarrados com muita força, colocavam-se bandagens, e a carne exposta era untada com gema de ovo e óleo.[5]

Não sabemos se Bess nasceu sem uma das pernas ou se passou por uma amputação traumática, mas o fato é que sobreviveu até 1645, contra todas as probabilidades de morte. Precisava de bengala ou de muleta, ou, talvez, até de uma perna de madeira tosca, feita por algum parente ou amigo, ou bancada por impostos da paróquia. Próteses feitas por profissionais eram caras e geralmente destinadas a oficiais militares ou navais. A figura de um veterano de uma perna só, marchando masculamente para casa após deixar o campo de batalha, era respeitável na cultura do século XVII. Na década de 1620, Manningtree era a cidade natal de "John Evered da perna errada". Usava-se a palavra *wrang*, equivalente ao termo inglês atual *wrong* (= errado/a). E essa deficiência lhe rendeu um apelido distinto o suficiente para ser registrado em seu sepultamento. Mas mulheres com uma perna eram raras, e não havia lugar para elas nos ideais de beleza feminina. Mesmo que Bess tivesse o privilégio de ter um membro de madeira, andar devia ser doloroso, e provavelmente ela mancava muito. É mais provável que utilizasse uma muleta, saltitando e se desequilibrando por toda parte, deixando ainda mais óbvia sua deficiência. John Rivet certamente a notara, e sua aparência incomum seria memorável também para os magistrados Harbottle Grimston e Thomas Bowes.

Era uma posição exposta em uma sociedade na qual a deficiência era considerada "deformidade", vista, em geral, como castigo de Deus pelo pecado. Em fevereiro de 1643, os vizinhos de Bess encontraram uma razão para pensar que ela merecia esse castigo. Historiadores costumam descrevê-la como "velha" ou "idosa" na época do julgamento em 1645, por causa do estereótipo de bruxa. Mas os registros das duas paróquias indicam que era jovem em idade apropriada para engravidar, e, aos trinta e poucos anos, deu à luz uma filha ilegítima. Bess lhe deu o nome de Jane, em homenagem à irmã que morrera três anos antes. Resolveu batizar a criança na capela de Thomas Witham, em Manningtree, no dia 12 de fevereiro de 1643. Em decorrência, o pai da menina, Joseph Applegate, foi obrigado a pagar o sustento da criança. Bess era pobre e durante o interrogatório falou várias vezes de sua "deficiência e pobreza" e precisava do dinheiro de Joseph para alimentar o bebê.[6] Não importava se ele a abandonara após uma única relação ou um estupro, ou mesmo depois de um relacionamento estável: era o pai da pequena Jane, e a criança receberia seu nome. Aos olhos da vizinhança, Bess estaria para sempre ligada a ele e teria de contar com a boa vontade financeira do homem.

Até 1645, tudo na vida de Bess – prole ilegítima, aparência, pobreza, histórico familiar – a deixava vulnerável. Ela era considerada imoral: mãe solteira, corpo marcado por Deus e bolsa vazia também pela vontade Dele. Pior, as pessoas especulavam que Bess herdara poderes de bruxa, assim como Bessie Thompson os teria herdado da mãe, Anny Sampson, tudo culminando na acusação apresentada por John Rivet. E seguiram-se outras. Quatro dias após a acusação feita por John, em 25 de março de 1645, Matthew Hopkins também conversou com os magistrados a respeito de Bess. Talvez tivesse desenvolvido suas desconfianças por influência de John, mas ele já tinha preconceito contra Bess e posteriormente afirmou que a identificara como membro do grupo de bruxas que o acordava nos encontros perto de casa, a cada seis semanas, durante vários meses, antes de formalizar a acusação. Matthew ouvira conversas estranhas com animais ou a respeito deles, explicou – certamente as reuniões eram sabás de bruxas, e os animais só podiam ser espíritos familiares. Matthew tinha conhecimento dos sabás e das "alianças" satânicas imaginadas na teoria demonológica, pois lera a obra *Daemonologie* do rei Jaime e talvez outros livros. Queria investigar melhor, com foco específico nos espíritos animais das bruxas. Comparadas às confissões escocesas ou europeias, as histórias das bruxas da Inglaterra eram repletas de cães demoníacos e gatos amaldiçoados; portanto, Matthew entusiasmava-se com a ideia de as vizinhas barulhentas terem animais de estimação malignos. O jovem investigador de bruxas disse que ouvira uma mulher ordenando aos seus animais que fossem à casa de Bess Clarke.[7]

Depois que Bess foi presa em 21 de março, Matthew passou parte dos três dias e noites seguintes mantendo-a sob observação com um grupo de vizinhos. Essa "vigília" era uma entre as várias técnicas de investigação sugeridas. Matthew as chamava de "meios de tentativa" pelos quais "ganhava... experiência" na caça às bruxas. Seu amigo rico, John Stearne, propôs outro "meio": jogar Bess na água, como no caso das bruxas de Vardø, mas a sugestão foi vetada como prática incomum na Grã-Bretanha. Foi utilizada, enfim, a estratégia da vigília mesmo. A hipótese era de que os espíritos familiares da bruxa chegariam para ajudá-la e seriam vistos pelos vigilantes, demonstrando, assim, clara evidência de culpa. Enfim, Bess foi vigiada por três dias e três noites por um grupo de comerciantes de Manningtree aliados a Matthew e John. Quatro mulheres também examinaram seu corpo em busca de marcas demoníacas, como acontecera com

Anny Sampson sessenta anos antes. As mulheres e os homens acreditavam que as bruxas eram inimigas de Deus, por isso o grupo ajudava a interrogá-las. Achando que Bess tinha múltiplos espíritos de animais, as mulheres do grupo de vigilantes de Manningtree procuravam, com especial atenção, marcas de dentes em seu corpo: pequenas mordidas, manchas de sangue. Na Inglaterra, havia a crendice de que os espíritos familiares sugavam sangue das bruxas com as quais faziam um pacto satânico, tanto como sinal do acordo quanto como pagamento por causar o mal. Os espíritos relatavam as ações ímpias à bruxa e obtinham dela um gole de sangue como recompensa. A marca demoníaca que deixavam como sinal do pacto podia ter a aparência de uma picada de pulga, de uma verruga ou de uma teta. Embora os vigilantes esperassem ver os espíritos, achavam, por outro lado, que talvez fossem invisíveis; portanto, seria necessário inspecionar qualquer marca que pudesse revelar sua presença. Como uma equipe de cientistas, os observadores vigilantes associavam a teoria demonológica lida por Matthew Hopkins à experimentação prática.[8]

Fatalmente, Bess não só foi mantida sob essa vigilância intrusiva nas noites de 21 a 24 de março como também era obrigada a ficar em movimento constante, processo conhecido como "vigilância e caminhada". Era uma provação cruel para ela, que só tinha uma perna, e seria debilitante mesmo para uma pessoa em boa forma e com mobilidade perfeita. O propósito de vigiar e fazer alguém caminhar tinha o intuito de aumentar as chances de ver o momento em que os espíritos mancomunados com a bruxa chegariam para conversar com ela e ser identificados. Hoje, essa privação coercitiva de sono é reconhecida como forma de tortura. Desorienta a vítima, induzindo-a ao desespero e ao pensamento desordenado. Também estimula a confissão, e esse foi o efeito em Bess.

Matthew tinha particular interesse em ouvir o que ela tinha a dizer. Posteriormente, descreveu suas visitas em termos casuais. Apenas apareceu em sua cela naquela noite escura e longa de 24 de março "para investigar melhor suas práticas perversas". Ele "pretendia não demorar muito lá", relatou aos magistrados no dia seguinte. Contudo, quando ele e John Stearne entraram na cela, Bess os surpreendeu. De modo súbito, exclamou: "Se ficarem aqui, eu lhes mostrarei meus demoniozinhos!". Quis dizer que invocaria os espíritos familiares. Por que propôs tal coisa? Seria porque os homens insistiam em conhecer esses espíritos? Tinha o objetivo de acabar com o sofrimento e finalmente dormir? Estava exausta, assustada e desorientada, mal se aguentando em um só pé. O fato de pedir a Matthew, a John e aos outros que "se sentassem" sugeria que ela também queria se sentar. Faria qualquer coisa para acabar com a exigência de se arrastar pela cela.[9]

Matthew e John pegaram cadeiras e se sentaram. Eles e os demais vigilantes fizeram perguntas generalizadas e nada científicas, como essa indagação nervosa: "Eles [os espíritos] nos farão mal?", mas também algumas específicas, como: "O diabo usou seu corpo?". Com esse estímulo inspirado pela demonologia para falar de relações sexuais com o diabo, Bess começou a contar aos ouvintes a história que queriam ouvir. Todavia, era também sua própria história. Nas palavras de Matthew, dadas mais tarde aos magistrados, ela disse que tivera "copulação carnal com o diabo". O diabo era seu amante havia seis ou sete anos, acrescentou Bess. Ia até sua cama três ou quatro vezes por semana, dizendo com firmeza: "Bess, preciso me deitar com você", e passava metade da noite. Era um "perfeito cavalheiro, com uma faixa de renda", disse, referindo-se a um colarinho de renda. John Stearne disse que, segundo ela, "era um cavalheiro alto, educado, com cabelos pretos". "Educado" significa que era um diabo respeitável, de classe média ou alta, como Matthew e John, e talvez como o amante de Bess, Joseph Applegate. "Respeitável" talvez se referisse à "boa aparência". Mas, assim como Joseph, Satanás traiu Bess. Seduziu-a e a induziu ao pecado. Agora estava disposta a confessar sua malignidade aos outros cavalheiros e cumprir sua promessa invocando os espíritos familiares, como exigiam os vigilantes.

O que significava aquilo? Se não acreditarmos que Bess invocou, de fato, demônios em forma de animais na cela, devemos procurar uma explicação. O que sabemos é que ela fez ruídos de "estalos" com a boca e gestos de invocação com as mãos. E "dali a uma hora apareceu um demônio em forma de cão". Matthew e John disseram depois que era "um cão branco com manchas cor de areia, e parecia muito gordo, robusto, com pernas curtas". Os vigilantes provavelmente nem conseguiam respirar: o diabo! Por certo, parecia um filhote inofensivo, mas era Satanás com asas e garras, ávido por arrebatar-lhes a alma e arrastá-la até o inferno. Mas o que viram na realidade? As palavras "parecia muito gordo, robusto" sugerem algo observado nas sombras, ou simplesmente nada. Se você vê um cão gordo, diz "é um cão gordo", não "havia um cão que parecia ser muito gordo". Portanto, em vez de enxergar o espírito, os vigilantes deviam estar influenciados pela descrição de Bess do que *ela* via. Essa criatura imaginada tinha a aparência de um *spaniel*, e Bess disse aos interrogadores que ela "o deixava gordo", e seu nome seria algo como Jarmara ou Jeremarye.

Matthew, John e os vigilantes descreveram de modo muito diferente a aparência dos espíritos de Bess, algo que um bom advogado de defesa, se Bess tivesse um, como era o caso de Helena Scheuberin, poderia usar para jogar por terra os depoimentos deles no tribunal. Não foi permitido a Bess ter um representante legal em um tribunal inglês; portanto, os acusadores podiam relatar qualquer evidência fantástica que quisessem, quase sem ser questionados. Matthew disse que Jarmara, o cão, foi o primeiro espírito familiar a aparecer. John Stearne e os outros vigilantes afirmaram que o primeiro demônio a aparecer foi um gato chamado Hoult, seguido de Jarmara. Mas John e Matthew concordavam que, quando Jarmara sumiu, foi substituído pelo espírito de nome ainda melhor, Tom do Vinagre, "cão da raça *greyhound* com pernas longas", embora Matthew, posteriormente, viesse a acrescentar que ele tinha cabeça de boi e se transformou em uma criança, outra incoerência a sugerir que Bess e os vigilantes se haviam extraviado da realidade observável. Em seguida, surgiu um coelho preto chamado Sacke and Sugar – bebida muito popular nas tavernas – e uma doninha. John acrescentou que Bess se referia a todos os espíritos como "meus filhos". É outro sinal de que, ao contar como foi seduzida por Satanás, Bess revivia a experiência de sexo e gravidez. Assim como a filha Jane, os filhos animais de Bess, em sua imaginação atormentada, nasceram após ela se entregar ao pecado.[10]

Quando os vigilantes perguntaram a Bess quantos "filhos" tinha, ela disse que eram cinco espíritos e compartilhava mais dois com outra bruxa. Os espíritos a atormentavam e nunca a deixavam "descansar ou ficar em paz", como seus torturadores. O leitor se lembra de que Kari Edisdatter também descreveu o cavalete da tortura real como o imaginado "estiramento dos membros" imposto por espíritos demoníacos? Bem, em Manningtree, Bess contou aos vigilantes que os espíritos a molestavam até ela concordar em deixá-los matar alguns porcos pertencentes a Richard Edwards, genro do padrasto de Matthew Hopkins. Posteriormente, ela seria acusada de matar o filhinho dele e um cavalo do lojista Robert Taylor. Bess, então, acusou Anne West e Anne Leech, ambas viúvas, e Elizabeth, esposa de Edward Goodwin, de serem bruxas iguais a ela. Matthew e John cumpriram seu dever de procurar os magistrados com uma lista de novas suspeitas, para que fossem presas. Alguns clérigos também interrogaram as acusadas. Uma das suspeitas, Anne West, morava a cerca de dois quilômetros de Manningtree, em Lawford, com a filha Rebecca. Rebecca era uma jovem religiosa e confusa, já comprometida com a caça às bruxas quando Bess acusou sua mãe. Em 21 de março, ela foi interrogada pelos magistrados sobre seu envolvimento com bruxaria. Outro interrogatório foi conduzido em 28 de abril por John Edes, reitor puritano de Lawford, quando Rebecca descreveu detalhes de certas fantasias religiosas que, como as histórias de Bess Clarke, eram repletas de temores puritanos acerca do pecado. John Edes, cujas perguntas devem ter moldado a história de Rebecca, provavelmente tinha lido livros de demonologia, como fizera Matthew Hopkins.[11]

Como Bess, e talvez sob as mesmas torturas, Rebecca confessou que tivera "familiaridade sexual com o diabo" em forma de um "rapaz educado". O amante-demônio de Rebecca lhe prometeu vingança contra os inimigos, e ela lhe pediu que matasse o filho dos vizinhos Thomas e Prudence Hart, além de provocar aborto em Prudence. Tudo aconteceu conforme seus pedidos. Horrorizado diante das declarações de Rebecca, o ministro provavelmente lhe perguntou: "O quê? Você crê que o diabo pode matar alguém? Se for verdade, ele é capaz das mesmas coisas que Deus! Você tem a pretensão de ser Deus!". Fazia décadas que os clérigos puritanos se preocupavam com o fato de suas congregações não compreenderem a diferença de poder entre Deus e Satanás. Nos anos 1590, George Gifford, vigário de Maldon, a quarenta quilômetros de Lawford, escrevera que, embora Deus fosse "o governante de toda a Terra", algumas pessoas hereges achavam que Satanás podia ser seu equivalente espiritual. "Com o objetivo de disseminar essa opinião entre os povos", disse George, os espíritos familiares das bruxas querem que elas "confessem abertamente que eles, os espíritos, realizam grandes feitos, quando, na realidade, nenhum demônio invocado pelo homem seria capaz de fazê-lo." De fato, Deus deu aos demônios "poder para ocasionalmente afligir homens e animais", confirmou George, mas a crença de que os demônios possam passar esse poder às bruxas era "totalmente absurda".[12]

Enfim, John Edes perguntou a Rebecca se ela tinha evidências do poder das bruxas de matar pessoas com o auxílio do diabo. E a resposta solene dela foi "sim": acreditava que "ele podia fazer tudo o que Deus fazia". Era o pior medo dos demonólogos concretizado: uma bruxa que descrevia Satanás como a divindade alternativa de uma religião anticristã. John sondou um pouco mais, e Rebecca detalhou como sabia das habilidades de Satanás. Ela, Anne West (sua mãe), Anne Leech, Elizabeth Goodwin e outra mulher, Helen Clarke (filha de Anne Leech, mas talvez parente de Bess Clarke) se reuniram na casa de Bess em Manningtree e lá "rezaram juntas aos espíritos familiares", explicou Rebecca. Depois, "algumas leram algo em um livro que pertencia a Elizabeth Clarke". "Todas", prosseguiu, "fizeram várias propostas àqueles espíritos", pedindo-lhes coisas que desejavam. Bess queria que o cavalo de Richard Edwards o derrubasse na ponte central de Manningtree, acidente que seria fatal, pois a ponte fazia parte de uma longa plataforma sobre o rio Stour. As outras mulheres eram menos ambiciosas e queriam atacar porcos e vacas. Rebecca tinha o desejo de ferir a inimiga, Prudence Hart. Anne West pediu apenas para ficar "livre de todos os inimigos e nunca ser comprometida"; Anne fora acusada de bruxaria antes pelo casal Hart, em 1641, mas acabou sendo absolvida. Não queria "se comprometer" novamente.[13]

A reunião formal descrita por Rebecca, com as preces, os livros e as "propostas" – um modo de debate teológico apreciado por algumas congregações cristãs –, lembra muito as assembleias em qualquer igreja normal. Assim como o sabá de North Berwick, é uma paródia de um culto cristão, embora, dessa vez, ocorresse em casa. Talvez fosse completamente imaginária, uma resposta aos temores que os demonólogos tinham de uma seita satânica. Rebecca vivia em meio aos puritanos que realizavam reuniões desse tipo. Talvez se lembrasse de um encontro para orações frequentado por sua família e seus amigos. Algumas das pessoas presas durante a caça às bruxas de 1645-1647, incluindo Anne West, foram descritas como mulheres de aparência devota, cristãs de vida pura, até pelos inimigos. Como no caso de Helena Scheuberin com seus conhecimentos hussitas, ou de Effie McCalzean e Barbara Napier, "renomadas mulheres honestas como qualquer outra na cidade", talvez algumas das acusadas de Lawford, Manningtree e Mistley fossem cristãs realmente devotas. Possivelmente se reuniram na casa de Bess Clarke nos primeiros anos da década de 1640 para rezar como uma comunidade cristã, seguindo um livro de orações pertencente a Bess. A guerra civil jogara uma seita puritana contra outra, bem como contra os católicos e os anglicanos da igreja do governo, e talvez Rebecca soubesse que John não aprovaria a ideia de rezar em casa, por isso incluiu o relato na confissão.[14] Mas ela também acrescentou as fantasias de animais mágicos de Bess, para o deleite de Matthew. É difícil saber quais aspectos de sua história foram inspirados pela demonologia, quais descreviam crendices folclóricas e quais seriam verdadeiros.

Outras mulheres acusadas contaram, sob pressão, histórias de magia folclórica. Anne Leech, de Mistley, foi interrogada em 14 de abril e confessou que trabalhara com Bess Clarke e Elizabeth Goodwin, enviando seus espíritos demoníacos para matar as vacas de Richard Edwards. Ela também matara Elizabeth, filha de Robert e Jane Kirk, em julho de 1642, e a filha de Thomas e Rachel Rawlins, no outono de 1638. Anne explicou que Elizabeth Kirk a deixara furiosa por negar-lhe um chapéu, e Rachel Rawlins ganhara as terras de Anne quando ela foi despejada pelo senhorio.[15] Anne também foi acusada por Mary e Edward Parsley, dois vigilantes de Bess, que desconfiavam de que ela e a filha, Helen, haviam assassinado a filha do casal. A garotinha dos Parsley morrera no dia 1º de março, ou perto dessa data, seis semanas antes do interrogatório de Anne Leech. Sofrendo com um luto tão recente, não é nenhuma surpresa que os dois se empenhassem em descobrir bruxas na comunidade; por isso, concordaram em passar a noite com as mulheres suspeitas, à espera da aparição dos animais imaginários.

Em 11 de abril, Helen Clarke foi interrogada. Como as demais mulheres, admitiu ter um espírito familiar, nesse caso um cão branco chamado Elemanzer, o qual lhe mandou "negar Cristo e, se concordasse, nunca passaria necessidade". A ideia de "não passar necessidade" sugere que Helen era mais uma mulher assolada pela pobreza, considerada vítima da tentação por oferta de comida, confortos e bens materiais dos quais pessoas como Richard Edwards e o filho e seu meio-irmão, Matthew Hopkins, desfrutavam todos os dias. Helen, porém, disse que não matou a filha dos Parsley; portanto, Edward e Mary não conseguiram obter dela admissão de assassinato.[16] Entretanto, tenham ou não confessado, todas as mulheres suspeitas de bruxaria foram enviadas à prisão no Castelo Colchester para aguardar o julgamento.

As acusadas foram postas no calabouço do castelo, celas subterrâneas com piso de pedra e grades de ferro, frias, escuras e úmidas. Nessas celas, Matthew Hopkins as visitou. Não tinha nenhuma função oficial nos julgamentos, mas não podia ignorar as informações fascinantes apuradas sobre os hábitos das bruxas. Especificamente, queria investigar o depoimento de Rebecca West sobre cultos ao diabo no chalé de Bess Clarke. Obedecendo à sua obsessão, a jovem Rebecca contou a Matthew como havia sido sua conversão para a bruxaria. Acontecera uma noite, havia mais ou menos um ano, na casa de Bess, disse ela. Na ocasião, o diabo apareceu a ela e a beijou. A partir daquele momento, ela era bruxa. Posteriormente, "casou-se" com o diabo e passou a "considerá-lo seu Deus", explicou, na sequência da conversa com John Edes.[17] Tudo parecia muito claro a Matthew Hopkins: as bruxas de Manningtree eram adoradoras do diabo, feriam e matavam os vizinhos conforme as instruções de Satanás, e a elas se juntavam mulheres das aldeias vizinhas nos crimes diabólicos. Matthew tinha todas as respostas. Só faltava o julgamento em um tribunal, que, por certo, determinaria as condenações.

BESS CLARKE E AS DEMAIS acusadas seriam julgadas de acordo com a Lei contra Bruxaria de 1604 no próximo tribunal penal, que tratava de quase todos os crimes graves na Inglaterra do século XVII: roubo, assassinato e incêndio criminoso. Da cadeia de Colchester, elas foram levadas em carroças vigiadas para Chelmsford, cidade onde o julgamento seria conduzido, no prédio usado para o mercado, na rua principal. O tribunal era um edifício de dois andares, com galeria, onde normalmente os agricultores de Chelmsford vendiam legumes e carne, e os comerciantes negociavam tecidos e grãos. O lugar era aberto dos lados; os aldeões podiam se aglomerar dentro dele ou espiar das janelas e das ruas em volta. Grande parte da população local acordou cedo para garantir um bom lugar e ver o julgamento de bruxas e os homens importantes que o conduziriam. O duque de Warwick, Robert Rich, presidia como juiz principal com dois júris: um grande júri e um júri popular, totalizando trinta e seis homens. Robert, porém, não era um juiz qualificado. Era um nobre e comandante militar na guerra civil que lutara do lado parlamentar e puritano.

Antes da guerra civil, os juízes penais eram especialistas experientes. Podiam condenar "bruxas" de maneira rápida e injusta, mas esperavam que houvesse algumas absolvições. Como muitos tribunais europeus e norte-americanos da época, advogados de defesa não eram permitidos nos tribunais penais; assim, o sistema judiciário contava com juízes qualificados para analisar as histórias dos acusadores. Ponderavam sobre elas à luz da vasta experiência e levavam em consideração as circunstâncias que achavam capazes de mitigar o alegado crime ou agravá-lo. Em seguida, aconselhavam os júris e manipulavam o processo de decisão que culminaria no veredicto. O objetivo era uma condução ordeira, com os infratores devidamente levados à prisão definitiva ou à forca, em silêncio. Em geral, poucos juízes eram fundamentalistas religiosos, mas, sim, céticos, homens do mundo que passavam a vida mais ocupados com livros jurídicos do que com a Bíblia.

Em contrapartida, o duque de Warwick só atuava como juiz porque o sistema penal se desmantelara durante a guerra civil e ele era puritano nas crenças religiosas. Era também comandante naval e aventureiro colonial, com poder quase ilimitado em grande parte da Grã-Bretanha e no mundo atlântico. Robert era duque por nascimento, não um advogado por força do caráter e da educação, e em termos de posição social tinha mais em comum com Jaime VI e I do que com um típico juiz penal. Era extremamente rico, estabelecido no gigantesco Castelo Warwick, na região de Midlands, na Inglaterra. Em certos aspectos, lembrava John Cunningham, de Vardø. O duque Robert era um almirante com interesse em fundar povoamentos europeus nas Américas do Norte e do Sul. Possuía terras na Virgínia, na Nova Inglaterra e nas Bermudas e era traficante de escravizados.

Em 1619, seus agentes venderam angolanos ao governador da Virgínia, *sir* George Yeardley, juiz de Joan Wright. O duque era conhecido por tomar decisões ousadas e inescrupulosas, além de perseguir os inimigos com vigor assassino. Apreciava mudanças e conflitos e passava boa parte do tempo com estratégias de batalha. Não tinha o menor traquejo com os meandros dos procedimentos legais. Ainda que tivesse, estava cercado, no julgamento penal, de outros puritanos militantes. Atrás deles, nervosos e zangados, empurrando uns aos outros, estavam os espectadores, ávidos por algo que pudessem acompanhar. Bess, Anne e as outras podiam sentir o cheiro do suor de corpos hostis, quentes, aglomerados em volta delas naquele dia abafado de verão. Os ruídos do mercado na rua principal cessaram, e um silêncio pairou sobre a multidão enquanto as prisioneiras eram conduzidas ao tribunal arrastando correntes de ferro.

Olhando do púlpito para as mulheres exaustas e imundas apertadas lá embaixo, o duque Robert tentou replicar os costumeiros procedimentos de um julgamento penal. Primeiro, ordenou aos assistentes que convocassem um grande júri para ler as acusações escritas contra as mulheres. A função do grande júri era verificar se as acusações, ou indiciamentos, continham todas as informações essenciais sobre o caso e enfocavam os crimes devidamente abordados pela Lei contra Bruxaria de 1604. Os jurados – cavalheiros e comerciantes locais – aprovaram dois indiciamentos contra Bess Clarke. A primeira acusação era a de alimentar espíritos familiares, crime explicitamente proibido pela lei e do qual ela confessou ser culpada, fornecendo detalhes. Mas também era acusada de matar John Edwards, filho de Richard e Susan, no verão de 1644. Não sabemos a origem dessa acusação (antes, a história era a de que ela teria atacado os animais de Richard), mas, sem dúvida, era um crime que conquistaria a empatia de qualquer júri e seria punível com morte. O grande júri enviou os dois indiciamentos ao júri popular, aldeões comuns, também convocados pelo duque, que se posicionavam diante da sala do tribunal para ouvir os depoimentos.

Matthew Hopkins, John Stearne, Richard e Susan Edwards, Edward Parsley e Robert Taylor se apresentaram diante dos jurados e deram declarações contra Bess. Richard e Susan, obviamente, falaram movidos pela emoção da perda da criança. Matthew e John devem ter citado os espíritos, depoimento extraordinário que certamente faria todos arregalar os olhos. O tribunal ouviu as próprias preocupações acerca do poder de Satanás exemplificado nos testemunhos. Portanto, o duque Robert e o júri aceitaram o que as testemunhas disseram. Os jurados deliberaram rapidamente, e em alguns segundos Bess foi considerada culpada.[18]

De pé ao lado dela estavam Anne Leech, julgada pelo mesmo júri, e mais três suspeitas de bruxaria de outras aldeias, Rebecca Jones, Helen Bretton e Margery Grew. Àquela altura, acusações de bruxaria se haviam espalhado pelas comunidades divididas por religião em Essex, motivadas pelo medo dos tempos de guerra e pela crença de que o diabo andava à solta pela Inglaterra. No decorrer do julgamento penal, outros júris nomeados para grupos específicos de prisioneiros ouviram os casos de outras "bruxas" de toda a região de Essex: Helen Clarke, Anne West, Mary Sterling, Anne Cade, Alice Dixon, Mary Johnson, Joan Rowle, Mary Coppin, Sarah Bright, Elizabeth Goodwin, Susan Cocke, Joyce Boones, Margaret Landish, Sarah Hating, Susan Went, Elizabeth Harvy, Marian Hockett e Bridget Mayers.[19] De algumas nada sabemos além do nome e de certas acusações. Todas eram moradoras da região; com o desenrolar da caça às bruxas, alguns homens também foram apontados. Todos os suspeitos eram acusados de se envolver com espíritos, matar animais e crianças e pertencer à igreja de Satanás. Algumas acusações remontavam à origem da caça às bruxas em Manningtree. Helen Clarke foi acusada de matar Anne Parsley, filha dos vigilantes Edward e Mary. Alguns indiciamentos agrupavam mulheres de diferentes aldeias em supostas conspirações. Margaret Moone, de Thorpe-le-Soken – aldeia a quase quinze quilômetros de Manningtree –, foi acusada de participar do assassinato do menino John, filho de Richard e Susan Edwards, mancomunada com Bess Clarke.

O resultado do julgamento foi um desastre para as mulheres acusadas e para as comunidades de Essex de onde vinham. Pelo que sabemos, Joan Rowle, uma viúva de Leigh, foi a única suspeita absolvida imediatamente de todas as acusações. Pode ter havido outras, mas não existem mais quaisquer registros. Algumas das acusadas foram perdoadas posteriormente, mas morreram na prisão de febre ou peste. Rebecca West talvez tenha sobrevivido por ter cooperado com as autoridades, embora essa atitude nem sempre garantisse a sobrevivência. Foi acusada de possuir espíritos e indiciada por esse crime. No entanto, embora o grande júri tivesse aprovado o indiciamento, e os dois acusadores, incluindo o original, Thomas Hart, esperassem pelo momento de depor contra ela, Rebecca não foi julgada, de fato; não há registros de nenhum julgamento ou veredicto nos documentos que atestam sua sobrevivência. Em vez disso, ela foi convocada como testemunha contra a própria mãe, uma lei deprimente de traição que certamente lhe salvou a vida física, mas deve ter destruído sua mente. Quatro mulheres morreram na prisão antes de serem julgadas: Rose Hollibread, Joan Cooper, Elizabeth Gibson e Mary Cooke. Ao todo, trinta e seis mulheres tinham sido aprisionadas, número muito alto em comparação aos julgamentos anteriores por bruxaria. Do tribunal, Matthew Hopkins informou que vinte e nove foram condenadas à morte; John Stearne disse que eram vinte e oito.[20]

Em 18 de julho de 1645, a maioria das mulheres desceu a rua na cidade de Chelmsford em direção oeste, passando pela igreja e por duas fileiras de lojas, até a forca erguida ao lado de um campo de túmulos pré-históricos. Uma das pobres apavoradas que mal respiravam, vistas na atual rua chamada Duke, era Bess Clarke. As mulheres tinham de andar em fila ao encontro da morte; no caminho, Margaret Moone morreu de pavor, talvez por ter sofrido um infarto ou um derrame. As demais acusadas aglomeraram-se em volta dela, aos prantos, incapazes de ajudá-la enquanto morria, e o carrasco prosseguiu com seus deveres profissionais. Fez uma pausa quando se deparou com Bess, pensando em como enforcaria alguém com uma perna só, incapaz de subir os degraus até o laço da forca. As pessoas condenadas deviam subir e ficar imóveis até serem empurradas – "desligadas", como se dizia – pelo verdugo. Mas Bess não alcançava a corda nem a altura necessária para a queda que a mataria, quebrando-lhe o pescoço ou estrangulando-a. Seu executor deve tê-la ajudado, talvez com outros homens que a seguraram até ela se posicionar corretamente para cair no espaço. Depois de morta, Bess provavelmente foi enterrada no campo pré-histórico sob a grama descorada nos dias de verão.

Sob as ordens do tribunal, várias das bruxas condenadas foram conduzidas de Chelmsford até Manningtree, sendo enforcadas lá como exemplo para outros aldeões. Mais acusações assolavam Essex, Suffolk, Norfolk, Huntingdonshire, Cambridgeshire e regiões além. Mulheres e alguns homens confessavam ter feito mal aos vizinhos e possuir espíritos familiares em forma de gatos, toupeiras, ratos, cães, pardais e outras criaturas. Os autointitulados caçadores de bruxas do leste da Inglaterra, Matthew Hopkins e John Stearne, iniciaram uma peregrinação por sete comarcas, percorrendo uma comunidade após outra com seu espetáculo de detectar bruxas. Contudo, em seu desatino, tiveram ao menos um desafio. Em um julgamento por bruxaria em Norwich, em 1647, os juízes apresentaram a Matthew uma lista de perguntas que lhes fora dada por um opositor anônimo que desejava acabar com a caça às bruxas. Irritado, Matthew divulgou em um relato publicado de suas descobertas de bruxas que as perguntas tinham a ousadia de acusá-lo de bruxaria também! O autor do desafio alegava que Hopkins só podia ser um bruxo para saber tanto sobre as bruxas.[21] Infelizmente, essa acusação fraquíssima não pegou, e as execuções continuaram. Quando Matthew e John terminaram sua carnificina no fim de 1647, John calculou que umas duzentas pessoas haviam sido executadas. O fato de não poder dar um número mais preciso revela seu desprezo pelas vidas ceifadas por ele e por Matthew.

Matthew Hopkins morreu jovem, no verão de 1647. Talvez já estivesse doente quando acusou Bess Clarke. A doença pode ter despertado seu medo de bruxaria. Sua morte ajudou a encerrar a caça às bruxas. Em 1647, Matthew já havia acumulado muitos inimigos, alguns dos quais afirmavam que ele obtinha lucro com aquele trabalho assassino. Matthew admitiu que cobrava até vinte xelins, coletados dos cidadãos das aldeias visitadas, para cobrir as despesas. Se encontrasse três ou quatro bruxas, ou ao menos uma, o preço era "muito baixo". Frase desagradável em um nefasto tratado de demonologia de dez páginas que ele publicou em autodefesa após os julgamentos: *The Discovery of Witches* (A descoberta das bruxas). No texto, Hopkins se gaba de ser "o Descobridor" e "Investigador Geral de Bruxaria", parecendo arrogante e carente de atenção. Não foi bom para sua reputação. Quando morreu, seu meio-irmão, John Witham, o novo reitor de Mistley/Manningtree, registrou o sepultamento em Mistley no dia 12 de agosto e descreveu Matthew como o "filho do senhor John Hopkins, ministro de Wenham".[22] A informação era correta, mas não mencionava sua relação com a família Witham-Edwards. Em 1647, a quantidade enorme de acusações acabou forçando uma reconsideração, e foi concluído que uma injustiça terrível fora cometida com centenas de pessoas. Uma onda de críticas se espalhou. John Stearne temia ser processado e resolveu escrever uma demonologia também, em autodefesa. Nenhum dos tratados acrescentava teorias novas; ambos pareciam amadores e agressivos. A caça às bruxas sofrera, enfim, um golpe severo. Todavia, embora diminuísse, não acabou. Os livros de Matthew e de John foram vendidos por toda a Grã-Bretanha e nas colônias britânicas. Mais uma vez, livros impressos disseminavam a demonologia. Os leitores aprenderam "fatos" novos sobre bruxas e sobre como pessoas comuns podiam detectar agentes de Satanás com uma investigação experimental em suas cidades. Os investigadores mais famosos viviam em Salem, Massachusetts.

CAPÍTULO 6

O julgamento de Tatabe: escravidão e sobrevivência na fronteira de Salem

Em meados de janeiro de 1692, duas garotas que moravam com o ministro puritano de Salem, Samuel Parris, começaram a ter convulsões. De repente, passaram a acusar algumas mulheres da cidade de tê-las enfeitiçado. Essa história é famosa, e voltaremos a ela mais adiante, neste capítulo. Contudo, por ora, examinaremos outro caso, voltando muitos anos no tempo, antes daquela terrível primavera em Salem. Longe dali, mais ao sul, uma jovem crescia em Barbados. Seu nome era Tatabe, ou Titibe, talvez Tetaby, ou, ainda, Tituba, nome bastante peculiar, possivelmente único nos registros históricos. Com certeza, é um nome ímpar nos livros dos julgamentos de bruxas em Salem, com os quais a jovem se envolveu em 1692. Ela foi acusada de bruxaria porque teve o infortúnio de ser escravizada na casa de Samuel Parris quando começaram as acusações. Primeiro, é bom esclarecer que essa é a história da garota, não de Samuel. Na condição de escravizada, Tituba, Titibe ou Tatabe não tinha sobrenome oficial tampouco nome europeu, como era costume dar a indivíduos escravizados. Os colonizadores brancos escravizavam africanos e indígenas nas Américas e os chamavam de Mary, Hannah, Candy, John e Peter. Às vezes, os escravizados recebiam um sobrenome em referência à identidade racial, como "Mary Black, uma Negra". Essa jovem, porém, tinha nome singular, escrito de maneiras diferentes nos registros ingleses de seu julgamento. A peculiaridade do nome sugere que ela o recebeu por causa de alguma origem distinta, talvez mesmo antes de ser escravizada.[1]

Os nomes Tattuba e Tatabe são usados no primeiro e no último registro que temos da jovem. Tituba é uma alcunha mais usada para ela nos livros de história, e Tattuba reflete esse nome. Estudiosos, porém, ressaltam que a terminação *uba* parece se referir a nomes do oeste da África nos registros de pessoas escravizadas. Pode ter sido um modo escolhido pelos donos de escravos, que já conheciam esse sufixo. A terminação *abe* reflete melhor a ortografia mais comum dos registros em Salem: "Titibe" e "Tetaby". Por causa da natureza fonética de boa parte da ortografia nesses registros, parece que reproduz a pronúncia verdadeira. Por outro lado, a variante *tat* do nome antecede o contato da garota com Samuel Parris e é posterior à época em que ela viveu em Salem. Foi o nome com o qual parece ter escapado do julgamento por bruxaria. Portanto, este livro usa a variante "Tatabe", pois é a melhor aproximação que temos do nome que ela teria usado para descrever a si mesma. Além disso, até certo ponto, esse nome a livra dos mitos associados a "Tituba", que são numerosos, como logo veremos. Não é uma restituição ideal de sua identidade, mas espero que seja um modo de recontar sua história, respeitando sua existência antes e depois de ser apontada como "bruxa".

Em qualquer uma de suas formas, o nome de Tatabe sugere que ela era uma nativa sul-americana. Embora seja descrita como de origem africana e negra, essa identidade foi criada para ela no século XIX. Na época, presumia-se que todos os escravizados na América, a partir do século XVII, eram negros. Na realidade, apesar de a grande maioria deles – mais de doze milhões – ser, de fato, africana, havia ao menos dois milhões e meio de nativos americanos escravizados. Antes de meados do século XIX, Tatabe era descrita apenas como um deles: uma "indígena". Nos documentos de seu julgamento por bruxaria, ela é sempre citada como nativa americana. A partir da década de 1970, estudiosos tentaram localizar uma origem mais exata. De acordo com dados mais promissores, um povo indígena arawak chamado Tibetibe ou Tetebetana habitava o delta do Orinoco-Amacuro no século XVII, e observadores documentam mulheres Tetebetana que afirmavam fazer parte dos "tetebetado", nome grupal. Já nos anos 1990, a historiadora Elaine Breslaw sugeriu que esse nome adotado por elas teve origem no nome Tituba ou Tatabe. Se, de fato, Tatabe pertencia aos tetebetados, teria vivido na região chamada atualmente a Venezuela. É provável que sua identidade de nascimento indígena fosse arawak, embora talvez tivesse ancestralidade nativa e africana; afinal, negros escravizados trabalhavam em plantações no continente sul-americano. Possivelmente, Tatabe nasceu escrava, embora seu nome incomum pareça indicar uma chance maior de identidade distinta de nativa americana, sendo escravizada depois, na infância.

Como seria o mundo de Tatabe? A cultura nativa sul-americana era poligâmica; portanto, uma garotinha crescia em meio a muitos irmãos e primos, dezenas de pessoas vivendo juntas em ocas com telhado de palha. As temperaturas de verão na Venezuela e no Caribe chegavam aos escaldantes e úmidos trinta e cinco graus Celsius, e as ocas tinham lados abertos para ventilação. Os membros da comunidade dormiam perto uns dos outros em *hamakas* (redes), refrescados pelo ar frio da noite e embalados sob o coaxar de sapos e o cricrilar dos grilos. A vida era profundamente comunal, com famílias unidas pelos mesmos deuses; a cooperação era essencial. Forasteiros no século XVII costumavam comentar a delicadeza do comportamento dos arawak.[2] Narcóticos eram usados em forma de tabaco mascado ou fumado e de um vinho forte à base de mandioca. Que contraste com Massachusetts do século XVII! Os nativos americanos escravizados levavam consigo sua cultura às plantações de açúcar, compartilhando conhecimentos e costumes locais com os indivíduos africanos desesperados que conheciam nelas. Onde quer que tenha crescido, e quem quer que fossem seus pais, Tatabe teve um mundo cultural de textura delicada e rica decoração, tanto em termos materiais quanto psicológicos. As casas, as redes e os cestos eram feitos de fibras de grama, algodão e junco. Os cabelos eram entrelaçados com penas das cores do arco-íris, e o corpo dos homens era untado com óleo e pintado pelas mulheres com tinturas vegetais e terra colorizada.

Embora não fosse um paraíso feminista, ou, aliás, qualquer tipo de paraíso, nas sociedades sul-americanas, as mulheres não ficavam em segundo plano, como acontecia nas culturas europeias. Os homens arawak tinham várias esposas, mas havia equilíbrio de poder na administração da casa, uma vez que os maridos faziam parte das famílias extensas das esposas, não o contrário. Tornavam-se submissos aos pais das esposas, de modo que as filhas eram valorizadas por trazerem trabalhadores para a família. Uma mulher também tinha a liberdade de expulsar o marido da casa de sua família se ele a irritasse. As meninas cresciam acreditando que sua vida era importante. Todos os dias, a menina ajudava a mãe a bater raízes de mandioca e a fazer farinha, cozinhar peixe, carne e pimenta. Tanto as mulheres quanto os homens pescavam e processavam os recursos da floresta – frutas, vinhas, nozes, raízes, cascas de árvore –, e todos os indivíduos arawak eram bons nadadores e coletores.[3] De repente, nas expedições de caça e pesca, começaram a encontrar europeus que também colhiam plantas locais úteis, como milho e tabaco. Desgraçadamente, alguns europeus também caçavam pessoas com o intuito de sequestrá-las e escravizá-las. Os traficantes brancos das Índias Ocidentais montavam expedições com esse objetivo desumano específico. Capturavam os indígenas arawak de seus barcos de pesca e das margens dos rios, geralmente para forçá-los a se tornar escravos domésticos.[4] Meninas e mulheres nativas americanas eram estereotipadas como hábeis cozinheiras, adaptáveis, cooperativas e incapazes de ameaçar os colonizadores. Assim, em algum momento anterior a 1676, quando vemos seu nome pela primeira vez em um documento, Tatabe provavelmente foi escravizada para esse fim, um sequestro horrível que a arrastou de sua praia ou canoa perto de casa e a obrigou a fazer uma viagem marítima em um navio cujo destino era Barbados. Lá, ela se tornou uma entre as incontáveis "quantidades gigantescas de negros e outros escravos" aprisionados na ilha de coral.[5] A cada dia, chegavam navios ao porto principal da ilha, Bridgetown, carregando novos africanos recém-escravizados completamente aturdidos (das tribos ioruba, dahoean, hausa e outras) e sul-americanos (na maioria, arawak) registrados como carga. Iam de barco a remo até a praia, onde eram acorrentados e comercializados entre os capitães de navios e intermediários, que os vendiam aos proprietários de terra. Um escravizado custava vinte e cinco ou trinta libras. Uma criança como Tatabe, talvez incluída em um "lote" com a mãe ou outros infelizes capturados com ela, teria menos valor. Mesmo assim, essa criança escravizada ainda era uma mercadoria comerciável.

Em torno do horror central dos mercados de escravos, o porto de Bridgetown fervilhava de vida. Navios manobravam, e os carregadores suavam sob o peso de sacos, pranchas, rolos de tecido e barris. Os trabalhadores das docas eram, na maioria, escravizados, homens de pele negra e marrom sob os chicotes dos capatazes brancos. Já traumatizada – em pânico, doente e entristecida pelas perdas –, Tatabe deve ter cambaleado pela doca e logo visto que as pessoas parecidas com ela sofriam abusos no novo "lar". À medida que os africanos e os nativos americanos foram substituindo os trabalhadores brancos nas indústrias de Barbados no fim do século XVII, as definições de raça endureceram, para desvantagem de Tatabe. Características como cor de pele, traços faciais, cabelo e tipo de corpo recebiam rótulos cruéis e começavam a ser vistas como diferenças categóricas, estabelecendo uma suposta hierarquia de superioridade branca. Era uma desculpa para a desumanidade, mais acentuada que aquela que vimos no Círculo Ártico ou na Virgínia, mas com base nas mesmas mentiras a respeito da diferença humana. Nessa hierarquia racial, nativos americanos como Tatabe caíam na categoria ao lado dos povos africanos como menos humanos que seus captores. Arrebatados para a baía de Carlisle, porto de Bridgetown, eram conduzidos em marcha até o mercado, vendidos sumariamente e forçados a trabalhar nos campos de açúcar e nas casas-grandes das plantações.

Outrora, os povos sul-americanos e caribenhos viviam com segurança em Barbados. Embora a maioria tivesse fugido para outras ilhas quando os colonizadores espanhóis chegaram nos anos 1620, Tatabe teria visto evidências de sua presença: fragmentos de cerâmica na areia, escombros de cabanas às margens do rio. Por causa dos sinais dos antigos habitantes, o primeiro povoado em Barbados recebeu o nome de "Indian River Bridge" (ou Ponte dos Índios). Os primeiros colonizadores brancos eram espanhóis, portugueses, ingleses, holandeses, franceses, escoceses e irlandeses. Assim como os moradores da colônia da Virgínia, alguns eram plantadores especulativos ricos ou comerciantes, artesãos, praticantes de medicina ou marinheiros. Alguns eram trabalhadores brancos contratados, cujo contrato de longo prazo lhes obrigava a servir a um empregador específico. Havia modelos de trabalho, governança e repressão em Barbados semelhantes aos da Virgínia, pois as mesmas pessoas mandavam: uma mistura de caçadores de fortuna, aventureiros militares e fundamentalistas religiosos. O comércio crescia entre as colônias do litoral leste como a Virgínia e as ilhas do Caribe, e havia outros vínculos comerciais com Nova York e na Nova Inglaterra, sobretudo em Massachusetts.

Nos primeiros tempos da colonização de Barbados, havia certa diversidade religiosa e cultural. Alguns colonizadores eram católicos, puritanos, quakers ou judeus. Todavia, a cultura religiosa cada vez mais dominante era um severo anglicanismo. Ataques eram feitos contra quakers e judeus, com a subsequente opressão ainda maior sobre as pessoas escravizadas. A sociedade da ilha tornou-se, aos poucos, mais inglesa e militarizada.

A instável situação política da guerra civil e suas consequências na Grã-Bretanha e o fato de a maioria das pessoas em Barbados ser escravizada ou contratada para serviço significavam que, nos idos dos anos 1670, havia espírito de fortaleza, com a ameaça de violência e tortura em todo lugar. Havia uma prisão abarrotada de ladrões, devedores e *maroons* – escravizados e servos fugitivos –, além de uma enorme "Gaiola" ao lado de um pelourinho no centro da cidade. Na Gaiola, eram postos cativos que tentavam fugir ou resistir, e sua punição constituía um evento público, que incluía açoites e, às vezes, execuções extraordinárias, como morte na fogueira. Havia uma sentença para os alegados líderes de rebeliões organizadas, uma das quais ocorreu na década de 1670.

Nativa de um povo indígena americano que habitava as florestas, Tatabe devia ter pavor do malcheiroso labirinto de tijolos e pedras de Bridgetown. Acorrentada e indefesa, ela e outros prisioneiros eram arrastados por aquele ambiente estranho, passando por horrendas cenas de racismo, opressão e crueldade. A cidade portuária tinha três mil habitantes naqueles anos e crescia diariamente. O alarde dos mercadores e o estrepitoso ruído das correntes acompanhavam Tatabe e os demais escravizados enquanto caminhavam, e seu pânico só incitava os risos malévolos e a indiferença das multidões de consumidores brancos.[6] À medida que os mercados abarrotados, a Gaiola e a prisão de Bridgetown, com seus armazéns e suas bancas, ficavam para trás, talvez os escravizados sentissem certo alívio. A Bridgetown de Tatabe era um enclave urbano em uma tranquila área pantanosa. Espalhava-se ao longo do rio dos Índios, entre dunas, ilhotas e pântanos de água salobra. Onde terminavam as docas e as passagens, começava o manguezal. As gaivotas tomavam o céu sobre o píer no qual se limpavam e consertavam navios, e as garças silenciosas espreitavam as valas às margens da rua. Tatabe caminhava em terreno aberto, uma paisagem verde e delicada, pontilhada de elevações onde se viam chaminés e moinhos das refinarias de açúcar. O canavial ondulava sob a brisa quente. Ela seguia por uma estrada de terra que serpenteava o interior da ilha, em direção às colinas e seus bosques.

O destino de Tatabe era uma fazenda de açúcar e refinaria com trezentos acres de extensão, pertencente a Samuel Thompson, provavelmente a área hoje chamada Clifton, na paróquia de St. Thomas. Samuel era jovem, nascido em 1655, herdeiro da plantação do pai quando tinha quatro anos de idade. Assumiu o controle formal aos vinte e um. Vivia na fazenda com a mãe viúva. Samuel, porém, não era um rapaz feliz. Assim como Matthew Hopkins, talvez sofresse de alguma doença terminal, pois morreu em 1680, aos vinte e cinco anos. Como se previsse a própria morte, já vendera a maior parte de suas terras. Um parente, Anthony Lane, comprou um terço; e, em 1676, Samuel arrendou parte e vendeu o restante a Nicholas Prideaux, natural da Cornualha e traficante de escravizados que se assentara em Bridgetown, mas possuía também outras terras. As vendas abrangiam um inventário dos bens de Samuel Thompson, incluindo seus escravos. Uma entre eles era Tatabe, listada como "Tattuba" em dois inventários de 1676. Era uma dos vinte e sete escravizados, sendo identificada ainda como criança. Nenhum "índio" tinha rótulo separado nessa lista, cujo título era "Negros". Como já vimos, talvez Tatabe descendesse de povos dos dois lados do Atlântico, ou é possível que fosse confundida com os africanos, tendo em vista que convivia com eles. De fato, uma comunidade predominantemente negra a abrigou desde o dia de sua chegada. Entretanto, todos os amigos e protetores foram vendidos.[7]

Tatabe deve ter passado por vários donos quando as terras de Thompson se dividiram. Talvez tenha sido vendida primeiro a Nicholas Prideaux, que ficou com a maior parte da propriedade de Samuel Thompson e, possivelmente, com a maioria dos escravizados. No entanto, se isso aconteceu, Tatabe foi vendida de novo. Em Bridgetown, vivia um comerciante de açúcar e banqueiro que tinha profundo envolvimento com o comércio de escravizados: Samuel Parris, um não conformista nascido em Londres que emigrara na década de 1660. Samuel frequentou a Universidade de Harvard, em Massachusetts, até 1673. Naquele ano, seu pai morreu, e Samuel herdou as terras em Barbados, que valiam sete mil libras, uma soma enorme. A família Parris estava em Barbados desde a década de 1640: o tio de Samuel, John, fora traficante de escravizados e agricultor. Os Parris possuíam duas plantações perto da propriedade de Prideaux, uma das quais era adjacente à segunda plantação de Nicholas Prideaux, terra conhecida como Newbold, na paróquia de St. George. É fácil imaginar como Tatabe teria sido vendida por Samuel Thompson a Samuel Parris por intermédio do vizinho, Nicholas Prideaux.

Entretanto, Samuel Parris não pretendia ficar em Barbados após tomar posse do patrimônio do pai. Rebeliões de escravizados, o declínio da fertilidade do solo, um furacão devastador e a queda do preço do açúcar começavam a prejudicar seus negócios. Claro que, além disso, era mais feliz em Harvard, onde a religião dominante era o puritanismo na forma que ele seguia, não o anglicanismo. Queria, enfim, retornar a Massachusetts. Samuel vendeu toda a propriedade e, em 1680, já tinha encerrado os negócios em Bridgetown. Segundo documentos da época, ele só tinha uma escravizada e um criado, cujos nomes não aparecem. Provavelmente, Tatabe era a escravizada; portanto, foi obrigada a sair da ilha com ele. Mais tarde, no testemunho em um julgamento por bruxaria, ela citaria "minha terra" como o lugar onde teria aprendido magia. Podia ser uma referência ao continente sul-americano ou a Barbados, mas, em 1692, o tal lugar original de magia já ficara longe demais. Ela foi colocada em um navio e teve de suportar uma viagem tempestuosa, horrível, por mares cinzentos, deslocando-se quase seis mil quilômetros ao norte.[8] Foi esse histórico de uma movimentação perturbadora no tráfico de escravizados e de repetidas perdas de amigos e abrigo que Tatabe levou consigo ao julgamento por bruxaria em Salem.

O navio que levava Tatabe e Samuel aportou em Boston, Massachusetts, onde os dois moraram durante uma década. Samuel casou-se e teve filhos com a esposa Elizabeth: Thomas, Betty e Susannah, nascidos entre 1681 e 1687. Tatabe foi reclassificada como "serviçal" porque a escravização de nativos americanos era tecnicamente ilegal em Massachusetts. Assim como a Virgínia, Massachusetts era uma colônia administrada pelo governo britânico, mas tinha leis e costumes próprios. Na prática, porém, a proibição da escravidão e o aparente novo *status* de Tatabe não significavam nada: ela não era livre e, mesmo que fosse, não teria para onde ir naquele estranho novo mundo. Em Boston, as folhas ficavam vermelhas, cor-de-rosa e verde-limão no outono, caindo das árvores. O inverno vinha com chuvas torrenciais. A neve cobria os varais de roupa e as hortas de legumes com cristais afiados que amorteciam os dedos de Tatabe. Nenhuma de suas roupas a aquecia, e ela invejava os cidadãos de Boston com seus casacos de lã e capuzes de seda forrados. Boston era uma colmeia luxuosa e dinâmica se comparada à aldeia de Salem, onde Samuel foi nomeado ministro em 1689. Desde que chegara a Boston em 1680, ele se reinventara, deixando de ser homem de negócios para se tornar clérigo puritano, membro de uma nova elite de Massachusetts cujo objetivo era reformar a colônia de acordo com um protestantismo extremo. Quando o governo da colônia foi revogado pelo rei Carlos II, em 1684, os puritanos passaram a temer o controle direto de Londres e particularmente a imposição de tolerância religiosa, ideia que detestavam. Samuel e os amigos puritanos queriam liberdade para perseguir os quakers, os batistas e quaisquer outras seitas que discordassem deles; não tinham vindo para a América com a intenção de fazer amizade com hereges. E onde havia medo de heresia temia-se também a bruxaria. Os aldeões que convidaram Samuel para ser o líder de sua igreja eram fundamentalistas iguais a ele. Haviam construído uma igreja própria em Salem, uma casa de madeira para reuniões com um belo púlpito. Mas aquilo não bastava para eles; então, com Samuel, pretendiam criar uma seita mais exclusiva dentro dessa igreja. Esse círculo interno só aceitava como membros os fiéis mais radicais, os quais, literalmente, se comprometiam a aceitar todos os ensinamentos da igreja, assinando um contrato que os vinculava ao seu Deus e uns aos outros. Quem não fosse membro podia usar a igreja para ouvir os sermões de Samuel, mas, em seguida, era expulso e excluído do sacramento da comunhão, termo que assinala sua função normal no cristianismo, ato de união como comunidade. Samuel não queria unir uma comunidade; em vez disso, conforme explicou em um dos primeiros sermões em Salem, sua missão era "purificar e purgar" sua igreja. Posteriormente, insistia que "nosso Senhor Jesus Cristo sabe quantos demônios frequentam sua igreja e quem são eles".

Sua fala lembra a de Heinrich Kramer voltando-se contra membros da congregação que ele odiava e via como agentes de Satanás. Sabemos que alguns membros da igreja o criticaram e se recusavam a aumentar seu salário; por isso, Samuel se considerava vítima de injustiça. Piores que os opositores dentro da igreja eram aqueles que não se comprometiam plenamente com ela; Samuel se recusava até mesmo a batizar os filhos de indivíduos que não fossem membros, ou seja, três quartos da população da aldeia. Salem era a antítese das sociedades inclusivas que os conterrâneos de Tatabe apreciavam, pois incitava a divisão, o ódio e a crítica.[9] Além de parecer e falar de maneira diferente da dos aldeões brancos de Massachusetts, ela era uma estranha por outro motivo: não frequentava a seita interna – escravizados não tinham permissão para isso – e era, portanto, considerada imperfeita na fé cristã que lhe fora imposta pelos donos.

O MESMO ACONTECIA COM OUTRO americano nativo que vivia na paróquia de Samuel Parris: um homem conhecido como John Indian, ou John, o Índio. Tatabe é descrita em algumas fontes como esposa de John, e é possível que Samuel Parris tenha casado os dois como um arranjo conveniente ao empregador dos dois nativos. O matrimônio permitiria que Tatabe e John tivessem um quarto e uma cama. Mas não sabemos o que ela sentia por John, nem se ele a ajudava ou obstruía seu caminho na luta diária. Podemos imaginar outros aspectos da vida de Tatabe, contudo. A casa paroquial de Salem era uma residência de dois andares, pequena, fria e úmida, com uma cozinha adjacente, um depósito, um porão feito de pedras e chaminé. Tatabe era a responsável pela limpeza e pelo possível aquecimento das paredes de madeira. Os desafios do trabalho doméstico eram diferentes das tarefas em Bridgetown. No testemunho, Tatabe descreve a "lavação" dos cômodos: tirar com esfregão a lama das tábuas do assoalho; lavar os móveis elegantes com o objetivo de remover as cinzas das lareiras abertas. A lenha tinha de ser consumida com parcimônia. Era fornecida a Samuel pela comunidade da igreja, e, às vezes, ele precisava implorar por mais, pois "mal tinha suficiente para queimar até amanhã", segundo um apelo que fez em novembro de 1691.[10] Tatabe precisava usar o fogo de maneira eficiente para secar roupas, esquentar água e cozinhar nos caldeirões de ferro e nas frigideiras que ardiam sobre as chamas todos os dias.

A casa era um local de trabalho e uma prisão. Mas talvez Tatabe a visse ainda como defesa contra os habitantes locais. Embora fossem iguais a ela em vários aspectos, também eram distintos, com espiritualidade, idiomas e conhecimentos diferentes, e não gostavam da sociedade colonizadora na qual ela vivia contra a vontade. Assim como na Virgínia setenta anos antes, os aldeões de Salem tinham pavor de conflitos com os nativos americanos, embora a tribo naumkeag dos povos de Massachusetts que viviam ao redor de Salem fosse uma vizinha pacífica. No entanto, várias meninas amigas das filhas da família Parris eram refugiadas da fronteira da "Guerra dos Índios" no Maine. Do mesmo modo que Joan e Robert Wright na Virgínia, tinham visto vizinhos baleados ou golpeados até a morte, dessa vez nas mãos de nativos wabanaki irados, pois os colonos vendiam membros de sua tribo ilegalmente como escravizados e haviam assassinado seus líderes. Várias das garotas assoladas por esse horror tinham perdido familares e precisavam fugir dos agressores. Embora Tatabe não tivesse parentesco com os nativos norte-americanos nem com os naumkeag que as meninas traumatizadas viam caçando nas florestas e entrando a cavalo na cidade para comercializar, os aldeões brancos a associavam a esses povos. Por reconhecer as semelhanças, mas não as diferenças, eles a chamavam de *indgen*, ou "índia", ou "a índia do senhor Parris", e a olhavam com preconceito que logo se tornou ódio.[11]

Um fato interessante foi que, depois da "Guerra dos Índios", um novo membro da família se mudou para a casa de Parris em Salem: a sobrinha de Samuel, Abigail Williams, de onze anos. Ao que parece, Abigail ficou órfã, talvez no decorrer da guerra. Seja qual for sua história, ela teve de morar com o tio em uma época de crise. Havia guerra, instabilidade política quanto ao direito do governo local e conflito religioso; e aquele foi um inverno longo, fustigado pela neve e pela fome. Em meados de janeiro de 1692, Abigail adoeceu, e, em seguida, sua prima de nove anos, Betty, filha de Samuel. O mal pode ter sido uma cólica ou febre, mas os sintomas se tornaram preocupantes. As meninas tinham convulsões e gritavam como se sentissem dor. Os corpos se contorciam de maneira estranha, com os braços e o pescoço em posições antinaturais. Não tardou até as crianças se queixarem de que sentiam "mordidas e beliscões"; algo fora do corpo delas parecia feri-las. Em certos momentos, ficavam mudas, incapazes de explicar o que sentiam. Em uma comunidade que acreditava em demônios, o mal das duas era óbvio: estavam enfeitiçadas. Samuel chamou um médico, que concordou com o diagnóstico de feitiço; assim, o ministro e os membros de sua igreja iniciaram sermões, jejuns e preces na tentativa de anular a maldição graças à energia da fé. Outros ministros foram convidados para testemunhar as contorções das meninas, e a casa paroquial virou o centro das atenções. Ali se travava uma batalha contra Satanás, e a congregação devota se regozijava com o espetáculo.

Uma pessoa, porém, membro da igreja, teve uma atitude exageradamente entusiástica quanto à necessidade de curar as meninas. Com o intuito de descobrir qual bruxa atacava Abigail e Betty, Mary Sibley decidiu usar magia folclórica para suplementar as preces. Como Joan Wright fizera com o batedor de manteiga e o ferro quente, Mary talvez se considerasse especialista em amuletos contra bruxaria. Pediu a John Indian que assasse um bolo de bruxa, mistura de farinha de cereais com a urina das "enfeitiçadas", o qual, depois de pronto, seria dado a um cachorro para remover a maldição. Mas Samuel Parris soube do bolo e ficou horrorizado diante de uma atividade tão irreligiosa, a qual, apesar de combater bruxas, era mágica e estava acontecendo em sua casa. No dia 27 de março, ele admoestou Mary na igreja por "instruir um indígena a usar artimanhas inaceitáveis para encontrar bruxas, fazendo um bolo". Por meio desse ato de "apelar ao Diabo para trabalhar contra o Diabo", nas palavras do ministro, Samuel acreditava que Satanás andava à solta na aldeia. Tudo piorou, então. Mais garotas começaram a ter convulsões, retorcendo-se, gritando e chorando. Parecia óbvio que não seriam curadas, a menos que alguém descobrisse as bruxas que as atacavam.

No fim de fevereiro de 1692, Tatabe foi acusada de bruxaria por Abigail e Betty. As acusações partiram de Abigail. Posteriormente, o nome de Betty foi apagado dos documentos, e só Abigail os assinou com uma marca, pois não sabia escrever o próprio nome.[12] No início, as acusações foram verbais, feitas a Samuel Parris e repetidas por ele aos vizinhos e magistrados. Não há registros de detalhes; mesmo mais adiante no processo, elas só foram escritas de maneira resumida, enquanto os eventos se desenrolavam. No entanto, as principais denúncias são claras. Abigail e Betty acusavam Tatabe de enfeitiçá-las em conspiração com duas colonas brancas, Sarah Good e Sarah Osborne. As meninas alegavam que "sofriam dor intensa na cabeça e em outras partes do corpo e eram beliscadas frequentemente pela aparição de Sarah Good, Sarah Osborne e Tituba, a Índia". A referência à "aparição" indicava o corpo espectral da bruxa, assim como a mão que Joan Wright prendia no batedor de manteiga, quase um século atrás. As meninas afirmaram que Tatabe e as outras acusadas haviam se materializado em seus quartos e as atacado. Depois, acusaram ainda outros aldeões de Salem:

Martha e Giles Corey, Rebecca Nurse, Bridget Bishop, George Jacobs, Elizabeth, John Proctor e muitos outros.

Após as primeiras acusações, Samuel Parris interrogou Tatabe pessoalmente. Não exercia nenhum ofício formal em um processo contra ela, não era magistrado e, portanto, não tinha o direito de interrogá-la; contudo, como ministro e guardião das duas supostas vítimas, obviamente se sentia justificado. Além disso, era o dono e o empregador de Tatabe, e, às vezes, os empregadores intervinham para falar com os suspeitos, como o brutal patrão de Gillie Duncan, David Seton.[13] Assim como Matthew Hopkins e John Stearne, Samuel Parris queria saber mais, testar as ideias demonológicas que fundamentaram seus preconceitos durante os estudos teológicos. Em Salem, portanto, o interrogatório anterior ao julgamento era conduzido, em parte, por investigadores amadores, de modo bem parecido com o que ocorrera na caça às bruxas em Manningtree, talvez usando os mesmos métodos cruéis.

O resultado foi o mesmo: uma caça às bruxas que se espalhava por toda parte, com fazendeiros e comerciantes mais que dispostos a dar testemunho. A noção de registrar o depoimento pessoal era importante na cultura puritana: tinha caráter "testemunhal" tanto no sentido jurídico quanto no religioso. Os membros da igreja de Salem imaginavam sua relação com Deus nesses termos legalísticos. Tinham assinado, literalmente, uma aliança que lhes obrigava a venerá-lo. Abigail e os demais acusadores imaginavam que as bruxas tinham acordo semelhante com Satanás. Era a costumeira ideia demonológica da inversão: cristãos aliados a Deus; bruxas, a Satanás. Entretanto, a ideia não era mais articulada pelo alto clero, por exemplo, os inquisidores. O resultado geral da Reforma foi democratizar o conhecimento religioso, e uma de suas consequências era de que o poder da análise demonológica passava a ser delegado a cidadãos comuns: investigadores de bruxas como Matthew Hopkins, congregações maiores e até crianças. Abigail estendeu-se além do relato de Rebecca West, que descrevera um livro de orações satânicas em Lawford, cinquenta anos antes, afirmando que testemunhara, de fato, o processo do pacto. Fora assombrada pela forma espectral de Martha Corey, "cuja aparição, às vezes... a forçava a mover a mão para [assinar] o livro do Diabo". Vira Martha frequentemente no "sacramento do Diabo", então Martha recrutava convertidos demoníacos bem à sua frente. O espectro de George Jacobs também aparecera "trazendo o livro para ela tocar". Satanás tinha "dois livros" nos quais "havia muitas linhas escritas". Às vezes, em forma de um "homem negro", ele próprio lhe trazia um livro. O diabo costumava ser descrito como uma criatura preta como carvão, com cascos, pelos esvoaçantes e cauda, mas é claro que essa cor preta reflete a percepção que os colonos brancos tinham de pessoas de pele escura como Tatabe.[14]

Quando essas revelações começaram a surgir em interrogatórios anteriores ao julgamento, Tatabe, Sarah Good e Sarah Osborne foram presas para exame em 29 de fevereiro de 1692. O mandado de prisão de Tatabe a descreve como "Titibe, serviçal índia", depois como "Titibe, a Índia", nome composto que Samuel Parris usava para ela quando não se referia a Tatabe com menosprezo, chamando-a de "mulher índia". As três suspeitas foram convocadas para depor na taverna de Nathaniel Ingersoll, às dez horas do dia seguinte, pelos magistrados John Hathorne e Jonathan Corwin, mas o interrogatório acabou sendo transferido para a casa de reunião, com o propósito de permitir que mais aldeões pudessem participar.

Formou-se uma multidão, no meio da qual havia três homens que escreveram relatórios diferentes dos eventos. As versões divergem em vários pontos, mas fica claro que o interrogatório de Tatabe ocorreu em uma sala cheia e ameaçadora. Abigail, Betty e novas acusadoras adolescentes, Elizabeth Hubbard e Ann Putnam, gritavam e apontavam; a multidão arquejava e gemia. Os magistrados presumiam a culpa de Tatabe, pois, em vez de perguntarem se ela causara as convulsões das meninas, a pergunta foi: "Por que você fere essas crianças?". Tatabe tentou resistir: "Não feri ninguém", disse.[15] Quando lhe perguntaram quem as atacava, ela respondeu de acordo com seu conhecimento da doutrina cristã: "O diabo", arriscou-se a dizer. "Pelo que sei", acrescentou. Parece que ouvimos o ponto de interrogação em sua voz. Era a resposta certa? Segundo uma versão do testemunho, ela prossegue, defendendo-se: "Não sei dizer quando o diabo aparece". Mas os interrogadores queriam mais. A menção ao diabo nas frases de Tatabe – talvez influenciada pelos magistrados ou até pelo conhecimento que tinha do cristianismo – incitava os interrogadores. Ela já teria "visto o diabo?", perguntaram. Tatabe sentiu que estaria segura se dissesse que sim; afinal, o diabo tentava bons cristãos. "O diabo me procurou querendo que eu o seguisse", arriscou-se novamente, dizendo, em seguida, que eram outras quatro mulheres as agressoras das crianças. Reconheceu que duas delas eram Sarah Good e Sarah Osborne. Queriam a ajuda dela, porém "Não concordei", concluiu, esperançosa. De acordo com a transcrição: "Ela afirmou, ainda, que viu um homem alto de Boston". A narrativa de Tatabe era incerta. Então, os agressores eram quatro mulheres e esse homem? E todos eram bruxos, menos ela, e "feriram as crianças". "Você também as feriu?", pressionaram os magistrados. "Não", ela respondeu. Mas ficava cada vez mais difícil manter a coragem. "Vieram para cima de mim", ela gaguejou, segundo uma das versões, querendo dizer, na realidade, que aquelas cinco pessoas poriam a culpa nela. Os bruxos lhe disseram que, se ela não obedecesse, "eles me machucariam", explicou. Devia ser uma ameaça de castigo que Tatabe ouviu muitas vezes na vida. Disseram também que "cortariam minha cabeça". "Então você atacou as crianças?", os magistrados insistiram. E ela, por fim, respondeu: "Sim".

A CONFISSÃO, PROVAVELMENTE, ERA INEVITÁVEL. Não sabemos se antes do interrogatório Tatabe foi vigiada e obrigada a andar, método que funcionara com Bess Clarke, mas, por certo, passou por isso depois. Na noite de 1º de março, alguns dos acusados ficaram sob vigilância do oficial Joseph Herrick e outros, que usaram a técnica adotada durante a caça às bruxas de Manningtree. Pela manhã, o braço de Sarah Good estava coberto de sangue do punho ao cotovelo. Foi explicado que o ferimento fora infligido em espírito, em aparição, quando ela tentou atacar as vítimas como espectro, e não era evidência de maus-tratos impostos ao seu corpo físico – absurdo, obviamente.[16] Podemos imaginar como as duas, Sarah e Tatabe, eram vulneráveis. Embora Sarah Good e Sarah Osborne se recusassem a confessar, suas declarações de inocência não foram levadas em consideração. Sarah Good já era suspeita de bruxaria havia anos. Considerada uma pessoa "turbulenta", ela e o marido ficaram sem teto em várias ocasiões, sendo expulsos de alojamentos e até de estábulos porque os cidadãos temiam que o cachimbo de tabaco de Sarah pudesse atear fogo ao feno. De repente, até o marido, William, se voltou contra ela.[17] Sara tentou dizer aos interrogadores: "Sou acusada falsamente", mas eles atribuíram essa firmeza ao seu "espírito perverso e vingativo", não à indignação por ser inocente. Sarah Osborne mostrou-se menos assertiva, mas o resultado foi o mesmo.

Que esperança tinha a hostilizada escravizada Tatabe? Desmoronou completamente, prometendo que nunca mais atacaria as crianças, e pediu perdão. Sua confissão deixa muito claro como os demonólogos e outros investigadores amadores eram capazes de plantar ideias na cabeça de pessoas acusadas de bruxaria e forçá-las a confessar o que queriam ouvir, por meio da violência e da intimidação. A confissão de Tatabe revela esse tipo de coerção. Ela repetiu várias vezes que as bruxas e suas formas espectrais a tinham ameaçado. Aparecendo diante dela em formas espirituais de porcos, cães, ratos e de um homem com um pássaro amarelo, obrigaram-na a "ferir e a matar as crianças", ou eles e o diabo "fariam algo pior comigo". Tatabe descreveu as ameaças mais de uma vez: "ele faria pior comigo", "disse que me machucaria", "ele aparece em forma de um homem e ameaça me ferir".

Quando Tatabe foi examinada fisicamente pela estalajadeira Hanna Ingersoll em busca de marcas de bruxa, a narrativa sobre a aparição de Sarah Good ter "beliscado suas pernas" foi confirmada. "Assim apuramos", escreveu o magistrado John Hathorne, tão crédulo que não foi capaz de perceber que os hematomas poderiam ter sido causados por... quem? O escravagista e dono de Tatabe, Samuel Parris? Joseph Herrick, o oficial que a prendeu? Outras pessoas que a teriam espancado? Havia muitos indivíduos de coração duro e mãos sólidas em Salem, mas John preferiu concluir que as marcas na perna de Tatabe tinham sido causadas por um espectro fantasmagórico.[18]

Tatabe deu a ele e a nós todas as pistas necessárias para chegarmos a uma conclusão diferente. Sua confissão mostra que ela esperava abusos de qualquer pessoa, e foi por esse motivo que inventou a história de bruxaria. Entretanto, como faziam todas as "bruxas", ela acrescentou algo pessoal: sentimentos reais, medos e experiências que podem nos ajudar a recuperar parte de sua voz. Algumas bruxas descritas por ela eram pessoas abastadas, como as que teria conhecido em Boston: um homem com sobretudo preto e casaco de lã; uma mulher com casaco de lã e capuz de seda. Podem tê-la "arrastado" até as casas de Elizabeth Hubbard e Ann Putnam. Tatabe sabia o que era ser retirada de casa por homens e mulheres elegantes, bem-vestidos. Em contraste com os maus-tratos pelas ruas, ela descreveu transporte mágico, talvez uma fantasia de liberdade. As bruxas "montavam em vassouras", disse, baseando-se em imagens europeias como as de Kirsti Sørensdatter voando pelos céus em direção aos sabás. Talvez Tatabe tivesse a esperança de voar para casa. Suas descrições de espíritos familiares sugerem que a imaginação a levara de volta ao Caribe, mas também ao terrível sofrimento em Massachusetts. Segundo ela, Sarah Good tinha espíritos familiares: um gato normal, mas também uma "coisa" peluda com quase um metro de altura, uma criatura com aspecto de harpia e uma espécie de lobo espectral. Alguns desses seres lembram os monstros dos pesadelos africanos e arawak: a coisa peluda não tem nenhum equivalente nas histórias inglesas de espíritos. Mas Tatabe criou essas narrativas da própria imaginação, do jeito que os interrogadores queriam, e acabou confessando o que esperavam: sim, Sarah assinara o livro do diabo, Tatabe confirmou, e logo foi acusada de deixar sua marca também.

Como para enfatizar sua impotência, no decorrer do exame de Tatabe, as supostas vítimas gritavam e apontavam para ela. Talvez tenham feito mais que isso. Outra bruxa indiciada em Salem, Rebecca Eames, contou posteriormente que fora "perturbada de modo enlouquecedor" até confessar, pois as garotas "zombavam de mim e cuspiam em meu rosto dizendo que sabiam que eu era uma bruxa velha e, se confessasse, seria logo enforcada". Deixaram-na "confusa e assustada", até confessar, afirmou. O mesmo ocorreu com Tatabe e, nas palavras de Samuel Parris, quando ela "começou a confessar", seus atormentadores "silenciaram-se imediatamente até o fim do exame dessa mulher índia". Calaram-se porque já tinham o que desejavam. "Assim que ela começou a confessar", alegou Elizabeth Hubbard, "parou de me ferir".

Não aguentando mais a pressão, a própria Tatabe sucumbiu ao desespero e começou a ter convulsões. Os observadores Samuel Parris, Thomas Putnam e Ezekiel Cheever afirmaram que "ela ficou muito abalada" e, "diante das autoridades", voltou-se contra Sarah Good e Sarah Osborne, acusando-as nestes termos: "São as pessoas que me atacaram". Com isso, ganhou o *status* de acusadora, o que poderia lhe salvar a vida.[19]

Antes, porém, houve um interrogatório final com Tatabe. Esse segundo exame se deu em 2 de março. Perguntaram-lhe o que Satanás lhe dissera. "Ele me disse que é deus", ela respondeu. "E devo acreditar nele e ser sua serva por seis anos." Ela se recusou dizendo: "Apelo para meu senhor" (Samuel Parris). No fim, acabou aceitando o diabo como seu deus, pois grande era a persistência de Satanás. Até aquele momento, Tatabe fora serva de Satanás por apenas seis semanas, desde uma noite de sexta-feira, em meados de janeiro, pouco antes de "Abigail adoecer". Na quarta-feira seguinte, as bruxas se reuniram em um sabá na casa de Samuel, acrescentou. O diabo lhe deu o poder de ficar invisível, alívio muito bem-vindo. Então começaram as ordens para ferir as crianças. "Eu não queria ferir Betty, pois a amava", disse Tatabe, triste, mas concordou em beliscá-la. Terminou essa fantasia confirmando que deixara sua marca como assinatura no livro do diabo.[20] Tatabe foi encarcerada em 7 de março para aguardar o julgamento.

Um tribunal especial, conhecido como *Oyer and Terminer*, ou, na terminologia jurídica em latim, *Audiendo et terminando*, por causa do poder do juiz de ouvir e determinar casos, foi montado pelo governador da colônia, *sir* William Phips. Só o que precisava ser provado ao juiz, de acordo com a lei de Massachusetts (distinta da inglesa), era que uma bruxa acusada "tinha ou se consultava com um espírito familiar", crime que resumia complexidades demonológicas em uma proibição simples facilmente compreendida por investigadores comuns de bruxas. No indiciamento de Tatabe constava que, no fim de 1691, ela "fez um pacto ímpio, malévolo e criminoso com o diabo e assinou o livro diabólico com uma marca semelhante a : C, aliança abominável pela qual a citada Tittapa se tornou uma detestável bruxa".[21]

Entretanto, esse indiciamento só foi apresentado em 9 de maio de 1693, um ano após a prisão. Antes disso, houve uma série de sucessos iniciais seguidos de inquietantes reveses para os acusadores de Tatabe. Ela e Sarah Good foram enviadas à prisão de Boston no início de junho de 1692, mas Sarah Osborne morreu miseravelmente em sua cela, em meados de maio. O mandado para a transferência de Tatabe a Boston a descreve como "Titiba, uma Índia", pertencente ao senhor Samuell [*sic*] Parris". Mais uma vez, Tatabe se viu acorrentada, levada em uma carroça pela região interior costeira e pantanosa, além de por uma densa floresta, sofrendo sob o sol no céu do verão. A cadeia de Boston ficava em Prison Lane, hoje Court Street. Era fria mesmo em junho, com janelas sem vidro, mas protegidas por grades de ferro. As paredes tinham cerca de um metro de espessura. Nos dois meses seguintes, Tatabe teve a companhia de mais cinquenta mulheres suspeitas de bruxaria. A cadeia teve de ser reformada para abrigar todas elas, e novas correntes e grilhões foram encomendados. Prisioneiros franceses e americanos nativos de guerra logo se juntaram à multidão aprisionada. Entre eles, estava uma "Garota Indiana", também capturada como Tatabe vinte anos antes.[22] Enquanto Tatabe definhava na prisão, outras pessoas acusadas passavam por julgamentos formais impostos pelo tribunal *Oyer and Terminer* e eram condenadas e enforcadas. Dezenove foram executadas, enquanto Giles Corey se recusava a responder se era culpado ou inocente, sofrendo, assim, a morte cruel estabelecida como punição por tal ato. Foi esmagado com rochas colocadas sobre o corpo. Mas Tatabe não estava entre esses julgados. Não sabemos por quê. Talvez fosse considerada muito útil como testemunha contra os outros? É uma das várias incógnitas cruciais em sua história.

O TEMPO TRABALHOU EM FAVOR dela. Em meados de 1693, uma quantidade extraordinária de duzentas pessoas aguardava julgamento. A maioria dos cidadãos de Massachusetts começara a perceber que havia algo terrivelmente errado, e logo vieram os protestos: não importava o que dizia a demonologia, não podia haver tantas bruxas. Além de ser teologicamente impossível, a quantidade de julgamentos era insustentável em termos de organização, e o sistema dos tribunais colapsou sob o peso. Cessaram, então, os julgamentos, e foi inventado um novo tribunal, o Superior Tribunal de Judicatura, para cuidar dos casos restantes, sob uma lei contra bruxaria revisada. Essa lei, com bases mais próximas na Lei inglesa contra Bruxaria de 1604, confirmava que era ilegal "usar, praticar ou exercer qualquer invocação ou conjuração de qualquer espírito maligno e perverso" ou "consultar, fazer aliança, receber, empregar, alimentar ou recompensar qualquer espírito maligno ou perverso por quaisquer intentos ou propósitos". O suposto crime de Tatabe foi analisado tanto sob a ótica dessa nova lei como da antiga. No entanto, quando o indiciamento foi apresentado a um grande júri em Ipswich, a serviço da nova lei, os jurados o rejeitaram. Como na Inglaterra, a função do grande júri era analisar as acusações e verificar se existiam informações relevantes para julgar um crime. Após examinar os documentos acerca de Tatabe, o porta-voz Abraham Haseltine escreveu *ignoramus* (ou seja, "não sabemos", não aprovamos) no verso do indiciamento. Isso significava que ela não passaria por mais um julgamento.[23]

Como o júri chegou a essa conclusão, não temos conhecimento. Talvez tenham achado a acusação vaga. Normalmente, era preciso incluir a data em que um crime fora cometido, mas esse indiciamento só mencionava um período de tempo. É possível também que os jurados tenham concluído que as evidências baseadas apenas em visões ou confissões, em meados de 1693, eram consideradas potencialmente insustentáveis. Talvez o júri começasse a duvidar da necessidade de prosseguir com os julgamentos por bruxaria. Isso seria uma reviravolta na história dos julgamentos de bruxas. O júri em Ipswich, de Abraham Haseltine, foi encarregado de julgar uma suposta bruxa, cuja acusação iniciara uma caça que já envolvera, ao menos, duzentas pessoas suspeitas em vários povoados de Massachusetts, de Ipswich a Andover, cujo alegado crime mereceria o enforcamento. E o júri recusou. Surpreendentemente, esse seria o único julgamento de Tatabe. Algumas condenações continuaram, pois os funcionários do antigo tribunal não mudaram durante o novo, mas não houve mais execuções. Todos os condenados recebiam o perdão do governador, que perdera a confiança nas decisões dos tribunais de sua colônia. À medida que as famílias em luto se queixavam e os ministros reconheciam o engano, aos poucos se chegou à conclusão de que fora cometido um erro terrível na condução da justiça. Os queixosos pressionaram o governo colonial. A congregação de Salem se dividiu. As pessoas que viram familiares enforcados por causa das acusações de Samuel Parris exigiram que ele fosse afastado, e Samuel deixou Salem com a reputação arruinada.

Os acusados sobreviventes e as famílias dos executados foram indenizados pelo Estado, retratações públicas foram feitas por parte de alguns acusadores em 1697 e 1706, e, em 1711, o governo pediu perdão também.[24]

Uma anotação mal redigida e profundamente emendada do encarregado da prisão de Salem, escrita em algum momento posterior a 9 de maio de 1693, é a última evidência que temos do que aconteceu com Tatabe quando o julgamento acabou. O encarregado do presídio solicita que o tribunal pague a conta da alimentação das pessoas suspeitas de bruxaria enquanto permanecerem detidas. O nome de Tatabe – "Tatabe, a Índia" – é o primeiro da lista de prisioneiras. A nota explica que ela já estava presa havia "um ano inteiro" e alguns meses, custando à prisão mais de quatro libras. E essas linhas estão riscadas, o que indica que a dívida foi paga – talvez por Samuel Parris ou por outra pessoa.[25] Desde então, circulam histórias de que Tatabe foi vendida para compensar as despesas na cadeia. Talvez seja verdade. Entretanto, não havia mercado de escravos em Massachusetts, e os custos do transporte de Tatabe para outro mercado seriam altos. Só alguém que nunca ouvira falar de Tatabe ou acreditasse em sua inocência provavelmente a compraria. Portanto, é possível que ela tenha sido libertada pelo Estado ou por simpatizantes, os quais havia muitos em 1693. Que fim levou Tatabe? Não sabemos. Ela sobreviveu ao julgamento por bruxaria e foi libertada da prisão, mas se conseguiu a liberdade real, no fim das contas, só podemos conjecturar.[26]

Interlúdio: Da demonologia à dúvida

À medida que enfraquecia a influência da demonologia sobre a imaginação humana na Europa e na América, legisladores do incipiente século XVIII começavam a reconsiderar os melhores modos de lidar com acusações de bruxaria que, de tempos em tempos, ainda ocorriam. Mesmo antes do desastre de Salem de 1692-1693, algumas pessoas duvidavam que as leis contra bruxaria e os processos jurídicos fossem apropriados. Em 1647, Matthew Hopkins e John Stearne foram acusados de lucrar cinicamente com a caça às bruxas e caíram em desgraça. Depois da tragédia de Salem, ficou claro a quase todas as pessoas que as acusações infundadas de bruxaria haviam destruído vidas inocentes. Talvez uma definição mais apurada do crime tivesse poupado muita gente, concluíam os ministros, se, por exemplo, não tivessem acreditado nas visões que as vítimas descreviam de um corpo espectral? Mas havia perguntas mais importantes sem resposta: a magia realmente funcionava? Se sim, como? E, mesmo se funcionasse, as confissões espetaculares que as bruxas apresentavam sobre sabás e assassinatos seriam meras fantasias? Ou elas eram, de fato, adoradoras do diabo, como diziam as tradições, tratando a religião de modo herético e causando males reais? Todas essas dúvidas culminavam em uma pergunta prática: como era possível decidir em um tribunal? Como inquisidores, juízes e júris poderiam confirmar as histórias dos acusadores e dos acusados? Não podiam ordenar que os suspeitos invocassem o diabo, como Matthew Hopkins insistira em fazer no interrogatório anterior ao julgamento em 1646; esse ato em si era considerado ilegal em muitas jurisdições. Os acusadores também não podiam fornecer evidência física de bruxaria em ação. Por outro lado, as testemunhas talvez mentissem, ou falassem sob influência de ilusão demoníaca, ou apenas se enganassem. Havia dúvidas até mesmo em relação a se um tribunal de justiça era o lugar ideal para esses interrogatórios, pois, se uma decisão errada fosse tomada, um inocente morreria.[1]

Pouco a pouco, a definição demonológica de bruxaria, iniciada pelos clérigos no fim da Idade Média e disseminada pelo mundo por tribunais seculares, começava a parecer improvável a muitos indivíduos inteligentes, estudiosos e moderados que reforçavam entre si o ceticismo. Embora muitos cidadãos comuns ainda acreditassem em bruxaria, os superiores sociais se tornavam cada vez mais descrentes. Descobertas científicas nos séculos XVII e XVIII desmistificavam a vida, e, apesar de parte do mistério permanecer, era esperado que explicações novas e mais claras surgissem. As soluções eram menos procuradas na teologia cristã à medida que o poder passava da Igreja e dos governantes individuais aos parlamentos, às bolsas de valores e aos tecnocratas. Em termos de lei, muitos fatores se uniram para reduzir o desejo de processar bruxas.[2] E, embora os homens que trabalhavam nas instituições públicas ainda acreditassem em Deus, em demônios e em magia, e, como consequência lógica dessa visão de mundo, no poder da bruxaria, já questionavam sua plausibilidade e as formas de punição. Sim, Satanás existia, mas seria correto executar uma camponesa analfabeta ou uma avó que frequentava a igreja? Sim, esse acusador teve visões terríveis de mulheres conhecidas enfeitiçando pessoas, mas os observadores podiam ter certeza de que essas visões não eram mentiras demoníacas? Por razões inter-relacionadas de secularização, educação e ceticismo, a acusação de bruxaria começou a parecer equivocada do ponto de vista ético, além de ser considerada errada do ponto de vista científico. Mas a descriminalização formal da bruxaria ainda estava longe de acontecer na Europa, na América e no mundo cristianizado.

NA FRANÇA, UM EDITO REAL progressista, porém imperfeito, é um bom exemplo da indecisão dos legisladores. Em 1682, o governo do rei Luís XIV decidiu que, embora teoricamente a bruxaria – *maléfice* – existisse, teria de ser redefinida pela lei. O Edito afirmava que as bruxas praticantes de *maléfice* deveriam ser executadas, mas somente se fossem também blasfemas, tivessem cometido sacrilégio ou usado veneno para matar as vítimas. Um escândalo recente na corte revelara cortesãos que invertiam os ritos da missa católica para invocar Satanás. Acreditavam que ele daria força aos seus feitiços e venenos, concedendo-lhes sexo e sucesso, matando os rivais e comprando influência política com o rei. Nos sabás, ou “Missas Negras”, como ficaram conhecidos, supostamente eram sacrificados bebês.[3] O Edito foi uma tentativa de abafar esse escândalo real. No entanto, embora reconhecesse que alguns indivíduos haviam profanado a Missa, eram envenenadores sacrílegos e bruxos, o Edito não os descrevia como hereges ou adoradores do diabo, apesar do fato de suas reuniões terem muitas características dos sabás satânicos. A ideia de que as bruxas substituíam Deus por Satanás não era mais considerada oficialmente crível. Além disso, o Edito não endossava a ideia de que os feitiços funcionavam; afirmava que as bruxas usavam veneno, não maldições, para matar as pessoas. Portanto, deveriam ser punidas, declarava o Edito em termos vagos, de acordo com a severidade de suas ações – qualquer que fosse o significado disso. Em um estilo ainda mais cético, o Edito listava várias espécies de falsidade e superstição: astrologia, adivinhação, clarividência. Atividades outrora consideradas reais e parte do crime de bruxaria agora eram condenadas como charlatanismo, e os praticantes dessas artes, forçados a abandoná-las ou a sair da França. No escopo geral, o Edito deixava muitas perguntas sem resposta, o que acabaria causando dificuldades no tribunal.[4]

Na Grã-Bretanha e nas colônias que usavam a lei britânica, um Decreto contra Bruxaria de 1735 anulava as leis escocesas e inglesas contra bruxaria de 1563 e 1604. O novo decreto declarava simplesmente que “nenhum procedimento legal será iniciado ou imposto a qualquer pessoa por bruxaria, feitiçaria, encantamento ou conjuração... em nenhum tribunal”. Em contrapartida, qualquer pessoa que alegasse ter poderes mágicos, como amaldiçoar os vizinhos ou conjurar espíritos entoando feitiços e realizando rituais, seria punida. Especificamente, ninguém deveria “fingir o exercício ou o uso de qualquer espécie de bruxaria, feitiçaria, encantamento ou conjuração, tampouco prever o futuro ou fingir que, graças ao conhecimento de ciências ou artes ocultas, pode descobrir onde ou de que maneira quaisquer bens ou posses, supostamente perdidos ou roubados, podem ser encontrados”. “Pessoas ignorantes são alvos comuns de engodo e fraude” por acreditarem nessas alegações, acrescentava o Decreto. A pena para esse crime era um ano de prisão. A definição de charlatanismo apresentada pelo Decreto contra Bruxaria era muito parecida com a lista de Luís XIV: clarividência, invocação de espíritos, adivinhação, varinhas usadas para encontrar tesouros, e assim por diante. Enfim, o Decreto de 1735 proibia especificamente os julgamentos tradicionais por bruxaria; mas, assim como o Edito, substituía-os pelos julgamentos das pessoas que fingiam ser ou se imaginavam bruxas.[5] Em termos cruciais, a prática de julgar bruxas não acabou; apenas mudou de processo e significado.

PARTE 2

ECOS

CAPÍTULO 7

O julgamento de Marie-Catherine Cadière: as bruxas reimaginadas e uma Revolução Francesa

Na primeira década do século XVIII, o negócio de azeite de oliva de Joseph e Élisabeth Cadière ia de vento em popa na Rue de l'Hôpital, na cidade de Toulon, em Provença. Era um beco apertado e sujo, com moradias cinzentas de pedra, por onde ecoavam os gritos de vendedores e o rolar de barris de madeira, mas tinha ótima localização para o comércio rápido, perto do porto. O azeite dos Cadière era usado em ensopados e molhos, pomadas e sabão. Na rua, oficiais de alto escalão faziam a patrulha, enquanto marinheiros e carregadores se empurravam pelo caminho, entrando e saindo das docas todos os dias. Hoje, os becos em volta da loja abrigam prédios residenciais tranquilos, com janelas de metal pintadas de grafite multicolorido. Há placas de "proibido estacionar", pois qualquer veículo maior que uma lambreta bloquearia o espaço estreito, e são proibidos, ainda, jogos com bola, barulho e confusão: *Jeux de ballon, balles et projectiles interdits!* Os becos são pacatos nas manhãs de verão, com cheiro de diesel, café e urina. Contudo, o mercado agitado a poucos minutos a leste dali, repleto de confeitarias, *boulangeries* e barracas vendendo anchovas, azeitonas, espetinhos e cuscuz, ainda mantém os traços da boa comida de Provença e do norte da África.

Joseph se dera bem, estabelecendo-se no comércio de azeitonas, após desposar a filha do patrão, Élisabeth Pomet, e assumir os negócios do sogro: o beco adjacente à Rue de l'Hôpital chama-se Rue Pomet, em homenagem à família. O casal tinha três meninos – Laurent, François e Étienne-Thomas –, uma menina que morreu ainda bebê e a caçula, Marie-Catherine, nascida em novembro de 1709. Ela e a família moraram por muito tempo no apartamento em cima da loja. Todos os dias, a menina acordava ao som das gaivotas voando em círculos no pequeno espaço de céu acima do beco e pousando em meio às bocas das chaminés. Às vezes, uma família humilde subia devagar pela rua, apoiando uma avó ou uma criança doente que seria tratada pelas freiras no hospital público, a fundação religiosa que deu ao beco seu nome.[1] Nos momentos em que Marie-Catherine acompanhava a mãe à igreja barroca, a Catedral Notre-Dame-de-la-Seds, com suas colunas altíssimas de mármore branco, adornos de ferro batido e peças de altar meticulosamente esculpidas, talvez pensasse na caridade da igreja: a obrigação de ajudar os pobres e oprimidos; o amor de Cristo prometido aos frequentadores fiéis. Embora sua família fosse de artesãos em situação relativamente segura, ela vivia preocupada com a questão do conforto.

O pai, Joseph, morreu jovem, deixando a mãe, Élisabeth, com a responsabilidade de cuidar do negócio de azeite, até Laurent ter idade para ajudar. Os tempos eram difíceis quando o inverno rigoroso danificava as plantações de azeitona. Apesar dos verões quentes da Provença, nos anos frios a geada e a neve às vezes desciam pelas montanhas, matando as oliveiras, e isso aconteceu no início do século XVIII. O negócio dos Cadière, porém, resistiu. Fora de Toulon, eles possuíam uma pequena fazenda de azeitonas, com uma casa e um moinho, local onde podiam cultivar alimentos e se afastar da cidade.[2] Naquela propriedade, Marie-Catherine passou muitos verões, época do ano em que a cidade era considerada insalubre – e de fato o era –, repleta de lixo e infestada de doenças. As plantações de azeitona em Provença exalavam aroma agradável de tomilho e alecrim, além das próprias azeitonas verdes e grandes. Veremos, porém, no desenrolar dos acontecimentos, que, apesar de todos os perigos, Marie-Catherine preferia a agitação de Toulon à vida no campo; gostava particularmente do trabalho de caridade em meio aos vizinhos; além disso, as missas e os festivais em companhia dos amigos davam-lhe prazer especial. Ela era uma cristã extremamente devota, orgulhosa de pertencer à Igreja Católica, apoiada pelo Estado.

Élisabeth criou os filhos para reverenciarem a Igreja, tendo como ideal a santidade. François ordenou-se padre após estudar na ordem jesuíta, e Étienne-Thomas tornou-se monge dominicano, como acontecera com Heinrich Kramer trezentos anos antes. Laurent também teria se ordenado se não precisasse cuidar dos negócios da família. Marie-Catherine tinha dois futuros possíveis: tornar-se freira ou casar-se com um comerciante devoto, caso alguém lhe pedisse a mão. Recebera educação básica, liberdade nova e maravilhosa a meninas de classe média no século XVIII, apesar de ainda limitada em comparação às oportunidades dos irmãos.

Os estudos de Marie-Catherine lhe permitiam ler textos sagrados, mas não escrever muito. Aprendeu a rezar em silêncio sob a orientação dos padres e, caso nunca se tornasse freira, seria capaz de praticar a caridade e criar bons filhos cristãos. Marie-Catherine tinha pouca liberdade, exceto pela devoção. Nesse sentido, era como Abigail Williams ou Betty Parris, de Salem, parcialmente alfabetizada, mas ainda uma jovem provinciana e dependente que aprendera a passividade no cumprimento dos deveres, porque assim ganharia uma recompensa no céu. Provavelmente, não esperava muito da vida terrena, pois ninguém esperava muito dela.

O que aumentava a ansiedade em relação às perspectivas futuras era o fato de, como Abigail e Betty, Marie-Catherine ter nascido em uma comunidade sob tensão. Toulon era uma cidade de fronteira que enfrentava os inimigos da França ao redor do Mediterrâneo. O povo vivia com medo de invasões. A cidade contava com boa defesa, que consistia em quatro fortes e poderosos canhões montados no porto. Embora as muralhas não tivessem caído recentemente, havia na história da cidade ataques e até ocupação. Na década de 1540, forças otomanas lideradas pelo almirante corsário Khizr Khayr ad-Din Barbarossa haviam se assentado em Toulon. Eram aliados do rei da França contra o imperador sacro-romano, e, em 1543, o rei ordenou a todos os cristãos, exceto os chefes de família, que deixassem Toulon para acomodá-los. Caso ficassem, seriam executados pelo próprio governo. A catedral da cidade tornou-se uma mesquita para trinta mil hóspedes muçulmanos, e o assentamento, ocupação, até os navegantes otomanos receberem dinheiro para sair. Injuriadas, as autoridades eclesiásticas de Toulon reconsagraram a catedral, pois, apesar de terem muitas opiniões sobre Deus compartilhadas com os muçulmanos, os cristãos ainda os consideravam, equivocadamente, adoradores do diabo. Os inimigos religiosos continuavam a chegar. Em 1707, dois anos antes do nascimento de Marie-Catherine, Toulon foi atacada por uma tropa anglo-ítalo-holandesa, liderada por protestantes. A cidade foi sitiada, quase matando de fome as famílias comerciantes, como os Cadière.[3]

Como se não bastassem essas ameaças, a peste bubônica dominou a adolescência de Marie-Catherine. Em um cenário que nos é familiar, no decorrer dos anos 1720-1721, período da peste, tendo em vista que não havia reuniões sociais nem celebrações natalinas, as pessoas viviam com medo, e o índice de mortes aumentava a cada dia. Em proporções aterradoras, metade da população de Toulon morreu entre o outono de 1720 e o verão de 1721: posteriormente, Toulon seria descrita como "uma cidade morta... o fim do mundo". Por algum tempo, não houve missa nem procissão, apenas pouquíssimos encontros grandes para preces. Sempre que possível, a família Cadière refugiava-se em sua fazenda. Os pequenos prazeres de Marie-Catherine desmoronavam. Voltaria a participar de alguma festa em homenagem a algum santo? Encontraria um marido? Nos quatro ou cinco anos seguintes, a cidade sofreu ondas de infecção, e muitas pessoas viviam em luto permanente. Então, quando um novo padre jesuíta, Jean-Baptiste Girard, chegou a Toulon em 1728 disposto a reacender a vida religiosa, sabia que teria de oferecer mais que frustração, lágrimas e pânico à nova congregação.

A especialidade de Jean-Baptiste era orientar mulheres e meninas; antes fora confessor de freiras e agora tinha o objetivo de inspirar mulheres fora das paredes dos conventos. Contava às pupilas histórias de santas e místicas: Santa Teresa D'Ávila, Santa Catarina de Siena, Ana Madalena Remuzat e Margarida Maria Alacoque. As últimas duas eram famosas freiras francesas que defendiam a meditação sobre a imagem do sagrado coração de Cristo como meio de fortalecer a fé.[4] Eram modelos de conduta. Particularmente notável seria a moradora local, Ana Madalena Remuzat, que viveu até 1730. Com base em suas visões, foi criado o Festival do Sagrado Coração, forma de grande devoção pública usada para combater a peste por meio das preces. Claro que o evento se tornou um rápido disseminador de doenças, mas poucas pessoas em Toulon sabiam disso à época. Provavelmente, Marie-Catherine dava graças a Ana Madalena por lhe dar um pretexto de ir, por fim, a um festival religioso. As meditações daquela bondosa mulher ofereciam uma oportunidade de rezar e sonhar em um grupo de pupilas esperançosas, conduzido pelo gentil padre Girard. Ele conhecia Ana Madalena pessoalmente e contava às pupilas as histórias das visões, os tormentos e as profecias dela. Se ao menos Marie-Catherine fosse mais parecida com ela, Jean-Baptiste ficaria muito feliz!

As devotas de Jean-Baptiste o achavam acolhedor, respeitoso e carismático. Ele as escutava uma a uma, o que era raro na experiência das garotas. Prescrevia obras de caridade e material de leitura e as conduzia em passeios. O leitor já pode imaginar o restante da história. Consciente ou inconscientemente, Jean-Baptiste formava um culto. As estudantes começavam a se apaixonar por ele. Era um homem de quase cinquenta anos, decidido e intenso, com autoridade austera que atraía veneradores. As adolescentes e as jovens de vinte e poucos anos Marie-Catherine, Claire, Anne e Marie-Anne, a Anne-Marie mais velha (esposa de um marceneiro), Anne-Rose (mulher solteira de trinta e poucos anos) e Thérèse (viúva de cinquenta anos) amavam as histórias do padre Girard. Gostavam de imaginar as emoções da devota Ana Madalena, que encontrara alegria e fama por meio do sofrimento.[5] Marie-Catherine tinha só dezoito anos e era uma jovem deslumbrada. Já tinha um confessor, mas ele vivia ocupado. Fazia um gesto afirmativo com a cabeça, cansado, sempre que Marie-Catherine revelava seus pecados e suas esperanças e lhe concedia o perdão formal em nome da Igreja. Mas ela queria um envolvimento maior. Seus dilemas espirituais não eram meros caprichos! Quando, por acaso, conheceu Jean-Baptiste, sentiu que uma voz lhe dizia *ecce homo*: contemple o homem! Essas palavras acompanham o Cristo crucificado em muitos quadros, de modo que, embora Marie-Catherine não soubesse latim, entendia o significado. Fora escolhida para reconhecer Jean-Baptiste como alguém semelhante a Cristo.[6]

Tão logo entrou para o grupo, Marie-Catherine ficou maravilhada com os ensinamentos de Jean-Baptiste. Ele se tornou seu mentor pessoal. "Por mais ocupado que estivesse", ela afirmaria mais tarde, "sempre tinha tempo para mim, e, quando eu o chamava na rua ou no confessionário, ele jamais tardava a me atender". De fato, Jean-Baptiste tinha tanto interesse pelo desenvolvimento religioso de Marie-Catherine que começou a visitá-la em casa e a emprestar-lhe livros. Emprestou também as cartas escritas a Ana Madalena Remuzat e as dela recebidas. Rezava com Marie-Catherine e ajudava seus irmãos.[7]

A todos os Cadière, Jean-Baptiste oferecia a esperança do céu, mas também a oportunidade de imaginar uma função religiosa importante na terra. Por meio de seus ensinamentos, dizia ele, era possível acesso direto a Deus: uma resposta às perguntas da vida; uma revelação individual. Era tudo muito emocionante. Como resultado, no verão de 1729, Marie-Catherine começou a sentir o que julgava ser um intenso relacionamento pessoal com Deus. O incomum, porém, era que essa experiência transcendia as preces e as meditações. Fazia-a cair em extremos de alegria e agonia, choros e gritos, e sofrer aparentes convulsões. Historicamente, esses comportamentos sempre caracterizaram revolucionários religiosos: santos ou hereges.

Marie-Catherine começou a descrever visões que, em suas palavras, lhe enchiam a cabeça de imagens dos pecados do mundo. Em sociedades profundamente religiosas como a França do século XVIII, era comum que os devotos olhassem com atenção todas as agruras da vida à medida que exploravam sua fé. Assim como hoje jovens ativistas vociferam contra a frieza das corporações e os preconceitos dos eleitores, Marie-Catherine, então com dezenove anos, chorava pela humanidade. Por que as pessoas feriam Deus cometendo atos vis? Ela começou a ver o sagrado coração de Jesus em suas visões, palpitando com amor e compaixão. Essa imagem era uma das mais presentes nas visões de Ana Madalena Remuzat e de Margarida Maria Alacoque. Margarida Maria dedicara-se a tal ponto à imagem do coração que se autoflagelava com facas na tentativa de desenhar um coração sobre o peito. Marie-Catherine conhecia bem essa história e, assim, também começou a exibir marcas físicas que sangravam. Jean-Baptiste e outros as identificaram como "estigmas", representações das chagas de Cristo. Marie-Catherine mostrou a Jean-Baptiste panos manchados de sangue com o contorno da face de Cristo e uma cruz de madeira que, segundo ela, lhe fora dada por Jesus em uma visão. Padres e cidadãos devotos começaram a visitar a casa de Marie-Catherine para ver seus transes e suas chagas; espalhavam-se, enfim, rumores de que ela era santa, profetisa. Suas visões eram bem-vindas desde que confirmassem as tradições religiosas das autoridades eclesiásticas. Mas e se não as confirmassem? A situação era, afinal, o que parecia?

Enquanto Marie-Catherine se contraía e chorava, Jean-Baptiste, descobridor desse prodígio, permanecia ao seu lado. Examinava as chagas, rezava com ela em particular, e a jovem recorria a ele constantemente em busca de apoio e atenção. Em uma das visões, ela afirmou ter visto João Batista, discípulo de Jesus, em cujo nome se baseara o de Jean-Baptiste. O discípulo mostrou a Marie-Catherine que seu nome estava registrado em um livro que ele segurava, escrito desta forma: "Marie-Catherine Jean-Baptiste". Era como se os dois se tornassem um! Que milagre! Cidadãos menos devotos começaram a caçoar e a fazer piadas. Até os clérigos e suas congregações que estavam convencidos da realidade e da santidade das visões de Marie-Catherine começaram a se preocupar. Certamente, poderia haver interpretações equivocadas quando um padre passava tempo demais sozinho ao lado da cama de uma moça semiconsciente e seminua. Por que as visões de Marie-Catherine eram permeadas de imagens de amor e paixão? Poderia ser considerada modesta a situação na qual o corpo da visionária era frequentemente exposto e tocado por homens que queriam verificar os estigmas? E, por fim, uma pergunta mais crucial: e se as visões de Marie-Catherine não fossem enviadas por Deus, mas, sim, pelo diabo? Vimos como em Salem as garotas atormentadas descreveram visões de uma figura demoníaca portando um livro repleto de nomes de seus adoradores. E se, na realidade, Marie-Catherine não tivesse visto João Batista, mas apenas sofrido uma ilusão satânica?[8]

Infelizmente, as visões demoníacas eram consideradas mais comuns que as divinas. Todas as seitas cristãs enfatizavam que Satanás enviava imagens pecaminosas à mente humana. Quem podia saber quais pensamentos eram meditações sagradas e quais eram tentações demoníacas? Em geral, essa pergunta era respondida após detalhada investigação da Igreja, e no caso de Marie-Catherine parecia comprovado por Jean-Baptiste – padre jesuíta, homem supremamente pio – que ela era um veículo para a paixão de Deus. A saúde da jovem, porém, declinava: ela fazia jejuns, chorava, machucava-se e, às vezes, ficava catatônica. Em junho de 1730, foi sugerido a Marie-Catherine que visitasse um convento local em Ollioules, onde as freiras tratariam de sua condição. Ela passou vários meses lá, recebendo visitas regulares de Jean-Baptiste. Os dois também escreviam muitas cartas; no caso de Marie-Catherine, cartas ditadas aos irmãos. "Tenho grande desejo de vê-los", foi escrito certa vez, "e de ver tudo... escrevam-me duas vezes por dia." De súbito, contudo, algo dramático ocorreu. No outono de 1730, Marie-Catherine fugiu do convento. Após a fuga, contou à família e aos amigos da igreja que Jean-Baptiste abusara de sua posição para seduzi-la e estuprá-la. Engravidara dele, acrescentou, mas o padre lhe dera uma droga que provocou o aborto. Foi uma reviravolta chocante.

As acusações de Marie-Catherine atingiram Toulon como as recentes bolas de canhão e se espalharam como a peste pelas ruas movimentadas. Nas barbearias e tavernas, nos grupos de oração e nas cozinhas, todos queriam discutir os detalhes. Por certo, Satanás devia estar à solta para causar tamanho escândalo em meio às pessoas dedicadas a Deus! Teria ele criado as visões de Marie-Catherine, enganando a todos? Ou a iludia agora, plantando memória falsa de abuso para desacreditar Jean-Baptiste? Havia, ainda, outras possibilidades demoníacas. E se um dos dois, a donzela inocente ou o padre devoto, trabalhasse conscientemente com Satanás? Um teria lançado um feitiço de amor sobre o outro, como os relatados na corte francesa cinquenta anos antes? De que outra maneira se poderia explicar aquela catastrófica e lamentável queda? Por fim, alguns cidadãos começaram a dizer abertamente que Marie-Catherine era bruxa, assassina de bebês e sedutora, mulher que defendia o aborto enfeitiçando o bom padre com seus encantamentos. Outros reagiam com uma contra-acusação: a preciosa Marie-Catherine era inocente, e o bruxo seria o "santo de araque", estuprador e provocador de aborto, Jean-Baptiste Girard![9] Nessa confusão de afirmações e contradições, foram atribuídas aos dois acusados características usadas antigamente para identificar bruxas e bruxos: suspeitas de promiscuidade, conhecimento ímpio do corpo feminino e de sua fertilidade, abuso de bebês, crenças heréticas.

Imagine o horror das autoridades de Toulon à medida que os mexericos se espalhavam. O bispo da cidade, Louis-Pierre de la Tour du Pin-Montauban, via Marie-Catherine como um santo prodígio. No outono de 1730, quando ela declarou que queria sair do convento e conversar com uma autoridade eclesiástica, ele enviou uma carruagem para buscá-la. A pedido dela, o bispo nomeou outro confessor, Nicolas Girieux, para ajudá-la, qualquer que fosse o problema. E foi a Nicolas que ela denunciou Jean-Baptiste. As acusações de abuso sexual eram ruins em si, mas ela acrescentou uma história ainda mais estranha que preocuparia o bispo. Certa vez, Jean-Baptiste soprou em sua boca. Quando o hálito do padre a penetrou, Marie-Catherine se sentiu mudada. Não conseguia rezar como antes; as palavras não se formavam. As visões adquiriram cunho sexual, e foi então que Jean-Baptiste começou a sedução. Logo Marie-Catherine despertou de um transe e descobriu que fora estuprada. O novo confessor, Nicolas, contou ao bispo que desconfiava de magia do amor. Entre os inúmeros métodos de enfeitiçar uma pessoa, soprar em sua boca podia ser um ato de magia. Era um encantamento flexível, dependendo da intenção do soprador: podia enfeitiçar uma pessoa ou conferir-lhe poderes ocultos. Podia forçar pessoas relutantes a se apaixonarem pelo(a) bruxo(a) ou torná-las vulneráveis a ataques. As duas coisas pareciam ter ocorrido com Marie-Catherine.

Após ouvir a confissão da jovem, Nicolas concluiu que ela fora enfeitiçada, mas foi mais longe: acreditava que estaria possuída por Satanás. Isso explicaria suas visões indecentes e o motivo de antes amar e, de repente, odiar Jean-Baptiste. Serviria de contexto para o autoflagelo e a doença. Nicolas temia que Jean-Baptiste tivesse soprado o diabo na vítima. Contou ao bispo essas suspeitas e confirmou com a família indignada de Marie-Catherine que ela sofrera abuso sexual e estava possuída por um demônio. A família Cadière já devia saber que Satanás tinha o poder de entrar no corpo humano e controlá-lo; era um medo religioso que remontava aos tempos bíblicos, quando Cristo expulsou um demônio ou vários demônios chamados "Legião" do corpo de um homem, passando-os para o corpo de porcos. Como dois Cadière eram clérigos, acreditavam que haviam herdado de Cristo o poder do exorcismo. Iniciaram rituais para purificar o corpo de Marie-Catherine, expulsando Satanás. De repente, não só o bispo e o padre Nicolas, mas também Étienne-Thomas e François (monge carmelita e monge dominicano, respectivamente) estavam envolvidos no escândalo. O bispo resolveu iniciar uma investigação. Era prejudicial à diocese o fato de ordens religiosas competirem para obter o controle de Marie-Catherine e de sua história.[10]

De um lado, os jesuítas tentavam convencer o bispo da inocência de seu representante, Jean-Baptiste. Óbvio que ele não era bruxo; aquilo só podia ser uma infâmia criada por uma garota tola, corrupta, que fingia ser santa! No mínimo, ela, sim, devia ser uma bruxa blasfema que o enganara com visões falsas. De outro lado, muitas ordens monásticas de Toulon e também os protestantes apregoavam a culpa de Jean-Baptiste. Não gostavam dos jesuítas e acreditavam que eram apenas uma organização secreta arrogante. Na história da França, havia padres acusados de bruxaria, apontavam os críticos dos jesuítas. Um exemplo era Louis Gaufridy, de Ais de Provença, em 1611; portanto, Jean-Baptiste podia muito bem ser um bruxo. Assim como em épocas passadas, a acusação de bruxaria era usada como arma em conflitos sectários. Já instável, a sociedade em Toulon entrou em polvorosa, e, sob essa pressão de acusações e defesa, tanto os apoiadores de Marie-Catherine quanto os da ordem dos jesuítas passaram por cima da autoridade do bispo e recorreram diretamente ao rei, pedindo sua ajuda. Luís XV os encaminhou ao tribunal superior de Provença, a Grand'Chambre du Parlement: vinte e cinco juízes nobres que se reuniam em Ais de Provença, a quase sessenta quilômetros de Toulon, sob a autoridade distante do rei. Ficou decidido que o caso seria julgado pelos membros da Grand'Chambre, e foram escolhidos advogados para representar as duas partes perante esses juízes. O que começara como um inquérito local de abusos sexuais se transformou em um julgamento por bruxaria no maior tribunal real da França, anunciado por toda a Europa.[11] Quando compareceram ao tribunal em 1731, Marie-Catherine e Jean-Baptiste eram acusados de bruxaria conforme os termos vagos do Edito de Luís XIV.

A INVESTIGAÇÃO PARLAMENTAR ANTERIOR AO julgamento tendia à exoneração de Jean--Baptiste, em parte porque muitos oficiais que conduziam o interrogatório tinham algum vínculo com a ordem jesuíta. Na opinião de alguns, mesmo que um padre tivesse cometido um pecado sexual, não era correto permitir que fosse exposto, e não acreditavam que ele fosse bruxo. Assim, antes do início do julgamento, Marie-Catherine foi aprisionada, por ordem do tribunal, em um convento de Toulon, onde as freiras tinham vínculo com os jesuítas. Duas de suas amigas devotas de Jean-Baptiste foram pressionadas a acusá-la de fraude. Alegaram que, desde o início, ela tinha a intenção de enganar Jean-Baptiste com visões falsas. As freiras de Ollioules tiveram de assinar declarações improvisadas rejeitando a validade dos transes. Uma foi ameaçada por dizer que vira Jean-Baptiste beijar e segurar a mão de Marie-Catherine. Um padre de Ollioules foi obrigado a denunciar Marie-Catherine, e, como recompensa, foi retirada uma queixa contra ele por ter violentado uma menina de treze anos. Imagens pornográficas de Marie--Catherine e Jean-Baptiste começaram a circular, fazendo-a parecer uma prostituta. Tudo parecia absurdamente injusto a qualquer observador, e as notícias do julgamento começavam a atiçar uma campanha contra a autoridade religiosa em Toulon e a nobreza que conduzia o tribunal parlamentar em Ais de Provença.[12]

Mais evidências da condução tendenciosa do julgamento surgiram no fim de fevereiro de 1731, quando foram emitidas convocações formais. Esses documentos obrigavam Marie-Catherine, seu novo confessor, Nicolas, e os irmãos da jovem a comparecerem para interrogatório, mas permitiam que Jean-Baptiste fosse representado por um advogado e não precisasse ir pessoalmente. Tudo indicava que o Parlamento estava inventando procedimentos jurídicos com base em conveniência política e beneficiados pelos termos vagos da lei. Essa impressão ganhou força quando Marie-Catherine foi questionada três vezes, onze horas em cada sessão. Teve permissão de comparecer com um advogado, mas precisava responder pessoalmente às acusações, com as próprias ideias. Não foi torturada, mas sofreu intimidação e vergonha. Marie-Catherine era uma jovem de classe média que morava em um beco, e foi interrogada por nobres trajados em veludo e arminho, com muita experiência de retórica na sala de um tribunal. Não há registro das perguntas, mas alguns relatos mais gerais indicam que eram agressivas. Na parte final do interrogatório, Marie-Catherine se rendeu. Em lágrimas, confessou que a história de abuso sexual era mentira. O padre Nicolas, disse, inventara as acusações contra Jean-Baptiste, que era inocente de sedução e bruxaria.

Mais tarde, Marie-Catherine alegou que foi forçada a beber vinho antes do interrogatório. Sentia-se "fora de si", acrescentou, e "não sabia o que estava dizendo". Também recebeu uma carta anônima ameaçadora mandando-a retirar as acusações. Então, em 6 de março, foi obrigada a confessar a Jean-Baptiste Chaudon, seu advogado, que mentira. No entanto, no dia 10 daquele mês, voltou a procurar o advogado, retratou-se da retratação e abriu um processo sobre o abuso que sofrera do Parlamento e das autoridades de Toulon.[13] Ela não desistiria. Teve representação no tribunal, e seu advogado, Jean-Baptiste Chaudon, partiu para a ofensiva assim que o julgamento formal começou perante um painel de membros do Parlamento. Acusou Jean-Baptiste Girard de bruxaria, "incesto espiritual" (que significava estupro em um relacionamento confessional), aborto e heresia do Quietismo, que era uma posição teológica que obrigava os cristãos a aceitarem os impulsos sexuais em silêncio. Deveriam confiar na própria consciência e – ao menos na distorção do quietismo do advogado – entregar-se ao pecado. Jean-Baptiste Chaudon alegou que Jean-Baptiste Girard seduzira Marie-Catherine com magia, mas também com argumentação teológica; lançara sobre ela um feitiço de amor ao soprar em sua boca; e, por fim, dissera à garota que não devia resistir à sua atração por ele. Em resposta, porém, o advogado de Girard, Claude-François Pazery de Thorame fez uma declaração ousada. A bruxaria, disse ele, era um "conto da carochinha". Seu cliente não fizera pacto nenhum com o diabo: que fantasia tola! Não havia blasfêmia, sacrilégio ou suposta magia, pelo menos não da parte de Jean-Baptiste. Os argumentos sobre bruxaria pertenciam a "uma escola de filosofia", não a um tribunal de justiça.[14] Claude-François quase afirmou que bruxaria não existia.

De certo modo, esse foi o resultado mais importante do julgamento de Marie-Catherine Cadière e Jean-Baptiste Girard. No decorrer dele, ambos os lados fizeram acusações de bruxaria cuja incompatibilidade deixava claro que a verdade era evasiva, e a lei, confusa, com definições divergentes do crime. Não havia um procedimento legal aceitável e transparente para testar essas definições no tribunal. Assim, as pessoas começaram a clamar que não existia bruxaria. Afinal, tanto Marie-Catherine quanto Jean-Baptiste eram indivíduos excepcionalmente religiosos. Poderiam ser agentes de Satanás na Terra? Certamente, nem ele nem ela eram blasfemos sacrílegos. Enquanto isso, o próprio Edito do rei sugeria que as bruxas já não eram mais consideradas hereges. Por fim, se o advogado de Jean-Baptiste dizia que o padre não podia ser bruxo porque bruxos e bruxas não existiam, então nem Marie-Catherine seria bruxa. A confusão se formou, atiçada pela falta de clareza do Edito de 1682 sobre o crime e a punição.

Essa demora foi útil para Marie-Catherine. Enquanto o caso se estendia até o verão de 1731, seu representante parlamentar, Jacques-Joseph de Gaufridy, progredia na defesa da garota. Conseguiu libertá-la da prisão e, no lugar dela, prender Jean-Baptiste Girard. Quando ele entrou na cadeia em 30 de julho, uma multidão de duas mil pessoas se reuniu para se manifestar contra ele: "Canalha!", gritavam. "Demônio! Feiticeiro! Bruxo!"[15] Talvez alguns acreditassem, de fato, em bruxaria, mas outros já usavam a palavra "bruxo" como insulto, direcionado, em particular, a pessoas consideradas supersticiosas ou misteriosas – como os jesuítas. A multidão estava com Marie-Catherine. Em vez de arrastar a jovem até a fogueira, o povo clamava pela execução do clérigo. O mundo mudara.

Muitos nobres do Parlamento, porém, mantinham a mesma opinião. Os vinte e cinco nobres tinham ouvido as evidências, incluindo os depoimentos de mais de cento e vinte testemunhas. Todas estavam presentes quando um painel de cinco juízes, nomeados entre os membros do Parlamento por causa da experiência jurídica, apresentou o resumo das evidências, a fim de orientar os demais membros. Cada um dos cinco falou separadamente, explicando suas conclusões. Três atribuíam a culpa total a Marie-Catherine, julgando-a falsa mística. Queriam sentenciá-la à forca porque ela teria "abusado da religião e profanado os mistérios sagrados". Os outros dois membros do painel apresentaram a conclusão da minoria. Acreditavam que Jean-Baptiste Girard era molestador sexual e herege e deveria ser enforcado e atirado na fogueira. Também recomendavam que Marie-Catherine fosse mandada para um convento por três anos, por mentir a respeito de suas visões. Nenhum dos membros do painel aceitava suas histórias de profetisa, e, embora dois deles acreditassem que ela fora realmente estuprada, se o resumo pesasse no veredicto, ela seria enforcada. Quando o resumo do painel foi anunciado ao público, protestos eclodiram. Multidões se reuniram do lado de fora da cela de Marie-Catherine, onde ela fora recolocada após o anúncio, para mostrar que a apoiavam. Essas pessoas não acreditavam que ela tivesse cometido sacrilégio ou blasfêmia, nem que mentira; então, por que seria executada? Mesmo que o painel a considerasse falsa mística, a lei dava espaço para o perdão. A multidão considerava o julgamento uma farsa impetrada pelas classes mais altas, uma coalizão de nobres e clérigos, com o intuito de defender um de seus membros à custa de uma jovem cidadã comum.

Com a plebe correndo pelas ruas, o Parlamento se viu sob grande tensão. Seus vinte e cinco membros resolveram, então, rever as evidências do julgamento antes do veredicto final: dessa vez, todos definiriam o resultado. Tinham de parecer justos ou haveria uma revolução. Todos os acusados e as testemunhas foram interrogados de novo. Em um interrogatório no fim de setembro, Jean-Baptiste chorou ao descrever o engodo de Marie-Catherine. No início de outubro, Marie-Catherine reafirmou inocência. Estavam em um impasse. Então, a jovem fez um pedido ousado: queria confrontar Jean-Baptiste Girard, vê-lo face a face. Em 4 de outubro, o tribunal se reuniu para observar os dois. A acareação inverteu a dinâmica de poder do julgamento porque, pela primeira vez, Marie-Catherine era quem fazia as perguntas. A menina do beco dera um passo importante e "com ar sereno e grande modéstia", nas palavras de um observador, encarou Jean-Baptiste. Calmamente, o advogado da jovem recitou os supostos crimes do padre com interpolações dela; existem hoje registros incompletos.

Era verdade, insistiu Marie-Catherine, que ele a seduzira, não era? Que a chamara de seu "ídolo", a engravidara e, depois, lhe dera drogas abortivas? Por que ele não mostrava ao tribunal as oitenta cartas que os dois trocaram? Por acaso, outra das pupilas não "esperava um filho dele"? Jean-Baptiste acusou-a de ser leviana, interrompeu-a e negou as acusações. No fim, a conclusão foi de que Marie-Catherine venceu a disputa: "tamanha modéstia, tão forte espírito e tal firmeza em uma garota cuja idade, nascimento e educação não permitiam esse caráter, parecia um milagre". Ficou evidente, contudo, que, na lista de infrações, Marie-Catherine não acusava Jean-Baptiste de bruxaria, nem ele a acusou.[16]

O julgamento final foi conduzido em 10 de outubro de 1731 pelo Parlamento geral. Primeiro, Jean-Baptiste foi julgado. Dos vinte e cinco juízes parlamentares, doze o absolveram de qualquer crime. Um se mostrou abertamente favorável a ele, apurando que o padre se comportara de modo tolo, mas não era culpado de grandes infrações. O juiz argumentou que Jean-Baptiste deveria ser suspenso do sacerdócio, mas a punição não passaria disso. Doze juízes, uma minoria, queriam que ele morresse na fogueira por ser bruxo, estuprador, incitador de aborto e herege. Em seguida, foram passados os veredictos contra Marie-Catherine. Treze dos vinte e cinco juízes a absolveram de qualquer crime. Doze votaram por seu confinamento em um convento ou na prisão, por um período de dois a dez anos, como mentirosa e falsa mística. O Parlamento estava dividido, mas, de certa forma, tanto Marie-Catherine quanto Jean-Baptiste foram absolvidos. As leis tinham sido manipuladas com resultados que garantiam a liberdade aos dois. Ambos foram libertados da prisão e puderam ir para casa. Os casos estavam encerrados. Surpreendentemente, ninguém fora acusado de bruxaria no sentido tradicional nem sequer condenado por qualquer outro crime. Aquele foi o último julgamento por bruxaria da França. Jean-Baptiste exilou-se no norte da França, onde morreu após dois anos, com "poucas pessoas, mesmo os próprios padres, acreditando em sua inocência". Marie-Catherine "agradeceu aos juízes", foi para casa, "cumprimentada nas ruas por grande número de pessoas que a felicitavam, com todas as demonstrações possíveis de alegria". Depois, desapareceu da história – talvez se escondendo.[17]

O julgamento de Marie-Catherine e Jean-Baptiste foi uma reviravolta na história dos julgamentos de bruxas, evento moldado por opiniões divergentes em relação à bruxaria: existia ou não? E o próprio mérito da questão era absurdo. Mas o tribunal finalmente concluiu que Marie-Catherine era inocente de qualquer forma de bruxaria. Não era culpada de sacrilégio ou blasfêmia, nem mesmo das acusações oriundas da velha fantasia de matar filhos de um vizinho ou de venerar o diabo; portanto, não era bruxa. Jean-Baptiste também não. No entanto, ambos foram acusados das novas versões dos crimes imaginados pelos demonólogos, e as acusações oscilavam entre uma definição antiga e nova de bruxaria. Crenças quietistas heréticas atribuídas a Jean-Baptiste tinham ligação obscura com o velho tipo de tentação demoníaca para adorar Satanás. Além disso, parecia que Jean-Baptiste era culpado de "matar bebês" por meio do aborto, não de maldições. Tanto ele quanto Marie-Catherine eram vistos como pecadores do sexo, sedutores de pessoas por intermédio da magia, não nos sabás, induzindo-as a um culto demoníaco, mas apenas se deitando com elas. Ambos foram acusados de atacar a reputação de devotos com palavras venenosas, em vez de assassiná-las com encantamentos e poções.

Na década de 1730, o crime de bruxaria já se tornava uma metáfora para outros tipos de transgressão e subversão. Era uma ideia com grandes potenciais. Se a bruxaria não existia mesmo, não sendo, portanto, uma questão de justiça, mas, sim, de opinião pessoal, todas as possibilidades imaginativas vinham à tona. No fim do século XVIII, radicais franceses se apegaram a elas no período da Revolução Francesa, de 1789-1799. Já que a bruxa histórica não era uma criminosa real, mas, sim, vítima da tirania, como no caso da jovem Marie-Catherine, ameaçada por velhos e malévolos demonólogos, juízes e padres, então, em tempos revolucionários, será que ela poderia ser reimaginada como heroína populista? Em meados do século XIX, o historiador francês Jules Michelet converteu essa ideia em ortodoxia histórica.

Na década de 1850, Jules e a esposa Athénaïs investigaram julgamentos históricos de bruxas, incluindo o de Marie-Catherine Cadière. Decidiram que eram vestígios de superstição, parte da paixão pré-revolucionária francesa pela religião, em suas palavras. Os Michelet haviam rejeitado o catolicismo tradicional e se identificavam como panteístas, acreditando que um espírito universal animava o mundo. Como resultado dessas investigações da "nova era" dos julgamentos de bruxas, em 1862 Jules publicou um livro extraordinário, *La sorcière* (*A bruxa*). A obra afirmava que as "bruxas" francesas medievais e renascentistas eram, na realidade, as primeiras panteístas: sacerdotisas, curandeiras e hipnotistas revolucionárias, sexualmente liberadas, e em contato com uma velha divindade antiga demonizada como Satanás. A versão de Jules da história dos julgamentos de bruxas era uma bobagem, mas uma bobagem excitante. Ao se liberarem no sexo e na imaginação, afirmava Jules, as mulheres bruxas obtinham o verdadeiro poder mágico e resistiam à predação dos senhores feudais. Foram executadas, mas morreram como mártires. Para Jules e Athénaïs, as mulheres acusadas de bruxaria em tempos mais recentes, como Marie-Catherine, eram vítimas da conspiração patriarcal, assim como o foram suas precursoras. O êxtase religioso era o máximo que podiam demonstrar como resistência contra a tirania da Igreja e do Estado. Deveriam ser homenageadas como heroínas!

Marie-Catherine provavelmente ficaria horrorizada se soubesse que um dia a comparariam a feministas pagãs revolucionárias. A versão da história de Jules não oferece uma narrativa correta de seu julgamento; na realidade, em vários trechos, ele confunde seu nome com "Charlotte". Mas sua visão, provavelmente, estava correta quando apresenta Marie-Catherine como jovem vulnerável, forçada por clérigos corruptos a parecer autora de um crime ultrapassado. Não era bruxa, mas tão somente uma sonhadora que desejava mais da vida.

A despeito dos equívocos, o modelo de *sorcière* de Jules e Athénaïs ganhou popularidade entre estudiosos, romancistas e sufragistas. Inspirou as mulheres do século XIX, até então oprimidas e alienadas, a buscar novas funções.[18] "O que importa se Michelet foi um dos historiadores menos confiáveis", perguntou um leitor com predileções pela magia, "desde que tenha sido o mais pessoal e evocativo?"[19] No fim do século XIX, as ideias do casal Michelet já eram compartilhadas por outros revolucionários e se espalhavam pela Europa, redefinindo o significado de bruxaria, convertendo-a em um recurso aos radicais. Se antes era uma ferramenta de regimes opressivos, poderes coloniais e fundamentalistas religiosos, a ideia da bruxaria se transformou em um recurso aos entusiastas da liberdade. Muitos dos futuros julgamentos de bruxas não seriam sobre bruxas como inimigas satânicas reais, mas, sim, da figura da bruxa como metáfora para liberdade.

CAPÍTULO 8

O julgamento de Montague Summers: satanismo, sexo e o renascimento da demonologia

Noções do que era sexualmente aceitável mudaram no fim do século XIX: não só a sexualidade das mulheres, mas também a atração pelo mesmo sexo. A magia passou a ser associada às liberdades heterossexuais e, ainda, à homossexualidade, além de uma experimentação mística da "nova era", como o panteísmo, e uma das liberdades debatidas nos futuros julgamentos de bruxas foi a sexualidade, como o livro de Jules Michelet sugerira na década de 1860. Nem todas as experiências religiosas, porém, ficavam do mesmo lado no debate sobre bruxaria e liberdade, e algumas nem tinham certeza sobre de que lado estariam. Um homem homossexual, que se apresentava como Montague ou Montie Summers, é descrito no verbete da obra *Oxford Dictionary of National Biography* como "estudioso literário, ocultista e excêntrico"; todavia, para sermos mais precisos, era, ao mesmo tempo, ocultista e *anti*ocultista, demonólogo e caçador de bruxas dos tempos modernos. Assim como Marie-Catherine, Montie tinha identidade mágica dual. É mais conhecido hoje como aficionado da demonologia, tradutor do *Malleus Maleficarum*, de Heinrich Kramer, que introduziu suas ideias repelentes aos leitores de língua inglesa da modernidade. Mas suas qualificações como caçador de bruxas eram tão incertas quanto as de Heinrich ou as de quaisquer de nossos outros caçadores de bruxas: Jaime VI e I, John Cunningham, Matthew Hopkins e John Stearne, Samuel Parris. O verbete sobre Montie e seu envolvimento com a caça às bruxas era parecido com o deles: um confronto capaz de mudar uma vida, no qual ele parecia ser a vítima, e o subsequente julgamento. Para Montie Summers, isso aconteceu quando ele foi acusado de homossexualidade e bruxaria.

Em 1908, Montie foi nomeado para a cúria da Igreja de St. Mary, em Bitton, perto da cidade de Bristol, no sudoeste da Inglaterra. Era natural de Bristol e vinha de família de financistas mercantis. Em 1880, ano seguinte ao nascimento de Montie, seu pai, Augustus, era magistrado, banqueiro, produtor de cerveja e dono de uma fábrica de garrafas de água mineral. O censo do governo britânico em 1881 mostra que a residência dos Summers contava com um mordomo, uma cozinheira, uma criada e a babá de Montie, Annie; e, em 1891, incluía também uma auxiliar da criada. Na época, Augustus e Ellen tinham sete filhos. Viviam na casa chamada Tellisford, a algumas centenas de metros do zoológico de Bristol, no elegante distrito de Clifton. Do berço, Montie ouvia o rugido dos leões – o som das possibilidades e de aventuras exóticas.[1] Era o caçula da família, com um irmão mais velho, Herbert, e cinco irmãs: Ellen, Frances, Edith, Florence e Marion. Herbert saiu de casa em 1887 para frequentar o Lincoln College, em Oxford; portanto, desde os sete anos, Montie era o único filho homem da casa – e o bebê da família.

Montie amava as mulheres animadas que o cercavam. Embora zombasse da ignorância das irmãs, as opiniões das meninas permeiam sua autobiografia. Não se dava bem com o pai, mas adorava a mãe, Ellen. Contos dos tempos de escola de Ellen nos anos 1850 – Paris dos Michelet – o encantavam. Ellen levara uma vida boêmia lá, em uma sociedade tolerante, ao menos se comparada a Bristol. Montie sempre admirara o desejo das mulheres por liberdade, bem como sua expressão artística desse desejo. Ellen amava a diva francesa escandalosa *mademoiselle* Rachel, e Montie deu continuidade a essa devoção às divas: as atrizes Ellen Terry e Sarah Bernhardt, assim como as fantasias góticas da romancista Anne Radcliffe. Adorava ter mulheres como companheiras, mas já nos anos 1890 sua preferência sexual por homens era clara. Embora a homossexualidade fosse aceitável em alguns círculos, estes não incluíam as famílias de magistrados ingleses provincianos. Dar vazão ao desejo homossexual também era ilegal. Quando Augustus descobriu o filho lendo *A Balada do Cárcere de Reading*, de Oscar Wilde, detalhando a prisão do autor por atos homossexuais, resolveu confrontá-lo: "Essa imundície é sua?". Montie rebelou-se, falando com proposital entonação efeminada: "Sim, papai, tenho todos os livros do Mestre Wilde!". Augustus obrigou o filho a jogar fora os livros de Oscar Wilde: ou eles saíam de Tellisford, ou sairia Montie.[2]

Montie sabia que era *gay*, condição chamada, à época, "anormalidade" ou "inversão", mas, em vez de sentir a vergonha que o pai queria, celebrava seus desejos. Augustus surrava-o e o humilhava, porém ele era muito admirado na escola: excêntrico, assertivo e sempre com uma réplica selvagem ou uma piada suja como autodefesa. Os contemporâneos o descreviam como "bondoso e gentil" com os amigos e astuto na hora de escapar dos inimigos. Era bom ator, tanto na vida quanto nos palcos, estrelando em teatro amador, além de também escrever peças. Adorava particularmente o melodrama, com excesso de sentimentos, beleza e violência, emoção imersiva. Quando criança, montava espetáculos de marionetes de peças chocantes da Renascença, como a tragédia jacobina assassina de John Webster, cujo tema era o incesto: *A duquesa de Malfi*, interpretada por bonequinhos vestidos de cetim e veludo. Seu desejo pelo teatro – risco, confronto, interpretação com vestes próprias e poses – espalhou-se rapidamente do palco para a realidade. Montie começou a se vestir como um aristocrata do século XVIII na adolescência, com casaca e gravata, usando bengala e exibindo meias de seda roxas.

Após concluir a universidade no Trinity College, em Oxford, onde não se empenhou em quase nada, e depois de uma excursão pela França, pela Turquia e pela Itália, Montie tomou uma decisão que, para nós, pareceria estranha: ingressou na faculdade de teologia na cidadezinha de Lichfield, na região de Midland, com o intuito de se ordenar sacerdote da igreja anglicana governamental. Para ele, não havia contradição em seu comportamento. Acreditava piamente em Deus e em outros espíritos sobrenaturais: demônios, anjos, vampiros e lobisomens. Por que não poderia pesquisar sobre demônios e bruxas e, ainda assim, presidir cultos na igreja aos domingos? Por que não poderia ser, ao mesmo tempo, sacerdote e homossexual, vestindo-se como um elegante frequentador de restaurantes de luxo, perdidamente apaixonado por outros jovens? Entretanto, ninguém tinha a mesma opinião. Montie, porém, voltou para a área de Bristol e ocupou, no início, o posto da cúria na cidade de Bath. A cidadezinha de Bitton foi sua segunda colocação. E foi lá que tudo deu errado. Como conclui sua ácida biografia: "Rumores sobre estudos de satanismo e uma acusação de pederastia – da qual foi absolvido – acabaram com essa fase de sua carreira".

Voltaremos aos "estudos sobre satanismo" mais tarde. Mas a pederastia era uma acusação específica: Montie tivera relação anal com outro garoto, e esse ato fazia dele um pária. Vale notar que, em 1908, o termo *boy* (garoto), na Inglaterra, significava homem menor de idade, e, dependendo do contexto, podia ser alguém com menos de vinte e um, dezesseis ou até treze anos. Na Inglaterra do rei Eduardo, era crime grave ter relação sexual com alguém com menos de treze anos e um comportamento inapropriado (crime menos grave) se a pessoa tivesse entre treze e dezesseis anos. Mas a lei e sua interpretação se confundiam por causa de uma legislação que se referia à "indecência grotesca" (atos homossexuais) e à prostituição. Havia, ainda, opiniões médicas e psicológicas conflitantes quanto ao consentimento e à idade de maturidade sexual em casos específicos. A pederastia, portanto, abordava amplo escopo de comportamentos, incluindo o que hoje se chama pedofilia segundo a lei britânica e o que seria o sexo homossexual consensual. Os detalhes da acusação contra Montie Summers não constam mais em registro; por isso, apesar de frustrante, não podemos saber em que categoria elas se encaixavam.

Algumas décadas mais tarde, biógrafos de Montie tentaram decifrar o mistério. Nos anos 1950, o padre Brocard Sewell, monge carmelita e estudioso literário, começou a procurar informações. Uma carta escrita em 1957 a Brocard por *sir* Francis Meynell, editor da Nonesuch Press, revelou uma fonte de rumores de pederastia: um frequentador da igreja de Bitton que começou a espalhar boatos. "Um homem me contou", disse Francis, "que era paroquiano [de Montie] e sabia que Montie fizera parte das Sagradas Ordens da Igreja da Inglaterra, mas fora afastado por causa de uma acusação de pederastia. Repito isso com todas as reservas apropriadas de completa ignorância dos fatos." Francis acrescentou que Montie "me deu a impressão de se envolver com estudos de ocultismo, mas não me lembro de onde veio essa impressão". Brocard já ouvira as duas acusações antes. Respondeu dizendo que acreditava que Montie "nunca foi afastado, a despeito do suposto comportamento inapropriado na Igreja da Inglaterra".

Não foi afastado, mas "passou conscienciosamente para a comunhão com Roma", isto é, saiu da Igreja da Inglaterra por conta própria e tornou-se católico. O uso que Brocard faz da palavra "inapropriado" é interessante. Não refuta de vez a acusação ouvida por Francis, porém reflete, de maneira precisa, a definição de uma categoria de crime sexual. Talvez a informação de Brocard fosse de que Montie nunca fora acusado de fazer sexo com um garoto de treze a dezesseis anos.[3]

Seja qual for a verdade, a acusação também se relacionava a um livro publicado por Montie em 1907, *Antinous and Other Poems*. Apenas uma década após o julgamento de Oscar Wilde, Montie expressou, por escrito, pensamentos abertamente homoeróticos. O garoto Antínoo foi amante do imperador romano Adriano e morreu em circunstâncias misteriosas: talvez por suicídio ou por sacrifício humano, especulam os estudiosos. Era ícone homossexual bem conhecido. Em seus poemas, Montie descreveu a lembrança de Antínoo da "amarga sede pelo beijo de despedida do César", acrescentando que Adriano "... deflorou tua mocidade". Teria o imperador "usado teu sangue para avermelhar o altar de algum sabá?". Com essa dúvida, Montie associava o sabá das bruxas ao amor homossexual – tudo isso na primeira página do livro. Mais adiante, insinua um desejo homossexual entre Cristo e João Batista, celebra o incesto entre irmãos, imagina Deus seduzindo a Virgem Maria e louva os "olhos gloriosos" e a "alegria voluptuosa" de "um garoto cujos lábios reluzem, molhados", por trás da "fumaça azul de um cigarro". Editores modernos de Montie descrevem *Antinous* como "propenso infernalmente a deixar todos em choque". Contudo, ele tinha o sério objetivo de fazer com que "certos modos de amor fossem admitidos e admirados", comentam, e esperava acabar com a "incômoda proibição" da homossexualidade.

Montie dedicou *Antinous* ao colega ativista e homossexual Jacques d'Adelswärd-Fersen, barão francês que conheceu no exterior.[4] Apesar da admirável coragem, a publicação de um livro de poesia homoerótica, com dedicatória ao barão Jacques, foi um ato tresloucado para um curador inglês em 1907. Vários anos antes, em 1903, Jacques se tornara notório por causa de um escândalo envolvendo sexo com meninos menores de idade, ópio e suspeitas piores de participar de "Missas Negras" parisienses. As Missas Negras eram os sabás das bruxas da época, missas católicas supostamente rezadas por padres rebeldes e dedicadas a Satanás. Não se sabe ao certo se esses eventos, ou alguma versão deles, aconteceram de fato, talvez como experimentos pagãos de boêmios radicais, talvez como orgias encenadas com base nas fantasias de Jules Michelet. Quem sabe? Romancistas e jornalistas em busca de sensacionalismo adoravam imaginar as Missas Negras, embora poucos acreditassem que o diabo realmente aparecesse; e as histórias destacavam, por outro lado, transgressões sexuais. Nesse contexto, Jacques foi acusado de "abusar" de meninos menores de idade em noites de teatro frequentadas por colegas da nobreza e do clero. Condenado, sofreu ataques da imprensa e acabou na prisão. Até os paroquianos de Montie em Bitton tinham ouvido a respeito dele. Muitos ingleses respeitáveis consideravam Paris o palco da homossexualidade e dos cultos ao diabo. Essa anarquia, em parte real, em parte imaginária, foi divulgada em âmbito internacional em *Là-Bas* (*Os amaldiçoados*), romance publicado em 1891 pelo servidor público francês Joris-Karl Huysmans. O autor dramatizou todas as chocantes aventuras que ouvira sobre a vida em Paris ou lera nos livros de história.[5] Os protagonistas se envolviam com sadomasoquismo, exorcismo, assassinato, sessões espíritas, orgias, os mais variados ritos mágicos, bruxaria e satanismo.

No episódio mais chocante de *Là-Bas*, os personagens vão a uma Missa Negra, essencialmente um sabá de bruxas em uma igreja, como a reunião em North Berwick, em 1591. Como parte dos "estudos de satanismo", Montie foi acusado da tentativa de montar, ou de fato montar, algo semelhante, com base em *Là-Bas*. Na história do livro, a Missa Negra é celebrada por um padre-bruxo que profanou sua capela com um crucifixo sobre o qual está pregado um Cristo risonho, sexualmente excitado, diante do qual a congregação fornica. Nu, o padre conspurca o pão da comunhão, berrando blasfêmias. Venera Satanás como o deus "dos homens esmagados pela injustiça", das mulheres e dos homens que se prostituem, dos viciados em sexo, dos revolucionários – uma visão ao estilo Michelet das bruxas e bruxos como subversivos sexuais e políticos. Posteriormente, Montie escreveu que *Là-Bas* era uma obra "genial", "estudo magnífico do satanismo", exemplificando "ódio profundo por qualquer tipo de mediocridade". Via o livro como parte do caminho tormentoso de Huysmans para uma "conversão" à verdade católica. Em 1946, publicou uma edição própria da obra. Embora seja improvável que Montie tenha, de fato, armado uma Missa Negra na igreja de Bitton, seu comentário editorial sugere que ficara fascinado com a ideia e reconhecia aspectos de sua jornada religiosa pessoal no romance. Verdade ou não, na década de 1920, ele dizia a conhecidos que "frequentara Missas Negras em Bruges, Brighton e Londres".[6] O que quer que tenha acontecido em Bitton fazia os fiéis erguerem as sobrancelhas. Rumores sugeriam que Montie era um criminoso sexual e bruxo, e precisava ser expulso.

Pelo que sabemos, Montie não foi julgado criminalmente: seu julgamento por bruxaria foi menos formal. Se os crimes sexuais alegados em Bitton foram classificados como "menores", deveriam ter sido julgados nos tribunais dos magistrados em Chipping Sodbury ou Gloucester, mas os registros de Chipping Sodbury de 1907, 1909 e 1910 não citam Montie em meio aos assaltantes de ferrovias, arrombadores e traficantes. O tribunal de Gloucester também lidou com crimes sérios como sodomia, tentativa de estupro, "ataque indecente a uma pessoa do sexo masculino" e "conhecimento carnal de meninas com menos de dezesseis anos". As penas variavam de três a dezesseis anos. Mas também os registros dos tribunais de Gloucester não mostram Montie sendo julgado lá.[7] Na realidade, acusações de pederastia raramente eram julgadas em tribunais criminais. Na sociedade eduardiana repressiva, o ato era gravemente embaraçoso e difícil de citar. O fato de o pai de Montie, Augustus, ser magistrado provavelmente indica que a família conseguiu suprimir as acusações. Diferentemente de muitas "bruxas" e "bruxos" neste livro, embora seus desejos fizessem dele um alvo, a classe, o sexo e a escolha de carreira de Montie lhe permitiam se livrar de um julgamento formal. Também tinha a sorte de viver em uma época na qual não mais se julgava uma pessoa por magia satânica em tribunais criminais. Nada do que fizera era abordado pela Lei contra Bruxaria de 1735 – charlatanismo, previsão do futuro, adivinhação –, e, assim, não podia ser processado por bruxaria.

Apesar dos privilégios, a acusação de "estudos de satanismo" ainda teria resultados terríveis a Montie. Sua sorte foi selada por um julgamento informal na comunidade eclesiástica. Não sabemos os detalhes dessa investigação secreta, mas o provável juiz de Montie foi Henry Nicholson Ellacombe, vigário de Bitton. Henry era um homem dogmático, que não hesitava em julgar e agir, falava sem rodeios e de modo contundente. Aos oitenta e poucos anos de idade, ainda tinha vida ativa como botânico, crítico literário e viajante. Desde que ocupara o lugar do pai como vigário, em 1850, Henry se dedicara a melhorar o ensino na igreja, fundando uma escola para meninos em 1851. Esperava que os garotos "fossem educados para se tornarem bons ingleses cristãos". Os estudos de bruxaria de Montie e sua homossexualidade eram ameaças terríveis a essa visão, e ele não podia contar com a solidariedade do chefe. Henry deve ter chamado Montie ao seu escritório – como fazia todos os dias com a cúria, mesmo em tempos normais – e, em seguida, fechado a porta. Deve tê-lo interrogado sobre as acusações, condenando-o por pecado ou insensatez, incluindo tudo na condenação: os poemas, os trajes, os modos de agir, a preferência de leitura, a natureza essencial, fosse ele culpado ou não de pederastia. Enfim, Montie foi demitido. Furioso e magoado, deixou Bitton e a Igreja da Inglaterra.[8]

De maneira discreta, porém rápida, Montie converteu-se ao catolicismo. Apesar de ser uma escolha religiosa legítima, como apontou seu biógrafo, era também conveniente. Permitia-lhe aspirar a uma função eclesiástica em uma religião diferente e obscurecia outros motivos para seu desemprego temporário. Montie desapareceu de Bristol e foi morar de aluguel em vários locais em Londres: Oxford Terrace, 61, em Paddington, em 1911; Eton Road, 15, em Hampstead, de 1913 a 1921; e Mount Ararat, 4, em Richmond, em 1927. Entre um lugar e outro, percorreu toda a região sul da Inglaterra, passando por Beckenham, Bath, Hertford, Oxford e Alresford. As primeiras mudanças ocorreram por motivo de trabalho, pois a família já não o sustentava mais, após ele cair em desgraça. Montie lecionou em escolas e faculdades, ensinando latim, francês, literatura inglesa e história. Por mais de uma década, ministrou aulas na Escola Central de Arte (hoje Universidade das Artes) e, por quatro anos, na Escola Brockley, em Lewsiham, ambas em Londres. Aos poucos, reconstruiu a vida e a renda, equilibrando-se no entusiasmo literário e teatral da juventude. Publicou edições de velhas peças e tratados; escreveu críticas, artigos e textos de história, trabalhos autônomos. Em 1926, já era suficientemente famoso para ganhar a vida como escritor. Também fundou uma companhia de teatro para reencenar peças negligenciadas desde o século XVII e trabalhou com muitas atrizes famosas da época, como Edith Evans, Sybil Thorndike e Athene Seyler.[9]

Entretanto, uma onda contínua de escândalos sobre suas relocações se estende até os anos 1930, a marca de um homem em fuga. Embora se apresentasse como padre católico ordenado, "padre Summers", Montie incomodava os vizinhos. Queimava incenso, entoava serviços religiosos a qualquer hora em uma capela particular que construíra pessoalmente e dava festas animadas para convidados tão estranhos quanto ele próprio. Recebia visitas de homens que não eram clérigos. Algumas estão documentadas. O político Chips Channon visitou Montie várias vezes em 1928. Na segunda ocasião, os dois foram à capela ao lado do quarto de Montie, onde Chips, confessando-lhe "todas as minhas tentações", curvou-se diante do altar e deixou Montie espancar suas nádegas com um chinelo de salto vermelho e fivela. "O velho padre queria me seduzir", relatou Chips. Duas semanas depois, ficou perplexo: "O que devo fazer a respeito de Montague Summers? O velho padre libidinoso está caído por mim" – ou seja, apaixonado, obcecado. "Telefona-me quase todos os dias e, ocasionalmente, mais de uma vez." Chips tentou se livrar de Montie, mas seu desejo falava mais alto, e ele acabava voltando. "Aquele padre velho, erudito e louco, com suas histórias de bruxaria, magia e crenças esotéricas, me fascina. Após um jantar ruim, ele me chicoteou com uma vara de bater em cães, o que parecia lhe dar infinita alegria." Aquela foi a última visita de Chips: ele concluiu que Montie "era tão perigoso quanto brilhante".[10]

No entanto, apesar de toda aquela atividade sexual ilegal e escandalosa, proibida tanto pela Igreja Católica quanto pela Anglicana, Montie levava a sério sua fé e identidade sacerdotal. No formulário de recenseamento de 1911, descreveu a si próprio como "Clérigo Católico Romano", pura e simplesmente. Mudou o próprio nome, de Augustus Montague para Montague Joseph Summers. O primeiro nome retirado era o do pai, e ele adotou no lugar dele o nome do pai de Cristo, Joseph (ou José). O escândalo em Bitton, como se poderia esperar, foi um divisor de águas no relacionamento com o pai, e durante vários anos Montie se recusou a ser conhecido como Augustus. Posteriormente, readotou o nome de Augustus junto ao de Joseph, mas adicionou vários outros para criar uma formulação longa e não binária: Alphonsus Joseph-Mary Augustus Montague Summers. Alphonsus era referência a Santo Alfonso, fundador da ordem missionária dos Redentoristas. Além disso, refletia certas predileções de Montie: Alfonso foi um padre italiano do século XVIII que defendia a importância da beleza sensual no culto. Era, ainda, teólogo de redenção, uma bênção que Montie esperava ardentemente da nova igreja.

Jamais se provou se ele foi ordenado formalmente pela Igreja Católica, cerimônia que teria sido separada da ordenação anglicana. Como se formou em Oxford com grau de quarta classe e saiu da Igreja Anglicana desonrado, parece improvável, mas biógrafos sugerem que talvez tenha conseguido uma cerimônia particular, não oficial, por meio de simpatizantes. Seja como for, o sacerdócio católico se adequava ao seu amor pela dramatização e pelo ritual. Montie deixou para trás as gravatas e meias roxas dos tempos de faculdade e começou a vestir nas horas de lazer uma batina que mais parecia um vestido, e, para as aulas e o trabalho no teatro, usava manto, sapatos com fivelas de prata enormes e chapéu clerical. O penteado era de estilo exclusivo, com cachos acima das orelhas. Esse estilo imitava a aparência da peruca dos clérigos do século XVIII, tanto que alguns de seus pupilos o chamavam de "Peruqueiro" (*Wiggy*, em inglês). Na década de 1920, Montie perambulava pelas ruas nas regiões norte e oeste de Londres com esses trajes históricos, figura que chamava a atenção em meio aos bondes e aos caminhões motorizados, às prostitutas e aos vendedores. Em 1924, já se tornara celebridade nos círculos literários de Londres, a ponto de ter uma caricatura publicada no periódico *Evening Standard*, de Londres.

Em 1927, com os escritos de Montie cada vez mais conhecidos, ele precisou contratar um jovem secretário, John Lothar, para o trabalho editorial. John também o ajudava nos serviços da pequena capela: tarefa incomum a um empregado, sugerindo um relacionamento íntimo, sobretudo se nos lembrarmos da experiência de Chip Channon.[11] Então, no início da década de 1930, Montie conheceu Hector Stuart Forbes, conhecido como Stuart no fim da adolescência. A partir dali, Stuart conviveu com Montie por uma década e meia. Vinha de família escocesa que se mudou para a Inglaterra na década de 1880 e lá abriu um *pub* em Leicester. Stuart e Montie foram morar juntos em Oxford, onde Montie o apresentou, a princípio, como "meu filho adotivo". Nos anos 1930, mudaram-se para Hove, subúrbio de Brighton, na costa sul da Inglaterra. Lá viveram de maneira quase abertamente homossexual, com o disfarce do emprego de Stuart como secretário literário de Montie, no número 47 da Rua Montefiore. Stuart cuidava do jardim, cozinhava e tocava piano, enquanto Montie desfrutava da vida doméstica. Derrotara os inimigos, livrara-se da reputação de bruxo homossexual e se estabelecera como historiador literário, passando de um lado da divisão demonológica para o outro. Entretanto, ainda persistiam algumas suspeitas de ocultismo. Montie e Stuart caminhavam pela esplanada Vitoriana com seu cão Cornélio Agrippa, da raça *dachshund*, cujo nome vinha de um mago do século XVI que, segundo rumores, tinha um cão que era seu espírito familiar. As histórias sobre Missas Negras pareciam acompanhar Montie, pois já havia rumores delas em Brighton também.

A DESPEITO DE TODA A respeitabilidade, Montie ainda se interessava por bruxaria. Seu amigo John Redwood-Anderson revelou que, ao se converter ao catolicismo, Montie parecia "um ator que encontrara um novo papel, adequado aos seus talentos, ou... o mágico que descobrira um truque mais autêntico e poderoso".[12] Mas por toda a vida ele sempre fora ator e mágico. Em 1926, escreveu *History of Witchcraft and Demonology* para uma série sobre a História da Civilização, publicada pelo presidente da Heretics Society, da Universidade de Cambridge. Na sequência, lançou *The Geography of Witchcraft* (1927) e traduziu e publicou edições de diversas demonologias da Europa medieval e renascentista. Havia a obra *Demoniality* (1927), do exorcista Ludovico Maria Sinistrari; também *An Examen of Witches* (1929), do juiz Henry Boguet, dos tribunais para bruxaria; *Compendium Maleficarum* (1929), do exorcista Francesco Maria Guazzo; *Demonolatry* (1930), do magistrado caçador de bruxas Nicolas Remy; *The Discoverie of Witchcraft* (1930), do cético Reginald Scot; e um relato da possessão demoníaca de uma freira, história que era uma obsessão para Jules Michelet, *The Confessions of Madeleine Bavent* (1933). Tanto *Demoniality* quanto *The Confessions of Madeleine Bavent* eram obras julgadas obscenas pelos censores, os quais determinaram que fossem destruídas. O elemento comum nessa biblioteca de literatura é que todos os livros abordavam os interesses de Montie pela bruxaria e o que seus editores chamavam de "psicologia do sexo". No entanto, embora fossem polêmicas, todas elas renderam fama diferente a Montie nos círculos literários e históricos. Apresentando seus conhecimentos de antiquário, ele entrou para a companhia dos teólogos, elogiando neles a devoção e a erudição. Pouco a pouco, com astúcia, o suspeito de bruxaria se juntava aos demonólogos.

Em 1928, Montie completou a mudança de bruxo para caçador de bruxas publicando a primeira tradução inglesa de *Malleus Maleficarum*, de Heinrich Kramer. Não se tratou apenas de uma edição da demonologia de *O martelo das feiticeiras*, como qualquer intelectual poderia fazer; o que o aproximava dos caçadores de bruxas era seu endosso do livro como "obra excelente, admirável, apesar de algumas falhas banais". Um elogio surpreendente da fantasia paranoica, misógina, de culto ao diabo, escrita por Heinrich. Com toda a erudição demonológica a partir de 1926, Montie reforçava a condenação imposta por Heinrich das bruxas como culto subversivo. Se antes fora ele próprio subversivo, o avanço da idade e a história o tinham mudado ao menos na aparência.

Nos anos 1920, os subversivos eram mais vistos como comunistas que bruxos, e Montie passou a considerar as duas condições juntas. O primeiro capítulo de *History of Witchcraft*, "A bruxa: herege e anarquista", definia uma bruxa como "pessoa maligna; praga social e parasita; devota de credo odioso e obsceno... uma blasfema... alguém que pratica aborto; conselheira malévola de cortesãs lascivas e galanteadores adúlteros; ministra do vício e da corrupção inconcebível... anarquista".[13] Repetia, portanto, todas as acusações que vimos neste livro até agora como se fossem verdadeiras e retratava a vida das pessoas acusadas de bruxaria como um esgoto de pecado e rebeldia: os adultérios de Helena Scheuberin, os sabás de Anny Sampson e Kirsti Sørensdatter, as heresias e os filhos ilegítimos das bruxas de Manningtree, o pacto com o diabo de Tatabe, o aborto provocado por Jean-Baptiste Girard para Marie-Catherine Cadière, e assim por diante. Como tudo isso condizia com as próprias atividades de Montie é uma pergunta sem resposta.

Por ele acreditar em magia como parte da crença em Deus, anjos e demônios, Montie realmente achava que as bruxas eram poderosas e veneravam Satanás para adquirir esse poder. Em *History*, ele revelou: "Pessoalmente, creio que existe poder para o mal, e até mesmo para a destruição, de tal modo que um anátema [maldição] letal, lançado com ódio concentrado e toda a energia da vontade, pode trazer infelicidade e fatalidade". Afirmava que as bruxas suplementavam as pragas verbais ou as imagens feitas de cera, como as de Anny Sampson, com "venenos sutilmente administrados", como cicuta ou beladona, refletindo o Edito de Luís XIV. "Longe de serem meros produtos de histeria ou alucinação, as confissões das bruxas são fatos hediondos e horríveis devidamente comprovados", vociferava. Certa vez, disse a Chips Channon que as bruxas faziam parte de uma conspiração herética: "o culto ao diabo... cresce e se prolifera. Claro que é marcado por influências comunistas, satânicas e sádicas, e é absolutamente subversivo". As bruxas seriam "inimigas juradas da lei e da ordem, anarquistas inflamadas que não medem esforços para alcançar seus fins. Terrorismo e assassinatos secretos são suas armas mais frequentes", e o credo delas nada mais era que "puro e simples satanismo".

Havia também um elemento sexual na rebelião das bruxas, explicou Montie. Quando conjuravam Satanás em forma animal, como um bode, por exemplo, realizavam uma orgia. Montie achava que as figuras de autoridade da conspiração eram os homens, enquanto as mulheres ocupavam a função de assistentes, explicando que "cada um desses homens agarra, o mais rápido possível, a mulher que estiver mais perto dele". Se fosse concebido um filho, seria submetido aos "sacrifícios dos velhos pagãos" e "queimado nas chamas". Além disso, as bruxas beijavam o traseiro do diabo, ouviam sermões satânicos, exumavam cadáveres, comiam crianças mortas e coisas assim; em outras palavras, Montie acreditava em tudo que os demonólogos imaginavam, por mais extremo que fosse. Parece que não percebia que essas histórias sem fundamento tinham como base fantasias monásticas em torno da religião, do sexo, da feminilidade e da maternidade, extraídas por tortura e intimidação das acusadas indefesas. Ele gostava de visualizá-las.[14] Já não apontava as bruxas como vítimas inocentes ou radicais legítimas caluniadas por inimigos conservadores; ao contrário, começou a participar das calúnias.

A HISTÓRIA DE MONTIE MOSTRA o perseguido que se torna perseguidor, o bruxo acusado que vira caçador de bruxas, ideia que permeia nosso livro até agora. Muitos caçadores de bruxas se viam como vítimas: Heinrich Kramer, filho de um lojista que negava acusações de desfalque e heresia; Jaime VI e I, ameaçado por rebeldes e obrigado a se casar; John Cunningham, que temia que as bruxas sami tivessem assassinado os governadores de Finnmark; as autoridades coloniais na Virgínia diante do massacre e da revolta interna; os puritanos ingleses, que enfrentaram a guerra civil e, depois, emigraram para fugir do anglicanismo; Samuel Parris, que implorava à congregação por um salário melhor e temia assassinatos cometidos por nativos americanos. Todos eles acusavam as bruxas e se viam como sofredores, além de usar as caças às bruxas para desviar a atenção dos próprios crimes e pecados.

Montie Summers tinha um motivo mais forte que a maioria dos outros para se sentir oprimido. Foi realmente perseguido pela orientação sexual e pelo interesse na prática de magia e julgado por satanismo e pederastia, segundo os moldes da Inglaterra eduardiana. Adotou a identidade de um demonólogo em parte para se defender dos ataques, e funcionou. Não caçava bruxas pessoalmente, mas anunciava a existência delas, conforme sua interpretação, e incentivava outras pessoas a caçá-las.

Será que Montie Summers foi merecidamente perseguido como molestador de crianças? Se teve, de fato, relações sexuais com meninos menores de dezesseis anos, hoje seria considerado criminoso sexual, de acordo com a lei britânica. Alguns de seus amigos desejavam garotos de dez anos de idade; e, como se sabe, atenção sexual indesejada causa danos perenes a uma criança. Montie e seu círculo de amigos se reuniam em Capri, onde Jacques d'Adelswärd-Fersen fixara residência, e não há registros do que acontecia nessas reuniões.

Entretanto, nem todos do grupo eram iguais. Depois de Bitton, nenhuma alegação a respeito de sexo com menores foi feita contra Montie, apesar de sua longa carreira em escolas para meninos. Vários ex-alunos escreveram elogios a ele quando seu biógrafo os contatou nos anos 1960. Seus conhecidos gostavam dele, apesar das extensas brigas de cunho literário. A atriz Sybil Thorndike o descrevia como "... divertido... nunca solene" e "muito ferino" nas historietas sobre "magia negra e diabolismo e todas as formas de religiões decadentes e crenças antigas". Seu biógrafo, Brocard Sewell, reconhece que "algumas pessoas achavam Montague Summers sinistro", e havia "fundamentos" para os rumores de sua participação em ritos de bruxaria. Na realidade, Sewell não sabia mais do qualquer um poderia saber.[15]

Montie faleceu em 1948, em sua última residência em Richmond, no número 4 da Rua Dynevor. Deixou tudo para Stuart, sepultado ao lado dele em 1950. Na época da morte, a sexualidade de Montie ainda era ilegal na Grã-Bretanha, e essa ilegalidade perdurou por dezenove anos; mesmo assim, só foi considerada permissível para adultos com mais de vinte e quatro anos, com consentimento. Não nos surpreende que os registros sobre a vida de Montie sejam poucos e controvertidos. Qualquer verdade única acerca dele é inacessível: só o que podemos dizer é que deixou de ser vítima de uma caça às bruxas – em julgamento, merecido ou não – para se tornar o perpetrador dessa caça. Uma de suas ações literárias foi contribuir com o prefácio de um livro publicado em 1947 por Frederick

Kaigh, *Witchcraft and Magic of Africa*, tema que despertava o crescente interesse dos antropólogos. O livro explicava que:

> Os satanistas, ou seja, os adoradores do diabo, existem desde tempos mais remotos até hoje, ainda praticantes [...]. Evidências materiais de cultos satânicos, bruxaria comum, celebrações da Missa Negra, sabás conduzidos por mestres bruxos, práticas horrendas, como sacrifício humano, são esmagadoras [...]. Essas práticas fascinam os povos primitivos, em particular os africanos, e, com imenso poder e malignidade, disseminam o horror, a doença, a desfiguração, a morte e a destruição.

No prefácio do livro, Montie concordava. Escreveu que:

> [...] impossível negar a existência do mal no mundo... Nos relatos escritos de bruxaria, ou magia, ou feitiçaria, conforme eu os tenho estudado em todo o continente europeu, na Espanha e na Rússia, na Inglaterra e na Itália, defrontamo-nos não com uma ou duas, mas, literalmente, de maneira sistemática e homogênea, com todas as mesmas crenças, os mesmos acontecimentos extraordinários, incompreensíveis e (pelo que sabemos até hoje) inexplicáveis. Já se passou a época em que a ciência, como tal, podia lidar com o fenômeno apenas o negando [...]. Esses fenômenos ocorrem [...]. Seria inútil, anticientífico e antiteológico negar o fato.

Após ler o livro de Frederick Kaigh, disse ele, "acho inevitável estabelecer paralelos entre o texto do autor e as páginas de escritores como Heinrich Kramer", e comparou as danças africanas à dança "naquela grande reunião dançante na igreja conspurcada de North Berwick". Em resumo, concluiu Montie: "O estudo brilhante do senhor Kaigh nos mostra um pouco do que a magia e a bruxaria da África são capazes de fazer, e o fazem em nosso meio". Os três capítulos seguintes deste livro mostram que esse tipo de crença na bruxaria ainda tinha peso nos primeiros anos do século XX, assim como até hoje, no século XXI. No mundo inteiro, acusações de bruxaria podiam e ainda podem culminar no julgamento de pessoas inocentes e sua morte: na África, mas também na Europa e na América do Norte.[16]

CAPÍTULO 9

O julgamento de John Blymyer: *pow-wow* e pobreza na Pensilvânia

Às vezes, o elemento mais improvável pode desencadear um julgamento por bruxaria. Em 1928, perto da cidade de York, na Pensilvânia, esse elemento foi a construção de uma via de concreto. Em 1916, o governo norte-americano criou uma lei para construção de estradas. Desde que custasse aos cofres públicos menos de dez mil dólares por quilômetro para assentar e desenvolver uma rodovia de concreto, as comunidades poderiam reformar suas estradas de terra, adequando-as para automóveis. Caminhões das fazendas chegariam muito mais rápido aos mercados na cidade. Moradores do campo poderiam se locomover em veículos motorizados até as fábricas urbanas. E, conforme se verificou depois, as pessoas teriam acesso mais fácil às bruxas que moravam fora das cidades. Ao sul da pequena cidade de York, os responsáveis pela construção de rodovias escolheram a Trilha Susquehanna – caminho às margens de um rio, cujo nome derivava do povo nativo Iroquois-Lenape-Susquehannock – para construir uma via de concreto. A estrada foi concluída em 1923. E, ao anoitecer de 26 de novembro de 1928, um carro percorreu velozmente pouco mais de vinte quilômetros ao sul de York pela nova e tranquila rodovia Susquehanna. O motorista era Clayton Hess, gerente de uma serralheria. Ao seu lado, viajava a esposa, Edna, cansada do trabalho em seu turno em uma fábrica de telas de arame. No assento traseiro, apertavam-se o filho de Clayton, Wilbert, de dezoito anos; John Blymyer, de trinta e dois; e John Curry, de catorze. Clayt e Edna deixaram os passageiros em Hametown, e os três saíram da pista de concreto para seguir, propositalmente, a pé, pela trilha de terra, até um local chamado Rehmeyer's Hollow. Iam visitar e, no fim das contas, assassinar um "bruxo".[1]

O alvo era Nelson Rehmeyer, fazendeiro idoso. Nos dias anteriores a 26 de novembro, John Blymyer vinha considerando a possibilidade de ferir ou matar Nelson porque desconfiava de que fosse bruxo e levara consigo os garotos Wilbert Hess e John Curry para ajudá-lo a segurar o velho. John Blymyer acreditava que os episódios de ansiedade e depressão de que sofria, além da incapacidade de comer, dormir ou trabalhar, eram causados pelas maldições de Nelson. Achava que o velho tinha dons mágicos de cura, mas também podia usar esses poderes para prejudicar os inimigos. John não entendia por que o velho fazendeiro teria raiva dele, porém acreditava piamente que Nelson o enfeitiçara. Mais tarde, entretanto, no julgamento dos três assassinos confessos em janeiro de 1929, uma complicação no raciocínio de John veio à tona: não só Nelson Rehmeyer foi assassinado porque era bruxo, mas ele, John Blymyer, também se revelava bruxo. Achava que tinha poderes mágicos, o que foi amplamente discutido no tribunal; os jornalistas, enfim, descreveram esse julgamento por assassinato como "julgamento por bruxaria".

"Bruxo" não seria o termo correto, pois John e Nelson praticavam uma arte mágica conhecida como *pow-wow*, originária de uma palavra na língua dos nativos norte-americanos. Colonizadores europeus chamavam os xamãs norte-americanos de "magos *pow-wow*", termo derivado do idioma algonquian. Para os povos algonquian, o *pow-wow* era um estado de transe usado para adivinhações ou curas. No caso de John e Nelson, essa tradição americana se mesclava à magia folclórica dos "Pennsylvania Deutsch", alemães que se estabeleceram na comarca de York. Seus magos populares eram chamados de *Hexenmeisters*, ou mestres-bruxos. A magia *pow-wow* dos Hexenmeisters repelia o mal que os bruxos supostamente causavam, devolvendo-lhes os feitiços malignos por meio de encantamentos orais ou escritos, preces e figuras de proteção: cruzes, estrelas, círculos. Os praticantes da tradição mista acreditavam que sua magia era boa, como no caso de Anny Sampson ou de Joan Wright. Permitia prever, curar e abençoar os clientes, protegendo-os da "magia negra". Mesmo assim, por melhor que fosse a intenção dos praticantes de *pow-wow*, seu trabalho dependia da crença em bruxos e bruxas. Foi por isso que John e Nelson se tornaram magos *pow-wow* rivais, lançando maldições um contra o outro. Na realidade, John já não via mais Nelson como praticante de *pow-wow* e o considerava mero bruxo, tão perigoso que devia ser morto. Na opinião de John, a inofensiva tradição mágica alemã/nativo-americana do *pow-wow* era usada como arma por Nelson e, por essa razão, ele deveria ser assassinado.

Jornalistas presentes no julgamento de John Blymyer não conheciam a cultura dos alemães da Pensilvânia, e alguns confundiam *pow-wow* com "bruxaria", considerando-a uma magia absurda anticristã e pagã. Na verdade, porém, assim como as preces de Anny Sampson, era profundamente moldada pelo cristianismo e assumia a forma de apelo direto a Deus ou a Cristo. Os praticantes de *pow-wow* consideravam sua obrigação "encaminhar aqueles que procuravam sua assistência à glória do Deus Todo-poderoso e às muitas bênçãos que o Bom Senhor envia a todos os que as pedem com sinceridade".[2] Essas distinções entre magia do bem e do mal eram muito sutis para a maioria dos observadores em 1929, e muitos ficavam horrorizados ao saber que os cidadãos norte-americanos dos tempos modernos acreditavam em bruxaria. A romancista nova-iorquina Theda Kenyon escreveu, atônita, sobre o assassinato de Nelson: "espantou a maior parte do país, que acreditava que as bruxas já estavam tão mortas quanto Macbeth, e deixou banqueiros, donas de casa e caminhoneiros totalmente estupefatos". O assassinato proporcionou a Theda a mensagem e o título de seu livro, *Witches Still Live* (em tradução literal, "As bruxas ainda vivem"), mas o mais importante foi ter mostrado que no ano em que Montie Summers relançou *O martelo das feiticeiras*, de Heinrich Kramer, a caça às bruxas ainda ocorria e era capaz de matar pessoas.[3]

A morte acercou-se de Nelson lentamente, por acaso, durante os seis anos que se estenderam até o mês de novembro de 1928. Nesse período, John Blymyer, temendo estar sob a maldição de um bruxo, batera desesperadamente à porta de um médico ou de um mago *pow-wow* após o outro, procurando conselhos sobre sua doença e conhecimento de quem o enfeitiçara. Os praticantes de *pow-wow* podiam ser lojistas, vendedores ou operários, brancos ou negros, homens ou mulheres, e havia muitos nas áreas da Pensilvânia alemã. Vários deles tinham empregos nas fábricas de latas, máquinas e charutos das pequenas cidades da Pensilvânia, situadas em meio aos campos verdes e amarelos de grãos. Ciente da reputação de Nelson como mago curandeiro, John o procurou primeiro, pois queria receber uma cura *pow-wow*; talvez tenha feito isso umas três vezes, declararia John, mais tarde. Também ajudou Nelson na colheita de batatas. Mas John não melhorou. A busca prosseguiu. Outros quatro praticantes, segundo ele, foram incapazes de lhe revelar o nome de seu perseguidor. Até que um dia uma maga *pow-wow* mais habilidosa, Emma Knopt, descobriu a resposta que John queria. Confirmou sua forte suspeita de que o bruxo era o próprio Nelson Rehmeyer.

Para identificar um bruxo, Emma pedia aos clientes que trouxessem uma nota de um dólar, colocassem-na na palma da mão e pensassem em quem poderia tê-los amaldiçoado. Talvez o dinheiro em nota fosse uma boa ferramenta divinatória, porque continha um retrato, além da declaração *In God we trust* (em Deus confiamos), como documento sagrado. E garantia o pagamento da consulta: Emma ficava com o dólar. Depois que o cliente olhasse para a nota e a deixasse ali, Emma lhe dizia que uma imagem apareceria em sua mão – não a face de George Washington, mas a da pessoa que o tinha enfeitiçado. John Blymyer contou que, quando visitou Emma no outono de 1928, viu o rosto de Nelson Rehmeyer.[4] Emma aconselhou a John que, para anular a maldição, ele poderia roubar o livro mágico de Nelson, o manual do Hexenmeister intitulado Pow-wows *or the Long Lost Friend* (Pow-wows *ou o Amigo perdido há muito tempo*). John George Hohman, editor da Pensilvânia, escrevera o livro um século atrás para compartilhar sua coleção de amuletos e remédios médicos ("Um bom remédio para cólica", "Remédio para fazer as galinhas botarem muitos ovos", "Para libertar pessoas de feitiços"). Nelson usava seu exemplar de maneira ostensiva para combater bruxos e bruxas, mas Emma e John suspeitavam de que ele o utilizasse para praticar bruxaria. Caso John se apoderasse do livro de Nelson, dizia Emma, deveria queimá-lo. Também poderia cortar um cacho dos cabelos de Nelson e enterrá-lo a quase dois metros de profundidade. Ambas as tarefas seriam difíceis, mas não impossíveis; Emma, porém, nem pensava em assassinato. Esperava que o livro ou os cabelos pudessem ser surrupiados de Nelson.

Como sabemos, John tomou outra decisão. Enquanto toda essa intriga era fomentada, um fazendeiro chamado Milton J. Hess se deixava atrair ao mundo fantástico de John Blymyer. Os dois se conheceram por acaso, em um dia quente de agosto, quando Milt fazia um intervalo do trabalho na Pennsylvania Tool Manufacturing Company, em York, uma das várias fábricas e usinas processadoras que contratavam operários moderadamente qualificados por salários baixos. Sozinho na ruela atrás da oficina, Milt viu um rapaz alto e magro de pé no quintal da casa com terraço, do lado oposto da rua, a North George. Milt o cumprimentou, e John Blymyer se apresentou com um pseudônimo: John Albright. Mais adiante, veremos por que não deu o nome verdadeiro. Milt lhe perguntou onde ele trabalhava, e John lhe disse que era enrolador de charutos em uma fábrica perto dali. No bate-papo com John, Milt disse que sua família possuía uma fazenda de catorze acres em Chanceford Pike, na área conhecida como Leader's Heights, no sul da cidade. Preocupava-se com as colheitas fracas, com alguns animais, até com pessoas doentes, e com várias galinhas que tinham fugido. Por sua vez, John falou com Milt sobre sua doença: definhava e não conseguia dormir ou comer. Sabia que fora enfeitiçado. Então, pensou: a fazenda de Hess não estaria enfeitiçada também? Talvez os dois tivessem sofrido uma maldição de Rehmeyer?[5] Se isso fosse verdade, disse John, ele ajudaria Milt. Não era capaz de remover o feitiço contra si próprio, mas podia ajudar outras pessoas com suas habilidades *pow-wow*, se lhe pagassem. Alguns dos encantamentos usados por John Blymyer são registrados:

> Nosso bendito Senhor e Redentor, Cristo,
> sofreu ferimentos e chagas,
> mas nunca precisou curá-los.
> Eis que não infestam e não infeccionam,
> tampouco supuram.
> João era cego, mas o
> Menino Celeste, bondoso,
> com ele falou.
> Em verdade te digo que és marcado com chagas Sagradas.
> Não se espalharão nem supurarão.
> Mas delas tiro água e sangue.
> Que das dores e feridas N.N. se livre,
> santo é o homem que pode curar todos os ferimentos +++.

O encantamento termina com três cruzes para indicar que o mago *pow-wow* deve fazer o sinal da cruz três vezes sobre o paciente N.N. (que significa "seja quem for"). Essa prece é incrivelmente semelhante à de Anne Sampson, entoada na década de 1590, do outro lado do Atlântico; e é bem possível que Joan Wright e talvez Tatabe a tivessem reconhecido também, circulando pelas comunidades dos colonizadores americanos. Nelson Rehmeyer usava encantamentos parecidos ("Hematoma, não arderás; Hematoma, não perspirarás; Hematoma, não te espalharás, não mais do que da Virgem Maria nasceria outro filho +++"). Era uma ironia grotesca que ele e seu assassino fossem ambos, na verdade, curandeiros *pow-wow* – pessoas que tentavam praticar magia do bem.[6]

Na longa e difícil vida, Nelson já sofrera em decorrência da magia *pow-wow*. Aos sessenta anos, vivia sozinho, porque era separado da esposa. Ela o deixou, em parte, por causa de sua devoção aos clientes. Havia gente demais entrando na casa para se consultar, explicara Alice; pessoas como John Blymyer, que eram carentes, esquisitas, e ficavam ali a noite inteira. Nelson convidava os clientes para jantar e passava horas com práticas divinatórias e preces. Era impossível conviver com sua magia *pow-wow* obsessiva, concluiu Alice. Ele também se interessava por política e espalhava pela casa cartazes de candidatos socialistas. Na comarca de York, sindicatos e greves eram considerados evidências de bolchevismo, e, com a lembrança da recente Revolução Russa, até o socialismo moderado parecia subversivo e ateísta aos patrões, como parecera satânico a Montie Summers. Alienada pelo misticismo e pelas ideias políticas radicais de Nelson, as quais ela considerava relacionadas, Alice se mudou para uma casa vazia a cerca de dois quilômetros do marido, levando consigo as duas filhas. Nelson podia manter o contato com a esposa e as crianças, mas não morariam mais juntos em Rehmeyer's Hollow, a casa da família.[7]

Anos após sua morte, os vizinhos se lembravam de como algumas pessoas criticavam o isolamento de Nelson por ser "um jeito estranho de viver" para um homem casado. Todos sabiam que sua mãe também não vivia com seu pai, com quem ela não era casada. Filho ilegítimo, Nelson já era uma anomalia quando nasceu naquela sociedade conservadora e, de repente, ficara sozinho na velhice também. Metade dos moradores das fazendas espalhadas pelo distrito se chamavam Rehmeyer e eram seus primos, mas ele não tinha uma família, de fato. As consequências eram de cunho prático e social: família significava trabalho compartilhado e conformidade religiosa. Nelson não tinha ninguém para ajudá-lo com os animais, com a colheita ou com quaisquer reparos e se apegava aos clientes *pow-wow*, em parte, para ter companhia, mas também para complementar a renda; além disso, alguns, como John, o ajudavam com serviços em pagamento pela consulta. E geral, eram indivíduos furtivos, marginalizados, andarilhos em busca de sentido na vida em tempos difíceis. John se encaixava nessa categoria. E, embora Nelson fizesse o possível para ajudá-lo, pois via que era um sujeito sofrido, John suspeitava de algo sinistro em Rehmeyer's Hollow e no homem solitário que lá vivia.

A residência de Nelson era uma casa de madeira modesta, de dois andares, na estrada também chamada Rehmeyer's Hollow, uma trilha tortuosa ao longo do riacho Codorus. A casa não tinha eletricidade nem água corrente, embora contasse com uma fonte. Como muitas casas de fazenda, era cercada de currais corroídos para os animais e várias quinquilharias úteis. Nelson cultivava legumes, criava galinhas e algumas vacas e tinha dois cavalos. Mas era o isolamento da casa na floresta e a pintura escura e desbotada protegendo a madeira que lhe davam aspecto sinistro. A floresta era agradável no verão, com a luz do sol entremeando as folhas das árvores e os cervos passeando nas campinas verdes, mas no inverno as folhas caíam cedo, e a noite chegava logo. As árvores ficavam desfolhadas nos meses longos e escuros, enquanto a neve cobria o solo, e as casinhas sofriam com o frio, pois não podiam acender o fogo. Nelson, porém, conseguiu acender fogo aos três jovens visitantes, tarde da noite, naquele dia de novembro de 1928, quando apareceram em sua casa John Blymyer, John Curry (conhecido como Curry) e Wilbert Hess (conhecido como Hessy). Lembrava-se de John Blymyer como velho cliente *pow-pow* e não o temia. Na realidade, John e Curry o tinham visitado na noite anterior também. Dessa vez, vieram acompanhados de outro jovem, Hessy. Nelson nem imaginava que a intenção dos três era pegar seu exemplar de Pow-wow *or the Long Lost Friend*, um cacho de seu cabelo... ou qualquer outra coisa.[8]

Quando John e Curry foram à casa de Nelson um dia antes do ataque, não o encontraram. Dirigiram-se, então, à casa de Alice Rehmeyer para inquirir sobre ele. Segundo John, Alice estava zangada com Nelson. Resmungou, irritada, que talvez ele estivesse na fazenda de Gladfelter, pois "se deita com Emma Gladfelter". John contou que ela teria dito ainda: "Velho safado do diabo!", mas essas palavras parecem mais próprias dele que de Alice. John foi embora e, acompanhado de Curry, voltou à casa de Nelson. Dessa vez o encontraram. Curry contou que os dois conversaram com ele sobre "bruxaria" e disse que, pessoalmente, "tinha medo do velho". John, então, preocupou-se com o tamanho de Nelson, que era grandalhão, com ombros largos e mais de um metro e oitenta de altura. Julgou que seria melhor voltar no dia seguinte com outro homem: dois segurariam Nelson enquanto John se ocuparia de cortar seus cabelos e pegar o livro, ou coisa pior. Não pensou no motivo dessa violência; talvez fizesse parte da cura estabelecida para feitiços, ou talvez já tivesse resolvido tratar o bruxo daquela maneira. Não sabemos. Já era tarde da noite. Sem a menor suspeita, Nelson deixou os visitantes dormirem na sala de estar, ao lado do fogão.

Na noite seguinte, como sabemos, John e Curry voltaram com Hessy. Mais uma vez, Nelson deu as boas-vindas às visitas. Juntou toras, acendeu o fogo e os lampiões, dando as costas aos visitantes para atiçar as chamas. E os três homens saltaram sobre ele. John pegou uma cadeira e a quebrou sobre o corpo de Nelson, além de bater nele com uma ferramenta de metal do fogão, enquanto Curry e Hessy o golpeavam com pedaços de madeira da lenha e os próprios punhos. Nelson reagiu, jogando para eles seu dinheiro, e, quando soube o que queriam de verdade, gritou: "Soltem-me e pegarei o livro". Mas os homens continuaram a dar murros e chutes em Nelson até ele não se mexer mais. Então, amarraram-no com uma corda. Puseram um laço em volta de seu pescoço, como a forca outrora usada para as bruxas. Horrorizados, os dois agressores mais jovens perceberam que ele estava morrendo, ou talvez já morto, e aquela não era a intenção dos garotos. Mais adiante, determinou-se que o ataque fatal durou apenas alguns minutos.

Os três agressores entraram em pânico, mas não a ponto de saírem sem vasculhar a sala de Nelson atrás de algumas moedas. Não encontraram o manual, e, como Nelson já estava morto, John concluiu que não seria necessário cortar o cabelo e enterrá-lo a quase dois metros de profundidade. O corpo inteiro de Nelson seria logo enterrado, afirmou John, friamente. Os assassinos limparam lugares que pudessem conter suas impressões digitais. Puseram um colchão de palha sobre a vítima, cobriram-no com óleo de lampião e acenderam um fósforo. Se a casa pegasse fogo, o bruxo seria consumido pelas chamas e não haveria evidência de assassinato. Contudo, quando fugiram na escuridão da noite fria, algo se moveu na estrada: "A sombra de alguma coisa", disse John. "Pulou como se voltasse pelo mesmo caminho." Aterrorizados, os criminosos embrenharam-se na floresta, passando entre as árvores, com o coração acelerado, alterando entre andar e correr, até chegarem à fazenda de Hess, a quase quinze quilômetros dali. Não esperaram para ver se o fogo se alastraria. Não se alastrou, e traços inegáveis do crime ficaram expostos. Mais tarde, o promotor usaria o fato de não terem cortado o cabelo de Nelson nem apanhado o livro como evidência de que o objetivo dos assassinos era o simples roubo.[9]

No entanto, estava certo? Não, o motivo não era furtar míseros centavos, mas, sim, dominar um bruxo perigoso. Os criminosos pretendiam matar Nelson? Talvez John Blymyer, sim. Afinal, seria possível para ele apanhar o Pow-wow *or the Long Lost Friend* e até cortar o cabelo de Nelson enquanto ele dormia. John dissera a Clayt Hess que pretendia apenas um conflito mágico com Nelson: "Preciso influenciar a mente do homem [por meio de *pow-wow*]. Quero deixá-lo sob meu controle". Dentro da casa, porém, ele logo recorreu à violência física e influenciou os dois garotos a surrar Nelson até a morte. Quando lhe perguntaram no tribunal: "Acha certo matar uma pessoa que o enfeitiçou", ele respondeu tranquilamente: "Ora, acho certo, sim". Entretanto, John negou uma confissão que fizera ao ser preso, de que planejava controlar Nelson e o agredira com uma cadeira, para depois acender um fósforo e queimar o corpo. Sua história final foi: "Não fui eu que o matei"; e, quando lhe perguntaram: "Pretendia matar Rehmeyer?", respondeu com firmeza: "Não, senhor". Entretanto, essa declaração contradizia a afirmação anterior de que achava "certo" matar quem o enfeitiçara, além de muitas outras ações no dia do assassinato. Seria John um assassino perverso e ardiloso? Ou era apenas um ingênuo infeliz que matara Nelson acidentalmente porque crescera com a cabeça repleta de ideias sobre bruxaria?[10]

A VIDA PREGRESSA DE JOHN fornece evidências conflitantes de seu *status* de "bruxo" e de sua atitude em relação ao *pow-wow* de Nelson. Ele nasceu no dia de Natal, em 1895, em North Hopewell Township, perto de York. Os pais eram Maggie e Emanuel Blymyer, fazedores de cestos. A família tinha "pouco para comer", e, posteriormente, um observador escreveu que "suas roupas eram puídas. Nada acontecia para quebrar a monotonia de suas rotinas, exceto um pouco de bruxaria aqui e acolá". Quando criança, John vivia doente e tinha pavor de bruxas. Os pais procuravam os praticantes de *pow-wow*, mas de nada adiantava, e começaram a crer que o filho também possuía os dons *pow-wow*. Na juventude, enquanto trabalhava nas fábricas de charuto de Eisenlohr e Bobrow, nos anos após a Primeira Guerra Mundial, John ficou obcecado com a ideia de derrotar bruxos e bruxas. A jornada de trabalho estendia-se de dez a catorze horas por dia, era monótona, e ele só recebia onze dólares a cada mil charutos enrolados; o tédio do ritmo talvez lhe permitisse tempo demais para pensar. Fora do trabalho, tinha pouco prazer na vida: casou-se, brigou com a mulher, e dois de seus filhos morreram. Em 1923, a ansiedade e a depressão se agravaram a tal ponto que ele foi internado em um hospital psiquiátrico. Os médicos concluíram que era propenso a delírios. Vemos aí um retrato plausível de John como vítima explorada, malnutrida, adoentada da crença em bruxaria, que entrou em pânico quando os magos *pow-wow* não conseguiram curá-lo e quando ouviu dizer que suas habilidades mágicas eram superadas por um "bruxo" mais forte.

No entanto, há um lado mais perturbador na história da vida de John. Após passar seis semanas no hospital, ele fugiu e desapareceu. Ninguém o internou novamente para dar prosseguimento ao tratamento porque não conseguiu encontrá-lo. Na realidade, ele estava preso. Ao voltar para casa, tentou matar a esposa, Lillie Belle Alloway Blymyer. Lillie era a mãe de seu filho Thomas (e de outros dois, Richard e Josephine, que morreram de pneumonia e sarampo). John foi pego com uma arma e acusado de tentativa de assassinato.

Após três meses na cadeia, John concordou em se declarar culpado, admitindo que costumava bater em Lillie. Também o acusavam de envolvimento no assassinato por motivação sexual de uma jovem conhecida, mas não havia provas. John foi condenado pela tentativa de assassinato, mas ficou apenas mais um mês na prisão e, ao ser solto, mudou o nome para John Albright (sobrenome de um tio) para que ninguém o localizasse, explicou mais tarde. A partir dali, mudou de casa várias vezes. Quando conheceu Milt Hess, morava na Rua North George e, na época em que foi preso pelo assassinato de Nelson, mudara-se para a esquina das ruas Chestnut e Pine. Teve outros oito ou nove endereços nos cinco anos desde a prisão. Lillie, por sua vez, fugira para salvar a própria vida e se divorciou dele.[11] Temos aí outro retrato plausível de John, dessa vez como articulador perigoso, cujos hábitos violentos de assassino não precisavam de desculpa mágica.

Em 1929, quando o assassinato de Nelson foi julgado, John usou uma estratégia astuta para escapar da culpa. Mudou a história, incriminando, dessa vez, o colega de catorze anos e suposto amigo, John Curry. Curry também tinha vida familiar infeliz, mas a violência não era causada por ele. O garoto contou à polícia que apanhava do padrasto. Apesar de ser um garoto esperto, fugiu de casa e abandonou a escola. Conheceu John Blymyer quando começou a trabalhar na fábrica de charutos de Bobrow. John ouviu-o descrever seu sofrimento em casa e lhe disse que estava amaldiçoado; acrescentou, ainda, que Nelson Rehmeyer enfeitiçara seu padrasto para fazê-lo odiar o garoto. Quando John levou Curry para ver Nelson, explicou-lhe que iam conversar com o "bruxo", talvez após amarrá-lo. Em seguida, inventou um nome para Curry: John Russell, fazendo-o parecer suspeito. No tribunal, John Blymyer alegou que "Curry acidentalmente matou [Nelson]". Era uma história conveniente, mas, embora Curry confessasse outros aspectos do ataque, negou veementemente ter desferido um golpe fatal.

O terceiro assassino, Hessy, vinha de família mais estável. Os pais, Milt e Alice, cultivavam legumes e eram indivíduos piedosos e relativamente prósperos. Possuíam uma banca no mercado de York, onde Alice vendia os produtos agrícolas. Quando um infortúnio prejudicou a produtividade, a família Hess pôs a culpa na bruxaria. Quando o pai de Hessy, Milt, conheceu John Blymyer naquele dia quente, fora da fábrica em York, acreditou quando John lhe disse que Nelson Rehmeyer era um indivíduo suspeito. Acreditou também nas alegações de John de que sua cunhada, Ida Hess, talvez tivesse contratado Nelson para prejudicar a fazenda de Milt por intermédio da magia, pois Milt e Ida haviam discutido em uma disputa decorrente de demarcações de propriedade. Milt aceitou a oferta de John para investigar melhor a questão usando suas habilidades *pow-wow* para confirmar a identidade do bruxo e derrotá-lo.[12] Testemunha de todas essas conversas, Hessy começou a se preocupar com os pais. Ao ser interrogado, disse, de modo coerente, que fora com John e Curry à casa de Nelson para confrontá-lo, falar com ele e quebrar os feitiços. Hessy o agrediu fisicamente porque os outros agiram assim e ficou apavorado ao perceber que Nelson estava morto.

O corpo muito queimado de Nelson foi identificado no feriado de Ação de Graças, em 1928. Alice Hess falou com os investigadores sobre a visita de John e Curry no dia anterior ao assassinato, e eles foram presos pela polícia de York, apontando Hessy como cúmplice, de acordo com a confissão dos outros. O próprio Hessy reconheceu sua culpa. Mas, apesar das confissões, os três seriam julgados formalmente: a sexta emenda da Constituição dos Estados Unidos lhes dava esse direito. Primeiro, no dia 5 de dezembro, ocorreu um exame preliminar solicitado por um magistrado. Foram escolhidos advogados de defesa e acusação, conforme também definido na sexta emenda. Depois, em 7 de janeiro de 1929, os acusados foram de carro ao tribunal da comarca de York para o julgamento. Vestindo ternos desalinhados e as melhores camisas, sua roupa de domingo, sem dúvida se sentiram intimidados diante do elegante edifício clássico e das preliminares do julgamento. Um júri de doze homens, pois mulheres não eram permitidas como juradas, foi nomeado, e a imparcialidade de cada um, examinada. Uma pergunta visava descobrir se algum dos jurados se recusaria a recomendar a pena de morte. Quatro advogados se encarregaram de sondar o júri. Herbert B. Cohen (representante de John) e Walter W. Van Baman (representante de Curry) foram escolhidos pelo Estado, pois os réus não podiam pagar os honorários advocatícios. A família de Hessy angariou dinheiro para contratar o célebre Harvey A. Gross como advogado do filho. O promotor Amos W. Herrmann encarregou-se da acusação. No fim da tarde de 7 de janeiro, os quatro aprovaram os doze membros do júri, e, assim, o juiz Ray P. Sherwood pôde dar início à audiência.

Primeiro, a promotoria apresentou as evidências contra John Blymyer. Sob a luz dourada da sala do tribunal, Amos Herrmann empenhou-se em iniciar uma tarefa quase impossível. Queria provar que o motivo do assassinato de Nelson era furto, nada mais. Se demonstrasse isso, poderia argumentar que os réus estavam em seu juízo perfeito, eram capazes de discernir entre certo e errado e deveriam ser executados pelo crime. Era uma tragédia que intrigava os jornalistas: tinham ouvido uma versão diferente dos entrevistados na cidade, uma história sobre bruxaria. Sob o ponto de vista de alguns repórteres, a apresentação de Amos do caso como roubo frustrado não era apenas uma simplificação, mas, sim, um estratagema para poupar de embaraço a comarca de York. Ninguém queria ter sua comunidade retratada como temerosa de bruxas. Mas a estratégia de Amos não tinha o mero objetivo de evitar escândalo. A promotoria preocupava-se com a possibilidade de que a menção à bruxaria pudesse afetar a percepção do júri da gravidade do assassinato. As acusações de assassinato em primeiro ou segundo graus, premeditado ou, no mínimo, cometido por motivo torpe, não poderiam ser rejeitadas, e os réus absolvidos? Os jurados achariam que a crença em bruxaria indicava insanidade, perdoando o crime? Se John Blymyer realmente acreditasse que era mago *pow-wow*, ou "bruxo", nas palavras da mídia impressa, não seria um homem incapaz de racionalidade? Os jornalistas consideravam Amos "estressado e cansado do trabalho" e previam que suas chances de evitar a palavra "bruxo" no julgamento seriam escassas. Para eles, o julgamento por assassinato era também por bruxaria (e estavam certos).

Opondo-se a Amos para defender John, o advogado de defesa Herbert Cohen planejou alegar exatamente o que Amos temia: que seu cliente era insano e não responsável pelos próprios atos. Não só pensava que Nelson era bruxo como também via a si próprio como mago. O que poderia ser mais louco que isso? Qualquer indivíduo vítima desse delírio devia ser considerado incapaz de planejar conscientemente um assassinato. Era isso que Herb pretendia mostrar. Em vez de condenado à cadeira elétrica, John precisaria passar o resto da vida no hospital, na esperança de cura. As regras das evidências, porém, impediam Herb de apresentar no tribunal qualquer tema não mencionado pela promotoria: sua função ali era rebater as alegações, não acrescentar novo material. Não poderia, portanto, mencionar bruxaria, a menos que uma testemunha de acusação fizesse isso antes.[13] Durante os dois primeiros dias do julgamento, Amos e Herb examinaram todas as testemunhas, apresentando seus pareceres contrastantes. Como evasiva, Amos e os policiais Ralph Keech e W. C. Craver destacaram o motivo do furto. Só uma testemunha, Clayt Hess, irmão de Wilbert, deu ao advogado de defesa o que ele queria. Clayt explicou no tribunal que, no dia seguinte ao assassinato, John lhe disse: "Peguei o homem". Mas acrescentou, nervoso: "Eu não devia usar essa palavra?", em pergunta a Amos. Ciente do que aconteceria em seguida e da possibilidade de destruir seu argumento, o promotor não tinha escolha. “Conte tudo de uma vez”, ordenou, irritado. “Bem”, prosseguiu Clayt. “Ele disse: ‘Pequei o bruxo!’.”

“Estado Incapaz de Evitar Tema da Bruxaria”, regozijou-se o *Pittsburg Post Gazette*. “Testemunha Frustra Plano de Evitar Menção à Bruxaria... Jovem Testemunha Afirma “Ele Disse que Pegou o Bruxo”, “Defesa Celebra”. Realmente. Uma vez dita a palavra “bruxo”, Herb Cohen podia apresentar seus argumentos em favor da insanidade de seu cliente. Na manhã do segundo dia no tribunal, ele voltou a interrogar Clayt, que deu mais detalhes: John lhe dissera que queria ir de carro à casa de Nelson para “cortar os cabelos do homem” e “enterrá-los a dois metros de profundidade”. No terceiro dia, Herb chamou e interrogou os médicos que diziam que John Blymyer sofria de “psiconeurose”, com delírios de que “algo ou alguém o perseguia”, e de “alucinações”. Internado em um hospital psiquiátrico em 1923, John dissera aos cuidadores: “Estou arrasado, meus nervos não aguentam mais, não consigo trabalhar e não tenho mais forças. Não posso comer nem dormir, e eles ainda estão atrás de mim”. A testemunha Oscar Altland resumiu nesses termos o significado daquelas palavras: “Os bruxos o perseguem e não o deixam comer nem dormir”. Oscar acrescentou que John “se esfregava na parede para se livrar deles... gritando que os bruxos e a praga estavam atrás dele”. Essa discussão em torno de seu estado mental culminou na própria condição de John como bruxo ou mago *pow-wow*. A que lado da linha divisória demonológica ele acreditava pertencer?

Milt e Alice Hess, pais de Wilbert, foram convocados e explicaram que John lhes dissera que era “médico *pow-wow*”, um mago do bem. Alice chorou ao confirmar que deixara Wilbert participar da expedição a Rehmeyer’s Hollow porque John a descrevera em termos de magia: disse que devia haver alguém da família Hess ali para “nos livrar de nossos problemas”. John, contudo, tentou negar que se apresentara a Milt e Alice como mago *pow-wow*. Assim como todos os nossos caçadores de bruxas até aqui expostos, ele preferia descrever a si próprio como vítima de bruxos a ser representado como um problema.

Enquanto “os bondes passavam ruidosos, a fumaça do escapamento dos automóveis tossia e grunhia” na Rua do Mercado, e “um martelo persistente repercutia sobre uma estrutura adjacente de aço”, os jornalistas escutavam, fascinados, a descrição de sua doença induzida por bruxaria. “Não conseguia dormir nem comer”, queixou-se John; e, quando lhe perguntaram: “Sabe qual era a causa desse mal?”, ele respondeu simplesmente: “Sim, fui enfeitiçado”. Mencionou suas visitas a vários médicos e magos *pow-wow* “dez ou quinze vezes", "sete ou oito vezes", e desenvolveu "uma doença nervosa, ou mental, uma melancolia hipocondríaca".[14]

Ao descrever o assassinato, John enfatizou o papel de Curry, mais uma vez se eximindo de culpa: "Jogamos [Nelson] no chão", disse, "e Curry nos ajudou a bater nele... Depois de meu golpe com a cadeira, ele se levantou. Dei-lhe vários murros", continuou, para depois negar que agredira Nelson com a cadeira, contradizendo-se. Nada mencionou sobre a morte de Nelson por causa do crânio fraturado e das queimaduras de terceiro grau. Em vez disso, alegou que, no fim do ataque, "Curry pegou um lampião da mesa, tirou a tampa e o pavio e despejou o óleo assim, sobre Rehmeyer", imitando o som do óleo sendo derramado. "E me perguntou se eu tinha um fósforo. Respondi que não. Como não fumo, não carrego fósforos. Curry, então, disse: "Ah, tenho um". Claro que essas palavras transferiram a responsabilidade pelo incêndio para Curry. Quando as chamas subiram, os assassinos correram para a casa da família Hess, prosseguiu John. Lavaram-se, dividiram as moedas roubadas, mentiram para Clayt Hess dizendo que não haviam encontrado Nelson e voltaram de carro para o apartamento de John em York. Era uma história hedionda de incrível frieza, e o juiz Ray Sherwood já estava convencido da culpa de John quando ela terminou. "Ele fez uma confissão completa de todo o episódio", resumiu o juiz no fim do julgamento de John. Com aquela virada, o júri não poderia absolvê-lo do assassinato, conforme as declarações finais de Herb lhe pediam.[15]

Embora os jornalistas descrevessem Herb como "jovem e simpático advogado" que conquistara "boa reputação da noite para o dia", a alegação da defesa de insanidade no caso de John fracassou. Na noite de 9 de janeiro, por volta das 19h40, o júri o considerou culpado de assassinato em primeiro grau, o que significava que os jurados haviam concluído que o crime fora racional e premeditado. Entretanto, Herb ganhara alguns pontos: os jurados ouviram o suficiente para entender que John não tinha total controle de seus atos. Sua responsabilidade pelo assassinato parecia um pouco menor, e a alegação de Amos de que o furto era o único objetivo do assassinato não foi aceita sem ressalvas. A sugestão de que tanto John quanto Nelson se viam como "bruxos" foi fator determinante para salvar a vida de John. "Dois sujeitos achavam que o crime fora produto de feitiçaria", relatou um porta-voz dos jurados anos depois. O que ele queria dizer era que dois jurados concluíram que o assassinato foi cometido por causa da crença em bruxaria. Portanto, disse o porta-voz, outros jurados argumentavam que "o júri deveria ser leniente". Um único jurado era a favor da absolvição. Os demais acreditavam que o resultado correto seria uma condenação por assassinato em primeiro grau, mas, em comum acordo, todos recomendavam a prisão perpétua, não a morte. John recebeu essa sentença e foi levado dali. Enquanto ouvia o veredicto, ficou tenso, porém depois bocejou exageradamente. Um jornalista escreveu que "parecia que ele estava em um jogo de futebol muito chato". Seu comportamento fortalecia a impressão na imprensa de que o sujeito era "bruxo" e "louco", e assim o descreveram.

O segundo réu a ser julgado foi Curry. A promotoria apresentou seus argumentos na manhã de 10 de janeiro, e, à tarde, seu advogado, Walter Van Baman, deu início à defesa. Apesar da probabilidade de Curry ser considerado culpado pela morte de Nelson, assim como John, Walter pediu leniência, apresentando o crime como não premeditado. Ressaltou que John Blymyer supostamente dissera a Clayt Hess em uma conversa: "A culpa é toda minha... os garotos não fizeram nada". Alegou que a confissão de Curry fora obtida "por meios ilícitos", ante a promessa do promotor Amos Herrmann de que, se o ajudasse, o promotor também o ajudaria. Amos reconheceu que a confissão fora encorajada sob promessas de um resultado melhor para o garoto. Curry disse no tribunal que "não era bem-vindo em casa", onde o padrasto o "sussurrava e perseguia". Fora à casa de Nelson com John na esperança de "ver atos de bruxaria praticados" por John para derrotar Nelson e não tentara impedir o ataque porque "tinha medo de ser morto também... por Blymyer". Até certo ponto, conquistou a simpatia do júri, pois parecia estar assustado e choroso, mas o juiz fez o júri se voltar contra o veredicto de homicídio culposo. O veredicto saiu antes das duas da tarde, no dia seguinte. O julgamento de Curry levara menos de dois dias. Apesar dos meros catorze anos, ele foi considerado culpado pelo assassinato em primeiro grau e pegou prisão perpétua.[16]

No dia 12 de janeiro, Hessy começou seu julgamento, com a vantagem de um advogado de defesa contratado pela família. Seu vigoroso defensor, Harvey Gross, foi o único da defesa a examinar os detalhes das evidências médicas, provando que a causa da morte era incerta. Procedimentos inadequados nos interrogatórios dos suspeitos e o registro de evidências nos dois julgamentos anteriores, assim como no de Hessy, foram expostos. Harvey identificou a suposta arma de Hessy, uma vara, mostrando que não era mortal, e usou um cronômetro para reproduzir sua afirmação de que a luta fatal durara cerca de um minuto. Pediu a Milt e Alice Hess que explicassem como era a sensação de estar enfeitiçado: "Como se minha pele tivesse cada vez mais bolhas" e "tamanha exaustão que não conseguíamos trabalhar... nem me importava se meus filhos não tivessem comida". Por fim, apresentou Hessy como filho dedicado. "Fui com eles para ajudar meu pai e minha mãe", Hessy explicou. A mãe contou ao júri como foi a confissão do filho: "Mãe, não se preocupe... Eu não queria ir com eles... o homem morreu... Espero que vocês melhorem". Harvey também convocara vinte e sete testemunhas para falar sobre o caráter do rapaz e chamou quatro delas para depor, até o promotor aceitar que Hessy tinha boa reputação. Graças a esses esforços, o júri considerou Hessy culpado apenas de assassinato em segundo grau, e ele recebeu a sentença de dez a vinte anos de prisão. Na realidade, Hessy (prisioneiro número 5.408) e Curry (5.883) obtiveram liberdade condicional no verão de 1939.[17] John Blymyer permaneceu na Penitenciária Estadual do Leste da Filadélfia até 1953, como prisioneiro número 5.407, mais feliz que nunca, pois acreditava que, "se o feitiço foi tirado de mim, ninguém mais pode me enfeitiçar".[18]

O JULGAMENTO POR BRUXARIA DA comarca de York ganhou as manchetes do mundo. Jornalistas de locais distantes como Índia e Nova Zelândia se espantavam com um "julgamento de bruxos" ou "julgamento por vodu" que "fazia a bruxaria parecer tão real quanto uma lâmpada elétrica" na América. Equivocadamente, apesar de ser um engano compreensível, chamaram Nelson de "praticante de magia negra", e John, de "bruxo rival". Em outros lugares, John era citado como "sujeito magro, de cabeça pequena e autointitulado bruxo", na tentativa de associar sua pobreza à suposta incapacidade mental e à bruxaria". Ambos os homens se encaixavam em alguns estereótipos da bruxaria, exceto por serem do sexo masculino. Nelson tornou-se suspeito por causa da vida solitária, em nível de subsistência, além do adultério e do fato de ser ilegítimo, bem como da política subversiva e das habilidades mágicas e médicas que tinham como base a religiosidade dos nativos americanos e dos alemães cristãos. John Blymyer também era bruxo típico: outro homem isolado e pobre, divorciado e suspeito pela sociedade de ser desajustado e criminoso sexual, homem que, assim como Nelson, conhecia a mesma magia culturalmente híbrida e era "louco" potencialmente perigoso. Apesar das numerosas circunstâncias diferentes do século XX, em outros aspectos, os julgamentos de bruxas pouco mudaram desde o mundo medieval e o início do período moderno. Nelson e John tinham características semelhantes às de Helena, Anny, Kari, Bess e outras "bruxas" antigas; e John também se assemelhava a Heinrich Kramer, Matthew Hopkins e outros caçadores de bruxas no medo de ataque mágico, bem como na violência misógina. Alguns jornalistas relacionavam a cultura da Pensilvânia alemã ao passado "retrógrado" da Europa, mas também a associavam ao presente africano, usando o termo antropológico para as versões africanas dos homens que praticavam *pow-wow*: "médicos-bruxos". Segundo uma manchete, a legislatura estadual da Pensilvânia declarou a intenção de "processar médicos-bruxos" em dezembro de 1928, por causa das "práticas de bruxaria expostas pelo assassinato de Nelson D. Rehmeyer".[19] Assim como Montie, jornalistas norte-americanos dos anos 1920 sentiam que as comparações interculturais modernas eram úteis no sentido de contextualizar aos leitores os julgamentos por bruxaria.

Entretanto, o julgamento por assassinato e bruxaria de 1928-1929 fez sentido não como regresso aos séculos XVI ou XVII, nem como surpreendente eco das práticas africanas na Pensilvânia, mas, sim, como sinal dos tempos do século XX na Europa e na América. Em 1928, foi lançada a edição de Montague Summers de *O martelo das feiticeiras*, uma das diversas demonologias de sucesso que ele publicou nos anos 1920 e 1930 em Londres e em Nova York. Na primeira metade do século XX, as pessoas queriam aprender mais a respeito de magia, e algumas desejavam praticá-la. Experimentos ao estilo de Michelet com religiões não cristãs começaram a florescer em forma de teosofia, transcendentalismo, misticismo da "nova era" e wicca. O fim do século XIX e os anos seguintes à Primeira Guerra Mundial assistiram ao crescimento da crença em magia, em vez de uma diminuição, com interesse cada vez maior por vários tipos de magia: encantamentos e amuletos, visões de vidas passadas, contato com os mortos.[20] O julgamento por bruxaria na comarca de York demonstra não apenas a persistência, mas a moderna vitalidade das crenças em magia e do medo da bruxaria nas sociedades ocidentais, em vez de sua extinção. Não eram só as velhas crenças em bruxaria da Europa que se alastravam. O mesmo acontecia com crenças em espiritualidades orientais, indígenas e cristãs alternativas, que apelavam igualmente para a profunda necessidade humana de magia – e também se submeteriam a julgamento.

CAPÍTULO 10

O julgamento de Nellie Duncan: atos de bruxaria e a Segunda Guerra Mundial

O filme em preto e branco está embaçado. Estamos muito acima do mar, olhando para baixo. Um barco começa a se inclinar; o grande tombadilho de um navio de guerra soçobra. Observamos pontos se movendo sobre a opaca superfície do tombadilho. Deslizam em direção à popa, hesitantes, e chegam à beira do penhasco, que se proteja acima da hélice do navio e do mar revolto. Os pontos são homens. Correm pelo tombadilho, firmes e cautelosos, calculando o movimento seguinte. Se pularem, morrerão. Se escorregarem, morrerão. Se ficarem onde estão, talvez sobrevivam. Sentimos o coração bater acelerado, prendemos a respiração: eles vão se salvar. De repente, porém, o navio explode. Jatos de vapor preto e branco, fumaça, fragmentos de ferro, partes pesadas são lançados ao ar. Uma segunda explosão. O navio oco se transforma em uma flor espinhosa, convexa, de destruição, que desabrocha e logo morre. A maioria dos homens desaparece. São vaporizados ou arremessados para o alto. E, à medida que vemos os poucos retornando em nossa direção, lá embaixo, ao redor do barco afundando, o filme termina.

O navio era o *HMS Barham*, que naufragou em novembro de 1941. No porto de Portsmouth, costa sul da Inglaterra, de onde partira, parentes dos desaparecidos ouvem rumores de que os homens morreram. E alguns, frequentadores das sessões espíritas de uma médium chamada Helen Duncan, creem que testemunharam um milagre. Graças à sua habilidade de se conectar com os mortos, Helen conversou com o espírito de um marinheiro do *Barham*, recém-falecido, e anunciou corretamente que o navio se perdera. E o fez “muito antes” do anúncio oficial do naufrágio, segundo diria, mais tarde, o chefe de polícia de Portsmouth em um tribunal. A polícia queria descobrir como Helen sabia ou podia adivinhar esses segredos navais. Seria uma fraude, um truque para cobrar dos clientes e dizer-lhes nada além de mexericos? Ela teria "previsto" o naufrágio, conforme sugeria uma ligeira ambiguidade na declaração do chefe de polícia, ou apenas se antecipara ao anúncio oficial? E, qualquer que fosse a fonte de informação, seria correto lucrar com especulações em torno dos homens que corriam no tombadilho do *Barham*?[1] Sendo alguém que alegava ter conhecimentos visionários, assim como Kari Edisdatter, Joan Wright ou Marie-Catherine Cadière, Helen Duncan tornou-se parte do debate acerca da existência de forças ocultas e de como se manifestavam. E a história do *Barham* foi apresentada como evidência no fim do julgamento de oito dias sob a Lei britânica Contra Bruxaria de 1735. Helen não era bruxa no sentido antigo – e não foi acusada de acordo com essa lei –, mas o significado de bruxaria nos tempos modernos incluía fraude em forma de suposta bruxaria; portanto, passou por julgamento como bruxa.

Do mesmo modo como outra com o mesmo sobrenome, Gillie Duncan, Helen era escocesa. Filha de Archibald e Isabella MacFarlane, nasceu na cidadezinha de Callander em 1897 e foi registrada como Victoria Helen, também conhecida como Ellen e Nell; adotou o apelido de Nellie.[2] Seus respeitáveis pais tinham uma empresa de construção e nove filhos quando Nellie completou treze anos. A família era presbiteriana, seita protestante puritana que defendia a devoção, a castidade e a abstinência. Na realidade, os MacFarlane moravam ao lado de um hotel que não servia álcool, na Rua Principal de Callander. A formação de Nellie foi, portanto, religiosa. A princípio, significara repressão: sua vida não era melhor que a de Abigail Williams e a de Betty Parris na Salem do século XVII. A maior parte das diversões era proibida. Mas Nellie era uma garota animada, sonhadora, um tanto bruta, que sofria por causa das restrições. Frustração e inexperiência eram uma combinação tóxica, e, aos dezesseis anos, Nellie foi seduzida e talvez violentada por alguém que ela nunca conseguiu identificar. Tornou-se mãe solteira em 1914, logo no início da Primeira Guerra Mundial. Os presbiterianos abominavam o "pecado" sexual, e os MacFarlane expulsaram a filha. Para se sustentar, ela trabalhou em um moinho de juta em Dundee. Fibras da casca da juta eram tecidas em sacos nos teares mecânicos. Mulheres e meninas trabalhavam em turnos de dez horas, seis dias por semana, em local empoeirado, prejudicial aos pulmões, usando máquinas perigosas. Em 1915, Nellie candidatou-se a um emprego em uma fábrica de munições para a guerra. No entanto, aos dezessete anos, tinha um metro e sessenta e sete de altura e pesava noventa e cinco quilos, além de sofrer de tuberculose. A fábrica a rejeitou, internando-a em um hospital para cura compulsória. Mais tarde, ela encontrou trabalho em uma padaria e casou-se com um homem que construía lavabos, Henry Duncan, em 1916. Foi o melhor que conseguiu para salvar a própria vida e o futuro da filha.[3]

Henry adotou a filha de Nellie, Isabella, e o casal teve mais sete filhos. Mas os construtores de lavabos dependiam de economia próspera, o que não existia nas décadas de 1920 e 1930. Além disso, Nellie e Henry viviam doentes, Nellie com problemas pulmonares e infecções renais, Henry sob os efeitos de um colapso nervoso e um infarto. A tragédia assolava a família: Isabella perdeu um olho ao ser atacada por um animal, e outra filha, Henrietta, morreu quando mal começava a andar. Nellie sofreu repetidas complicações com as gravidezes e não tinha acesso à informação sobre saúde reprodutiva. Os métodos contraceptivos eram vistos como pecaminosos. A família padecia de doenças crônicas e dívidas.[4] Henry, ferido na guerra, recebia uma pensão do exército de oito xelins por semana, além de uma pequena mesada familiar, mas não havia outra renda. Quase não havia benefícios sociais, e as crianças precisavam de roupas e sapatos, comida e remédios.

Quando a empresa de Henry faliu, eles se mudaram para uma casa menor. Nellie começou a lavar e costurar para fora, além de trabalhar em uma tinturaria que alvejava lençóis. Acordava bem cedo, quando ainda estava escuro, vestia-se com as mãos trêmulas, cobria-se com um casaco e um xale e caminhava um tanto cambaleante até o local de trabalho. Seu turno começava às cinco horas. Às oito, ia para casa, a fim de preparar as crianças para a escola: dar banho, pentear, vestir e fazer uma refeição modesta para elas, antes de correr de volta ao trabalho. Às duas da tarde, voltava para casa e assumia o segundo emprego como lavadeira e costureira. À noite, fazia chá, punha as crianças para dormir e se deitava, exausta. Foram várias as hospitalizações enquanto as contas se empilhavam, e o casal temia sofrer uma ação de despejo. A vida familiar de Nellie e Henry, porém, era de amor. Muitas pessoas pobres levavam vida semelhante, e os Duncan contavam com o consolo da fé que Nellie tinha em Deus. Sabiam que Deus os amava, e ela enxergava além do medo e da raiva, vencendo a dor física, com a alma iluminada.[5]

Por toda a vida, Nellie afirmava ter contato pessoal com Deus. Quando criança, via fantasmas e tinha sonhos proféticos. Muitos não acreditavam, mas ela encontrava forças em uma vida de visionária constrastante com sua realidade limitada. Começou a fazer experimentos com sessões espíritas nos anos 1920. Parecia entrar em uma espécie de transe, no qual ouvia vozes de espíritos, dos recém-falecidos, que falavam por seus lábios. Portanto, na prática, Nellie era "médium" para a comunicação dos espíritos com os parentes vivos, ligada às energias espirituais como um xamã. Artefatos pertencentes aos mortos chegavam a se materializar em suas mãos. Ela podia explorar o passado e o futuro por intermédio desses objetos, usando a "psicometria": adivinhação pelo toque. Assim como Joan Wright, Nellie previa mortes e antevia eventos em locais distantes, como Austrália e América. Também afirmava que, como Anny Sampson, era capaz de atrair a doença das pessoas para si e curá-las. Essa espécie de intervenção mágica oferecia esperança às famílias que não podiam pagar por consultas médicas. Além disso, era reconfortante pensar que os parentes falecidos estavam presentes em espírito. Mensagens de entes queridos dizendo que estavam felizes no outro mundo consolavam os crédulos, os quais formavam igrejas espiritualistas cujas reuniões eram nas casas e nos salões comunitários. Celebravam sua crença no contato com os mortos e conduziam testes práticos de comunicação. Uma pesquisa feita em meados do século XX indicava que trinta e cinco por cento da população britânica achava possível esse contato; e, nos anos 1950, o espiritualismo já se espalhara por mais de quarenta nações.

Os Duncan começaram a frequentar uma igreja espiritualista no lugar da presbiteriana. Os espiritualistas eram e são cristãos, porém com crenças distintas, diferentes das crenças das igrejas protestante e católica, não sendo reconhecidas por elas. No fim do século XIX e no XX, alguns médiuns espiritualistas alegavam ter o dom de materializar corpos inteiros de espíritos, irradiando uma substância física, uma massa branca chamada "ectoplasma", para dar forma aos mortos. Acreditavam que, particularmente, as mulheres médiuns tinham essa habilidade, que era uma espécie de parto milagroso.[6] Após ter testemunhado como as médiuns trabalhavam, Nellie desejou experimentar as mesmas manifestações. E um ótimo benefício dessa ocupação era a renda oriunda de clientes dispostos a pagar por sessões espíritas particulares. Ela não tardou a dizer que tinha um "guia", o doutor Williams, espírito poderoso que a contatara para ajudá-la com suas técnicas. Ele falava por meio de Nellie com sotaque pomposo, trazendo autoridade masculina da classe alta às sessões realizadas em casa. O doutor Williams mandou Henry Duncan colocar uma cortina em parte da sala de estar da família, instalar um abajur vermelho e construir um cone metálico como trombeta para a voz. De trás da cortina, Nellie começou a conduzir sessões espetaculares na sala de estar, com ectoplasma e tudo.

Aos olhos dos céticos, o ectoplasma lembrava muito um tecido de musselina. Fotografias mostram espectros esvoaçantes ao lado de Nellie que parecem marionetes vestidas com roupas de musselina.[7] Mas os clientes afirmavam que seus queridos pais e irmãos mortos na guerra falavam pela boca de Nellie. O comércio das sessões espíritas ia de vento em popa, e a renda era totalmente necessária para a família. Enquanto os espíritos dançavam na mente de Nellie, seu corpo enfraquecia. Aos trinta e poucos anos, ela tinha oito filhos e sofrera vários abortos espontâneos. O bebê caçula, Alexander, morreu. Nellie fumava compulsivamente, misturava medicamento à base de ópio com álcool para aliviar a dor e trabalhava sem cessar. No entanto, quando engravidou de novo, os funcionários do hospital ficaram preocupados. Ela sofrera convulsões quase letais nos partos anteriores. A década de 1920 terminava com a depressão econômica, e a situação dos Duncan ficava cada vez mais precária; assim, Nellie concordou em abortar e se tornar estéril para salvar a própria vida. O aborto era visto como pecado; nesse sentido, a Escócia dos anos 1920 não era diferente de Toulon na década de 1730, e a esterilização era perigosa: Nellie teve as trompas "amarradas" com grampos de aço.[8] Suportou a perda do bebê, a invasão de metal no corpo e a recuperação difícil. Posteriormente, foi feita uma histerectomia. Entretanto, convertendo a amargura em oportunidade, ela dizia que os cirurgiões encontraram evidências de movimentos ectoplásmicos em seu corpo.[9]

Apesar de toda a dor, a operação de Nellie lhe garantiu saúde melhor e trabalho constante. Pouco a pouco, estabeleceu-se na carreira como médium, livrando-se do emprego que lhe causava tanto desconforto físico. Henry a encorajava nesse empreendimento, e um observador comentou que Nellie "sofreu grande influência adversa do marido", que a instigava a firmar sua reputação. Em 1930, Nellie foi a Edimburgo e Londres para consultas marcadas com investigadores do paranormal, que a testaram para saber se poderiam endossar sua mediunidade e lhe dar acesso às igrejas espiritualistas afiliadas. Ela teve o corpo examinado e sondado, passou por raios X nas mãos de parteiras e médicos, foi amarrada em um saco e instruída a produzir ectoplasma para fotografias com *flash*. Alguns observadores confirmaram suas habilidades, mas o célebre investigador Harry Price a acusou de regurgitar musselina, com o intuito de forjar materializações, engolindo e armazenando tecido no esôfago. Mais tarde, ouviram-se relatos de como ela vociferou contra os descrentes: foi um período dificílimo para ela.[10] Seus esforços, porém, compensaram. Após ser aceita pela Aliança dos Espiritualistas de Londres, "entrei no mapa", ela afirmou em 1933. Sua fama e fortuna cresceram. Com essa nova renda, os Duncan se mudaram para um bangalô de quatro dormitórios em Edimburgo, com jardim de lilases e vista para as montanhas. Deram à residência o nome de "Albertine", em homenagem a dois espíritos-guias que vieram após o doutor Williams: Albert Stewart e Peggy Hazzeldine. Nellie escreveu artigos para o *People's Journal*, de Dundee, comprou um casaco de pele e roupas íntimas de seda.[11] Começou a "colecionar livros de todas as partes do mundo sobre sessões espíritas de médiuns famosos" e se tornou "leitora voraz", nas palavras da filha. Suas materializações se tornaram mais impressionantes, ela escrevia cartas dos mortos e chegou a materializar uma fada, segundo testemunhas. No fim de 1943, com a Grã-Bretanha no quinto ano na Segunda Guerra Mundial, ela foi convidada por Ernest e Elizabeth Homer para realizar sessões de materialização em sua igreja espiritualista, na cidade naval de Portsmouth, na costa sul da Inglaterra.

A igreja dos Homer chamava-se "Templo de Cura Espiritual do Mestre", ou "Centro Psíquico do Templo do Mestre", sendo "Mestre" uma referência a Jesus Cristo. Era uma casa com terraço, no número 301 da Rua Copnor, em Portsmouth, com uma loja no piso térreo e um apartamento em cima. A loja era a "Drogaria Homer", e, na vitrine, eram expostos jarros, caixas de comprimidos e cartazes de suplementos de Vaselina e Virol. O casal Homer não fabricava os próprios remédios, pois não eram farmacêuticos qualificados, mas vendiam medicamentos disponíveis para comércio. Chegando lá em dezembro de 1943, Nellie examinou as prateleiras lotadas a caminho da cozinha dos fundos, que dava para um jardim e uma garagem. Depois de tomar chá e fumar um cigarro, subiu para a sala onde seria a sessão. Na sacada estavam penduradas uma placa com o nome da igreja e uma cruz de madeira. Naquele período de guerra, as donas de casa, exaustas, formavam filas para comprar doces e frutas em quantidades racionadas nas mercearias próximas e de lá olhavam para o alto e vislumbravam felicidade na vida do além.[12] Nellie já frequentara antes o Templo do Mestre. Nos dias de sessão, saía da casa alugada na Rua Milton, 6, atravessava a ponte da ferrovia e passava pelo cemitério – ponto de interesse para pessoas que queriam canalizar os mortos. À direita, via a Igreja Anglicana St. Cuthbert, danificada por bombas em 1940 e 1941. Como muitos edifícios britânicos urbanos, perdera os vidros em meio aos escombros. Uma cruz de madeira marcava o cemitério da igreja com um V (de Vitória) pregado. O estado de espírito da cidade não era feliz. Bombas atiradas sobre as docas explodiam na região de Copnor e na Ala Norte. "Partes de Portsmouth pareciam antigas ruínas" aos olhos dos visitantes, em 1941. As pessoas temiam ser mortas, feridas, perder a casa e ser invadidas; e, às vezes, ouviam tiros do outro lado do Canal, na França. Ao mesmo tempo, "o efeito dos ataques aéreos sobre a vizinhança próxima causa tremendo choque psicológico", escreveu um observador. Gerava um sentimento de "irrealidade" ou "blecaute mental".

No decorrer da guerra, três quartos dos cidadãos de Portsmouth fugiram dos ataques aéreos, abandonando a cidade sem luz como "túmulo na escuridão", onde os trabalhadores em serviços essenciais se protegiam em abrigos subterrâneos. Pesquisadores a serviço do governo em tempos de guerra sentiam que os ânimos estavam mais arrasados que em Londres sob forte bombardeio. "A igreja [anglicana] poderia demonstrar um pouco de sentimento real", queixou-se um deles: que tal "abrir as portas e oferecer abrigo aquecido para as pessoas que poderiam dormir ali"? Outros reclamavam da polícia armada que vigiava as lojas quase destruídas. Todos estavam nervosos e desconfiados. Houve um "boato de espionagem" em 1941, no qual o conhecimento naval de Nellie e as suspeitas em torno do *HMS Barham* teriam papel importante, e as campanhas incentivavam as pessoas a "se posicionar contra" indivíduos antissociais como os comerciantes do mercado negro. Enquanto isso, lojas dentro da lei, como a farmácia dos Homer, perdiam entre metade e três quartos da renda dos dias anteriores à guerra. "Se eu só contasse com a loja", disse um varejista, "poderia apenas fechá-la logo."[13]

O casal Homer possuía duas lojas em Portsmouth, além de propriedades em Londres e Birmingham, e ganhava em torno de duzentas libras por ano. Em 1940, registraram o Templo do Mestre como empresa religiosa, cobrando por curas e sessões espíritas. A presidente da igreja, Bessie Homer, era médium e curandeira psíquica; suas curas se davam pelo toque. Durante a guerra de 1914-1918, ela se apresentara em concertos de musicoterapia para as tropas, organizados por Lena Simson, mulher do obstetra da rainha. Lena dizia que "a música parece dissolver o encanto que os horrores e o ruído ensurdecedor das modernas guerras militares causam aos nervos... A música ativa a memória... e a fala". Duas décadas mais tarde, Bessie, mais uma vez, oferecia cura em tempo de guerra, em sua igreja e com quarteto musical. Embora seu marido, Ernest, "homem pálido, insignificante, que usava óculos", fosse o patriarca da igreja, era, na realidade, subordinado à esposa, que tinha o posto de ministra e curandeira mágica.

As reuniões de Bessie, conhecidas como "círculos", tinham características dos cultos em igrejas e também de sabá de bruxas. Havia sermões, preces e hinos cristãos, mas os encontros eram presididos por mulheres, na maioria, e ocorria o contato com espíritos, bem como profecias e visões.[14] Médiuns visitantes discorriam sobre temas do tipo: "Devemos buscar as coisas mais espirituais!". E os espíritos invisíveis falavam por meio da psicometria, quando um médium "lia" objetos pertencentes aos frequentadores, transmitindo mensagens de pessoas que possuíram ou tocaram os objetos. "Ele diz que você pode realizar coisas grandiosas", Bessie dizia aos clientes, segurando um isqueiro ou um broche de lapela que pertencera a um amigo ou avô. Entre os "círculos" comuns, havia sessões de materialização, estrelando uma médium em um espaço isolado, como o de Nellie em sua casa. Essas sessões eram anunciadas nos jornais da vizinhança. Figuras de ectoplasma se manifestavam, saindo do compartimento e se deslocando até salas escuras, em formas brancas fantasmagóricas. E os frequentadores do Templo do Mestre consideravam tudo isso piamente cristão, embora estranho.

Contudo, muitas crenças espiritualistas não combinavam com o ensinamento anglicano. Um fiel assim resumiu a situação: "A igreja [anglicana] ortodoxa nos ensina que só pela fé alcançamos a salvação, enquanto os espiritualistas creem que a Palavra de Deus está viva, que Deus não parou de falar e se revela ao seu povo todos os dias". Frequentadores das sessões espíritas relatavam até mesmo materializações de animais, afirmando que "os animais têm alma", conceito considerado herético pela Igreja Anglicana. Embora a Grã-Bretanha tivesse se tornado mais tolerante em termos de religião desde o século XVII, como fora o caso das bruxas de North Berwick e de Manningtree, o método cristão incomum de Bessie ainda dava margem para ser interpretado como ímpio. Um de seus contestadores descreveu como "blasfêmia" absurda a comparação que ela fez de médiuns humanos comuns com Jesus, quando, certo dia, a polícia interrompeu uma sessão, e Bessie comentou: "Não se incomodem, amigos, Jesus sofreu assim".[15]

Por que a polícia invadia as reuniões espiritualistas? Simplesmente porque as sessões de materialização eram consideradas práticas fraudulentas de obtenção de lucro, conduzidas por falsos místicos. Para os descrentes, mediunidade e cura psíquica pareciam charlatanismo: o jornal *Evening News*, de Portsmouth, descreveu os membros do grupo do Templo do Mestre como "charlatães". Os cultos comuns no Templo do Mestre custavam um xelim e seis *pence*, mas as sessões de materialização levavam dos clientes doze xelins e seis *pence*, cerca de vinte libras hoje. O casal Homer também fazia alguns trabalhos de cura gratuitos e doava parte dos lucros a fundações: Aid to China, Wireless Funds for the Blind, Wings for Victory e National Savings. Posteriormente, quando o Templo do Mestre despertou as suspeitas da polícia, esses donativos seriam citados no tribunal como evidência de bom caráter. Menos defensável nos anos 1940 era o fato de Ernest e Bessie não serem "casados legalmente". Bessie se casara com outro homem em 1902, mas eles se separaram. Ernest adotou a filha de Bessie, Christine, que o chamava de "papai", como fazia toda a comunidade da igreja, e essa evidência de benevolência e sentimento de família causaria boa impressão no tribunal. Entretanto, persistia a dúvida de se os Homer pagavam imposto de casal ou não.[16]

A vida familiar de Nellie era diferente: ela não doava seus ganhos porque o marido desempregado e os filhos dependentes viviam de seu trabalho – aliás, muito bem. Ela recebia, no mínimo, oito libras por sessão. Treze sessões em Portsmouth rendiam o equivalente hoje a três mil e quinhentas libras. Nellie também realizava sessões em Londres, Edimburgo, Glasgow, Durham, Manchester, York, Leeds, Bradford, Sheffield, Liverpool, Birmingham, Cardiff, Bristol, Gloucester, Tauton, Swindon, Torquay, Ventnor e outros lugares. Sua operação era profissional. Em janeiro de 1944, ela viajou a Portsmouth com sua empresária, Frances Brown, de quarenta e oito anos, médium e esposa de um engenheiro de minas de Sunderland. Frances e a família moravam em "Glenlaw", bangalô de três dormitórios em Newbottle, também graças aos rendimentos do trabalho de Nellie. As sessões em Portsmouth agendadas por Frances entre os dias 12 e 19 de janeiro tinham entre vinte e trinta frequentadores cada uma.[17] Em cada evento, Nellie materializava mães, pais, filhos, filhas, noras ou genros, amigos e colegas de trabalho e seus espíritos-guias – Albert era o apresentador, e Peggy cantava e dançava. "Peggy" era uma garota escocesa, assim como Nellie, e a polícia suspeitava de que fosse, na realidade, Nellie ajoelhada no escuro, sob um lençol de musselina.

Você acredita que Nellie era capaz de canalizar os espíritos dos mortos? Será que *ela* acreditava? Os céticos achavam que suas afirmações eram falsas. Em um caso específico, a mãe de um aviador da Força Aérea Britânica (RAF), Freddie Nuttall, foi a uma sessão de Nellie no dia 14 de janeiro de 1944 e ouviu dela que o filho fora alvejado. Um inquérito conduzido por um amigo da mulher em 18 de janeiro apresentou notícias contraditórias: o piloto da aeronave, Pinky, morrera, mas Freddie estava "vivo em algum lugar na França, recebendo cuidados médicos". Ora, registros da RAF *on-line* mostram que Frederick Nuttall, filho de Sidney e Ellen, North End, Portsmouth, e Robert Pinkerton morreram quando seu avião explodiu em 23 de junho de 1943. Nellie errou. Outra mãe "chorosa" soube que o filho, Cyrill, morrera, e "a parte superior de seu corpo se espedaçara por completo". Para outra mãe de um homem desaparecido, Nellie materializou um "corpo mutilado... morto em uma explosão no leste". Algumas pessoas "arrasadas pela angústia", segundo uma testemunha, encontravam certo alívio, o fim do suspense, nas histórias de Nellie. Ela mesma tinha dois filhos na RAF e na Marinha e perdeu um genro em combate na Noruega; talvez achasse que era capaz de dar certo conforto a outras mães. Mas não se sabe ao certo em que Nellie acreditava. Quando uma pessoa a descreveu como "médium de materializações totalmente honesta", ela "não se conteve e chorou". Por quê? Alívio por ter as visões endossadas? Culpa pela falsidade? Muitos não acreditavam nessas visões, considerando-as "baboseiras", "absurdo total", "espetáculo de marionetes", "meio de extorquir dinheiro daqueles que, provavelmente, perderam alguém na guerra".[18]

Os coordenadores das sessões empenhavam-se em desviar qualquer suspeita. Antes de começar uma sessão, o compartimento era inspecionado pelos frequentadores. Nellie era despida por mulheres que, assim como as examinadoras dos corpos das bruxas, procuravam anormalidades. Verificavam se debaixo das roupas íntimas ou em qualquer cavidade do corpo havia musselina. Poucas dessas mulheres, porém, examinavam a parte inferior do corpo de Nellie. Frances mostrava fotos de ectoplasma aos frequentadores novos. No decorrer das sessões, as habilidades dos espíritos de Nellie para se comunicar em francês, galês, alemão, gaélico e no idioma de Gibraltar eram demonstradas.[19] No entanto, em janeiro de 1944, sua sorte mudou. A polícia de Portsmouth recebeu uma queixa de Stanley Worth, tenente de vinte e nove anos dos Voluntários da Reserva da Marinha Real do *HMS Excellent*. O *Excellent* oferecia a oficiais de uma divisão especial treinamento em artilharia, telegrafia, uso de armas de fogo, reparos de danos, segurança e inteligência. Antes da guerra, Stanley era gerente de uma empresa de transporte e policial voluntário em meio período. Seu posto em tempos de guerra é ambíguo. É possível que apurasse informações acerca de ameaças à segurança, mas o fato é que também trabalhava com questões mais áridas de logística. Talvez pedalasse sua bicicleta até a Rua Copnor, como alegou ter feito, por ser curioso quanto ao espiritualismo, não para investigar segredos oficiais. De qualquer modo, posteriormente, correram rumores de que ele era espião do governo investigando o conhecimento de Nellie sobre o *HMS Barham*. Quando o inquérito policial do Templo do Mestre culminou em julgamento, o advogado de Nellie, Charles Loseby, o interrogou nessa questão. Stanley protestou dizendo: "Nunca fui espião, nem cheguei perto disso, na Rua Copnor. Na realidade, espionei por conta própria, se querem usar o termo 'espionagem'".[20]

Ele foi ao Templo do Mestre pela primeira vez em 1943. Mas só em 14 de janeiro de 1944, durante uma sessão de materialização, concluiu que Nellie era falsa médium. Durante a sessão, o espírito-guia Albert, falando por meio dela dentro do compartimento especial, disse: "Há aqui uma mulher que, quando passou para o outro lado, tinha um problema na parte inferior do corpo". Bessie instigou Stanley a perguntar: "A mensagem é para mim?". Albert confirmou: "Essa é a voz". Stanley pediu ao espírito que saísse do compartimento e quis testar a forma esbranquiçada que apareceu na sala escurecida: "Você é minha tia?". Todas as tias de Stanley eram vivas, mas o espírito respondeu "sim" e o acusou de se comportar de modo inapropriado, antes de se retirar estranhamente. Em seguida, chegou um "senhor que, ao passar para o outro lado, tinha um problema no peito", a quem Stanley perguntou: "Você é meu tio?". Por fim, Albert disse: "Está aqui comigo, para o mesmo cliente, sua irmã". Stanley, porém, o desafiou: "Só tenho uma irmã, e ela está viva". "Talvez você não saiba, mas ela foi prematura", explicou Albert. Stanley rebateu: "Nunca houve filhos prematuros em nossa família". Afirmou, ainda, sentir-se tapeado por marionetes de musselina falando com vozes de ventríloquo e foi chamar a polícia. A polícia planejou uma invasão para pegar Nellie "com a mão na massa", e, em outra sessão de materializações, no dia 19, Stanley e o chefe de polícia, Thomas Cross, deram o golpe.

Thomas saltou sobre Nellie, tentando agarrar o ectoplasma, mas não conseguiu. Ela foi presa sob suspeita de fraude, levada à delegacia de Kingston Cross e trancafiada em uma cela de azulejos brancos e porta de metal. Detida à noite, passou cinco dias na prisão de Holloway, onde, segundo disse, foi chamada de "mulher vagabunda e imunda", "vil e perversa". Nellie escreveu que uma carcereira lhe disse que o marido deveria pedir o divórcio, e os filhos, renegá-la, por seu espiritualismo. Foi acusada de causar infestação de piolhos, por isso a mergulharam em água quente, causando-lhe muita dor. Em 25 de janeiro, Nellie foi enquadrada na Lei de Vadiagem, usada para processar cartomantes itinerantes fraudulentos. Todavia, em 8 de fevereiro, a promotoria mudou a acusação de acordo com a Lei contra Bruxaria de 1735, abrindo espaço para denúncias de crimes mais graves. Com o uso da Lei de 1735, Nellie foi denominada bruxa porque sua "empresária" fora apresentada como personagem vital da suposta "conjuração", alegado ato de atrair e se comunicar com espíritos, como outrora se acreditava que as bruxas eram capazes de fazer.[21] Além de fraude e "mau público", os quatro réus – Nellie, Frances, Bessie e Ernest – enfrentavam, de repente, acusações de conspiração para "fingir o exercício ou o uso de uma espécie de conjuração", exatamente de acordo com as especificações da Lei, de modo que, "por intermédio da citada Helen Duncan, espíritos de pessoas falecidas pareceriam presentes" e "se comunicariam com os vivos".[22] A menção à "conspiração" nas acusações fazia o grupo parecer uma convenção de bruxos, como, de fato, os membros foram descritos no tribunal e na imprensa, e tinha muitos traços em comum com uma conspiração imaginária de bruxas.

Os magistrados de Portsmouth passaram a condução do julgamento ao tribunal de Old Bailey, em Londres, onde casos de importância nacional eram julgados. John Maude KC (*King's Counsel*, "representante do rei": advogado de alto posto da Grã-Bretanha) seria o promotor, auxiliado por Henry Elam. John, filho de empresários artísticos, sentia-se perfeitamente à vontade no tribunal. Como político conservador aspirante, tinha bons contatos no Ministério da Guerra. Os apoiadores de Nellie alegavam que ele fora contratado pelo governo para acusá-la de risco à segurança por causa dos conhecimentos sobrenaturais. Contudo, apesar da experiência em contraespionagem, acusá-la era apenas mais um trabalho, embora incomum. Ao mesmo tempo, John defendia um suspeito de assassinato na sala adjacente do tribunal. Ele e Henry Elam, advogado júnior também em ascensão, tinham certeza de que ganhariam o caso e se animaram perante a abordagem da defesa.[23]

A defesa de Nellie foi encabeçada por Charles Loseby, indicado por uma organização espiritualista. Era mesmo um espiritualista convicto e lutador obstinado. Servira nos regimentos coloniais britânicos e militares desde 1906, participando de uma tropa de cadetes sul-africana e de outra inglesa. Em 1917, foi promovido a capitão dos Fuzileiros de Lancashire e condecorado com a Cruz Militar. Intoxicado por gás em 1915 e ferido em 1917, no fim da guerra, sofria de tanta dor e "neurose" que lhe receitaram a terapia de choque elétrico. Em 1918, foi eleito membro do Parlamento pelo Partido Trabalhista e Democrático Nacional, grupo dissidente com tendências liberais, fazendo campanha pelos direitos dos veteranos. Quando o partido foi extinto em 1922, tornou-se conservador, mas não foi reeleito. Então, seguiu a carreira de direito e foi presidente de uma sociedade de pesquisas paranormais. Homem rico e culto, Charles tinha pouco em comum com os réus, além do espiritualismo.[24] No tribunal, contou com a assistência de Tom Simpson-Pedler, que estava prestes a se casar com a filha de um visconde.[25] Entretanto, mesmo toda a lisura de Tom não conseguiu melhorar a estratégia de defesa. Ela poderia ter alegado que as crenças de seus clientes eram incomuns, porém sinceras. Poderia ter dito que os quatro nada prometiam de definitivo aos frequentadores em um espetáculo de teatro religioso. Podia ter citado os termos ligados à magia: as sessões de Nellie nada tinham de "conjuração", entoação de encantamentos ou ritos, nem invocavam demônios. Mas os advogados não fizeram nada disso. Na realidade, a Lei contra Bruxaria, que definia qualquer alegação de habilidade sobrenatural como "falsa", lhes dava pouco espaço para a luta. Charles Loseby decidiu argumentar que as habilidades de Nellie não eram sobrenaturais. Eram naturais, e tudo que os espiritualistas afirmavam era verdadeiro. A morte não existia; os espíritos viviam em outro mundo. As materializações de Nellie eram reais; nada havia de musselina ou ventriloquismo. Charles chamou mais de quarenta testemunhas, as quais descreveram o trabalho da médium como algo completamente autêntico.[26] Talvez pensasse que o júri aceitaria que os mortos, "na verdade, não estavam realmente mortos, mas vivos e vibrantes de felicidade e esperança", porque outra versão dessa crença era ponto focal do cristianismo. No entanto, em 1944, muita gente era cética mesmo em relação a isso. Na congregação de Homer, alguns também duvidavam de Nellie, e vários médiuns do Templo do Mestre foram testemunhas de acusação: Charles Burrell afirmou que Nellie era uma fraude, e Taylor Ineson recordava-se de ter brincado com ela, fazendo piadas sobre seu tamanho e usando as palavras "trapaceira sem-vergonha".[27]

A defesa, por sua vez, também tratou Nellie com incrível desrespeito no julgamento, que teve início em 23 de março de 1944. Charles disse que via todos os clientes dela como "pessoas sem importância", meras ilustrações de teorias espiritualistas, as quais pretendia comprovar como verdadeiras. Para ele, Nellie era "uma espécie de fio condutor" para os espíritos, "uma mulher grande e gorda", "sem inspiração", "uma ninguém", não "uma pessoa estudada ou inteligente", incapaz de "falar o inglês culto". O júri deveria rejeitar evidência de fraude, pois "envolveria capacidade de pensamento profundo da senhora Duncan, algo que vocês podem considerar totalmente, absolutamente absurdo".[28] Essa tentativa de descrever sua cliente como alguém ignorante, a ponto de não ser capaz de fraudar, parece misógina, além de esnobe. Como membro do Parlamento, Charles apoiava as reformas feministas do tipo "direitos iguais aos dos homens na indústria". Mas era contra o direito de voto a todas as mulheres com mais de vinte e um anos em 1920, pois "há valor educacional associado ao voto". Muitas mulheres eram ignorantes demais para tomar decisões políticas, afirmava. A perplexidade e a desaprovação de outros membros do Parlamento diante dessa opinião prefiguraram o modo como o tratamento de Charles às clientes do sexo feminino foi recebido no tribunal, em 1944.

Ele não convidou Nellie, Bessie ou Frances a falar em defesa própria. O único réu ouvido foi Ernest Homer. Charles decidiu que só chamaria Nellie se ela estivesse em transe, pois sua voz seria silenciada, e o espírito Albert é que falaria por seu intermédio. Ele via essa situação como "o teste crítico a que essa mulher deve se submeter". Esperava que o tribunal se convertesse em um laboratório para testar a suposta "bruxaria" de Nellie, se o juiz assim o permitisse, ideia tentadora aos advogados desde o século XVIII. Enfim, Charles pediu ao júri – sete pessoas, como era regra na Grã-Bretanha em tempos de guerra – que pressionasse o juiz, *sir* Gerald Dodson, a aceitar esse procedimento incomum. Entretanto, tanto o juiz quanto o júri recusaram a ideia, e Charles, então, pessoalmente, deu evidência em favor de Nellie: "Eu mesmo fui médium de materializações", disse, dirigindo-se ao júri. "Fui difamado neste país como mentiroso, impostor e charlatão..." Foi um ato de ventriloquismo tão impressionante quanto aqueles dos quais Nellie era acusada. Sem a menor chance de falar em seu julgamento, Nellie, Frances e Bessie não puderam demonstrar suas práticas nem sequer mencioná-las. Mais tarde, um amigo de Charles se lembraria, incomodado, de que "o método dos procedimentos, naquele caso, de fato impediu [Nellie] de falar em defesa própria".[29]

No decorrer do julgamento, foi revelado acidentalmente que o crime de Nellie era reincidente, e Frances também já fora condenada por furto, em 1929. A defesa recorreu a eventos ocorridos em 1933 para apresentá-los em favor das clientes, enquanto a promotoria, por sua vez, também obteve permissão de revelar acusações em datas anteriores, influenciando, por certo, o veredicto.

Em 1933, Nellie fora condenada por mediunidade fraudulenta ao representar o espírito Peggy com panos que imitavam ectoplasma e também por atacar, com uma cadeira, os que expuseram seu truque, "usando linguajar blasfemo" e "lançando maldições". Embora, de seu lugar no tribunal, Nellie gritasse "nunca fiz isso!", no dia 31 de março de 1944, a promotoria e a defesa concluíram suas exposições, e o júri levou apenas vinte minutos para considerar os quatro réus culpados. Ela chorou e desabafou: "Não fiz nada! Nunca fiz nada errado! Ó Deus! Existe um Deus, afinal? É tudo mentira!", mas foi sentenciada a nove meses de prisão, e Frances, a quatro. Cumpriu apenas seis meses da pena, e Frances passou os quatro meses na cadeia. Apesar de condenados também, o senhor e a senhora Homer foram libertados por causa da boa reputação. Bessie até continuou a trabalhar como curandeira de fé, "demonstradora" de mediunidade e massagista. Os apoiadores de Nellie recorreram em nome dela e de Frances, mas não adiantou.[30]

Como parte da campanha em seu favor, apoiadores espiritualistas às vezes chamavam Nellie de "a última bruxa" da Grã-Bretanha porque a consideravam vítima de um julgamento por bruxaria: sem dúvida, os termos relacionados à magia usados para descrevê-la ("conjuração", "blasfema", "maldições") remontavam àqueles julgamentos. Mas, por causa das mudanças na definição legal e nas crenças religiosas, em 1944, a expressão "julgamento por bruxaria" geralmente se referia a algo menos mágico: "má condução da justiça, farsa, conspiração", nas palavras dos críticos. Eram da opinião de que a referência do chefe da polícia de Portsmouth ao *HMS Barham* e aos segredos governamentais durante o julgamento mostrava que o Estado começara a considerar Nellie um risco à segurança desde 1941, por ela revelar o naufrágio do navio antes do anúncio oficial. Nas linhas desse raciocínio, ao voltarem a Portsmouth em 1944, armaram uma cilada para Nellie, conspirando com Stanley Worth. Era uma história bem elaborada, sobretudo porque associava os poderes mágicos de Nellie ao naufrágio – exatamente como no caso de North Berwick e das bruxas de Vardø, que também incomodavam os devidos governos – e a fazia parecer uma ameaça subversiva ao Estado, uma heroína ao estilo Michelet.[31] No entanto, as evidências para indiciar Nellie como bruxa revolucionária eram fracas. A perda do *HMS Barham* só foi anunciada ao público dois meses depois, dando a Nellie bastante tempo para ouvir rumores do naufrágio; ou seja, seu conhecimento não era sobrenatural.[32] De fato, o primeiro-ministro Winston Churchill descreveu como "imbecilidade obsoleta" a decisão de realizar um julgamento segundo a Lei contra Bruxaria.

No entanto, um julgamento por bruxaria era útil para a promotoria em outros sentidos. Apesar de não ter relação direta com o naufrágio do *HMS Barham*, era motivado pela preocupação em tempos de guerra com o misticismo falso, visto em manchetes do tipo "Falsas Sessões Espíritas para Tapear os Enlutados da Guerra". A data antiga da lei apresentava a mediunidade como "regressão histórica", fazendo Nellie parecer "uma pessoa ridícula, uma espécie de bruxa; e nenhum de nós gosta de bruxas", nas palavras de Charles Loseby. Esse novo rótulo de ameaça ocultista colocava Nellie, Bessie, Frances e Ernest na história da caça às bruxas. E casos semelhantes se repetiriam com outra médium, Jane Yorke, condenada sob a Lei contra Bruxaria em setembro de 1944.[33] Como vimos, as bruxas – na maioria, mulheres – eram consideradas subversivas, hereges, desqualificadas para praticar cura, desordeiras e sexualmente imorais. Todas essas características descrevem os quatro bruxos de Portsmouth.

A reputação de Nellie como médium sobreviveu ao julgamento. Como no caso de Marie-Catherine Cadière, fora do tribunal ela foi ovacionada por "discípulos" entristecidos, homenageada com "buquês de rosas". Ao ser solta, recuperou-se após ficar "naquele lugar horrível" (Penitenciária de Holloway) e "ganhou vitalidade". Voltou a realizar sessões muito longe de casa, como em Plymouth, embora uma carta ao jornal *Psychic News*, em 1945, sugira que sua dependência cada vez maior de morfina e álcool deixasse as sessões decepcionantes. As alegações de fraude continuaram. Nellie morreu em 1956, enquanto uma sessão em Nottingham era investigada pela polícia. Charles Loseby afirmou: "Helen Duncan foi assassinada". Em sua opinião, a polícia havia executado sua bruxa. De lugares tão distantes como a Nova Zelândia e a África do Sul, vinha dinheiro para um "Fundo Helen Duncan", com o objetivo de defender médiuns. Em 1951, a Grã-Bretanha aboliu a Lei contra Bruxaria de 1735 e substituiu-a por uma legislação que visava médiuns explicitamente fraudulentos, mas não os praticantes sinceros. A nova legislação não mencionava conjuração nem outras práticas semelhantes às da bruxaria.[34]

Espiritualismo não era bruxaria, mas em muitos sentidos os médiuns pareciam bruxos. No século XV, assim como no XX, mulheres como Nellie eram vistas como fios condutores para forças sobrenaturais. Para as bruxas, essas forças eram demoníacas; para os médiuns, eram fantasmagóricas ou espirituais. Em ambos os casos, as mulheres eram consideradas meros veículos: pessoas sem educação formal, guiadas pela emoção e nem sequer minimamente interessantes como seus visitantes sobrenaturais. Esses visitantes, porém, lhes davam poder cultural inesperado. Penso que Nellie impressionava observadores que, em geral, a desprezariam ou ignorariam. Ela transformou o corpo obeso e muito caçoado em gerador de dinheiro oriundo de magia ectoplásmica. E criou para si uma comunidade de apoiadores: líderes de igreja como um *coven* e congregações cujos membros eram, "na maioria, mulheres". Independentemente de aprovarmos ou não seu trabalho, ela foi uma espécie de pioneira feminina, ativista e profissional. No decorrer do julgamento, outras pioneiras a defenderam, mesmo que duvidassem de suas habilidades, como as parlamentares Ellen Wilkinson e Eleanor Rathbone, além de Eva Barrett, do Conselho Nacional das Mulheres. Outras mulheres menos importantes aos olhos do público também protestaram, escrevendo cartas ao governo e aos jornais: Mary Alice Hadwen, esposa de um horticultor e autora de um abaixo-assinado; Dorothy Cope, casada com um engenheiro e mãe de um soldado desaparecido; Dora Paterson, professora de Manchester, e outras. Essas cidadãs comuns, frequentadoras das sessões, acreditavam na habilidade de Nellie.[35]

Geralmente, achamos que essas crendices pertencem a um passado distante. Mas, na realidade, são endêmicas em culturas que se dizem "racionais" e "científicas". A sobrevivência do espírito após a morte é pilar central do cristianismo hoje; de modo que o espiritualismo britânico dos anos 1940 fez uma intersecção ordeira com a crença principal, e, em vários sentidos, continua fazendo. Mesmo que você não acredite na magia *pow-wow* da Pensilvânia ou no espiritualismo de Nellie, já rezou por alguma alma? Leu horóscopo? Tremeu ao ouvir uma história de fantasma? Achou que algum evento fosse um augúrio? Essas crenças não perderam poder, como não o perdeu o pensamento demonológico. E essas ideias são, claro, muito mais abrangentes que o cristianismo ocidental. O espiritualismo baseia-se nas ideias orientais de reencarnação e no céu dos cristãos. O misticismo dos meados do século XX apropriou-se de ideias antigas do subcontinente indiano, do Egito, do Oriente Médio e do Extremo Oriente, crenças trazidas por aventureiros imperiais. O Templo do Mestre do casal Homer anunciava "Sessões Egípcias", e muitos dos médiuns afirmavam ter espíritos-guias indianos, chineses ou nativos americanos. A própria Nellie passou as noites do julgamento lendo *The Teachings of Silver Birch* ("Os ensinamentos de Vidoeiro-Branco", em tradução literal), escrito pelo editor do jornal *Psychic News* em suposta coautoria com seu espírito-guia nativo norte-americano.[36]

A convicção de que a sabedoria espiritual pode ser encontrada no mundo inteiro, sobretudo entre os povos colonizados, magicamente superiores aos colonizadores, ainda é forte. Contudo, assim como o espiritualismo de Nellie Duncan, algumas dessas crenças adquiriram vida própria na cultura do colonizador. A noção de bruxaria como crime foi exportada pelos colonizadores, mas retornou em forma de crença em bruxaria como fator de empoderamento. E, em algumas colônias da Europa, a ideia de bruxaria continuou a ser usada como ferramenta de repressão e rebeldia.

CAPÍTULO 11

O julgamento de Bereng Lerotholi e Gabashane Masupha: assassinato por magia e o fim do Império Europeu

Em uma ravina de terra vermelha e seca, atrás das últimas cabanas do vilarejo, há um abismo íngreme com uma lagoa ao fundo. Nessa lagoa, boia um corpo seminu, com o rosto virado para baixo, enlameado: uma cena tétrica. É o corpo de um rapaz que sofria de epilepsia, Meleke Ntai. Dois dias antes, em 4 de março de 1948, Meleke tinha ido a um funeral com os primos, todos montados em cavalos muito magros, no calor daquele dia. É outono em Lesoto, e as temperaturas começam a cair à noite, perto da mínima anual em junho, mas os rapazes não tinham pressa em voltar para casa. A noite seria agradável o suficiente para usarem os cobertores que traziam. Entretanto, alguns primos de Meleke galopavam à frente, deixando-o para trás. De repente, muitas pessoas surgem da escuridão e atacam Meleke, ou, pelo menos, assim contam à polícia os aldeões, que se aglomeram em volta da ravina, olhando, estarrecidos, o corpo. Tinham ouvido também um carro, cavalos e homens a pé. Agora Meleke está morto, e, quando os policiais viram o corpo, descobrem, arrepiados, que os lábios da vítima foram arrancados. Alguém ou alguma coisa parece ter cortado todo o rosto de Meleke.

Nos anos 1940, Lesoto era colônia britânica, conhecida como Basutoland, terra dos basotos, e a polícia britânica encarregava-se da justiça, bem como de boa parte do governo do país. Ela categorizou a morte de Meleke Ntai como assassinato. Para a polícia, o caso parecia pertencer a uma série de assassinatos cometidos no decorrer da década, para que partes dos corpos das vítimas fossem usadas em amuletos mágicos. Esse tipo de crime existia e era chamado de "assassinato por bruxaria", "assassinato ritual" e, no idioma local de Sesoto, "assassinatos *liretlo*". *Liretlo* era o nome dado a amuletos feitos de chifres de animais, contendo partes de leões, touros, pássaros e pessoas queimadas até as cinzas e misturadas com gordura. Para os colonizadores britânicos, os amuletos lembravam a magia historicamente praticada pelas bruxas nos países da Europa, no passado; por isso, classificavam os usuários de *liretlo* "bruxos" ou "médicos-bruxos".[1] "A forma mais terrível de bruxaria da África", gritava uma matéria de jornal, "tem aumentado em Basutoland... assassinatos rituais em que homens e mulheres são estripados ainda vivos". Com essa "bruxaria de assassinato", acrescentava o repórter, líderes indígenas basotos esperavam incrementar seu poder contra as autoridades coloniais britânicas. Pessoas que confeccionavam e usavam esses amuletos acreditavam que isso fosse possível, isto é, que o *liretlo* lhes permitisse resistir aos colonizadores da nação. Os britânicos encarregavam-se da polícia, dos impostos, das relações exteriores – de todos os níveis de poder político que os líderes basotos desejavam.

A marca de Basutoland como "Terra da Bruxaria" na imprensa ocidental era uma interpretação equivocada da cultura basoto. O povo basoto não acreditava que o *liretlo* fosse maligno, mas o entendia como parte de uma tradição de magia do bem, praticada por curandeiros xamãs chamados *lingaka* (plural de *ngaka*). O *liretlo* preparado por um *ngaka* podia ajudar alguém a ganhar um processo jurídico ou se preparar para a guerra, pensavam os basoto. Era como a magia *pow-wow*: prestativa e positiva. Na cultura basoto, as bruxas más eram chamadas de *baloi* e imaginadas amaldiçoando e desfigurando os inimigos, completamente diferentes dos *lingaka* e da ênfase em ajudar as pessoas. No entanto, missionários cristãos que chegaram à África no século XIX tinham a mesma opinião de Heinrich Kramer em relação à magia: para eles, era tudo demoníaco. Esses missionários trouxeram à África a crença no culto ao diabo, como a descrita por Frederick Kaigh e Montague Summers, ideia totalmente alienígena para as noções africanas. Juntando esse temor do satanismo ao medo do uso de partes do corpo humano na magia dos *lingaka* africanos, logo começaram a interpretar os *liretlo* como demoníacos, e seus usuários, como "bruxos".[2]

Os *lingaka* realmente usavam partes de corpos humanos em sua magia. Mas a prática tinha histórico complexo. Nos anos 1800, os basotos lutaram contra zulus, soldados britânicos e colonizadores sul-africanos em defesa de seu país, e suas armas de defesa incluíam amuletos *liretlo* feitos dos corpos de inimigos já mortos. Eles acreditavam que, se queimassem partes cortadas e as misturassem com unguento, transfeririam a força dos inimigos aos guerreiros basotos.[3]

Quando as guerras coloniais terminaram na década de 1880, o controle imperial da Europa permaneceu, e uma nova fonte de partes de corpos teve de ser encontrada. Nos anos 1940, ficou claro que aldeões basoto comuns às vezes eram mortos para a obtenção de ingredientes *liretlo*, e as autoridades coloniais culpavam os líderes indígenas de Basutoland: obviamente os *lingaka*; porém, os mais perigosos eram seus empregadores: os governadores dos distritos. Foram considerados responsáveis por encomendar amuletos *liretlo*. Esses governadores eram chamados de *marenas* (chefes ou reis). Mas, por trás dos *marenas* dos distritos, os britânicos achavam que a própria rainha regente da Basutoland, Mantšebo Amelia Matšaba Seeiso, devia estar envolvida nos assassinatos *liretlo*. Ela tinha a tendência a obstruir o poder britânico, tanto que os colonizadores afirmavam que era "desobediente" e participava da "oposição ativa", questionando as diretrizes das autoridades, que tentavam deixar a regente e seus *marenas* fora do processo de decisão acerca do próprio país.[4]

Em maio de 1945, três anos antes do assassinato de Meleke Ntai, o corpo de um homem chamado Thulasizoe Stephen Thobeha fora encontrado a apenas três quilômetros de Matsieng, palácio real da rainha Mantšebo. Foi uma descoberta horrível que desencadeou sensacionalismo. A carne da cabeça e do pescoço, o maxilar, a língua, os ouvidos e os olhos tinham sido removidos.[5] Esse fato, somado à proximidade do corpo ao complexo palaciano, levou as autoridades coloniais a suspeitarem de Mantšebo. Na condição de rainha regente, governando em nome do enteado ainda infante, Mantšebo administrava Basutoland com os oficiais britânicos, em um mandato desconfortável que deixava a maior parte do poder em mãos britânicas.[6] Os colonizadores sabiam que ela se sentia insegura no posto. Por isso, talvez recorresse ao *liretlo* para incrementar seu poder. Seria, porém, polêmico acusar a rainha de Basutoland de "assassinato por bruxaria". No lugar dela, então, foram investigados por desenvolver *liretlo* os líderes inferiores, os *marenas*, que governavam os distritos de Basutoland e as aldeias isoladas. Muitos deles também eram suspeitos de outros assassinatos motivados por magia.

Dois dos *marenas* mais poderosos de Basutoland nos anos 1940 eram Bereng Griffith Lerotholi e Gabashane David Masupha, combinando o *status* real de príncipes com o poder político de ministros de gabinete. Ambos eram celebridades carismáticas e imponentes: Bereng, reservado e decidido; Gabashane, jovial, muito esperto e extrovertido. Dirigiam carros magníficos como Buicks e Cadillacs e vestiam túnicas tradicionais e calças europeias com igual elegância. Bebiam vinhos franceses caros, caçavam com rifles italianos e liam literatura norte-americana.

Eram cidadãos do mundo, davam recepções como verdadeiros príncipes, enquanto os súditos entoavam poemas em seu louvor. Todo esse glamour representava perigo para Mantšebo e para os administradores britânicos.

Os principais entre esses administradores foram os representantes residentes de Basutoland, Charles Arden-Clarke (de 1942 a 1946) e Aubrey Forsyth-Thompson (de 1946 a 1951), além do alto representante para a África do Sul, *sir* Evelyn Baring (de 1944 a 1951). Eles e os colegas redigiram relatórios preocupantes acerca dos dois homens: virtudes ("bem-comportado... eficiente... progressista" [Bereng]; "bem-educado... moderado... disposto a cooperar... elegante... lê muito" [Gabashane]) e vícios ("muito reservado e tímido... não é fácil conquistar sua confiança... intempestivo" [Bereng]; "governante com direitos quase absolutos... precipitado... desafiador... hostil... cruel" [Gabashane]). Todas essas descrições, claro, eram oriundas do ponto de vista imperial, moldadas por noções estereotipadas em relação aos homens negros, e da determinação britânica de manter Basoto sob controle colonial.[7]

Bereng era irmão do falecido marido de Mantšebo, Seeiso. Mas, quando Seeiso morreu, em 1940, Bereng se desentendeu com Mantšebo. Entre 1941 e 1943, ele afirmou que ela não poderia assumir a função de regente por ser mulher e porque só se casara com Seeiso por convenção, não por escolha. A regra era que um líder se casasse com a viúva do irmão falecido, motivo pelo qual Mantšebo se tornou esposa de Seeiso. No entanto, em vez de ficar enfraquecida pelo casamento forçado e abdicar do trono, cedendo-o a Bereng, Mantšebo assumiu a regência da nação do marido. Por fim, um tribunal britânico concordou que ela tinha o direito de agir em nome do herdeiro, filho de Seeiso. Bereng provavelmente nunca seria rei. Encarou essa derrota como golpe devastador à sua dignidade e influência. Em meados dos anos 1940, ele se tornara um homem depressivo e amargurado, que se sentia lesado pela rainha e pelos britânicos. Procurava aliados contra Mantšebo. Gabashane Masupha não era um aliado óbvio. Fora adido de Seeiso e apoiara Mantšebo contra Bereng; porém, desde então, também se desentendera com ela. Descrito por funcionários brancos racistas como "obcecado com a restrição por cor", em 1945, Gabashane desafiara um bilheteiro em um trem sul-africano segregado por raça. Quando o bilheteiro interrompeu a refeição da rainha, Gabashane jogou uma porção de carne no rosto do homem, exclamando, furioso: "Prove um pouco!". O ato envergonhou Mantšebo. Em vez de se mostrar grata, ela repreendeu Gabashane, pois temia um incidente diplomático entre Basutoland e a União da África do Sul, cujo território englobava o pequeno reino de Basoto. Posteriormente, em 1946, quando Gabashane foi julgado por agredir um de seus súbitos, sua rainha se colocou do lado da acusação. Por pouco Gabashane não foi condenado. Sentiu-se humilhado. No passado, fora estudante famoso, brilhante, na "Faculdade Nativa" de Fort Hare, universidade sul-africana para alunos negros, onde vários amigos e professores o consideravam progressista, ilustre e respeitado, líder promissor para o futuro de seu país. Como Mantšebo se atrevia a menosprezá-lo? Gabashane era governador da importante Ala de Mamathe, e com Bereng, governador da Ala Phamong, criou forte facção antiMantšebo. Os dois homens também criticavam a política britânica e administravam seus distritos com pouca referência às autoridades brancas. Ao serem questionados sobre certas reuniões "secretas" ou por se recusaram a implementar leis imperiais, balançavam os ombros e prometiam obediência. Mas nunca obedeciam.[8]

Sob pressão dos governadores imperiais e sentindo-se negligenciados pela rainha, talvez Bereng e Gabashane tivessem, de fato, recorrido ao poder mágico dos amuletos *liretlo*. Sem dúvida, apelaram para a Igreja Católica, da qual eram membros, para apoio espiritual contra os britânicos. O bispo de Basutoland os ajudou politicamente, protestando ao governo imperial em Londres que os administradores coloniais queriam "extinguir o Governo Nativo". Embora algumas autoridades britânicas quisessem fortalecer o poder dos *marenas*, incentivando o autogoverno Basoto, pois consideravam um princípio ético, outros desprezavam e até ameaçavam os líderes locais. Essa divisão interna em Basutoland agravava outra ameaça: agressão por parte da União da África do Sul, onde as eleições de 1948 levaram ao poder o Partido Nacional, de imperialistas expansionistas e criadores do *apartheid*. A ambição sul-africana de incorporar Basutoland crescia conforme o governo observava as divisões entre britânicos e basotos; e uma invasão sul-africana seria cataclísmica. Muitos homens basotos trabalhavam como mineiros na União e conheciam suas leis abertamente racistas, fato que produzira uma sociedade segregada e brutal. A rainha Mantšebo chegou a solicitar a retirada de trabalhadores sul-africanos da administração britânica de Basutoland: "Temos medo deles", disse apenas.[9]

Com o aumento das tensões coloniais, também se acumulavam os índices de matança: dezessete "assassinatos por bruxaria" foram relatados em 1947 e vinte e cinco em 1948. Eram atribuídos a vários líderes basotos, principalmente a chefes tribais de aldeias e a governadores distritais. Mas ninguém ainda fora processado por matar Thulasizoe Thobeha, embora Mantšebo fosse suspeita do crime. Em março de 1948, porém, a descoberta do corpo de Meleke Ntai acendeu o pavio do que se tornaria uma crise internacional. Ao examinar o corpo, o doutor Robert Ogg concluiu que o rapaz fora assassinado, como alegavam os aldeões. Também era possível, acrescentou, que Meleke tivesse simplesmente caído na lagoa onde fora encontrado, talvez após uma emboscada de um grupo de rebeldes ou de um ataque epiléptico, e se afogado. Não havia sinais incontestáveis de violência no corpo, e os caranguejos do mangue poderiam ter comido os lábios. Essa incerteza seria importante, mas, naquele momento, as autoridades aceitaram a explicação de assassinato.

Um *ngaka* chamado Fusi Rakokoli foi o primeiro acusado, seguido depois do primo do rapaz, Moloi Nati. Formou-se, então, uma teoria assustadora: Moloi fora contratado por Bereng e Gabashane para assassinar Meleke e extrair do corpo ingredientes para o *liretlo*. Nessa versão da morte de Meleke, Bereng e Gabashane eram acusados de um crime monstruoso: cobiçar o sangue e os lábios do vizinho inocente como troféus mágicos para pôr em prática seus jogos políticos. Seria um passo polêmico para as autoridades britânicas deterem dois dos principais *marenas* de Basutoland sob acusações tão chocantes. Contudo, em julho de 1948, foi o que fizeram. A comunidade basoto ficou perplexa ao ver seus líderes interrogados, algemados, retirados de suas mansões exuberantes de tijolos de barro e conduzidos à prisão.

Com o fim daquele frio mês de julho, os britânicos começaram a montar o caso contra os dois *marenas*, conduzindo entrevistas e interrogatórios. Basearam as acusações na evidência de “testemunhas da Coroa”: alguns primos de Meleke, aldeões que moravam perto da cena do crime e funcionários a serviço de Bereng e Gabashane. Essas testemunhas da Coroa eram pessoas que se apresentaram como cúmplices no assassinato de Meleke e depois incriminaram outros indivíduos em troca de clemência. O processo nada tinha de transparente e lembrava muito os julgamentos de bruxas; entretanto, permitia às autoridades acusar Bereng e Gabashane do assassinato de Meleke. Tendo chegado a esse ponto, reconsideraram também sua atitude em relação à rainha de Basutoland. Já que suspeitavam do envolvimento da regente em ao menos um assassinato semelhante, talvez pudessem implicá-la naquele também?

No início de agosto de 1948, Bereng, Gabashane e vários cúmplices foram indiciados por encomendar e executar um assassinato *liretlo*: o de Meleke Ntai. E, então, Mantšebo foi acusada de outro crime. Não havia evidências suficientes ou motivação política para indiciá-la por cumplicidade no assassinato de Thulasizoe em 1945, mas em 1948, quando um pastor de ovelhas, Borane Kali, também desapareceu perto do palácio, as autoridades agiram. A polícia disse a Mantšebo que tinha "testemunhas para comprovar que ela assassinara o jovem pastor para obter 'remédio'", ou seja, fazer um amuleto. "Revistaram-me de modo pavoroso", Mantšebo escreveu. "Meus filhos... foram presos." Quando, para grande embaraço, o rapaz desaparecido foi encontrado com vida, a polícia deixou a rainha em paz; porém, ficara a impressão de que as autoridades queriam acusar os três líderes basotos de bruxos assassinos.[10] E, quando Bereng e Gabashane foram acusados de outro assassinato *liretlo* em 1946, o retrato de uma nação em crise se completou.

Bereng e Gabashane foram convocados às audiências preliminares no caso do assassinato de Meleke, que começaram em 3 de agosto de 1948. A Câmara do Conselho Nacional de Basutoland, usada como tribunal britânico, ficou "lotada até as portas" de espectadores que tinham vindo a pé da capital, Maseru, pelas estradas de terra cobertas de geada, naquela manhã de inverno. Nessa pré-audiência, diante do representante distrital britânico, dois dos meios-irmãos de Gabashane, Jonathan e Mapeshoane Masupha, acusaram o irmão e Bereng de encomendar o assassinato de Meleke e atraí-los como cúmplices. Mapeshoane, em particular, falou sobre uma reunião secreta de planejamento, na qual Gabashane teria dito que "queria algo de uma pessoa que deveria ser morta".

Segundo Mapeshoane, no dia seguinte, Meleke foi capturado. Deixaram-no inconsciente, e outro cúmplice lhe cortou os lábios enquanto ele ainda vivia. Outra testemunha, Sepalami Mathibe, explicou que essa mutilação foi ordenada pelo próprio Bereng, mas Bereng rejeitou a carne para *liretlo* porque Meleke não sangrara muito do ferimento. Bereng teria mandado o grupo surrar Meleke até a morte, concluiu Sepalami, enquanto Gabashane só observava. Essa declaração apontava os dois como assassinos: encomendar um assassinato tinha o mesmo peso criminal que cometê-lo. As evidências complicavam muito a situação de Bereng e Gabashane. O representante distrital de Maseru, E. C. Butler, determinou que todos os acusados – os dois *marenas* e seus cúmplices – fossem a julgamento. A multidão se dispersou, agitada e eufórica.

O PÂNICO ESPALHOU-SE PELO SUL do continente africano, inflamado por temores racistas. "Perigo Espiritual em Basutoland", gritava a Diocese de Bloemfontein, na África do Sul, alertando sobre a proliferação dos assassinatos por bruxaria, acompanhados de ritos secretos, na tentativa de "comunicação com espíritos malignos... por meio de dança, cantoria e festividade" – interpretação equivocada da religião indígena. Enquanto isso, no dia 30 de julho, uma nova proclamação foi emitida pelo governo britânico em Basutoland exigindo que os *lingaka* pagassem cinco libras para obter licença. Proibia qualquer *ngaka* de praticar suas artes como "vidente... médico que traz chuva ou relâmpagos... ou usar quaisquer encantamentos ou amuletos", advertindo contra "qualquer pessoa que enfeitice ou cause danos a pessoas ou à propriedade", ou fornecesse subsídios a qualquer "suposto artifício de bruxaria". A crise *liretlo* agigantara-se em uma caça às bruxas, proibição ampla da prática de magia. Era diferente da caça às bruxas tradicional em vários aspectos: menos violenta, mais burocrática e com base em uma série de mortes físicas verificáveis, em vez de supostos danos mágicos. No entanto, assemelhava-se incrivelmente no objetivo, que era mostrar quem mandava. Assim como na Noruega e em Massachusetts, o julgamento por bruxaria em Basutoland na década de 1940 era usado para facilitar e exibir poder colonial, indiciando indivíduos indígenas.[11]

Entre a audiência preliminar e o início do julgamento em 2 de novembro de 1948, Bereng e Gabashane permaneceram na cadeia de Maseru, complexo presidiário lúgubre com celas de concreto. No segundo dia, foram levados ao Alto Tribunal da capital, onde um juiz aposentado da Suprema Corte da África do Sul, George Sutton, presidiria o julgamento com dois assessores "nativos" e dois europeus: conselheiros e tradutores. Não haveria júri. O promotor de Basutoland, Arthur Thompson KC, se encarregaria da acusação, enquanto N. J. Grobler KC, de Bloemfontein, defenderia o cliente de longa data, Bereng, e Israel Maisels KC, de Joanesburgo (futuro advogado de Nelson Mandela), seria o representante de Gabashane. Primeiro, Arthur Thompson explicou como o assassinato proporcionava partes de um corpo para os amuletos *liretlo*. Havia ampla evidência de que, desde 1900, quarenta a cinquenta pessoas teriam sido mortas com esse propósito, tendo os corpos fatiados tanto antes quanto depois de morrerem. Relatórios médicos mostravam que alguns ferimentos eram feitos antes da morte, as vítimas sangravam, e, após separados do corpo, a cabeça e os membros, bem como o sangue extraído, eram levados para uso nos amuletos. Arthur disse que o assassinato de Meleke fora apenas mais um exemplo desse crime abominável.

Talvez ele tivesse razão. No entanto, o doutor Robert Ogg, que examinou o corpo, não tinha certeza. Enquanto testemunhava no tribunal, Robert suava, demonstrando hesitação, incapaz de afirmar que Meleke fora assassinado. A incerteza só aumentara com o tempo. Meleke teria simplesmente se afogado? Os caranguejos teriam comido seus lábios após a morte? Robert e um segundo médico que examinaram o corpo do rapaz "não encontraram sinais de agressão", ele explicou perante uma assembleia totalmente muda. Meleke poderia ou não ter sido vítima de assassinato *liretlo*. Os dois advogados de defesa aproveitaram-se dessa incerteza e interrogaram o médico minuciosamente. Por fim, ele foi forçado a reconhecer: "Os ferimentos que vi no corpo... foram causados por caranguejos". Sorrindo, Israel Maisels e N. J. Grobler resumiram suas defesas ao fim, cada uma em favor de seus clientes; se, portanto, não se podia afirmar que Meleke fora atacado, tendo os lábios removidos com faca, e talvez tivesse morrido por afogamento, aquele seria um assassinato por bruxaria, afinal? Se a resposta fosse negativa, Bereng e Gabashane seriam culpados?

Parte das evidências da promotoria era menos conveniente para a defesa. Meleke poderia ter caído do cavalo no riacho? O local era distante de seu caminho para casa, então isso seria improvável. Alguém furtara a sela do cavalo e parte das roupas do rapaz, o que parecia indicar possível sequestro. Mapeshoane e outro homem que afirmara ser cúmplice, Sothi Chela, reiteraram, com veemência, a história do assassinato. No entanto, quando os primeiros pingos de chuva caíram sobre Maseru em meados de novembro, Gabashane subiu ao banco das testemunhas. Atacou diretamente seus acusadores, chamando-os de indivíduos de "mau caráter", apontando outras falhas nas evidências. Eles haviam dito que os lábios de Meleke foram cortados do lado esquerdo, mas o *post-mortem* indicava a falta do lado direito. A acusação alegara que o Buick de Gabashane estava na cena do crime, mas o carro estava na oficina naquele dia. A mentira de Mapeshoane transpareceu: ele alegou ter bom relacionamento com a esposa, mas ela o deixara após ser ameaçada por ele com uma faca. Gabashane tirara a faca de suas mãos e depois o puniu, o que levara Mapeshoane a incriminá-lo. Era uma contradição completa das acusações feitas contra Gabashane, e os advogados de defesa ficaram jubilosos.

Eis, porém, que uma nuvem se formava no horizonte: a prova fornecida por Gabashane das incoerências e mentiras no processo não apareceu no jornal local,

Basutoland News, dirigido por homens brancos. No lugar dela, uma versão preocupantemente simples e consistente da evidência dos cúmplices foi divulgada em toda a região sul da África e pelo mundo afora. Não sabemos exatamente como Gabashane expressou sua refutação no tribunal, porque a voz do *marena* sofria cortes na cobertura pública da defesa.[12] Não nos surpreenderia se o sistema judiciário britânico e a mídia britânica tivessem o firme propósito de desacreditar os dois *marenas*, o que foi constatado na manhã de 16 de novembro. Naquela manhã, todos os acusados – os *marenas* e, ao menos, dez cúmplices – foram convocados para ouvir o veredicto. Cada um dos homens usava uma peça de metal em volta do pescoço, "uma placa grande com um número para distingui-lo", nas palavras de um jornalista. Era uma imagem vil, do tipo que Tatabe teria reconhecido de um leilão de escravizados, e, embora fosse comum na prática dos julgamentos coletivos de pessoas negras acusadas no sul da África, causou choque depois da aparente civilidade com a qual o julgamento dos respeitáveis *marenas* fora conduzido.

Sob um calor abafado, tenso, fora de época, aqueles homens negros rotulados se viam diante de um juiz branco. Testemunhas cúmplices haviam "contado uma história circunstancial e terrível, com riqueza de detalhes", anunciou o juiz George Sutton. "Mapeshoane foi interrogado atentamente", disse, e "seu depoimento nunca mudou." Essa declaração não era totalmente certa; parte do depoimento mudara. Aliás, Mapeshoane caíra em contradição no tribunal. E outras incoerências também foram ignoradas. "Em muitos aspectos, o depoimento de Sothi não corresponde ao de Mapeshoane", o juiz admitiu. Mas Sothi "é homem de pouca inteligência e caráter fraco", o que explicava por que cometera erros. Os depoimentos de Sepalami e Mapeshoane "eram substancialmente compatíveis", e o juiz concluiu, confiante: "Não posso crer que inventaram tudo. Portanto, os réus serão condenados por assassinato".

Primeiro um burburinho, depois um silêncio atônito dominou a sala: aqueles importantes líderes africanos sentenciados por assassinato e bruxaria! A pena seria execução? Era o costume aprovado. Desolada, a equipe de defesa remexia os papéis e sussurrava com os clientes, que deveriam fazer declarações individuais. E cada declaração deveria ter um tema definido: precisava ser um argumento explicando por que a pena de morte não poderia ser escolhida como punição. Tranquilamente, Bereng levantou-se e disse ao tribunal: "Essa questão não passa de uma mentira". Declarou que a promotoria não fora capaz de "estabelecer como a vítima morrera, de fato". Menosprezou a atribuição de culpa por parte do juiz, do mesmo modo como ignorava a placa de metal em volta do pescoço. "De minha altura, não me rebaixo para reconhecer essas coisas", afirmou. "Sou o segundo filho do falecido chefe supremo Griffith... Tenho orgulho de minha posição." Nenhuma "carne morta", zombou, poderia se colocar acima dele. Bereng desafiou George Sutton: "Se aceita essas evidências, faça o que quiser, mas, quanto ao caso, é tudo mentira". Gabashane concordou plenamente, porém mais submisso. "Meu irmão mais velho disse tudo o que era necessário", afirmou, sentando-se novamente. Sem se abalar, George Sutton colocou o chapéu preto reservado ao momento de pronunciar a sentença e condenou Bereng e Gabashane, além de dois cúmplices, à morte.[13] De repente, o julgamento inteiro pareceu pré-arranjado: um espetáculo nada convincente, com final previsível.

Bereng e Gabashane foram levados de volta à cela. Apesar de perplexos com o julgamento, reuniram-se com os advogados para planejar uma resposta. Decidiram apresentar o caso ao Conselho Privado em Londres, a mais alta corte para súditos do Império britânico. O Conselho não era um tribunal de apelação, mas os lordes podiam intervir no processo legal, cancelar execuções ou reverter veredictos, caso achassem que tinha havido "violação dos princípios essenciais de justiça". O caso seria ouvido na capital da Grã-Bretanha, e lá Bereng e Gabashane seriam representados pelo advogado Dingle Foot, crítico ferrenho de legislação colonial. Não tiveram permissão de comparecer pessoalmente. O recurso ainda levaria vários meses, e Bereng e Gabashane passariam esse tempo na prisão de Maseru, aguardando para ver se seriam ou não enforcados. Nesse período, conversaram com familiares, seguidores, antropólogos e jornalistas interessados, preparando todos para o pior, mas na esperança de que acontecesse o melhor.

O julgamento do recurso ocorreu em julho de 1949, em uma sala abarrotada, com painéis de madeira nas paredes, no número 9 da Rua Downing – a histórica casa adjacente à residência oficial do primeiro-ministro da Grã-Bretanha. Sentado a uma mesa repleta de pilhas de livros, Dingle Foot empenhou-se em defender a vida dos clientes. A condenação de Bereng e Gabashane fora injusta, explicou o advogado aos lordes. A evidência médica era inconclusiva, e as testemunhas cúmplices, não confiáveis. Algumas delas alegavam também ter sido coagidas a fazerem acusações, disse Dingle; por certo, os homens já estavam detidos havia meses, com fome, frio e medo. Alguns afirmavam que os haviam subornado para repetir as evidências uns dos outros. "Sugeriram-me", dissera Moloi Ntai, primo de Meleke, "que dissesse no depoimento que o Chefe [Gabashane] me ofereceu dinheiro para matá-lo... Se aceitasse a sugestão, não seria acusado de assassinato." Em vez da confiança plena no testemunho daquele cúmplice, argumentou Dingle, a promotoria devia ter encontrado alguma prova corroborativa de culpa. As leis de Basutoland exigiam evidência independente para provar, ao menos, que a vítima fora assassinada. Dingle enfatizou que a opinião dos médicos não fornecia essa evidência.

Quando Dingle concluiu seus argumentos e saiu da sala, sabia que os lordes levariam vários meses para examinar o caso e anunciar o resultado do julgamento. Mas tinha esperança de boa conclusão para Bereng e Gabashane, pois o recurso do caso de assassinato por bruxaria, em 1947, de Tumahole Bereng lhe proporcionara precedente quase idêntico ao atual. A condenação de Tumahole fora recém-revertida pelos lordes, em janeiro de 1949, porque a evidência médica de assassinato era ambígua, como no caso de Bereng e Gabashane. Os lordes haviam reexaminado todos os documentos do julgamento e decidiram que, apesar do veredicto original, não ficara claro que Tumahole era culpado, além de qualquer dúvida razoável. Ele foi, então, libertado. Contudo, quando os lordes anunciaram o resultado do caso de Bereng e Gabashane, Dingle desmoronou. Eles concluíram que Meleke Ntai fora realmente assassinado. O motivo, afirmaram, era a remoção de partes do corpo para amuletos *liretlo*, e, obviamente, Bereng e Gabashane haviam encomendado o crime. Portanto, a condenação foi mantida.

Em cartas secretas, administradores coloniais elogiavam cinicamente os "lordes pela perspicácia em distinguir esse [caso] do de Tumahole". Mas mesmo eles reconheciam que o raciocínio dos lordes "era fraco em lógica". Observadores imparciais indignaram-se com a injustiça da decisão. Em Londres, o reverendo Michael Scott, clérigo anticolonialista, conduziu uma campanha solicitando aos representantes eclesiásticos e governamentais que anistiassem Bereng e Gabashane. Uma lista enorme de testemunhos em favor do bom caráter deles, na maioria cartas de professores universitários e amigos brancos de Gabashane em Basutoland e na Grã-Bretanha, foi apresentada. Com argumentos contundentes, Michael Scott afirmou que a Grã-Bretanha estava imitando a União da África do Sul em termos de injustiça cometida contra dois africanos negros inocentes.

Enquanto isso, em Basutoland, alguns seguidores de Bereng e Gabashane entraram em ação. Tentaram resgatar os homens da cadeia de Maseru em 28 de julho. Uma multidão de prisioneiros se reuniu no pátio empoeirado da prisão e dominou os guardas dos portões; arrastaram Bereng e Gabashane até a entrada, apressando-os, enquanto entoavam e batiam palmas. Mas os dois se recusaram a ser salvos. Achavam indigno sair da prisão como fugitivos. Então, deram as costas para a estrada aberta e caminharam, em silêncio, de volta às celas.[14]

Bereng e Gabashane e os dois cúmplices foram enforcados em 3 de agosto de 1949. A imprensa internacional descreveu as mortes como punição por "usar partes de [um] corpo em bruxaria", reforçando o veredicto do julgamento. Entretanto, em sua última carta, publicada pelo periódico *Inkululeko*, Bereng escreveu: "Não é verdade que esses cruéis assassinatos foram cometidos pelos chefes. O governo descobriu um truque por meio do qual os chefes podem ser pegos de surpresa e mortos sob o pretexto da lei". Chamou essa injustiça de "genocídio". Na década de 1990, a viúva de Gabashane, Mamathe, disse a historiadores que Bereng estava certo em seu desabafo. A opinião de Mamathe era a de que Bereng e Gabashane foram executados como bruxos por um governo que odiava *marenas* "esclarecidos". "A polícia recebeu instruções para encontrar pessoas que afirmassem ter testemunhado [o assassinato], quando, na verdade, só mentiram", ela afirmou. "Não passou de uma mentira deslavada."

As acusações contra Bereng e Gabashane sustentavam-se em pressuposições coloniais profundamente equivocadas acerca de raça e de bruxaria. A condenação tinha o propósito flagrante de sufocar as ambições dos povos nativos de governarem a si próprios na região sul da África, em uma época na qual o Império britânico como um todo começava a falir e desmoronar após o fim da Segunda Guerra Mundial. Embora em Basutoland a resistência fosse pacífica, assumindo a forma de discussão política em vez de insurgência, em outros locais havia guerra aberta: Malásia, Palestina e Índia. Nesse contexto, a execução de Bereng e Gabashane foi descrita por jornais norte-americanos administrados por negros simplesmente como "imposição colonial sob mão de ferro".[15] O julgamento e a subsequente condenação dos homens ignoraram a incoerência das testemunhas e a evidência médica. O recurso foi comprometido pela celebração da "perspicácia" judiciária.

Assim, seja qual for a verdadeira história da morte de Meleke Ntai, o julgamento por bruxaria de Bereng e Gabashane tornou-se parte da resistência africana anticolonialista. Críticos apontaram o fato de os julgamentos por bruxaria de Lesoto serem iguais à caça às bruxas da velha Europa: julgamentos espetaculares de um crime imaginário cujo objetivo era remover indivíduos considerados inimigos do Estado. O julgamento por bruxaria era utilizado como sempre fora na história: para demonizar e esmagar os inimigos identificados. Nesse caso particularmente chocante e um tanto recente, as vítimas foram líderes negros de nações africanas que logo se tornariam independentes. Lesoto obteve a independência em 1966, dois anos após a morte de Mantšebo como madrasta do novo rei. Bereng e Gabashane teriam se tornado membros da administração do primeiro governo se não tivessem sido executados como bruxos assassinos.[16]

Interlúdio: Julgamentos de bruxas hoje

A Parte 2 abordou a história da bruxaria desde o século XVIII até meados do século XX, explicando como a ideia por trás dos julgamentos de bruxas se refletiu por toda a história desses três séculos, mudando com o tempo. Esses julgamentos se tornaram cada vez mais metafóricos, irrompendo em sociedades como peça teatral, reproduzindo o medo relacionado a questões vitais: limites e orientação sexual, pobreza e educação, insanidade, fraude e preconceitos radicais. Cada julgamento era sobre questões mais amplas, mas também retinha um elemento demonológico de perseguição e um elemento mágico, que poderia ser misticismo religioso, satanismo, superstição, mediunidade ou crença em amuletos.

Agora, a Parte 3 do livro amplia o espectro das histórias de julgamentos por bruxaria e nos faz pensar no mundo em que vivemos hoje. Os julgamentos de bruxas continuam, tanto no sentido metafórico quanto nos sentidos real e sombrio, e, nas duas formas, necessitam de nossa atenção. Os dois últimos capítulos enfocam dois continentes: África e América do Norte. Cada capítulo destaca um julgamento central, mas inclui uma discussão mais ampla das questões que o criaram e explica o modo como as pessoas reagiram. Os julgamentos por bruxaria na Parte 3 apareceram no cinema e na televisão, em romances e noticiários; foram conduzidos não só por juízes e jurados, mas também pela mídia. Mostram a ascensão de novas demonologias, transmitidas por intermédio das novas tecnologias de comunicação. Nos dois continentes, nossas últimas histórias de bruxaria resumem o estado dos julgamentos de bruxas hoje.

PARTE 3

TRANSFORMAÇÕES

DOMINIO PUBLICO_Champion_des_dames_Vaudoises.jpg

Hereges do grupo "Vaudois" nos Alpes Franceses, imaginadas em um manuscrito do século XV como bruxas montadas em vassouras. Ideias assim alimentavam o interesse de Kramer pelos vínculos entre heresia e bruxaria.

DOMINIO PUBLICO_Albrecht_Durer,_Witch_Riding_on_a_Goat,_c._1500-1501,_NGA_6674.jpg

A Bruxa, gravura do início do século XVI, por Albrecht Dürer. A mulher aparece montada em um bode, virada para trás, no ar, demonstrando as habilidades antinaturais e a moralidade invertida das bruxas.

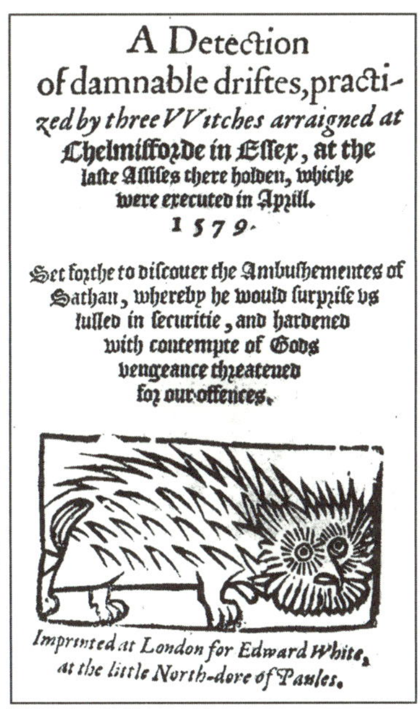

A Detection of damnable driftes, practized by three VVitches arraigned at Chelmisforde in Essex, at the laste Assises there holden, whiche were executed in Aprill. 1579.

Set forthe to discouer the Ambushementes of Sathan, whereby he would surprise vs lulled in securitie, and hardened with contempte of Gods vengeance threatened for our offences.

Imprinted at London for Edward White, at the little North-dore of Paules.

DOMINIO PUBLICO_A_Detection_of_Damnable_Driftes.tif

Imagem antiga do espírito familiar de uma bruxa inglesa – talvez um porco-espinho? – de um panfleto de notícias.

A casa de telhado dourado – "Goldenes Dachl" – em Innsbruck.

Xilogravura de 1489 mostra uma bruxa dançando e sendo seduzida pelo diabo, em um livro do advogado Ulrich Molitor. Embora Molitor criticasse a credulidade de Heinrich Kramer, as imagens geralmente se confundem com um endosso da fantasia demonológica.

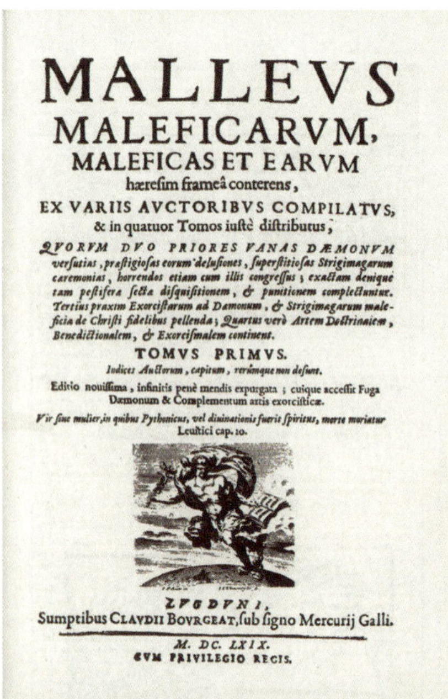

MALLEVS
MALEFICARVM,
MALEFICAS ET EARVM
hæresim frameâ conterens,
EX VARIIS AVCTORIBVS COMPILATVS,
& in quatuor Tomos iustè distributus,
QVORVM DVO PRIORES VANAS DÆMONVM versutias, præstigiosas eorum delusiones, superstitiosas Strigimagarum caremonias, horrendos etiam cum illis congressus; exactam denique tam pestiferæ sectæ disquisitionem, & punitionem complectuntur. Tertius praxim Exorcistarum ad Dæmonum, & Strigimagarum maleficia de Christi fidelibus pellenda; Quartus verò Artem Doctrinalem, Benedictionalem, & Exorcismalem continent.
TOMVS PRIMVS.
Indices Auctorum, capitum, rerûmque non desunt.
Editio nouissima, infinitis penè mendis expurgata; cuique accessit Fuga Dæmonum & Complementum artis exorcisticæ.
Vir siue mulier, in quibus Pythonicus, vel diuinationis fuerit spiritus, morte moriatur. Leuitici cap. 10.
LVGDVNI,
Sumptibus CLAVDII BOVRGEAT, sub signo Mercurij Galli.
M. DC. LXIX.
CVM PRIVILEGIO REGIS.

Primeira tradução inglesa de Montague Summers de *Malleus Maleficarum* – observe o título "the Rev.". A ilustração mostra Inocêncio VIII, papa entre 1484 e 1492, cujos decretos sustentavam a caça às bruxas iniciada por Heinrich Kramer.

Edição antiga do *Malleus Maleficarum*, *O Martelo das Feiticeiras*. O longo título em latim mostra o conhecimento de Heinrich Kramer e amplia as ameaças representadas pelas bruxas.

Xilografia adaptada de 1591 no jornal *Newes from Scotland* mostrando as bruxas reunidas para fermentar poções e invocar uma tempestade no mar; elas ouvem o sermão do diabo na igreja de North Berwick e causam outras desordens por meio de magia.

Imagem do século XIX feita por Edward Armitage de Gille Duncan tocando a "flauta de judeu" a Jaime VI, evento real que contribuía para seu "deleite" ao frequentar os interrogatórios. Ela é retratada no estereótipo de uma mulher idosa.

Retrato de Jaime VI pintado por Adrian Vanson em 1595.

Steilneset_Memorial.jpg

Memorial de 2011 para as bruxas de Finnmark, Steilneset, projetado por Louise Bourgeois e Peter Zumthor, com textos de Liv Helene Willumsen. Na seção de Bourgeois, vidros e espelhos cercam uma chama eterna acesa em uma cadeira, sugerindo tanto a tortura como a lembrança.

Heritage-Images/TopFoto/AGB Photo Library

Bruxas invocando uma tempestade, da obra *História de Gentibus Septentrionalibus*, de Olaus Magnus, 1555.

Steilneset_Memorial_in_Vardø_seen_from_above.jpg

Steilneset, com a estrutura de madeira e tecido de Peter Zumthor em primeiro plano. Abriga um corredor onde as vítimas da caça às bruxas são citadas nos textos de Willumsen. Cada uma delas é iluminada por uma lâmpada acesa em uma janela.

Bruxas sendo queimadas na fogueira no século XVI, em Derenburg, na Alemanha, de uma gravura ou um folheto produzido em Nuremberg. Ao menos duas mulheres foram executadas, embora o documento afirme que uma foi resgatada das chamas pelo diabo.

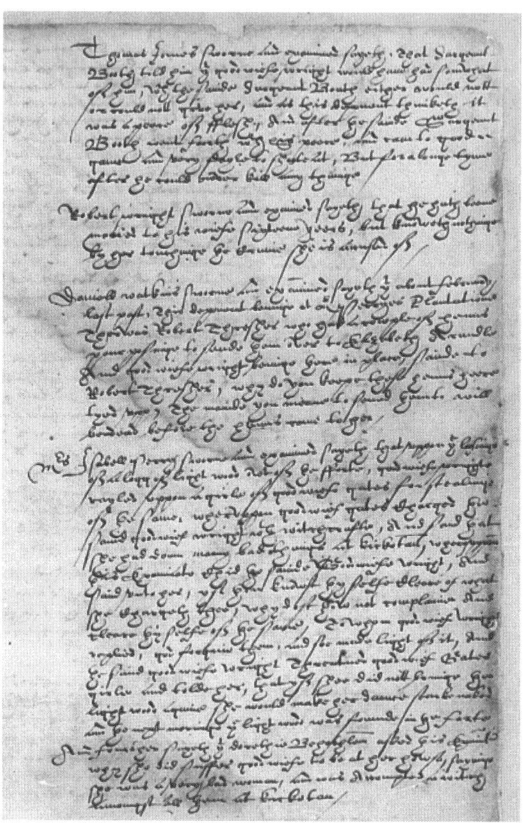

Página do registro do julgamento de Joan Wright no livro do tribunal pertencente a Thomas Jefferson. Essa página mostra os depoimentos de Daniel Watkins e Isabella, feitos durante o retorno de Joan ao tribunal em 18 de setembro de 1626.

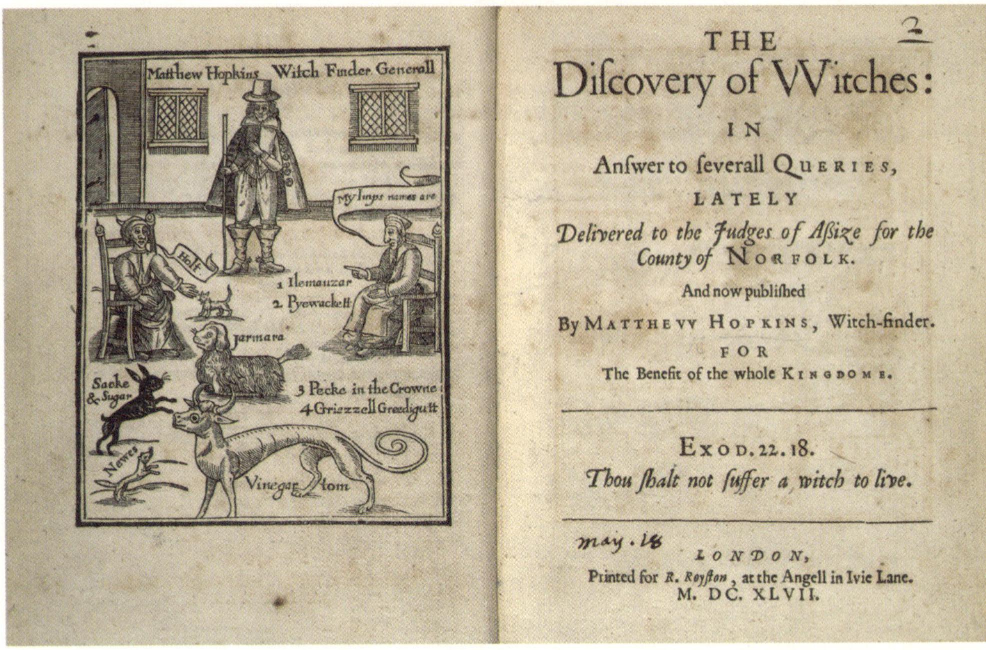

THE
Diſcovery of Witches:
IN
Anſwer to ſeverall QUERIES,
LATELY
Delivered to the Judges of Aſsize for the County of NORFOLK.
And now publiſhed
By MATTHEVV HOPKINS, Witch-finder.
FOR
The Benefit of the whole KINGDOME.

EXOD. 22. 18.
Thou ſhalt not ſuffer a witch to live.

LONDON,
Printed for *R. Royſton*, at the Angell in Ivie Lane.
M. DC. XLVII.

O livro de Matthew Hopkins, *The Discovery of Witches*, com uma xilogravura que retrata o próprio Matthew como "General Investigador de Bruxas", Bess Clarke e alguns de seus espíritos familiares, bem como aqueles citados por outras mulheres. A imagem errada mostra Bess com os dois pés.

Portão do Castelo Colchester, onde Bess e as demais acusadas foram aprisionadas.

Prisão subterrânea no Castelo Colchester. Hoje contém uma exposição sobre as vítimas da caça às bruxas em Essex, incluindo uma dramatização de seu interrogatório encenada com projeção de sombras sobre as paredes da cela.

Essa ilustração feita nos anos 1870 por Alfred Fredericks mostra Tatabe como nativa americana. Mas erra ao retratá-la como uma mulher idosa realizando ritos que assustavam Abigail, Betty e outras acusadoras. Não há a menor evidência de que ela tivesse praticado magia.

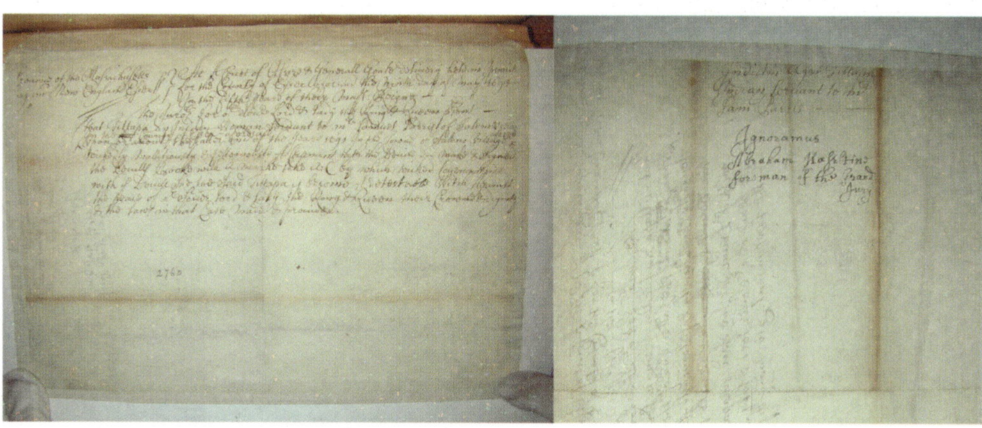

Indiciamento que acusou Tatabe de bruxaria e de assinar o livro do diabo mostrando a assinatura do porta-voz do júri, Abraham Haseltine, no verso, sob o veredicto do grande júri de "ignoramos", que significava que a acusação não foi a julgamento.

8102o6OP2VL._AC_SX679_.jpg

Imagem do século XIX do julgamento por bruxaria em Salem, feita por Joseph Lauber. Mostra uma sala clássica de um tribunal, com o banco da testemunha e a cadeira do juiz, mais formal que a casa de reuniões e taverna usada em 1692, com uma mulher suspeita implorando pela vida.

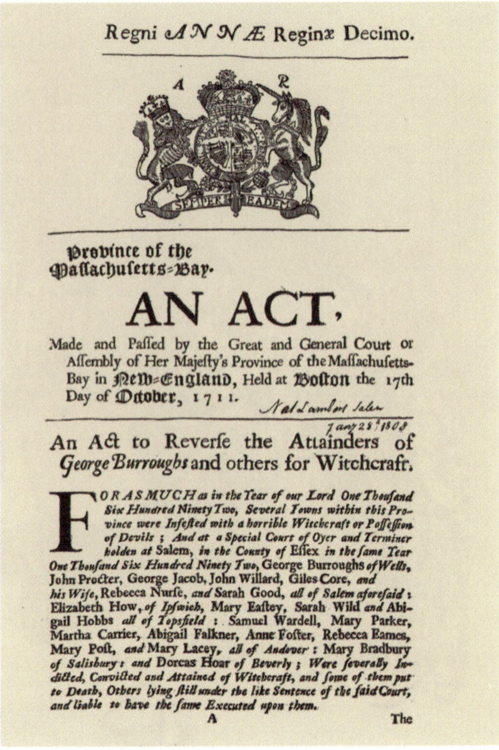

Regni ANNÆ Reginæ Decimo.

Province of the Massachusetts-Bay.

AN ACT,

Made and Passed by the Great and General Court or Assembly of Her Majesty's Province of the Massachusetts-Bay in New-England, Held at Boston the 17th Day of October, 1711.

An Act to Reverse the Attainders of *George Burroughs* and others for Witchcraft.

F*ORASMUCH as in the Year of our Lord One Thousand Six Hundred Ninety Two, Several Towns within this Province were Infested with a horrible Witchcraft or Possession of Devils; And at a Special Court of Oyer and Terminer holden at* Salem, *in the County of* Essex *in the same Year One Thousand Six Hundred Ninety Two,* George Burroughs *of Wells,* John Procter, George Jacob, John Willard, Giles Core, *and his Wife,* Rebecca Nurse, *and* Sarah Good, *all of Salem aforesaid:* Elizabeth How, *of Ipswich,* Mary Eastey, Sarah Wild *and* Abigail Hobbs *all of Topsfield:* Samuel Wardell, Mary Parker, Martha Carrier, Abigail Falkner, Anne Foster, Rebecca Eames, Mary Post, *and* Mary Lacey, *all of Andover:* Mary Bradbury *of Salisbury: and* Dorcas Hoar *of Beverly; Were severally Indicted, Convicted and Attained of Witchcraft, and some of them put to Death, Others lying still under the like Sentence of the said Court, and liable to have the same Executed upon them.*

A The

Fine Art Images/AGB Photo Library

Lei que limpava os nomes das "bruxas" de Salem, revertendo as acusações e devolvendo-lhes as propriedades confiscadas.

shutterstock_1322115959.jpg

Memorial em Salem que celebra aquelas que foram executadas como bruxas em 1692. Foi completado em 1992 para assinalar o tricentenário da caça às bruxas.

DOMINIO PUBLICO_Marie-Catherine_Cadiere_1735.jpg

Desenho mostrando Jean-Baptiste Girard e Marie-Catherine Cadière, de uma série de gravuras eróticas produzidas na Holanda em 1735.

DOMINIO PUBLICO_12_Vuelo_de_brujas.jpg

Embora houvesse menos julgamentos na época em que Francisco Goya pintou *A fuga das bruxas* em 1798, as supostas ações de bruxas ainda formavam vasto material para artistas e escritores. Uma interpretação dessa pintura é que satiriza a ilusão religiosa e a ignorância "camponesa".

Jules Michelet, fotografado por Nadar (Gaspard-Félix Tournachon) em meados dos anos 1850.

Mary Evans Picture Library/AGB Photo Library

Marie-Catherine Cadière como aparece em uma gravura anônima da década de 1730.

Igreja de St Mary, Bitton, de uma gravura encomendada na década de 1880 para um livro sobre a história da paróquia, por Henry Thomas Ellacombe, pai de Henry Nicholson Ellacombe, empregador de Montie Summers.

Montie Summers em vestes clericais, meados dos anos 1920, em uma foto que ele usou em publicações de seus ensaios literários.

Túmulo de Montie Summers no cemitério Richmond, Londres. A lápide foi elaborada e construída nos anos 1980 por admiradores de seu trabalho e de sua vida que escolheram uma frase que ele costumava usar no início de suas conversas.

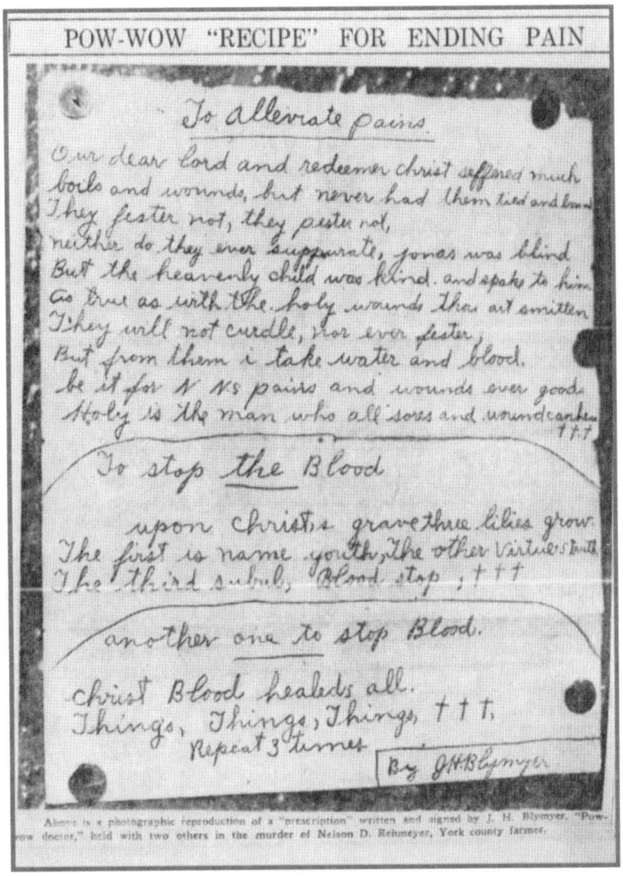
POW-WOW "RECIPE" FOR ENDING PAIN

To alleviate pains

Our dear lord and redeemer christ suffered much
boils and wounds, but never had them tied and bound
They fester not, they pester not,
neither do they ever suppurate, jonas was blind
But the heavenly child was kind. and spake to him
as true as with the holy wounds thou art smitten
They will not curdle, nor ever fester,
But from them i take water and blood.
be it for N N's pains and wounds ever good.
Holy is the man who all sores and wounds can heal ✝✝✝

To stop the Blood

upon christ's grave three lilies grow.
The first is name youth, the other Virtue's truth
The third subul, Blood stop; ✝✝✝

another one to stop Blood.

christ Blood healeds all.
Things, Things, Things, ✝✝✝.
Repeat 3 times

By JH Blymyer

Above is a photographic reproduction of a "prescription" written and signed by J. H. Blymyer, "Pow-wow doctor," held with two others in the murder of Nelson D. Rehmeyer, York county farmer.

Foto de alguns encantamentos escritos de John Blymyer, obtidos pela polícia em 1928.

Casa de Nelson Rehmeyer, de uma foto da "cena de investigação do crime", tirada para o jornal *Philadelphia Inquirer*, em dezembro de 1928.

A reportagem do *Inquirer* sobre o assassinato de Nelson Rehmeyer foi extensa: essa página mostra (da esquerda para a direita) a viúva, Alice, e as duas filhas, Gertrude e Florence; os três suspeitos – John Blymyer, Wilbert G. Hess e John Curry; e o próprio Nelson.

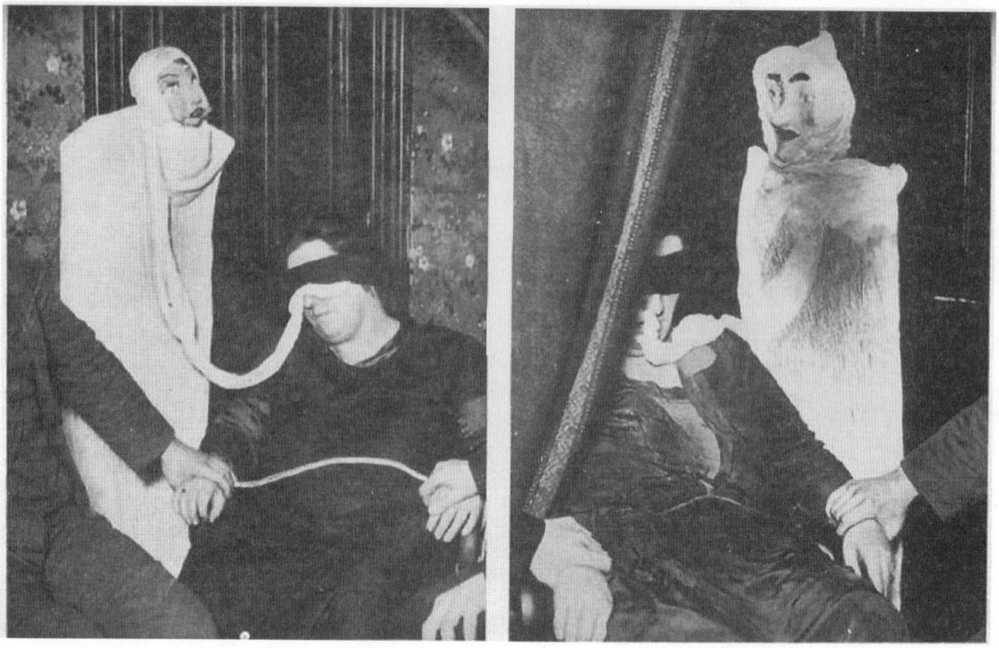

Fotos das "materializações" de Nellie em uma sessão na Escócia, em 1928, tiradas por Harvey Metcalfe. Foram usadas em relatos de sua mediunidade que questionavam a veracidade, como no estudo conduzido por Harry Price, que concluiu que o ectoplasma era falso.

Jovem mãe e trabalhadora, Nellie prendia os cabelos de maneira prática, típica da época. Nessa foto, posa para um retrato antes de ter as habilidades testadas em Londres, em 1931.

Seguida por um fotógrafo do *Daily Mirror*, Nellie Duncan esconde o rosto enquanto comparece ao tribunal de Old Bailey no primeiro dia de seu julgamento, em março de 1944.

Bereng Lerotholi em uma corrida de cavalos em seu distrito. Foi indicado como sucessor do pai. Foto na matéria publicada em 1929 no *Illustrated London News*. A indicação só lhe trouxe amarga decepção.

A rainha regente Mantšebo em visita a Londres, em 1951.

Os quatro principais chefes basotos em evento nos anos 1940, dois deles vestindo chapéus de palha tradicionais, do tipo *mokorotlo*, e os quatro com trajes de pele de leopardo que simbolizavam a realeza. Gabashane é o primeiro à esquerda, e Bereng, o terceiro da esquerda para a direita.

Protesto no sul da Nigéria, em 2009, organizado por crianças acusadas de bruxaria e seus apoiadores.

No filme de Rungani Nyoni, *Eu não sou uma bruxa*, Shula tenta fugir do acusadores, mas é capturada e levada de volta a um campo de bruxas.

Protesto no sul da Nigéria, em 2009, organizado por crianças acusadas de bruxaria e seus apoiadores.

Stormy Daniels fala à imprensa em abril de 2018, do lado de fora de um tribunal de Nova York. Seu advogado na época, Michael Avenatti, está ao seu lado.

Rose McGowan fala durante uma coletiva de imprensa sobre o movimento #MeToo, em janeiro de 2020, no primeiro dia do julgamento de Harvey Weinstein.

Memorial às pessoas executadas por bruxaria em East Lothian, Escócia, incluindo Anny Sampson e Gillie Duncan, elaborado por Andy Scott e erguido em 2011. O corpo da mulher é feito de folhas de metal, e o livro tem o objetivo de indicar dignidade e poder. Em 2022, a primeira-ministra Nicola Sturgeon pediu perdão a todas as bruxas acusadas na Escócia.

iStock-1321716251

BeltaneFireFest.jpg

Desde essa gravura alemã do século XIX representando a ideia medieval do sabá das bruxas, foi um longo caminho até os dançarinos celebrando o moderno festival pagão de Beltane, na Escócia.

TopFoto/AGB Photo Library

Nicole Kidman como a bruxa Isabel Bigelow preparando-se para interpretar o papel de outra bruxa – Samantha – no filme *A feiticeira*, de 2005. Assim como no memorial de Andy Scott, seu livro lhe confere autoridade no resgate da figura da bruxa.

CAPÍTULO 12

O julgamento de "Shula": bruxaria na África

"Quando semeia sorgo, você colhe sorgo. Quando semeia milho, colhe milho. Mas, quando semeia espinho-do-diabo, não pode esperar uma colheita de trigo!" Com essas palavras, Bennett Makalo Khaketla reproduziu, na ficção, a morte de Meleke Ntai e o julgamento de Bereng e Gabashane em um romance escrito no idioma sesoto e publicado em 1951, apenas dois anos depois do julgamento. Bennett, político basoto, fora observador atento dos eventos de 1949 e afirmou que o livro *Mosali a Nkhola* (traduzido como *A mulher que me traiu*) tinha o propósito de fazer os leitores "pensar, com atenção, nos assassinatos *liretlo*, examinar a questão sob todos os ângulos e ver como poderiam ser extintos".[1] Achava que esse tipo de assassinato era um problema comum em toda a região sul da África, sob nomes diferentes, como assassinato *muti* (remédio), em áreas onde se falavam outras línguas em vez daquela de Sesoto. Seu romance sugeria que, se fosse permitido, o povo da região semearia metaforicamente o "espinho-do-diabo", erva espinhosa que lacera qualquer um que tenha o azar de tocá-la. A pergunta de Bennett era: como as nações do sul da África poderiam almejar a independência quando os próprios habitantes eram retratados no mundo inteiro como assassinos e bruxos?

Em 1951, porém, ativistas anticolonialistas de Basutoland já afirmavam que ninguém ali acreditava, de fato, em bruxaria ou em outros tipos de magia. Os assassinatos *liretlo*, diziam, só existiam como fantasia paranoica, e os suspeitos de assassinato eram perseguidos sem o menor motivo. Injustiças evidentes que marcaram o julgamento de Bereng Griffith Lerotholi e Gabashane David Masupha pareciam endossar esse argumento. A história europeia também fornecia material para a noção de que todos os julgamentos envolvendo ideias de bruxaria eram flagrantemente equivocados. Em 1957, o presidente do Congresso africano de Basutoland, Ntsu Mokhehle, apontou um padrão ambíguo: a polícia britânica de Basutoland, disse ele, tinha "concordado facilmente que o assassinato ritual é para uso de carne humana em compostos mágicos", porque "a crença europeia aceita, de bom grado, essa ideia"; no entanto, as acusações europeias de bruxaria, argumentou Mokhehle, já eram consideradas "meras fantasias". Embora os administradores coloniais retrucassem que os julgamentos relacionados ao *liretlo* eram de assassinatos por meio de violência, não por bruxaria, não podiam negar o fato de que os suspeitos eram tratados de maneira injusta, assim como as bruxas acusadas no passado. Portanto, era difícil às autoridades recorrer ao argumento moral e agir com eficácia tanto contra os assassinos *liretlo* como em relação a quaisquer outras pessoas que quisessem prejudicar os suspeitos de outros tipos de bruxaria.[2]

Historiadores e antropólogos, negros e brancos, nos dão conta de que os assassinatos *liretlo* ocorriam, e ainda ocorrem, em Lesoto e em outros lugares. Na realidade, há boas evidências de que ainda hoje grande número de pessoas são mortas por toda a região sul da África – subsaariana, como às vezes é citada –, para que partes de seus corpos sejam usadas em amuletos. Grupos ativistas como a Rede de Informação sobre Bruxaria e Direitos Humanos e a Anistia Internacional, bem como órgãos internacionais como o Conselho de Direitos Humanos das Nações Unidas, concordam que essa é uma das questões mais difíceis enfrentadas por países como Zâmbia, Malawi e Tanzânia, onde esse tipo de assassinato é muito bem documentado. Africanos albinos são os que correm mais risco, pois acredita-se que seus corpos sejam mágicos: "Eles são caçados por causa dos ossos e de partes do corpo, e os criminosos seguem impunes", denuncia a Anistia Internacional. Reportagens como a campanha da jornalista Annie Ikpa contra o sacrifício ritual de crianças em Uganda são assustadoramente comuns: cento e trinta e dois assassinatos envolvendo magia foram relatados entre 2019 e 2021.[3]

Por outro lado, milhares de pessoas no sul da África ainda são acusadas de uma espécie de bruxaria que não envolve assassinatos físicos para obtenção de partes do corpo, mas, sim, o uso de feitiços e maldições para matar e prejudicar vizinhos. A violência contra essas pessoas é um evento diário. Em 2021, em apenas quatro meses, trezentas e vinte e quatro acusações de bruxaria foram feitas em uma única província da República Democrática do Congo, com oito mulheres assassinadas. Em uma província vizinha, cento e catorze pessoas foram acusadas, cinco das quais acabaram morrendo. Bruxas suspeitas são alvejadas, esquartejadas até a morte com machados e facas, surradas e queimadas. Algumas simplesmente são atacadas pelos acusadores e mortas no ato, enquanto outras passam por julgamentos informais conduzidos em reuniões secretas. Indivíduos sob suspeita vivem aterrorizados. Em 2020, jornalistas de Al Jazeera conversaram com quatro acusados de bruxaria na República Centro-Africana, Helene Ndenjia, Kamer Gabriel, Therese Yambissi e Martine Rengapou, que vivem praticamente como prisioneiros em casa, abandonados pela maioria dos membros da família. "Estamos sós", disse Kamer, depressivo. "Não posso nem sequer sair de casa."[4] A noção de que um julgamento por bruxaria é um modo aceitável de impor poder e assegurar a ordem continua presente em todo o sul da África, assim como a crença de que o cristianismo é um remédio eficaz contra bruxaria.[5]

Quando escreveu seu romance em Basutoland no início da década de 1950, Bennett Khaketla acreditava que as representações fictícias dos problemas dos assassinatos por bruxaria e dos subsequentes julgamentos alcançariam público maior e mais receptivo que qualquer registro oficial dos tribunais. Um fator que ele achou particularmente difícil abordar em obra não ficcional era o papel da demonologia cristã na crença em bruxaria. Por isso, um dos personagens de Bennett, Pokane, advogado acusado de bruxaria, fala pelo autor no romance. Ele lamenta:

> A Igreja fracassou em sua missão. Ela não veio aqui para conquistar o coração das pessoas ensinando sobre Cristo, mas, sim, para impressionar seus superiores no exterior. Começou aterrorizando as pessoas com o fogo do inferno, e o enxofre, e as chamas eternas. Nunca fez esforço para fazê-las compreender exatamente o que Deus pede de Seus filhos, para entender que Deus é bondoso, amoroso e paciente.[6]

Nesse sentido, diz ele que mesmo os bons cristãos cometem pecados, incluindo os crimes *liretlo* e a acusação de bruxaria, pois são motivados por medo em vez de por amor. O remédio sugerido é uma mudança na atitude cristã para cautela nas questões de magia: "educação é a única resposta [...] a vida humana é muito importante e não deve ser esmagada com a mesma facilidade com que se quebra um pote de argila".

É significativo que Pokane responsabilize a demonologia importada por disseminar a crença em bruxaria, pois Bennett era cristão convicto. Ele começa a história de seu romance com uma citação bíblica e termina o livro com uma prece. Entretanto, o crítico sul-africano Toomy Selepe resume, de maneira correta, o argumento do romance com essas palavras: "Se uma cultura estrangeira é imposta a um povo, certamente afetará sua malha social, causando deslocamento mental, alienação emocional e confusão no autoconhecimento". Diante dessa confusão, *Mosali a Nkhola* é uma tentativa de estimular a discussão sobre bruxaria na África e além dela, em particular em igrejas africanas, abordando eventos reais por meio da ficção.

O livro de Bennett foi ancestral de um filme de 2017, *Eu não sou uma bruxa*, vencedor de prêmios internacionais, sobre um julgamento por bruxaria ocorrido na África, o qual também tinha o objetivo de abordar as crenças sul-africanas em bruxaria.[7] Dirigido por Rungano Nyoni, é sobre uma criança zambiana acusada de bruxaria. Era uma vez, começa o filme, uma garotinha apelidada Shula, que significa "sem raízes", porque ninguém sabia seu nome verdadeiro nem de onde vinha. Shula, interpretada pela atriz-mirim Margaret Mulubwa, da Zâmbia, aparece em uma aldeia que também não tem nome, sem pais ou parentes que cuidem dela, e logo se torna suspeita de ser bruxa. O primeiro indício surge quando ela fixa o olhar em uma mulher que carrega água de um poço: a mulher tropeça e derruba a água. Logo Shula é denunciada por toda a comunidade, pois as pessoas dizem que não podem mais puxar água do poço porque ela o amaldiçoou.

Ela é julgada primeiro por um tribunal da polícia, que faz um exame preliminar. A policial Josephine preside o tribunal. Josephine interroga os acusadores sobre suas histórias. "A criança é uma bruxa", diz um deles. "Desde o momento em que entrou na aldeia, muitas coisas estranhas têm acontecido: coisas que não aconteciam antes." Outro acusador diz que Shula o atacou com um machado, arrancando-lhe o braço. Como o homem ainda tem os dois braços, os espectadores riem dele, e fica estabelecido que o ataque ocorreu em sonho. A policial Josephine é cética e se recusa a registrar esse depoimento, mas as palavras do homem tiveram efeito, e ela não tem certeza de como proceder. Josephine só se dirige a Shula diretamente uma vez, ao lhe perguntar seu nome. A menina não responde. A policial não se sente segura para dispensar o caso, porque Shula parece aturdida demais para confirmar ou negar culpa.

A oficial Josephine decide consultar um político local, ministro do governo, senhor Banda, sobre como proceder. Infelizmente, o senhor Banda – cujo nome lembra o do presidente da Zâmbia na época, Rupiah Banda – é um homem ganancioso e corrupto, que vê no caso uma oportunidade. Se Shula for condenada, ele poderá empregá-la sem remuneração em seu “campo de bruxas”, prisão para bruxas exiladas das aldeias natais. Com isso, ganhará dinheiro graças às supostas habilidades mágicas da garota. O senhor Banda pede a um *nganga*, ou médico-bruxo – equivalente em Zâmbia a um *ngaka* em Basoto –, que experimente a magia de Shula matando uma galinha e detectando a culpa da criança com base no tipo de morte. Se nas convulsões da morte a galinha cambalear para fora de um círculo feito a giz no chão, Shula será considerada culpada. O círculo é pequeno; portanto, claro que a galinha moribunda se convulsiona para fora dele. Então, Shula é condenada. Em seguida, levam-na ao campo de bruxas, aldeia feita de barracas na poeirenta savana do país.

No campo de bruxas, Shula vive com um grupo de mulheres igualmente banidas de suas aldeias. A maioria das bruxas condenadas trabalha nos campos para proprietários locais, sob a “tutela” do senhor Banda, como ele mesmo define; na realidade, o político trata as bruxas como escravizadas modernas, pois trabalham para ele de graça. São exibidas aos turistas curiosos, que as fotografam, e devem parecer assustadoras para a mídia social, como se estivessem lançando feitiços. O senhor Banda, contudo, percebe que pode ganhar ainda mais dinheiro se apresentar Shula como vidente. Dá a ela vestes teatrais, com plumas e penas, e manda que pinte o corpo. Shula é levada às comunidades que precisam do auxílio da magia e recebe ordens de usar seu poder de bruxa para identificar um ladrão, invocar chuva ou divertir o público de um programa de entrevistas na TV.

Corrupção, misoginia e crise econômica pós-colonial marcam a vida de Shula e das colegas bruxas: elas são prisioneiras, atrações ao vivo e *commodities*. Embora pareça uma situação surreal, as mulheres são impedidas de voar a locais distantes, como o Reino Unido, para matar pessoas – provável cenário, segundo o guia turístico –, pois ficam amarradas a carretéis gigantes de fita branca. As outras prisioneiras são gentis com Shula, mas, no decorrer do filme, vemos claramente que sua vida é ameaçada tanto pelas multidões enraivecidas quanto por seu “guardião”, o senhor Banda. Enquanto cumpre uma série de tarefas passadas pelos capatazes do senhor Banda, algumas pessoas a acusam de lançar feitiços sobre elas. O próprio político a ameaça quando ela se recusa a interpretar o papel de vidente. Durante boa parte do filme, Shula aparece quieta e passiva. A vulnerabilidade da condição de bruxa-mirim se torna cada vez mais preocupante aos espectadores à medida que vemos o rosto confuso e desesperado de Shula, geralmente perplexo, aturdido, diante das tarefas impossíveis que lhe são impostas. De fato, um dia Shula morre em circunstâncias inexplicáveis, e seu pequeno corpo é jogado fora do campo de bruxas.[8]

A história de Shula baseia-se em acusações verídicas de bruxaria e em campos reais de bruxas existentes ainda hoje na Zâmbia, em Gana e no sul da África. Neles, centenas de supostas bruxas, a maioria mulheres adultas, mas também algumas crianças, vivem em exílio. Como Shula da ficção, muitas foram acusadas por pessoas que sonharam que alguma bruxa as amaldiçoou; e várias foram julgadas no ritual da galinha. Em conversa com uma jornalista de Gana, Justice Baidoo, em 2019, a condenada Wuriche Pinsuma explicou que fora acusada por uma das esposas de seu marido, vinte anos antes, e vivia em um campo de bruxas desde então. Assim como a prisão de Shula, esse campo é administrado por um poderoso governador que, segundo as prisioneiras, as usa como "mão de obra barata", "escravizadas", além de molestá-las. Mesmo assim, algumas se sentem mais seguras em um campo de bruxas que em casa.

Em outro campo, Hawabu Issahaku contou a uma equipe de TV que seus acusadores em casa a surravam com uma barra de metal até "meu corpo inteiro se tingir de sangue". Assim como Shula, ela teve sorte por ainda estar viva no julgamento, mas até hoje é traumatizada pelo modo como a comunidade se voltou contra ela, sem se importar se morreria ou não em decorrência dos ferimentos. Bruxas condenadas como Hawabu que não passam pelo exílio nos campos geralmente são assassinadas, e seus corpos, jogados fora, como acontece com Shula no fim de *Eu não sou uma bruxa*.[9] Embora essa perseguição assustadora já tivesse sido exposta antes de 2017 em documentários como aquele em que Hawabu foi entrevistada, a ficção *Eu não sou uma bruxa* atraiu públicos maiores no mundo todo. O filme ganhou prêmios nos Estados Unidos, na África do Sul, na Índia, no Canadá, na Grã-Bretanha, na França, na Suécia e na Austrália e, em conjunto com o ativismo de caridade e a produção de documentários, provocou debates que se estenderam para fora das seções de cinema dos jornais, virando notícia e instigando ação política. Em 2021, uma resolução das Nações Unidas pedia, pela primeira vez, a todos os países que "condenassem práticas danosas relacionadas a acusações de bruxaria" e "tomassem todas as medidas necessárias" para extingui-las.[10]

Assim como o romance de Bennett Khaketla, a história de Shula e seu sucesso em promover debates mostram como as representações ficcionais de eventos reais podem fazer diferença no modo como as pessoas entendem a magia e a bruxaria.

Em *Eu não sou uma bruxa*, o foco é despertar a consciência para a injustiça dos julgamentos de bruxas. Infelizmente, nem todas as obras de ficção são igualmente salubres. Da mesma forma que histórias sobre bruxas podem promover mudança útil, outras histórias maldosas ou menos conscienciosas também podem gerar consequências na vida real. Pastores, antropólogos e ativistas de direitos humanos já afirmaram que o cinema e a TV da Nigéria, indústria conhecida como Nollywood, é responsável por desencadear acusações reais de bruxaria por toda a África. Desde 1991, produtores de Nollywood desenvolvem uma série de telenovelas de ficção que abordam temas ligados à bruxaria, com base na teologia cristã, no cinema de terror internacional e nos contos folclóricos africanos. Retratam a bruxaria como se fosse uma ameaça real, com vilãs bruxas representando uma demonologia televisual.

Em *A Dívida de Andy*, produção de 1992, Andy (Kenneth Okwonko) sacrifica a esposa a um culto satânico. Em *End of the Wicked* (1999), escrito pela "caçadora de bruxas" real Helen Ukpabio, algumas bruxas são crianças como Shula e aparecem matando e mutilando vítimas, roubando um ventre, e, em uma bruxa específica, começa a aparecer um pênis antes de ela ser surrada até a morte. Os créditos no início do filme mesclam ficção com realidade, afirmando que "os poderes das trevas" tentaram atrapalhar sua produção. Embora Nollywood não fosse conhecida fora da Nigéria antes de 2003, naquele ano foi inaugurado o canal continental AfricaMagic. Depois disso, filmes de Nollywood certamente influenciaram acusações até em locais longínquos, como o leste da África. De fato, as cineastas quenianas Mercy Murugi e Janet Kanini-Muiva criticaram os filmes de bruxas de Nollywood em 2009 por gerarem tendência perniciosa no Quênia e nos países vizinhos, Tanzânia e Zâmbia, terra natal de Shula. Em 2021, pesquisadores nigerianos resumiam nesses termos as queixas oriundas de todo o continente: "A representação de bruxaria por parte de Nollywood está promovendo sua existência". Recomendavam que os cineastas avaliassem se o público corria o risco de transformar a demonologia da ficção televisiva em perseguição real. Com os filmes de Nollywood agora disponíveis no YouTube e na Netflix, essas plataformas também deveriam levar em consideração essa questão e alertar o público mundial quanto ao conteúdo.[11]

Em 2021, o crítico de cinema Bernard Dayo, de Lagos, identificou a inspiração desses programas nigerianos sobre bruxas como a mesma combinação tóxica de influências europeias e africanas descrita por Bennett Khaketla setenta anos antes e a mais de seis quilômetros de distância. Embora a cosmologia

Iorubá da Nigéria sempre tivesse bruxas capazes de fazer o bem ou o mal, como curandeiras ou videntes, explicou Bernard, "a chegada do cristianismo demonizou essas práticas". Nos últimos anos do século XX, essa demonização piorou porque "as igrejas pentecostais que se proliferaram na Nigéria no século XX levavam a malignidade sobrenatural muito mais a sério que as seitas anteriores". Esse ciclo de quem nasceu primeiro, o ovo ou a galinha, ocorre, em parte, por causa do cinema de Nollywood, sugeriu Chijioke Azuawusiefe em 2020: "Ao produzir inúmeros filmes que reiteram constantemente o poder e os perigos do oculto, bem como os valores anticristãos, Nollywood acaba destacando o oculto na religião popular". Ele concluiu, enfim: "Missionários cristãos criaram uma visão dualista do mundo, dividindo-o entre bem e mal", e os filmes de Nollywood adotaram essa demonologia retratando bruxas na televisão.[12] Portanto, a ficção se converteu em fato, e hoje bons cristãos acusam os vizinhos de bruxaria na vida real.

A proliferação das perseguições às bruxas no sul da África atualmente, como mostra o exemplo ficcional de *Eu Não Sou uma Bruxa*, não é surpreendente no contexto histórico dos julgamentos por bruxaria: desde a abertura deste livro, temos visto o que acontece quando o poder da mídia comunicativa se alia a uma cultura que valoriza a demonologia cristã. As obras impressas de demonologia da era reformista transformaram as crenças em bruxaria em ondas de julgamentos na Europa do século XV; do mesmo modo, a cristianização e a demonologia digital por ela gerada mudaram a África moderna. Em vez de livros, a demonologia espalha-se hoje por meio de *streaming*, mídia social, *sites* e postagens em *blogs*. Frequentemente, a África é retratada como local onde a acusação de bruxaria "ainda existe", mas a realidade é que ela resistiu à demonologia por mais tempo que a maioria das outras partes do mundo. Infelizmente, a realidade da bruxaria agora é aceita, às vezes até por órgãos que tentam deter a violência relacionada a ela. Assim como a policial Josephine, que tenta ser correta no julgamento de Shula, mas não consegue, muitas autoridades não sabem o que fazer com o fenômeno da acusação de bruxaria.

Em 1996, por exemplo, o governo da África do Sul montou a Comissão Ralushai na Província do Norte para elaborar modos de impedir ali outros assassinatos de suspeitos de bruxaria. Presumia-se que a comissão começaria os trabalhos afirmando que as bruxas, na realidade, não prejudicam ninguém; portanto, os assassinos não podiam ser justificados em suas ações. Em vez disso, porém, o relatório da comissão listou e endossou os motivos para a crença em bruxaria, entre eles referências bíblicas a bruxas e afirmações do tipo

"Shakespeare não teria se referido a bruxas se elas não existissem de fato" e "historicamente, todos os africanos sempre acreditaram em bruxaria". Os membros da comissão eram sinceros e queriam acabar com a violência contra bruxas acusadas, mas não sabiam como fazê-lo sem negar a existência da bruxaria. Aliás, não estavam dispostos a negá-la.[13] Como vemos nessa linha de raciocínio, é difícil desembaraçar a política cultural da crença em bruxaria. Obras nocivas de ficção e a realidade se reforçam mutuamente, e as ideias demonológicas europeias se tornaram tão influentes quanto as nativas, ou até mais que elas. À medida que missionários cristãos construíam hospitais, igrejas e escolas, treinavam parteiras e ministros e até apresentavam aos estudantes africanos Shakespeare, sua insistência na noção de que o mundo era uma batalha binária entre forças opostas se espalhava. Em decorrência disso, algumas congregações locais decidiram caçar humanos ímpios que seguiam o diabo.

Sabe-se, contudo, que as acusações de bruxaria ocorriam na África antes do estabelecimento do cristianismo. Cristãos europeus não introduziram julgamentos de bruxas na África ou em qualquer outra área de expansão colonial, mas, em harmonia com a escolha dos moradores locais, mudaram sua natureza e escala. Alguns julgamentos são conhecidos dos reinos africanos independentes desde meados até o fim do século XIX, sendo registrados por visitantes europeus. Os julgamentos descritos compartilham das mesmas características, o que indica cultura de perseguição às bruxas estabelecida antes de ser notada por observadores da Europa. Por exemplo, em 1880, em Bulawayo, a quase mil e trezentos quilômetros ao norte do Lesoto, no Zimbábue, o rei da etnia AmaNdebele, Lobengula Khumalo, mandou enfocar a irmã Mncengence e outras seis pessoas por bruxaria. Mncengence teria enfeitiçado a esposa de Lobengula, Xwalile, deixando-a infértil. Dizem que Lobengula também executava nove ou dez outras "bruxas" por mês, o que nos mostra que a prática era absurdamente comum, pelo menos enquanto ele foi governante.

Enquanto isso, no reino de Merina, em Madagascar, militantemente anticristão, julgamentos de bruxas em massa nos distritos rebeldes já eram relatados em meados do século XIX. As pessoas eram forçadas por funcionários palacianos a engolir veneno. As que morressem eram declaradas culpadas, e as que sobrevivessem, inocentes. Em 1892, no reino Xhosa de Mpondoland, colonizadores relataram a tortura de uma suposta bruxa, Mamatiwane, madrasta do rei Sigcau Kamqikela. A intervenção colonial a salvou. Dizia-se que outros governantes africanos, como o líder zulu do início do século XIX, Shaka, tinha atitude diferente.

Shaka desafiava os "médicos-bruxos" a farejar bruxas, método favorito de detecção; os que fossem considerados falsos eram executados. A crença em bruxaria, portanto, parece ter-se alastrado pela África no século XIX, com julgamentos frequentes. Mas as caças às bruxas na escala em que vimos na Europa e na América eram limitadas.[14]

Entretanto, nos anos em que a África foi colonizada com mais fervor por potências invasoras europeias, isto é, entre 1880 e 1960, sociedades e culturas africanas passaram por rápidas mudanças. A ideia da bruxaria foi remodelada pelos recém-chegados cristãos, e, para eles, qualquer tipo de magia era inaceitável. Além disso, foi sugerido, recentemente, por estudiosos que o comércio transatlântico anterior de escravizados era visto pelas vítimas como uma espécie de bruxaria. Se antes imaginavam as bruxas metaforicamente consumindo a felicidade, a fertilidade e a saúde, alguns indivíduos escravizados se diziam vítimas de bruxas que, segundo eles, literalmente os comeriam em Barbados ou em Boston. Somada à redefinição trazida pelos cristãos, esse novo conceito de bruxaria como escravidão pode ter desestabilizado as crenças tradicionais. Um estudo publicado em 2020 afirma que, na África, na América do Norte e na América do Sul, "representantes de grupos étnicos severamente invadidos durante a era do comércio de escravizados no Atlântico são mais propensos a acreditar em bruxas hoje".[15]

Essa hipótese não explica tudo acerca dos julgamentos africanos por bruxaria contemporâneos, mas indica elos entre a violência colonial e um legado de desconfiança social: a incubadora ideal para a crença em bruxaria. Antropólogos que estudaram a questão da confiança também enxergam semelhanças interessantes entre o período colonial africano e a Europa na era medieval e início da moderna. Em ambos os casos, o conflito religioso, político e cultural era endêmico; as autoridades perseguiam tanto inimigos reais quanto imaginários; a confiança entre vizinhos decaiu, com grupos demonizando uns aos outros; e as magias tradicionais que outrora enfrentavam supostos atos de bruxaria com feitiços contrários foram proibidas. Esse é um cenário simplificado, e particularmente na África havia o horror adicional da escravização com base em raça, mas os paralelos entre os dois continentes e períodos dão uma perspectiva interessante na continuidade da bruxaria até hoje. Não seria surpresa se pessoas nessas situações em qualquer continente e época acusassem umas às outras de bruxaria, como os aldeões em Zâmbia acusaram Shula, forasteira que apareceu na comunidade onde os habitantes já eram pobres e desconfiados.[16]

No entanto, se isso for verdade e cristãos bem-intencionados exportaram uma visão medieval do mundo para a África moderna, por que a demonologia não floresceu naquele continente no fim do século XIX? Ironicamente, depois do fim do comércio institucional de escravizados em meados do século XIX, administradores coloniais europeus ajudaram vítimas de acusações de bruxaria. O ceticismo em relação à existência de bruxas, formado com base em casos como os de Tatabe e Marie-Catherine Cadière, tornou impossível a continuidade de julgamentos por bruxaria. Muitos administradores chegaram à África com um evangelho que transmitia a mensagem cristã positiva de amor, mas excluíam a "superstição medieval". Logo, rejeitavam quaisquer queixas de bruxaria que lhes fossem apresentadas, expulsando os acusadores do tribunal, com a convicção que faltara à policial Josephine em *Eu não sou uma bruxa*.

Em meados do século XX, as Leis de Supressão à Bruxaria de 1895 e 1957, que suspendiam os julgamentos por bruxaria, embora não a bruxaria em si, vigoravam em boa parte da África subsaariana, controlada por europeus. Com base na Lei contra Bruxaria da Grã-Bretanha de 1735 e outras leis europeias relacionadas, foram proibidas, embora com diferenças cruciais, tanto as acusações de bruxaria quanto sua "suposta" prática. Em alguns países, porém, as leis se contradiziam. Na Zâmbia, terra natal de Shula, uma Lei contra Bruxaria de 1914 proibia acusações, fossem elas de "médicos-bruxos ou de caçadores de bruxas", bem como de "suposta" bruxaria. Entretanto, os termos eram confusos, e a lei parecia confirmar a existência da bruxaria, proibindo o uso de "qualquer espécie de bruxaria ou meio antinatural" para descobrir bens perdidos ou identificar ladrões e "qualquer outro meio, processo ou artifício adotado na prática de bruxaria ou magia".[17] Não foi à toa que a policial Josephine ficou confusa.[18]

Legisladores do fim do século XIX e do século seguinte também enfrentavam conflitos às vezes, não apenas diante de crenças locais, mas também por desacordo nas próprias comunidades. Visões missionárias nem sempre combinavam com as administrativas. Enquanto os administradores preferiam a ordem pacífica, com controle social e produtividade econômica, os missionários geralmente acreditavam na presença literal e perturbadora de Satanás em meio às congregações, promovendo, vez ou outra, conflito. Havia resultados incômodos à medida que o cristianismo europeu inspirava novas demonologias em congregações africanas. Já nos anos 1920, uma caça às bruxas na Nigéria, então controlada pelos britânicos, foi iniciada por um "Movimento do Espírito", que continha elementos da magia africana de transe e também dos êxtases cristãos reconhecíveis a Abigail Williams e Marie-Catherine Cadière.

Seguidores do Movimento do Espírito acreditavam que eram "possuídos" pelo Espírito Santo, o que lhes possibilitava detectar bruxos e bruxas. Quando o Movimento se separou de organizações religiosas institucionalizadas, suas práticas se tornaram cada vez menos submetidas às restrições contemporâneas, enquanto os suspeitos de bruxaria sofriam tortura e eram abandonados para morrer, em parte porque a lei colonial não permitia julgamentos por bruxaria. Embora a Igreja não sancionasse esse Movimento, era evidente que missionários europeus não podiam forçar os cristãos a suspenderem a caça às bruxas. Infelizmente, com o Movimento do Espírito ganhando força, quatro "bruxas" foram assassinadas e trinta atacadas por pessoas que se diziam impelidas por inspiração divina. Esses fanáticos que participaram das matanças foram, por sua vez, executados pelas autoridades, e o Movimento foi extinto.[19]

Em meados do século XX, o cristianismo africano expandiu sua influência e ganhou confiança em outras nações, geralmente se desligando das seitas europeias que o haviam implantado no continente africano. Por fim, entre as décadas 1960 e 1980, uma nova onda de missionários cristãos, dessa vez pentecostais, chegou dos Estados Unidos. Os pentecostais acreditam que os adoradores podem ser inspirados diretamente pelo Espírito Santo, e, ao falarem em línguas ou profetizar, as congregações podem revelar sabedoria oculta, incluindo a descoberta de bruxas. A partir dos anos 1960, esses impulsos foram fortalecidos por uma redefinição moderna de como funcionava a bruxaria. O profeta norte-americano William Marion Branham ensinava aos fiéis congoleses que os aparelhos de televisão e os telefones podiam ser instrumentos demoníacos, e seus seguidores acreditam hoje que funcionários de empresas de telecomunicações são bruxos; o mesmo pensam de educadores e estudantes que utilizam tecnologias educacionais: calculadoras, vídeos, internet. Essas crenças não têm origens africanas, mas foram importadas e encontram respaldo das modernas teorias norte-americanas da conspiração, como QAnon, que afirma que políticos e chefes de empresas de tecnologia são satanistas.[20] Alguns pastores evangélicos também se dedicam a "livrar" ou libertar vítimas de bruxaria, como Helen Ukpabio, da Igreja Evangélica da Liberdade, da Nigéria, que também escreveu o roteiro do filme *End of the Wicked*. De vez em quando, um líder supostamente secular também exige que as bruxas sejam criminalizadas oficialmente, como o caso de um magistrado de Zâmbia em 2016, reforçando, assim, os ensinamentos da Igreja.

Nesse clima, crianças indesejadas ou isoladas como Shula correm grande perigo de serem acusadas de bruxaria.[21]

Uma das consequências da demonologia com base em tecnologia é que os acusadores de bruxas têm como alvo específico as crianças. As primeiras acusações infantis documentadas ocorreram em Camarões, no oeste da África, nos anos 1970. Foram investigadas por dois antropólogos, o australiano Robert Brain e o holandês Peter Geschiere.[22] Habitantes locais que explicaram as acusações a Robert Brain disseram que, em sua opinião, o pensamento relacionado à infância estava mudando. Em vez de serem consideradas vulneráveis, algumas crianças eram reclassificadas como superpotentes, com compreensão do mundo moderno e de suas tecnologias muito mais vasta que dos familiares.

Por meio da exposição ao mundo além das aldeias, elas teriam sido infectadas pelo desejo de enveredar pela bruxaria e acabaram possuídas por espíritos malignos que as obrigavam a disseminar o mal. Os espíritos também lhes davam poderes especiais de feitiçaria e vidência, assim como Shula, que era forçada a agir como vidente. Em Camarões, líderes comunitários concluíram que a atitude correta para lidar com os poderes especiais das crianças era exorcizá-las, mas o exorcismo em si era traumático. Na teologia africana, a pessoa exorcizada é, ao mesmo tempo, bruxa e vítima, com espírito demoníaco vivendo literalmente no corpo da vítima, e esta deve ser atacada para que o "espírito de bruxaria" seja expulso. Em vez de "salvar" o indivíduo possuído, o exorcismo pode se tornar um julgamento seguido de castigo.

Com as notícias sobre crianças bruxas a se espalhar pelo continente por intermédio dos jornais, da televisão e das pregações, multiplicaram-se as acusações, os julgamentos informais e os exorcismos, atingindo o auge nos anos 1990 e início do século XXI, com o avanço das tecnologias de comunicação. Envolviam a tortura, o assassinato ou o exílio de crianças por toda a África, bem como a diáspora africana. O fundo Unicef das Nações Unidas calculou em 2012 que em torno de vinte mil "crianças bruxas" ficaram sem casa na capital do Congo, Kinshasa, embora seja ilegal naquele país acusar uma criança de bruxaria.[23]

Geralmente, o julgamento de uma criança por bruxaria ocorria como no caso de Shula, com os pais se voltando contra um(a) filho(a) por causa de algum infortúnio. Uma adolescente, Veronica, que conversou com o jornalista congolês Mpoyo Gael em 2018, disse que fora acusada de bruxaria quando o filho de um vizinho morreu após ela ter recuperado dele um telefone celular: "Eu disse ao homem que não sabia nada daquilo", explicou Veronica, mas "ele disse que ia chamar um médico-bruxo a casa, para descobrir se fora eu ou não que enfeitiçara seu filho". Nesse julgamento ilegal e informal, Veronica foi condenada e teve que deixar a aldeia, em exílio. Em 2018, ela morava em um orfanato.

Outras crianças têm histórias semelhantes, muitas sob as mãos de clérigos cristãos. Merveille, exilado congolês de oito anos, disse: "Estávamos em uma sala de oração quando o pastor declarou que sou bruxo... Vendou meus olhos e começou a orar por mim". O ministro acusou o garoto de matar a própria mãe, e o pai de Merveille concordou. É fácil culpá-lo por acusar e expulsar o filho, mas a antropóloga Jean La Fontaine – especialista em crenças em bruxaria – recomenda cautela: dominados pela visão pós-colonial cristã do mundo, muitos acusadores de bruxas africanos devem sentir que Satanás está destruindo suas comunidades, explica a cientista. O diabo fomenta uma violência desmedida, guerras civis ou internacionais, aids, o colapso de estruturas sociais, migração caótica, fome, escravidão em tempos modernos. Comunidades desesperadas podem suspeitar dos jovens como agentes de mudança e globalização. O importante é acabar com a injustiça global que leva as pessoas ao desespero e extirpar de vez a demonização, a violência e a crueldade dele oriundas.[24]

Com a história de Shula, a proliferação dos julgamentos de bruxas no sul da África ganhou atenção mundial, e muitos outros artistas, estudiosos e ativistas da diáspora africana também desafiam essa proliferação. Mas enfrentam dificuldades. Leo Igwe, fundador da Defesa das Alegadas Bruxas, relata que foi preso e agredido fisicamente várias vezes. Em 2019, uma conferência sobre crenças em bruxaria realizada na Universidade da Nigéria, Nsukka, organizada pelas professoras Elizabeth Onogwu e Egodi Uchendu, foi atacada pela Associação Cristã da Nigéria e pela Congregação Pentecostal de Nigéria. O bispo Goddy Okafor convocou "orações agressivas" contra a conferência, enquanto o apóstolo doutor Joseph Ajujungwa a classificou como "tentativa de colocar a Universidade da Nigéria nas mãos do diabo". Alguns jornalistas descreveram o evento equivocadamente como celebração de bruxaria por parte de bruxos praticantes, e o local de propriedade do governo não foi mais usado, e um dos palestrantes principais desistiu de falar. Refletindo sobre o ocorrido em 2021, Egodi Uchendu descreveu o episódio como "interpretação errônea e ignorante acerca do tema e da motivação da conferência". Na época, ela teve de declarar: "Não somos bruxas. Somos professoras universitárias e intelectuais que estudamos o fenômeno da bruxaria".[25]

Para certo alento, alguns líderes cristãos a apoiaram. O bispo católico Matthew Hassan Kukah afirmou que cristãos europeus, no passado, "consideravam as religiões africanas nada mais que bruxaria e magia. Com o tempo, porém, a Igreja vem tentando dialogar com essas crenças". Portanto, esse diálogo deve continuar, e as universidades precisam contribuir. O bispo ressaltou que os próprios africanos eram as pessoas mais qualificadas para falar de suas crenças.[26] Ele está certo. Mas os povos não africanos não devem se silenciar. Instituições de caridade como a ActionAid se empenham em ajudar as bruxas acusadas e condenadas e também em educar os aldeões, na esperança de minimizar as acusações. A Rede de Informações sobre Bruxaria e Direitos Humanos reúne aqueles que se preocupam com a violência relacionada à bruxaria, incluindo os assassinatos *liretlo* e os julgamentos de bruxas, com o objetivo de desenvolver soluções, treinamentos e recursos, às vezes realizando intervenção específica. Crianças como Shula e mulheres como suas colegas no campo de bruxas podem receber ajuda prática: advogados, transporte, recolocação e auxílio financeiro para fugir dos acusadores e exploradores e, assim, recomeçar a vida. Pessoas que trabalham com bruxas acusadas também podem ajudá-las a recuperar a confiança, dando-lhes o respeito e a segurança advindos do fato de serem ouvidas. Essas mulheres afirmam que, em muitos sentidos, o mais importante é acreditar nelas quando dizem: "Eu não sou uma bruxa".

CAPÍTULO 13

O julgamento de Stormy Daniels: bruxaria na América do Norte

Foi surpresa para muita gente quando o presidente dos Estados Unidos, Donald Trump, colocou no Twitter as palavras "CAÇA ÀS BRUXAS!" pela primeira vez, em 10 de janeiro de 2017, embora se soubesse que ele usava o termo como cidadão comum desde, no mínimo, 2011. Nos quatro anos de presidência, Trump tuitou a mesma mensagem trezentas e setenta e nova vezes, com letras de forma: pelo menos uma por semana, geralmente duas. O então presidente usava a expressão para atacar aqueles que o chamavam de mentiroso, corrupto e antidemocrático, predador sexual ou agente do governo russo, bem como os que desejavam prejudicar seus aliados e enviá-los a julgamento.[1] Em certo sentido, Donald Trump não estava errado em usar a expressão "caça às bruxas": as alegações de que era criminoso, abusador, charlatão, espião e subversivo assemelham-se às acusações contra Helena Scheuberin, Anny Sampson, Jean-Baptiste Girard, Montie Summers, John Blymyer, Nellie Duncan e outros "bruxos" neste livro.

No entanto, o fato de um homem branco supremamente poderoso e líder mundial assumir a identidade de bruxo caçado incomodava muitas pessoas. Era como se o presidente Thomas Jefferson afirmasse sofrer como sofrera Joan Wright, ou se o rei Jaime VI sugerisse que ele, não Anny Sampson, estava sendo demonizado. Na realidade, as acusações feitas contra Trump e seus aliados têm como base evidências filmadas ou gravadas, não suspeitas intangíveis de magia. E, até agora, seu hipotético julgamento tem sido adiado inúmeras vezes, apesar das diversas acusações de má conduta. O fato de ele se apresentar como bruxo, porém, revela quanto a bruxaria continua sendo potentemente simbólica, mesmo no suposto mundo racional das nações ocidentais democráticas. A bruxaria ainda é obsessão nos Estados Unidos e no Canadá, sociedades que, em outros aspectos, se consideram superlativamente modernas; e a influência da mídia e da política norte-americanas sobre outros países significa que eles continuam a ser assombrados por bruxas.

Donald Trump não é bruxo, mas tem certo envolvimento com norte-americanos que o são. Entre esses, a mais famosa é Stormy Daniels, sua adversária de longa data, atriz de filmes pornográficos e, pelo que se comenta, antiga amante do ex-presidente. Em 2021, Stormy se juntou a Donald ao afirmar que ela também estava sendo "julgada por ser bruxa". Em uma postagem no Facebook, disse que a acusavam de bruxaria por ser profissional do sexo, além de por outros trabalhos, como leitora de tarô, caça-fantasmas e médium; e também por causa das crenças religiosas não cristãs, constituindo-se, portanto, pagã ou, nas palavras dela, "bruxa". Stormy se disse horrorizada ao ver os inimigos "usando minhas crenças religiosas, [*sic*] e minha profissão para me discriminar". Sua declaração é o primeiro exemplo neste livro de que alguém afirma, com orgulho, ser bruxa e cita a bruxaria como "crença religiosa". Enfim, a que Stormy se refere quando usa a palavra "bruxa"?

Hoje, na América do Norte, a palavra "bruxa" descreve uma identidade religiosa, que é um dos usos por parte de Stormy. A princípio, essa abordagem pode surpreender: como uma palavra que outrora identificava os inimigos de Deus, os ímpios hereges que veneravam os poderes do mal e o próprio Satanás, poderia adquirir, atualmente, posição religiosa? No entanto, se olharmos por um prisma diferente, não é tão incrível assim. Na realidade, parece uma profecia autorrealizável. Veja por este ângulo: demonólogos medievais e seus sucessores imaginavam as bruxas como a personificação de seus piores pesadelos, entre os quais a expressão do poder feminino, a sexualidade desenfreada e as intenções políticas subversivas. Naquela época, essas ameaças pareciam, a eles, o fim do mundo. Em tempos modernos, porém, os temores de clérigos medievais se converteram em liberdades valorizadas por muitas pessoas, como feministas, defensores dos direitos com base em sexo e gênero e críticos dos sistemas políticos que favorecem imperialistas brancos e ricos. Em certo sentido, os demonólogos tinham razão: seu mundo acabou mesmo, e, com ele, a definição de bruxaria.

Hoje, as pessoas que redefiniram bruxaria e adotaram a identidade de "bruxo" ou "bruxa" acreditam que se libertaram da visão cristã de mundo dos demonólogos. Embora não se oponham à ênfase em empatia com amor do cristianismo, sentem-se distantes de alguns ensinamentos cristãos interpretados pela Igreja, conforme ela crescia e se tornava mais poderosa no decorrer dos séculos. Assim como Helena Scheuberin, críticos dessa visão tradicional da Igreja são hereges, pois interpretam algumas doutrinas cristãs como misoginia, preconceito contra a sexualidade e conservadorismo cultural visto como repressivo ou corrupto. Na década de 1480, Helena tinha o pensamento herético de que Heinrich Kramer personificava todas essas falhas da Igreja cristã oficial da época. Atualmente, as pessoas que se consideram bruxas compartilham da inquietação de Helena. Para elas, os Heinrichs Kramers deste mundo são inimigos preconceituosos e perseguidores de toda virtude, e as Helenas Scheuberins, isto é, os que se autodenominam bruxos, representam um bem mais humano, liberado e empoderador. Stormy Daniels, portanto, segue os passos de Helena Scheuberin e é "bruxa": embora não idênticas, há semelhanças reconhecíveis entre elas e as demais bruxas acusadas neste livro, sobretudo na dissidência da tradição religiosa estabelecida.

A mera referência de Stormy Daniels à bruxaria em si como religião tem raízes complexas na história europeia e americana. O processo de reverter a definição de "bruxa" como inimiga da sociedade e desviar a palavra no sentido oposto, relacionando-a aos defensores de liberdade religiosa, foi longo e começou no século XIX. Nos anos seguintes à publicação de *La Sorcière*, ou *A bruxa*, na década de 1860, Jules Michelet e a esposa Athénaïs redefiniram a noção de bruxa, graças, em parte, ao conhecimento que tinham do caso de Marie-Catherine Cadière. O interesse do casal pelo feminismo e pela espiritualidade panteísta alternativa os levou a repensar as bruxas acusadas, como Marie-Catherine, como vítimas inocentes perseguidas por senhores feudais e clérigos patriarcais. Os dois atribuíam a essas acusadas forte compromisso com a caridade e a justiça social, além de conexão espiritual feminina com o mundo natural. A vaga, porém poderosa, definição do casal Michelet de bruxas como rebeldes sociais e religiosas espalhou-se pelo mundo ocidental.

Enfim, nos anos 1890, uma marcante reviravolta norte-americana foi acrescida. Como parte da campanha para conquistar o direito de voto às mulheres, a sufragista nova-iorquina Matilda Joslyn Gage apresentou um histórico dos julgamentos de bruxas no livro *Mulher, Igreja e Estado*, publicado em 1893. Com base na visão dos Michelet da história religiosa, Gage afirmava que os julgamentos medievais por bruxaria eram motivados pelo medo dos clérigos da independência e do conhecimento prático das mulheres. O fato de essa visão de mundo persistir significava que as mulheres teriam, então, o direito ao voto; direito, argumentava a sufragista, que permitiria desafiar o poder dos Heinrichs Kramers dos tempos modernos, pelo menos nos Estados Unidos, nação que ela via como arauto secular de esperança às mulheres oprimidas no mundo todo.[2] E Matilda Gage não era a única a pensar assim. Os colegas de campanha, como o historiador radical Charles Godfrey Leland, também associava as bruxas subversivas do passado às sufragistas: "A cada nova rebelião [...] a humanidade e as mulheres ganham algo, ou seja, seus justos direitos", ele afirmou em seu livro sobre bruxaria na Europa medieval.[3]

Nos anos 1890, as trajetórias espirituais e políticas da história dos julgamentos de bruxas encontraram-se e fundiram-se nos Estados Unidos, criando uma imagem da bruxa como um tipo muito específico de herege e rebelde. Essa bruxa reinventada era uma secularista ou reformista religiosa, uma contestadora que entrava em ação para afirmar seus direitos civis e acabar, de vez, com a discriminação religiosa contra as mulheres. Matilda Gage acreditava que as mulheres deveriam ter o direito de pregar e atuar como ministras nas igrejas cristãs, bem como de participar da vida política do país como eleitoras e candidatas. Em paradoxo, sua exigência por direitos religiosos e cívicos criou uma versão da bruxa revolucionária que Jules e Athénaïs Michelet equivocadamente imaginavam existir no passado medieval.

Ao mesmo tempo, na Grã-Bretanha, pessoas insatisfeitas com o conservadorismo cultural das Igrejas Anglicana e Católica criaram uma versão própria da bruxa moderna ao estilo Michelet-Gage-Leland e a inseriram em uma nova religião. Denominaram seu movimento religioso de "Wicca", palavra derivada do termo anglo-saxão *wicce*, que significa "bruxa". Os wiccanos celebravam a sexualidade e o lugar dos seres humanos no mundo natural, deixando de lado o que consideravam restrições vitorianas da moralidade cristã. A teologia da Wicca foi desenvolvida por dois missionários surpreendentemente pagãos: o funcionário público Gerald Gardner e Doreen Valiente. Gerald aposentara-se do serviço colonial no país hoje chamado Malásia, e Doreen trabalhava para a inteligência britânica, quando os dois resolveram desenvolver uma nova religião de magia nos anos 1950. Parte do interesse por essa nova igreja vinha do fato de ambos acreditarem que os indivíduos julgados por bruxaria entre os séculos XV e XVIII eram, na realidade, pagãos iguais a eles, praticantes de uma religião pré-histórica ainda existente. Gerald e Doreen achavam que a religião devia incluir danças, cantos, banquetes e ritos sexuais com o objetivo de celebrar a fertilidade. Embora essa visão não fosse historicamente correta, teve grande influência sobre a visão moderna da bruxa na América do Norte por causa da associação entre bruxaria e a celebração da sexualidade.[4]

Todas essas ideias – a bruxa como rebelde religiosa, defensora de direitos políticos e ativista sexual – nos trazem de volta a Stormy Daniels, e todas parecem fazer sentido para Stormy quando ela fala de bruxaria ou das acusações contra sua pessoa. Stormy nasceu em 1979 no estado da Louisiana, região sul dos Estados Unidos, e foi registrada como Stephanie Gregory. Adotou o nome profissional quando se tornou *stripper* e atriz de filmes adultos. Em 2006, ano em que, segundo afirma, começou um caso com Donald Trump, ela já era atriz e produtora de sucesso. Trump era uma personalidade de TV que ganhava dinheiro com especulação imobiliária e jogos de azar. Seu programa na NBC, *The Apprentice* (O Aprendiz), atraiu milhões de telespectadores em cinco temporadas. Apesar de recém-casado com a terceira mulher, Melania, e ter com ela um filho pequeno, ele não negou, em um programa de rádio, a sugestão feita naquele ano de que seria "predador sexual". Para ele, o rótulo era um elogio e se encaixava em um histórico crescente de casos com mulheres e declarações do próprio Trump. A jornalista Natasha Stoynoff disse que, em 2005, ele a agarrou e beijou, sugeriu que os dois tivessem um caso e ficou à espera dela em um encontro. Naquele mesmo período, sem se dar conta, Trump foi gravado dizendo: "Apenas começo a beijá-las [...] apenas um beijo. Nem espero. E, quando você é celebridade, elas deixam. Você pode fazer qualquer coisa [...] até agarrá-las pela boceta". Os ouvintes riram. Em 2016, pouco depois dessa gravação vir a público, sessenta e dois milhões de eleitores norte-americanos e trezentos e seis membros do Colégio Eleitoral escolheram Donald Trump seu próximo presidente.[5]

Apesar da aceitação pública, o futuro presidente queria limitar as especulações em torno de casos extraconjugais e importunação sexual. Em 2016, aparentemente, Stormy Daniels aceitou cento e trinta mil dólares como compensação do advogado de Trump, Michael Cohen: pagamento considerado um "cala-boca", precedido de um acordo de confidencialidade. Esse acordo a impedia de revelar qualquer relacionamento sexual com o presidente, e o próprio pagamento – que Michael Cohen afirma ter dado a Daniels sob as instruções de Donald Trump – também a induziria ao silêncio. Daniels alegou, ainda, que fora submetida a uma intimidação pessoal, tanto na época da assinatura do acordo quanto depois. Começava a crer que Donald Trump a caçava como bruxa, e ele e outros homens poderosos adorariam forçá-la a um julgamento por bruxaria.

Quando o grupo de advogados de Trump a acusou de mentir sobre o envolvimento, Daniels revidou movendo um processo por difamação. Durante a audiência do caso, ela foi presa por detetives de um vice-esquadrão em Columbus, Ohio, e acusada de usar a aparência em um clube de *strippers* como veículo para tocar mulheres e homens na plateia, prática proibida pelas leis de Ohio. Claro que a insinuação de que Daniels fazia sexo por dinheiro seria uma técnica útil para intimidá-la se fosse associada ao processo por difamação. Lembra-se das alegações de promiscuidade contra Helena Scheuberin? Embora as acusações contra Daniels fossem retiradas e se afirmasse que esses crimes nunca tinham sido cometidos, as alegações continuaram a aparecer no debate público. Por fim, Daniels perdeu a causa no processo contra Trump.[6]

Além de ser atacada por causa das atividades sexuais, Daniels também se viu perseguida em razão da reputação em magia. Ela lê tarô, é médium e investigadora do paranormal; por essas e outras, em 2020, foi acusada, em documentos apresentados na audiência de instrução, de ser "bruxa" que pratica bruxaria. Dessa vez, o acusador foi seu antigo advogado, Michael Avenatti, outrora aliado, que acabara se desentendendo com ela por causa do adiantamento de um livro e estava sendo julgado por trapaceá-la. Nas palavras difamatórias na documentação do julgamento, Daniels percebeu que Avenatti se aliara à equipe de Trump para atacá-la. Os advogados de Avenatti alegavam que as atividades espirituais de Daniels e seu envolvimento com *Spooky Babes*, programa de TV sobre investigação paranormal, eram indício de que ela acreditava em coisas "fantásticas" que "lançam sérias dúvidas quanto à sua respeitabilidade, ao seu estado mental e às habilidades para testemunhar com competência". As alegações implicavam que, se Stormy via a si própria como bruxa, devia ser insana demais para se lembrar corretamente do problema com Michael Avenatti.

Documentos legais preparados pela equipe de Avenatti sugeriam que as experiências de Daniels incluíam muitos dos atributos principais das bruxas neste livro: possessão por espíritos, crença de que podia usar energia psíquica para afetar corrente elétrica e enxergar através das paredes, capacidade de exorcizar espíritos de clientes pagantes, posse de "poderes sobrenaturais" e convicção de que podia "servir como médium aos mortos". Nenhuma dessas evidências impediu Michael Avenatti de ser condenado por tapear Daniels e sentenciado a quatro anos de prisão. Contudo, como Daniels ressaltou, as afirmações contra ela constituíam, "literalmente, uma moderna caça às bruxas". "Abre a porta", acrescentou, "ao ataque e à discriminação contra qualquer pessoa que não seja cristã, que leia tarô ou seja médium e trabalhe com energia de cura e paranormalidade em geral". Enquanto se preparava para comparecer ao tribunal no caso de Avenatti, em junho de 2021, Daniels tuitou: "O que a gente veste para ir a um julgamento por bruxaria?".[7]

Ironicamente, portanto, alegações da identidade de "bruxa" ainda são feitas na atual política dos Estados Unidos, tanto por parte da defesa quanto da acusação. A princípio, isso parece bizarro, mas não é surpreendente no contexto histórico da nação. A ideia de bruxaria sempre assolou os Estados Unidos no decorrer da história do país. Na década de 1690, a nação foi condicionada pela caça às bruxas em Salem para ver qualquer problema judicial futuro pelas lentes de um julgamento por bruxaria, sobretudo se envolvesse política e religião. Situações que impliquem conflito, preconceito, injustiça e compensação também remontam a Salem, de modo que a cultura norte-americana tem recorrido frequentemente à imagem da bruxa em tempos polarizados, como hoje entre Trump e Daniels. A famosa peça de Arthur Miller, *As bruxas de Salem*, de 1953, refletia a agitação anticomunista dos Estados Unidos naquela época, usando os julgamentos de Salem como analogia e estabelecendo o padrão para o futuro uso dos termos "caça às bruxas" e "julgamento por bruxaria".

Mas as bruxas apareceram com frequência em programas, séries e filmes norte-americanos menos sérios também. Em 1942, Veronica Lake estrelou em *Casei-me com uma feiticeira*; em 1957, Kim Novak interpretou uma bruxa em *Sortilégio de amor*; a série de TV *A feiticeira*, com Elizabeth Montgomery como a bruxa Samantha, foi ao ar entre 1964 e 1972. *As bruxas de Eastwick*, inspirado no livro de John Updike, foi filmado em 1987, estrelando atrizes muito populares na época: Michelle Pfeiffer, Cher e Susan Sarandon. O livro descreve uma orgia em hidromassagem literalmente escaldante, uma espécie de sabá durante o qual as bruxas eram seduzidas pelo diabo, e Stormy Daniels reimaginou a situação de maneira cômica em 2005, em um de seus filmes adultos, *As bruxas de Breastwick* (*breast* = seio). Esse tipo de bruxa cinematográfica – mulher atraente com poderes mágicos imaginados com o propósito de entretenimento – tornou-se símbolo das mudanças na vida das mulheres ocidentais nos séculos XX e XXI. A princípio, o enredo insistia em mostrar bruxas abandonando seus poderes mágicos após se casarem no fim de cada comédia romântica. Todavia, na década de 1990, algumas bruxas, como a personagem bruxa adolescente Willow, na série *Buffy, a caça-vampiros* (1997-2003), mantinham os empregos, continuavam bruxas e, às vezes, eram homossexuais. Em 2005, a bruxa podia ser vista de modo francamente sexual, conforme os criadores a desejassem.

Os enredos dessas séries e desses filmes podem parecer sem importância diante da misoginia mortífera que motivou os julgamentos de bruxas ao longo de toda a história do mundo, e ainda os instiga na região sul da África, mas as comédias norte-americanas refletem problemas modernos sérios ao reinventar a bruxa. Assim como *Mosali a Nkhola* e *Eu não sou uma bruxa*, essas obras de ficção nos dizem verdades sobre a sociedade que as criou. No século XX, as bruxas na televisão e no cinema representavam o empoderamento gradual das mulheres ocidentais: pessoas que conquistaram o direito de votar, a oportunidade de trabalhar em período integral fora de casa, salários equivalentes aos dos homens e direitos sexuais e reprodutivos protegidos pela lei. Cada versão da bruxa na cultura popular refletia essas novas liberdades. Analisando a série *A feiticeira*, a crítica norte-americana Emily St James diz: "Apesar de cômico, era um programa que abordava o poder crescente das mulheres em casa e na sociedade nos anos 1960". De modo semelhante, telespectadores da série sobre uma irmandade feminina, *Charmed* (1998-2006), chamavam-na de fusão de "bruxaria, feminismo e fantasia". Não foi por acaso: era o que roteiristas, produtores e atores da série pretendiam.[8]

A equivalência apresentada em *Charmed* de bruxaria e feminismo ganhou destaque político quando, em 2018, o produtor de Hollywood Harvey Weinstein foi acusado de crime sexual. Uma das pessoas que o acusaram foi a atriz Rose McGowan, famosa por representar um dos membros da família de bruxas em *Charmed*, a personagem Paige, interpretada entre 2001 e 2006.[9] Furiosa pelo modo como foi tratada pela indústria cinematográfica, durante as revelações em 2018 acerca de Harvey Weinstein, Rose McGowan disse que ele a estuprou em 1997. Denunciando não só Weinstein como também o cenário mais amplo de misoginia e abuso em Hollywood, ela alegou que alguns indivíduos que poderiam ter feito uma intervenção mais vigorosa toleravam, na realidade, a importunação sexual imposta às mulheres. Instigadas por outra estrela de *Charmed*, Alyssa Milano, muitas mulheres começaram a usar a *hashtag* #MeToo nas mídias sociais – expressão criada pela ativista Tarana Burke – para expressar a solidariedade a Rose e às suas colegas acusadoras, além de registrar as próprias experiências de assédio sexual.[10] As duas atrizes de *Charmed* promoveram o ativismo #MeToo como parte do compromisso sexual para despertar a consciência dos direitos das mulheres.

Comentaristas de mídia acharam irresistível a relação entre ativismo feminista e bruxaria quando Alyssa Milano compareceu às audiências de confirmação de Brett Kavanaugh para a Suprema Corte, indicado por Donald Trump. Ele também foi acusado de molestar sexualmente várias mulheres. Telespectadores assistiram ao debate na TV em torno de sua indicação, com Alyssa furiosa por trás da suposta justiça. "Nunca desejei tanto que Alyssa Milano fosse bruxa de verdade", comentou um tuite. No entanto, ao se referir à afirmação de Donald Trump de que ele fora vítima de caça às bruxas, o próprio Brett Kavanaugh foi retratado pela mídia de direita como bruxo acusado. Tucker Carlson, apresentador de um programa de entrevistas na TV, zombou dos acusadores, exibindo trechos de caçadores de bruxas do filme de 1996, *As bruxas de Salem*. Enquanto isso, o Comitê Nacional dos Republicanos também começou a usar a expressão "caça às bruxas" para defender seus candidatos e os já ocupantes de cargos: deu certo. A ideia da caça às bruxas como série de acusações triviais e vis feitas contra um governador ou um juiz poderoso espalhou-se ainda mais pela cultura popular.[11]

A indicação do juiz Kavanaugh foi aceita, e ele entrou para a mais alta corte de justiça do sistema legal norte-americano; as acusações não foram suficientes para impedir sua confirmação. Alyssa Milano chamou o episódio de "o mais flagrante ataque às mulheres por parte de nosso governo", prevendo que, com maioria conservadora na Suprema Corte, ela logo determinaria que o direito ao aborto não era constitucional. E foi o que aconteceu em 24 de junho de 2022, com a alegação de que, como a Constituição do século XVIII não menciona esse direito, ele não era essencial "à liberdade ordenada", pois não fazia parte da "história e das tradições da nação". Foi observado que, com base no precedente histórico, a opinião da corte – redigida pelo juiz Samuel Alito – citou *sir* Matthew Hale, juiz de um julgamento por bruxaria no leste da Inglaterra em 1664.

Quase quinhentos anos atrás, o juiz Hale sentenciou Amy Duny e Rose Cullender à morte após as duas serem condenadas por um júri. Pouco depois do julgamento, ele escreveu uma demonologia, *A Collection of Modern Relations of Matters of Fact Concerning Witches and Witchcraft* ("Coletânea de relações das modernas questões pertinentes às bruxas e à bruxaria", em tradução livre). Além de citar esse demonólogo do século XVII, o relatório do juiz Alito mencionava também *sir* Edward Coke, outra autoridade legal que descrevia as bruxas como "criminosas horríveis e diabólicas que abandonaram o Deus eterno e se sacrificam ao Diabo". Ele considerava a queima na fogueira uma punição melhor que o enforcamento.[12] Em 2022, as palavras dos juízes nos julgamentos por bruxaria foram ressuscitadas para endossar as posições dos colegas na América atual. Ao mesmo tempo que a história se repetia na remoção dos direitos legais das mulheres, também passava a descrever deliberadamente os responsáveis por essa remoção como vítimas. Enquanto isso, as mulheres que acusavam esses homens de abuso acabavam submetidas ao julgamento da mídia, e, no caso de Stormy Daniels, a um julgamento que envolvia alegações de real condição de bruxa por causa de suas crenças em magia.

Acusar Stormy Daniels de bruxaria parecia muito estranho no contexto da insistência do governo norte-americano de liberdade religiosa, garantida pela história constitucional da nação. Teoricamente, o estado norte-americano aceita a bruxaria como religião respeitável, estando seus cultos protegidos por lei. Em 2007, o símbolo do pentágono da bruxa ou de Wicca tornou-se "emblema de fé" legalmente aprovado a pessoas no serviço militar dos Estados Unidos.[13] Há grandes comunidades norte-americanas Wicca e de bruxos na mídia social, com *hashtags* como #witchesofinstagram e no WitchTok. Se antes "bruxa" era um rótulo vergonhoso, hoje a palavra é celebrada publicamente em joias, na moda e na decoração de interiores. Eventos *on-line* como "Spellbound: A Magickal Bazaar with Tarot by Stormy Daniels" atraem centenas de frequentadores para comprar de "vendedores especializados em todo o cerimonial, na prática de encantamento e nas necessidades de cura, incluindo instrumentos de altar, ervas, cristais, velas, óleos, amuletos e muito mais". A maioria das cidades e muitas cidadezinhas têm "lojas de magia" com produtos no varejo e eventos, como a loja "Enchantments", de Nova York, que vende livros, cartas de tarô, incenso, resinas, joias, talismãs, caldeirões, cálices e varinhas.[14] Em 2012, uma pesquisa indicou que cerca de trezentos e cinquenta mil cidadãos norte-americanos, de um total de trezentos e trinta e um milhões, se consideram wiccanos. O censo canadense registra números menores: vinte e quatro mil e seiscentos dos trinta e oito milhões, em 2021.[15] Embora seja difícil estimar uma quantidade exata de bruxos norte-americanos, a religião cresceu drasticamente desde os anos 1970. Com essa cifra sempre crescente, bruxas e wiccanos encontram aceitação pública por todo o continente.

No Canadá, a religião Wicca está muito bem estabelecida, dominada pela Igreja Wiccana do Canadá, fundada na década de 1970. Como diz o nome, a igreja tem afinidades com o cristianismo e com a bruxaria. Focada na visibilidade e na respeitabilidade pública, seu objetivo é "permitir à população não wiccana compreender que somos um estilo religioso alternativo e positivo, confiável e afirmador da vida", que defende "para os wiccanos os mesmos direitos e as mesmas liberdades de outras religiões mais convencionais".[16] Entretanto, as definições de prática de bruxaria aceitável ainda são complexas no Canadá. Até dezembro de 2018, os canadenses podiam ser processados por suposta bruxaria, de acordo com a Seção 365 do Código Criminal do país. Em outubro e no início de dezembro daquele ano, Madeena Stevenson e Tiffany Butch, de Ontário, e Samantha Stevenson, de Toronto, sofreram essa acusação. Essas mulheres assumiam uma variedade de títulos: cartomantes, paranormais, médiuns espiritualistas, clarividentes, e suas atividades eram semelhantes às práticas de magia de Stormy Daniels, ao sul da fronteira.

A "bruxaria" das mulheres canadenses enquadrava-se nas proibições do Código Criminal, assim como os crimes de Nellie Duncan, sob a Lei contra Bruxaria de 1735 na Grã-Bretanha, pois o Código canadense tinha como base essa lei. Até 1982, o Canadá tinha vínculos legais com a Grã-Bretanha, sob o antigo *status* de Domínio. A abolição da lei em 1951 na Grã-Bretanha não se estendeu ao Canadá, e, portanto, o Código Penal manteve as definições relacionadas à bruxaria, incluindo suposta bruxaria como fraude. Era ilegal "fingir o exercício ou o uso de qualquer espécie de bruxaria, magia, encantamento ou conjuração", bem como ler a sorte ou procurar objetos perdidos por meios mágicos. As penas podiam ser seis meses de prisão e/ou multa de dois mil dólares. Em 2018, as três supostas bruxas foram acusadas de extorquir de clientes um total de mais de setecentos mil dólares. Contudo, o acúmulo de casos provocou críticas. Em 2017, quando o governo do Canadá anunciou sua intenção de revisar o Código Criminal, a seção de bruxaria teve destaque no debate. "Foi a publicidade sobre o fato de que [as seções] seriam retiradas que fez a polícia se lembrar de que existiam", sugeriu um crítico.

A reforma canadense das leis sobre bruxaria foi iniciada pelo primeiro-ministro Justin Trudeau, em parte por causa das queixas dos wiccanos do Canadá de que a lei era discriminatória contra eles e outras pessoas cuja formação cultural incluía crenças em magia. Vários indivíduos processados antes de 2018 eram descendentes de indígenas, não nativos americanos, mas subcontinentais ou hispânicos. Em 2009, Vishwantee Persaud foi acusada, de acordo com a Seção 365, após um cliente lhe pagar vinte e sete mil dólares para ela contatar sua irmã. As acusações foram retiradas quando a ré se declarou culpada de fraude. Em 2017, o astrólogo e médium Murali Muthyalu foi processado depois de receber cem mil dólares para eliminar uma maldição. Em 2012, Gustavo Valencia Gomez concordou em reembolsar catorze mil dólares que cobrara pelo mesmo serviço. Ao comentar esses casos, o advogado Omar Ha-Redeye sugeriu que as cláusulas da Seção 365 "refletem postura basicamente cristã, segundo a qual tradições não cristãs, incluindo o que hoje chamamos de Wicca, totemismo ou animismo, ou outras tradições, foram demonizadas e vistas como malignas". Ele sentia que "não era nenhuma surpresa" o fato de "essas cláusulas serem usadas principalmente contra mulheres ou quaisquer pessoas que seguissem tradições religiosas não convencionais". A caça às bruxas, concluiu o advogado, ainda persegue os mesmos alvos históricos.[17]

Esse fato é evidente também nas acusações literais de bruxaria nos Estados Unidos, que veem as bruxas sob o aspecto demonológico, verdadeiras usuárias de magia satânica, em vez de pagãs desorientadas, como seria Stormy Daniels. Em fevereiro de 2022, em Nashville, no Tennessee, o pastor Greg Locke acusou seis membros da Igreja Bíblica da Visão Global de serem literalmente "bruxas satanistas adoradoras do Diabo", duas das quais pertencentes ao grupo feminino de estudos bíblicos. Em um vídeo compartilhado em mídia social, ele vociferou acusações de *pharmakeia* (bruxaria com drogas, venenos e remédios), sálvia ardente (prática de purificação dos nativos americanos), maçonaria e, além de tudo isso, feitiços lançados sobre outras fiéis. Esse pastor também fez acusações inspiradas pela QAnon de que Nancy Pelosi, então presidente da Câmara dos Deputados, era "pedófila demoníaca assassina de bebês"; e a ex-secretária de Estado, a democrata Hillary Clinton, seria "alta sacerdotisa da igreja satânica": essas alegações foram associadas à invasão do Capitólio em 2021 e a um ataque ao marido de Nancy Pelosi em 2022. A normalização da palavra "bruxa" ou "bruxo" no debate político significa que o adversário, às vezes, é acusado de ser bruxo, em sentido literal. As primeiras alegações norte-americanas acerca da bruxaria como pedofilia de culto satânico foram feitas nos anos 1980, em uma pré-escola da Califórnia. A cobertura da imprensa incitou outras acusações, que se espalharam por escolas e creches. Muitas pessoas foram a julgamento, mas, em 1990, o réu original, Ray Buckley, foi absolvido após o mais demorado julgamento da história dos Estados Unidos. Em seguida, o fenômeno foi rotulado de "pânico satânico". Dessa vez, os alvos desse pânico são os democratas, sobretudo as mulheres. A demonologia ameaça a democracia norte-americana e a segurança dos funcionários do governo.[18]

Apesar de todas as proteções da lei americana, pessoas suspeitas de bruxaria às vezes são mortas em todo o continente. Em 1993, Celerino Galicia, mexicano que vivia em Chicago, assassinou a namorada Roberta Martinez por achar que era bruxa. Assim como John Blymyer, Celerino afirmou que teve de matá-la para se livrar de um feitiço que ela lançara sobre ele, e, como em 1929, o juiz não permitiu "defesa da bruxaria", impedindo um professor de psicologia de testemunhar sobre crenças em magia. "A defesa da bruxaria não é nem sequer aceitável em termos médicos", explicou um professor de Direito, situação que ocorre na maior parte das jurisdições globais, embora não em todas. Foi só em 2017, por exemplo, que uma reviravolta na Suprema Corte da Zâmbia determinou que a crença em bruxaria não pode ser considerada "circunstância atenuante" em caso de assassinato. O réu nesse caso, Abedinego Kapeshi, acusado de assassinar duas bruxas suspeitas, não escapou da condenação. Do mesmo modo, dezessete anos antes de Abedinego e sessenta e quatro depois de John Blymyer, Celerino Garcia foi considerado culpado de assassinato em primeiro grau.[19]

Assumir a identidade de "bruxa" é uma atitude vista por algumas mulheres modernas pagãs e feministas como um modo simbólico de resistir à misoginia e à violência. Desde os anos 1970, bruxas pagãs modernas têm criado movimentos de "reivindicação", afirmando seu direito à sensação de segurança em espaços públicos, e protestam contra ameaças a essa segurança, citando como exemplo as sentenças insignificantes aos estupradores. Em geral, esses protestos consistem em recitar "encantamentos" em reuniões grandes ou "enfeitiçar" figuras públicas. Algumas bruxas atuais descrevem essa atitude como oportunidade de "fazer algo" pessoal, uma catarse para expressar sua ira e tristeza. Outras têm objetivo político mais amplo: "resgatar a palavra 'bruxa' é resgatar nosso direito, como mulheres, de sermos poderosas".[20] A adoção por parte de Stormy Daniels da bruxaria como credo segue a tradição dessas mulheres, parte de uma afirmação mais abrangente dos direitos e das liberdades da mulher. Às vezes, é irônica, cômica ou metafórica; às vezes, muito séria. Como muitas bruxas neste livro, Daniels se descreve uma sobrevivente de abuso sexual e já disse aos jornalistas que recebe constantes mensagens de ódio, ameaças de estupro e de morte, às vezes feitas cara a cara em locais públicos. Ela não tem dúvida de que estejam todas relacionadas às suas atividades políticas e às escolhas de carreira. Em 2018, disse ela, tinha certeza absoluta de que seria assassinada.

Foi o ano em que ela deu uma entrevista na televisão, em horário nobre, sobre suas acusações contra o então presidente Donald Trump. Em 2018, segundo Daniels, ela "vivia sozinha e com medo de ser morta para ficar em silêncio". É um pensamento chocante para uma mulher em uma sociedade moderna, democrática e civil.[21] Embora tenha se libertado de ao menos parte dos temores, Daniels ainda é figura polêmica na cultura e na política dos Estados Unidos. O trabalho como bruxa prospera, e ela calcula que tenha feito mais de trezentas mil leituras de tarô em 2022, ao custo de cento e cinquenta dólares cada. Por causa disso, é alvo de ódio para algumas pessoas, o que resulta em abusos e zombarias *on-line* sempre que fala ou escreve algo novo sobre sua vida. Mesmo assim, "não tenho vergonha nem aceito ser tripudiada", diz Stormy, e essa frase se tornou uma espécie de *slogan* em suas entrevistas.

Mulheres que defendem sistemas de crença baseados na natureza, não patriarcais, geralmente são caçoadas e hostilizadas pelas crenças em poderes sobrenaturais, pela espiritualidade ligada à terra, pela franca sexualidade e pela subversão. No contexto da história da bruxaria neste livro, fica evidente o motivo: são traços há muito tempo associados às bruxas; características vistas como ignorantes, ímpias e vergonhosas. Mulheres assim são demonizadas desde a Idade Média, no decorrer de toda a história, desde Helena Scheuberin até Stormy Daniels.[22]

Epílogo: Enfim, o que é uma bruxa hoje?

A bruxaria ainda é criminalizada em várias nações e quase-Estados. Na Guatemala, curandeiros tradicionais tornaram-se alvos dos caçadores de bruxas: vários foram mortos em 2020 e 2021. Quando o ditador militar da Indonésia, o presidente Suharto, renunciou em 1998, pessoas suspeitas de bruxaria foram esquartejadas até a morte nas ruas. No Nepal, durante a guerra civil de 1996-2006, bruxos erram surrados ou mortos na fogueira.[1] O Estado Islâmico/Daesh decapita suspeitos de bruxaria, incluindo praticantes de homeopatia e acupuntura, prática muito comum também na Arábia Saudita.[2] Na Europa, crianças descendentes de africanos são tragicamente mortas pelas próprias famílias e por congregações religiosas, em geral durante exorcismos para expulsar o "espírito da bruxaria". Em 2000, Victoria Climbié, que chegara à Inglaterra vinda da Costa do Marfim, foi assassinada em Londres, vítima de hipotermia, desnutrição e falência de múltiplos órgãos, após ser amarrada em uma banheira sem comida ou água, surrada com martelos e correntes, queimada e cortada.[3] Nesse contexto global, é ainda mais repulsivo o fato de Donald Trump se apresentar como bruxo, e assustador que suas adversárias, como Stormy Daniels, Nancy Pelosi e Hillary Clinton, sejam acusadas de bruxaria, tanto no sentido metafórico como no literal.

Em nossa jornada de sete séculos pela história dos julgamentos de bruxas e bruxos, vimos que as pessoas podem ser acusadas de bruxaria se forem:

- mulheres;

e/ou também:

- acusadas de má conduta sexual, de acordo com a definição da época e do local;
- pobres, em média ou totalmente;
- indivíduos indígenas, em conflito com o regime colonial;
- pessoas com deficiência, vulneráveis ou com problemas de saúde;
- indivíduos que afirmam ter conhecimento ou poder não convencional, sobretudo religioso ou médico;
- consideradas politicamente subversivas.

Às vezes, os caçadores de bruxas têm características em comum com as bruxas: são acusados de má conduta sexual, alegam ter conhecimento religioso não convencional ou são subversivos políticos. A maioria deles não é de vilões descomplicados; e, assim como os bruxos acusados, o caçador de bruxas está fora da norma social. Contudo, o que fica claro é que, se um indivíduo for homem, heterossexual, rico, branco e tiver boa forma física, além de ocupar alto posto de poder no Estado ou na Igreja, esse não é o perfil comum de um bruxo: ele é caçador. A pessoa mais propensa a ser chamada de bruxa é migrante, ativista feminista, pagã, criança que sofreu abusos, mãe solo pobre, mulher envolvida em política, profissional do sexo.

Os treze julgamentos deste livro nos mostraram que o julgamento por bruxaria foi uma ferramenta inventada por demonólogos para ferir e silenciar essas inimigas, rotulação literal de grupos marginalizados como pessoas demoníacas, e o propósito era persegui-las. As pessoas acusadas simbolizam os medos dos demonólogos, que a elas atribuíam todos os traços malignos imagináveis. Herdamos esse pensamento binário demonológico para criar uma demonização metafórica hoje, recorrendo ao preconceito, à teoria da conspiração e aos bodes expiatórios. Mas a demonologia também foi deturpada e transformada no decorrer da história, até chegar aos nossos tempos e confundir a linha divisória entre bruxa e caçador de bruxas. Esses treze julgamentos nos mostram como identificar a diferença.

E você, o que pode fazer? Pesquise o trabalho de organizações que representam ou defendem pessoas acusadas de bruxaria no mundo todo e considere a possibilidade de apoiá-las. Assista a documentários sobre campos de bruxas e crianças bruxas e fale sobre o tema. Leia romances e peças a respeito de bruxaria e amplifique as vozes dos autores. Observe quando mulheres na política e ativistas são chamadas de "bruxas", mesmo em tom de brincadeira, mas principalmente como ofensa, e reflita sobre por que isso acontece. Faça tudo para separar fato da ficção e rejeite notícias falsas.

Caso se sinta pressionado a culpar alguém – atacar, desprezar, perseguir, exilar, demonizar –, pense se essa pessoa não tem alguma caraterísticas da "bruxa", como uma inocente acusada sem motivo. As acusações fazem você pensar nas histórias dos caçadores de bruxas? Se sim, o que você pode fazer para desafiar esse pensamento binário, separar a ficção da realidade e impedir a caça às bruxas, seja ela na política, na religião, na sociedade como um todo ou até nos tribunais? Para os afortunados, a caça às bruxas é apenas uma metáfora; mas esta história deve ter mostrado quantos bruxos e bruxas ainda vão a julgamento.

Notas

Introdução
O que é uma bruxa?

1 Norman Cohn, *Europe's Inner Demons* (Brighton: Sussex University Press, 1975); R. I. Moore, *The Formation of a Persecuting Society* (Oxford: Blackwell, 1987).

2 Ronald Hutton, *The Witch* (New Haven e Londres: Yale University Press, 2017), p. 168-79; Stuart Clark, *Thinking with Demons* (Oxford: Clarendon Press, 1997); Michael Bailey, *Battling Demons* (Filadélfia: Penn State Press, 2002).

3 Lyndal Roper, *Oedipus and the Devil* (Londres: Routledge, 1994); Marion Gibson, *Reading Witches* (Londres: Routledge, 1999); Laura Kounine, *Imagining the Witch* (Oxford: Oxford University Press, 2018).

4 Marion Gibson, *Early Modern Witches* (Londres: Routledge, 2000); Malcolm Gaskill, *Witchfinders* (Londres: John Murray, 2006).

5 Keith Thomas, *Religion and the Decline of Magic* (Londres: Peregrine, 1971); Bengt Ankarloo e Gustav Henningsen, *Early Modern European Witchcraft* (Oxford: Clarendon Press, 1990); Jonathan Barry, Marianne Hester e Gareth Roberts (orgs.), *Witchcraft in Early Modern Europe* (Cambridge: Cambridge University Press, 1996); Diane Purkiss, *The Witch in History* (Londres: Routledge, 1996); Lyndal Roper, *Witch Craze* (New Haven: Yale University Press, 2006); Barbara Ehrenreich e Deirdre English, *Witches, Midwives and Nurses* (Nova York: Feminist Press CUNY, 1973) e Silvia Federici, *Caliban and the Witch* (Brooklyn: Autonomedia, 2004), exageram os argumentos, mas suas visões são interessantes. Para estatísticas, Julian Goodacre, *The European Witch-Hunt* (Londres: Routledge, 2016), p. 267-9.

6 Ian Bostridge, *Witchcraft and Its Transformations c. 1650-c.1750* (Oxford: Oxford University Press, 1997); Joseph Crawford, *Gothic Fiction and the Invention of Terrorism* (Londres: Bloomsbury, 2013), p. 93-4, 107.

7 Influências importantes: Hallie Rubenhold, *The Five* (Londres: Doubleday, 2019); Marisa J. Fuentes, *Dispossessed Lives* (Filadélfia: University of Pennsylvania Press, 2016); Saidiya V. Hartman, *Scenes of Subjection* (Oxford: Oxford University Press, 1997); Hazel Carby, *Imperial Intimacies* (Londres e Nova York: Verso, 2019); Sonja Boon, *What the Oceans Remember* (Waterloo, ON: Wilfrid Laurier University Press, 2019) e "Creative Histories: Vulnerability, Emotions and the Undoing of the Self" (2017), disponível em: https://storyingthepast.wordpress.com/2017/10/06/creative-histories-vulnerability-emotions-and-the-undoing-of-the-self-by-sonja-boon/.

Capítulo 1
O julgamento de Helena Scheuberin: um demonólogo e *O martelo das feiticeiras*

1 Hutton, *Witch*, p. 168-79; Bailey fala sobre as dívidas de Heinrich a Johannes Nider, especificamente.

2 Heinrich Kramer, *Malleus Maleficarum*. Org. e trad. Christopher S. Mackay. *The Hammer of Witches (O martelo das feiticeiras)* (Cambridge: Cambridge University Press, 2009), p. 277-8.

3 Christopher S. Mackay, *An Unusual Inquisition* (Leiden: Brill, 2020), p. 171; Kramer, p. 364.

4 Mackay, p. 204, 167; Hartmann Ammann, "Der Innsbrucker Hexenprozess von 1485", *Zeitschrift des Ferdinandeums für Tirol und Vorarlberg*, 3:34 (1890), p. 38.

5 Mackay, p. 166-70, 199; Ammann, p. 37.

6 Eric Wilson, "Institoris at Innsbruck: Heinrich Institoris, the *Summis Desiderantes* and the Brixen Witch-Trial of 1485". In: Bob Scribner e Trevor Johnson (orgs.). *Popular Religion in Germany and Central Europe 1400-1800* (Basingstoke: Macmillan, 1996), p. 92; Kramer, p. 361-2, 364; Ammann, p. 38.

7 Kramer, p. 361-2; Ammann, p. 5, 25; Manfred Tschaikner, "Der Innsbrucker Hexenprozess von 1485 und die Gegner des Inquisitors Heinrich Kramer", *Tiroler Heimat* 82 (2018), p. 201-2, 214, 217.

8 Mackay, p. 197; Hans Peter Broedel, *The Malleus Maleficarum and the Construction of Witchcraft* (Manchester: Manchester University Press, 2004), p. 1-2.

9 Mackay, p. 197; Ammann, p. 40.

10 Mackay, p. 197-8, 172; Ammann, p. 35-6.

11 Kramer, p. 503; Mackay, p. 118-19, 136, 198; Ammann, p. 40.

12 Mackay, p. 197-9; Ammann, p. 20.

13 Broedel, p. 12-13.

14 Broedel, p. 11-12.

15 Mackay, p. 196; Ammann, p. 39.

16 Kramer, p. 164-7, 169.

17 Mackay, p. 197; Ammann, p. 39.

18 Kramer, p. 279; Mackay, p. 200; Ammann, p. 42.

19 Mackay, p. 150-1, 152-6, 161; Ammann, p. 11, 13, 15-16, 19-20, 23, 34, 43-52, 59-62.

20 Purkiss; Deborah Willis, *Malevolent Nurture* (Ithaca e Londres: Cornell University Press, 2005).

21 Mackay, p. 155-9, 170, 163, 145-6.

22 Mackay, p. 204; Ammann, p. 35.

23 Kramer, p. 517-21; Mackay, p. 204-5; Ammann, p. 66-7; Tschaikner, p. 207-9.

24 Mackay, p. 205-8; Ammann, p. 68-9.

25 Mackay, p. 208-9; Ammann, p. 69-70.

26 Mackay, p. 209-14; Ammann, p. 70-2.

27 Mackay, p. 216-21.

28 Sydney Anglo, "Evident Authority and Authoritative Evidence: The *Malleus Maleficarum*". In: Anglo (org.). *The Damned Art* (Londres: Routledge and Kegan Paul, 1977), p. 14-18; J. A. Sharpe, *Instruments of Darkness* (Londres: Hamish Hamilton, 1996), p. 21-2; *Formicarius* foi escrito na década de 1430; *Daemonomanie*, na década de 1580.

29 Kramer, p. 165-70, 385, 514, 530, 212, 366.

Capítulo 2
O julgamento das bruxas de North Berwick: um rei que amava demonologia

1 Clark, p. 684-726.

2 Michael B. Young, "James VI and I: Time for a Reconsideration?". *Journal of British Studies* 51:3 (2012), p. 540-67.

3 Louise Nyholm Kallestrup, *Agents of Witchcraft in Early Modern Italy and Denmark* (Basingstoke: Palgrave Macmillan, 2015), p. 35-6, 47.

4 Amy L. Juhala, "The Household and Court of James VI of Scotland" (tese). Universidade de Edimburgo, 2000, p. 52.

5 Louise Nyholm Kallestrup, "Kind in Words and Deeds but False in Their Hearts: Fear of Evil Conspiracy in Late Sixteenth-Century Denmark". In: Jonathan Barry, Owen

Davies e Cornelie Usborne (orgs.). *Cultures of Witchcraft in Europe from the Middle Ages to the Present* (Basingstoke: Palgrave Macmillan, 2018), p. 137-53, 139-42.

6 *The True Lawe of Free Monarchies* (Edimburgo, 1598), B2v-B3, D-Dv; *Basilikon Doron* (Edimburgo, 1599), B3.

7 *True Lawe*, C2v, C3v; Anna Groundwater, "The Chasm Between James VI and I's Vision of the Orderly 'Middle Shires' and the 'Wicket' Scottish Borderers Between 1587 and 1625". *Renaissance and Reformation* 30:4 (2007), p. 105-32, 122.

8 Julian Goodare, "The Scottish Witchcraft Act". *Church History* 74:1 (2005), p. 39-67; P. G. Maxwell-Stuart, *Satan's Conspiracy: Magic and Witchcraft in Sixteenth-Century Scotland* (East Linton: Tuckwell Press, 2001), p. 57-60; "Anentis Witchcraft", disponível em: https://statutes.org.uk/site/the-statutes/scottish-laws/1563-mary-c-73-anentis-witchcraft/.

9 P. M'Neill, *Tranent and Its Surroundings* (Edimburgo, Glasgow, Tranent: John Menzies/Peter M'Neill, 1884), p. 3-4, 15, 104; Lawrence Normand e Gareth Roberts (orgs.). *Witchcraft in Early Modern Scotland* (Exeter: University of Exeter Press, 2000), p. 139, 152-3, 243.

10 *Newes from Scotland* (Londres, 1591). In: Normand e Roberts (orgs.), p. 311.

11 Normand e Roberts (orgs.), p. 143, 145, 233-5; Arquivos Nacionais da Escócia PA2/38 f. 181-97v.

12 Normand e Roberts (orgs.), p. 242.

13 Normand e Roberts (orgs.), p. 184, 136-7.

14 Normand e Roberts (orgs.), p. 87-103, 185; *Newes*. In: Normand e Roberts (orgs.), p. 315, 324.

15 Normand e Roberts (orgs.), p. 192.

16 Normand e Roberts (orgs.), p. 144, 152; *Newes*. In: Normand e Roberts (orgs.), p. 148, 316.

17 Normand e Roberts (orgs.), p. 145, 198, 174, 312, 314, 255-6.

18 Normand e Roberts (orgs.), p. 244; *Newes*. In: Normand e Roberts (orgs.), p. 315.

19 Normand e Roberts (orgs.), p. 159, 173, 136, 267-77.

20 *Newes*. In: Normand e Roberts (orgs.), p. 249, 313; Normand e Roberts (orgs.), p. 187.

21 Bessie também era chamada Brown ("Brunn, filha de Agnes") e Bessie Thompson. Anny também era conhecida Thompson, nome de solteira ou de casamento anterior; Normand e Roberts (orgs.), p. 184, 199, 244, 224-30.

22 Normand e Roberts (orgs.), p. 197.

23 *Daemonologie* (Edimburgo, 1597), republicada em Londres, 1603.

24 *Newes*. In: Normand e Roberts (orgs.), p. 315.

Capítulo 3
O julgamento das bruxas de Vardø: demonologia na era colonial da Europa

1 Liv Helene Willumsen, *Witches of the North* (Leiden e Boston: Brill, 2013), p. 223, 226; Rune Blix Hagen, "Female Witches and Sámi Sorcerers in the Witch Trials of Arctic Norway (1593-1695)". *Arv Nordic Yearbook of Folklore* 62 (2006), p. 123-4.

2 Willumsen, *Witches*, p. 246.

3 Liv Helene Willumsen, "Exporting the Devil Across the North Sea: John Cunningham and the Finnmark Witch-Hunt". In: Julian Goodare (org.). *Scottish Witches and Witch-Hunters* (Basingstoke: Palgrave Macmillan, 2013), p. 50-2; Samuel Purchas, *Hakluytus Posthumus or Purchas His Pilgrimes* (Glasgow: James MacLehose and Sons, 1906), v. XIV, p. 322-4, 326, 335, 347.

4 Liv Helene Willumsen, *Steilneset*, tradução de Katjana Edwardsen (Varanger: Norwegian Public Roads Administration and Varanger Museum, 2011), p. 11-12.

5 Willumsen, "Exporting", p. 55.

6 Christian Meriot, "The Saami Peoples from the Time of the Voyage of Ottar to Thomas von Westen". *Arctic* 37:4 (1984), p. 373.

7 Willumsen, *Witches*, p. 304-15, 260; Ellen Alm, "So What Is 'Gand' Sorcery – Really?". *Gemini* (2018), disponível em: https://gemini.no/2018/02/hva-er-egentlig-gand/; Meriot, p. 374.

8 Liv Helene Willumsen (org.). *The Witchcraft Trials in Finnmark, Northern Norway*, tradução de Katjana Edwardsen (Bergen: Skald, 2010), p. 11-12, 22-6; Per Einar Sparboe e Rune Blix Hagen. Org. e trad. Hans Hanssen Lilienskiold, *Trolldom og Ugudelighet* (Tromsø: Universitetbiblioteket, 1998), p. 68-73, 74-6.

9 Willumsen (org.), p. 22-6; Sparboe e Hagen (orgs.), p. 74-6.

10 Willumsen (org.), p. 26.

11 Anneli Jonsson, "Sámi Goat Cheese", disponível em: fondazioneslowfood.com.

12 Willumsen (org.), p. 31-3; Sparboe e Hagen (orgs.), p. 96-8, 90-2, 98-100.

13 Sparboe e Hagen (orgs.), p. 76-96; Knut Hansvold, "The Northern Norwegian Boat Museum Takes You Back to the Region's Rustic Routes", disponível em: https://nordnorge.com/en/artikkel/the-northern-norwegian-boat-museum-takes-you-back-to-the-regions-rustic-routes/.

14 Willumsen, "Exporting", p. 64, n. 18; Sparboe e Hagen (orgs.), p. 74-5, 92-6.

15 Willumsen (org.), p. 27-9.

16 Willumsen (org.), p. 27-31.

17 Willumsen, "Exporting", p. 59-60; Purchas, p. 318.

18 Willumsen (org.), p. 27-31; Sparboe e Hagen (orgs.), p. 90-2, 94.

19 Willumsen (orgs.), p. 54-5; Jens V. Johansen, "To Beat a Glass Drum: The Transmission of Popular Notions of Demonology in Denmark and Germany". In: Julian Goodare, Rita Voltmer e Liv Helene Willumsen, *Demonology and Witch-Hunting in Early Modern Europe* (Londres: Routledge, 2020), p. 233-42.

20 Rune Blix Hagen, "Sámi Shamanism: The Arctic Dimension". *Magic, Ritual and Witchcraft* 1:2 (2006), p. 227-33; Willumsen (org.), p. 377-96.

Capítulo 4
O julgamento de Joan Wright: magia prática e a primeira bruxa da América

1 E. Millicent Sowerby, *The Catalogue of the Library of Thomas Jefferson* (Washington: Library of Congress, 1952-1959), v. 2, p. 352-3; MS "Virginia General Court 1622-29, Cases, with Minutes", v. 15, disponível em: https://www.loc.gov/item/mtjbib026596/; Colonial Williamsburg Foundation, *A Study of Taverns of Virginia in the 18th Century* (Williamsburg, 1990); https://research.colonialwilliamsburg.org/DigitalLibrary/view/index. cfm?doc=ResearchReports%5CRR0164.xml#refn3; Jefferson, cartas a John Daly Burke, 1º de junho de 1805, e George Wythe, 16 de janeiro de 1796, disponível em: https://www.loc.gov/collections/thomas-jefferson-papers/articles-and-essays/Virginia; https://www.monticello.org/site/research-and-collections/eyeglasses.

2 Ruth Goodman, *How to Be a Tudor* (Londres: Penguin, 2015), p. 175-81.

3 Marion Gibson, *Witchcraft: The Basics* (Londres: Routledge, 2018), p. 26-7.

4 H. R. McIlwaine (org.). *Minutes of the Council and General Court of Colonial Virginia* (Richmond: Library of Virginia, 1924), p. 112.

5 McIlwaine (org.), p. 112; "Virginia General Court", p. 288-9, 295; W. W., *A True and Just Recorde* (Londres, 1582), 2A7v, E3; Marion Gibson, *The Witches of St Osyth* (Cambridge: Cambridge University Press, 2022), p. 37, 151.

6 Nell Marion Nugent, *Cavaliers and Pioneers* (Richmond: Virginia Land Office, 1934), v. 1: xxix, p. 53-4; Avery E. Kolb, "Early Passengers to Virginia". *Virginia Magazine of History and Biography* 88:4 (1980), p. 413; W. G. Stanard, "Abstracts of Virginia Land Patents". *Virginia Historical Magazine* 1:1 a 8:2 (1893-1900), 1:4, p. 441, 5:1, p. 94.

7 Jacob Heffelfinger, *Kecoughtan Old and New* (Hampton, VA: Houston, 1910), p. 4-7.

8 John Camden Hotten, *The Original Lists of Persons of Quality* (Londres, 1874), p. 183, 261; Stanard, 1:4, p. 441; 1:3, p. 311; Martha McCartney, *Documentary History of Jamestown Island*, v. 3 (Williamsburg, VA: National Park Service, 2000), p. 51, 406.

9 Hotten, p. 261-2; Stanard, v. 2, p. 79; McIlwaine (org.), p. 22-4, 82, 101; A. W. Welch, "Law and the Making of Slavery in Colonial Virginia". *Ethnic Studies Review* 27:1 (2004), p. 1-22, 2.

10 Hotten, p. 209; McIlwaine (org.), p. 14, 19, 44, 61-3, 85, 93. Jane é defendida por Isabella Perry em depoimento no Tribunal Geral; posteriormente, Isabella acusou Joan, 23 de maio de 1625 ("Virginia General Court", p. 147; McIlwaine (org.), p. 62); McCartney, p. 406.

11 McIlwaine (org.), p. 104-5, 114, 119; McCartney, p. 200.

12 1 James 1 c. 12, disponível em: https://statutes.org.uk/site/the-statutes/seventeenth-century/1604-1-james-1-c-12-an-act-against-witchcraft/.

13 Stanard, 1:2, p. 191, 450-1; McCartney, p. 200; McIlwaine (org.), p. 58.

14 Stanard, 2:1, p. 70-1; 7:2, p. 193.

15 Stanard, 2:3, p. 181-2; 4:4, p. 423, 426; 7:1, p. 70; McCartney, p. 135; McIlwaine (org.), p. 81, 96.

16 Stanard, 3:4, p. 402; William Armstrong Crozier, *Virginia County Records*, v. 6, parte 1 (março de 1909), p. 31.

17 Stanard, 1:3, p. 310; 6:2, p. 185; McCartney, p. 279; McIlwaine (org.), p. 76.

18 Hotten, p. 232, 270; McCartney, p. 17, 35, 131; Stanard, p. 451-2; McCartney, p. 129-31, 259; McIlwaine (org.), p. 113.

19 Stanard, 1:1, p. 84-6, 88-9; 1:4, p. 450; Hotten, p. 157-8; McCartney, p. 104, 287-9, 387-8, 411-15.

20 James Sharpe, *The Bewitching of Anne Gunter* (Londres: Profile, 1999).

21 McIlwaine (org.), p. 113-14, 4-5, 78, 93, 15-17, 142; Renée Celeste, "Forty Lashes: The Comparison of Court Punishments in Early Modern England and Colonial Virginia" (tese). *Texas Tech University* (2014), p. 101-2, 113-14.

22 McCartney, p. 138 (Study Unit 3, Tract E), p. 341, 406.

Capítulo 5
O julgamento de Bess Clarke: deficiência e famílias demoníacas na Guerra Civil inglesa

1 Essex Record Office D/P 343/1/1; D/DA T212, T218; Gaskill, *Witchfinders*, p. 9-27; Frances Timbers, "Witches' Sect or Prayer Meeting? Matthew Hopkins Revisited", *Women's History Review* 17:1 (2008), p. 21-37; Peter Elmer, "East Anglia and the Hopkins Trials 1645-1647", disponível em: https://practitioners.exeter.ac.uk/wp-content/uploads/2014/11/Eastanglianwitchtrialappendix2.pdf 27; Helen Barrell, "Mistley and the Witchfinder" (2015) e "The Witchfinder General" (2017), disponíveis em: https://essexandsuffolksurnames.co.uk/mistley-and-the-witchfinder/ e https://www.freeukgenealogy.org.uk/news/2017/10/25/halloween-special-guest-post/; Philip Cunningham, "The Witch Finder's Step Sister", disponível em: www.manningtree-museum.org.uk.

2 ERO D/P 343/1/1, D/DA T218, D/DA T223, D/DHw Q1, D/DHw M72; Gaskill, *Witchfinders*, p. 41.

3 ERO D/P 343/1/1; Gaskill, *Witchfinders*, p. 38, 41; John Stearne, *A Confirmation and Discovery of Witch-Craft* (Londres, 1648), p. 14-15; Malcolm Gaskill (org.). *The Matthew Hopkins Trials* (Londres: Pickering and Chatto, 2003).

4 H. F., *A True and Exact Relation* (Londres, 1645). In: Gaskill (org.), p. 11; ERO D/P 343/1/1; National Archives ASSI 35/62/1–35/86/1 (6 de março de 1620-17 de julho de 1645).

5 Michael Sachs, Jörg Bojunga e Albrecht Encke, "Historical Evolution of Limb Amputation", *World Journal of Surgery* 23 (1999), p. 1.088-93; Eric Gruber von Arni e Andrew Hopper, "Battle-Scarred: Surgery, Medicine and Military Welfare During the British Civil Wars", disponível em: http:// www.nationalcivilwarcentre.com/ media/civilwarcentre/Battle-scarred%20 NCWC%; Alanna Skuse, *Surgery and Selfhood in Early Modern England* (Cambridge: Cambridge University Press, 2021), p. 5, 87-93, 108.

6 Ronald Holmes, *Witchcraft in British History* (Londres: Frederick Muller, 1974), p. 134; Sharpe, *Instruments*, 128; ERO D/P 343/1/1, D/P 173/1/1; H. F., p. 16.

7 Matthew Hopkins, *The Discovery of Witches* (Londres, 1645), p. 2, 4, 6; H. F., p. 11-13; Stearne, p. 322.

8 ERO D/DCm T99, D/DHw T59, D/DHw M73; Stearne, p. 17-18; Hopkins, p. 3, 5, 6; H. F., p. 2-3.

9 Stearne, "To the Reader", p. 13-15; H. F., p. 2-3, 13; Elmer, p. 28; Hopkins, p. 5.

10 H. F., p. 2; Stearne, p. 15.

11 Stearne, p. 15, 322, 353; H. F., p. 2-3, 12, 13, 16; ERO D/DHw M72, D/DHw M66.

12 George Gifford, *A Dialogue Concerning Witches and Witchcrafts* (Londres, 1593), iv; ERO D/DHw T55, D/DHw M29; Stearne, p. 38-9.

13 Gaskill, *Witchfinders*, p. 37-8; ASSI 35/81/1, 35/82/2.

14 Timbers; H. F., p. 12, 17, 20-1; Stearne, p. 39.

15 H. F., p. 19; ERO D/DHw T120, D/DHw M72, D/DQs 4.

16 H. F., p. 20.

17 H. F., p. 24-5.

18 NA ASSI 35/86/1; Gaskill, *Witchfinders*, p. 123-7; Gibson, *St Osyth*, capítulo 6.

19 ERO D/Hw M72, D/DHw M29.

20 NA ASSI 35/86/1; Elmer, "East Anglia"; Stearne, p. 11.

21 Hopkins, p. 1, 6.

22 Hopkins, p. 3, 10; ERO D/DRc B10; John Gaule, *Select Cases of Conscience Touching Witches and Witchcraft* (Londres, 1646), A3-A4; Stearne, p. 60-1.

Capítulo 6
O julgamento de Tatabe: escravidão e sobrevivência na fronteira de Salem

1 Elaine G. Breslaw, *Tituba, Reluctant Witch of Salem* (Nova York: New York University Press, 1997), p. 12-14, 24-5; Chadwick Hansen, "The Metamorphosis of Tituba", *New England Quarterly* 47:1 (1974), p. 3-12; *Salem Witchcraft Trials*, disponível em: https://salem.lib.Virgínia.edu/home.html: Essex County Court Archives ECCA1163, Massachusetts Archives, 135:20, p. 31, Judicial Archives Boston, Superior Court of Judicature, p. 7-8.

2 Andrés Reséndez, *The Other Slavery* (2016; Nova York: Mariner, 2017); "An American Secret" (20 de novembro de 2017), disponível em: https://www.npr.org/2017/11/20/565410514/an-american-secret-the-untold-story-of-native-american--enslavement; Breslaw, p. 13-14; Bernard Rosenthal, *Salem Story* (Cambridge: Cambridge University Press, 1993), p. 13.

3 Breslaw, p. 6-8, 13-18.

4 Larry Gragg, *A Quest for Security* (Nova York e Westport: Greenwood, 1990), p. 68; Breslaw, p. 3-8.

5 William Rawlin, *The Laws of Barbados* (Londres, 1699), p. 155.

6 Jacob Eliezer Pomerantz, "Building the Bridge: Labour and Governance in Seventeenth-Century Bridgetown, Barbados" (tese). Universidade de Petersburgo (2021), p. 22-3, 56, 142; Fuentes, p. 19-26, 30-3, 37-41.

7 Sue Appleby, *The Cornish in the Caribbean* (Market Harborough: Troubador, 2019), p. 134; Breslaw, p. 21-3, 54.

8 Gragg, p. 2-9, 13-16, 72-3; Breslaw, p. 58-61; Richard Ford, "A New Map of the Island of Barbadoes" (c. 1675-1680), John Carter Brown Library, p. 8.189–32, disponível em: https://jcb.lunaimaging.com/luna/servlet/detail/JCBMAPS~1~1~1133~100880001:A-New-Map-of-the-Island-of-Barbadoe.

9 Disponível em: https://salem.lib.Virginia.edu/home.html: New York Public Library NYPL04B; Gragg, p. 32, 34, 46-9, 50-1; Emerson Baker, *A Storm of Witchcraft* (Oxford: Oxford University Press, 2015), p. 43, 53-5; Richard B. Trask, *The Devil Hath Been Raised* (Danvers: Yeoman, 1992), p. 111.

10 Danvers Library, Salem Church Records, disponível em: https://www.danverslibrary.org/archive/wp-content/uploads/2015/09/ChurchRecords_020.jpg; Breslaw, p. 78-87; Baker, p. 87-9.

11 Mary Beth Norton, *In the Devil's Snare* (Nova York: Alfred A. Knopf, 2002), p. 5, 21, 48-50, 86-111; https://salem.lib.Virginia.edu/home.html: NYPL03A-B.

12 Danvers Library, Salem Church Records, disponível em: https://www.danverslibrary.org/archive/wp-content/uploads/2015/09/ChurchRecords_020.jpg; https://www.

danverslibrary.org/archive/wp-content/uploads/2015/09/ChurchRecords_021.jpg; John Hale, *A Modest Enquiry into the Nature of Witchcraft* (Boston, 1702), p. 234; Rosenthal, p. 25-7.

13 Disponível em: https://salem.lib.Virginia.edu/home.html: NYPL03B; Norton, p. 21-7, 56-7.

14 Disponível em: https://salem.lib.Virginia.edu/home.html: Massachusetts Historical Society, p. 16b, 23b, 37a; Norton, p. 58-9; Rosenthal, p. 13.

15 Disponível em: https://salem.lib.Virginia.edu/home.html: ECCA1033, 1034, 2131; alguns relatos contêm o inglês-padrão; esse (por Jonathan Corwin) parece registrar *verbatim*.

16 Disponível em: https://salem.lib.Virginia.edu/home.html: ECCA1033, 1034, 2131, 1016.

17 Disponível em: https://salem.lib.Virginia.edu/home.html: ECCA1015, 1016, 1017, 1018, 1021.

18 Disponível em: https://salem.lib.Virginia.edu/home.html: ECCA1013, 1029; NYPL03A-B. Hathorne diz que a busca foi depois de seu exame, mas já constava em NYPL03B.

19 Disponível em: https://salem.lib.Virginia.edu/home.html: ECCA1034, 1032, 1007; NYPL05.

20 Disponível em: https://salem.lib.Virginia.edu/home.html: NYPL04B.

21 Disponível em: https://salem.lib.Virginia.edu/home.html: Massachusetts Supreme Judicial Court Archives: Suffolk, 31-2:2.760.

22 Disponível em: https://salem.lib.Virginia.edu/home.html: ECCA1008, 2130, 1013, Massachusetts Archives, 135:24, Massachusetts Archives Judicial, J01-4.

23 Disponível em: https://salem.lib.Virginia.edu/home.html: Massachusetts Supreme Judicial Court Archives: Suffolk, 31-2:2.760.

24 Danvers Library, Salem Church Records, disponível em: https://www.danverslibrary.org/archive/wp-content/uploads/2015/09/ChurchRecords_025.jpg; https://www.danverslibrary.org/archive/wp-content/uploads/2015/09/ChurchRecords_026.jpg; https://www.danverslibrary.org/archive/wp-content/uploads/2015/09/ChurchRecords_041.jpg; Baker, p. 9, 229-32, 255; Norton, p. 290-2.

25 Disponível em: https://salem.lib.Virginia.edu/home.html: Massachusetts Historical Society undated "Restitution Document"; Norton, p. 408.

26 Disponível em: https://salem.lib.Virginia.edu/home.html: ECCA2140, 2141, 2143.

Interlúdio: Da demonologia à dúvida

1 Increase Mather, *Cases of Conscience Concerning Evil Spirits* (Boston, 1692); Balthazar Bekker, *De Betoverde Weereld* (*The World Bewitched*) (Amsterdã, 1691); Joseph Glanvill, *Saducismus Triumphatus* (Londres, 1682); Thomas; Bostridge.

2 Owen Davies, *Witchcraft, Magic and Culture 1736-1951* (Manchester: Manchester University Press, 1999) e *America Bewitched* (Oxford: Oxford University Press, 2013).

3 Massimo Introvigne, *Satanism: A Social History* (Leiden: Brill, 2016), p. 35-43.

4 Brian Levack, "King Louis XIV of France: The Decriminalisation of French Witchcraft". In: Levack (org.), *The Witchcraft Sourcebook* (Londres: Routledge, 2015), p. 181-3.

5 9 George 2 c. 5, disponível em: https://statutes.org.uk/site/the-statutes/eighteenth-century/1735-9-george-2-c-5-the-witchcraft-act/.

Capítulo 7
O julgamento de Marie-Catherine Cadière: as bruxas reimaginadas e uma Revolução Francesa

1 Disponível em: http://www.toulon.maville.com (2010); Jason T. Kuznicki, "Sorcery and Publicity: The Cadière-Girard Scandal of 1730-1731", *French History* 21:3 (2007), p. 294-5.

2 *A Compleat Translation of the Whole Case of Mary Catherine Cadière* (Londres, 1732), p. 17-19; Mita Choudhury, *The Wanton Jesuit and the Wayward Saint* (University Park: Pennsylvania State University Press, 2015), p. 16-19.

3 Cyrille Roumagnac, *L'Arsenal de Toulon* (Stroud: Allan Sutton, 2001); David Hannay, "Toulon", *Encyclopaedia Britannica* (Cambridge: Cambridge University Press 1911), p. 98-9; Michel Vergé-Franceschi, *Toulon* (Paris: Tallandier, 2002).

4 Choudhury, p. 22-5; Jules Michelet, *La Sorcière*, trad. A. R. Allinson de *Satanism and Witchcraft* (Londres: Tandem, 1965), p. 170-1.

5 Choudhury, p. 21, 32, 37.

6 *Compleat Translation*, p. 52; Choudhury, p. 38; Kuznicki, p. 295.

7 Choudhury, p. 39-40.

8 *Compleat Translation*, p. 26-8, 41, 165; *A Compleat Translation of the Sequel* (Londres, 1732), p. 50-1; Choudhury, p. 39-43, 25; Kuznicki, p. 296-7.

9 *Compleat Translation*, p. 48, 31, 35-9, 128, 37, 144-6; Choudhury, p. 49-56, 63-4, 70-1; *Memoirs of Miss Mary-Catherine Cadière* (Londres, 1731), p. 10.

10 *Compleat Translation*, p. 22, 47, 19, 25, 30, 58-9; Mark 5:1-20, Mateus 8.28-34, Lucas 8:26-39; Choudhury, p. 53, 71; Kuznicki, 297-8.

11 Kuznicki, p. 301-4; Choudhury, p. 53, 56-7, 59-61, 4, 108-9; Colin Haydon, "Anti--Catholicism and Obscene Literature: *The Case of Mrs. Mary Catharine Cadière* and Its Context", *Studies in Church History* 48 (2012), p. 20218; *A Defence of F. John Baptist Girard*, partes 1-3 (Londres, 1731).

12 *Compleat Translation*, p. 43, 155-6; Choudhury, p. 75-7, 110.

13 *Compleat Translation*, p. 60-1, 65-9, 75; Choudhury, p. 78-81; *The Tryal of Father John-Baptist Girard* (Londres, 1732), p. 39.

14 *Compleat Translation*, p. 66-7, 73, 98-135; *Tryal*, p. 34; Choudhury, p. 90-5, 97-8.

15 Choudhury, p. 110, 115 – *sorcier/ère* significa "feiticeiro" e "bruxa".

16 *Compleat Translation*, p. 115, 128; *Tryal*, p. 40; *Sequel*, p. 14; Choudhury, p. 115-21.

17 *Compleat Translation*, p. 214; *Tryal*, p. 47; Choudhury, p. 113-69; Kuznicki, p. 304, 307, 311. Algumas versões alegam ser de Marie-Catherine, mas reiteram material já publicado.

18 Michelet, p. 173, 179; Jennifer Airey, "Cult: The Case of Marie-Catherine Cadière". *Studies in Eighteenth-Century Literature* 48 (2019), p. 257-8.

19 J-K. Huysmans, *Là-Bas*, trad. Terry Hale (Londres: Penguin, 2001), p. 18; Linda Orr, "A Sort of History: Michelet's *La Sorcièr*", *Yale French Studies* 59 (1980), p. 128-9.

Capítulo 8
O julgamento de Montague Summers: satanismo, sexo e o renascimento da demonologia

1 *Kelly's Directory of Clergy* (Londres, 1909), 1:990; Parish Register, St Michael, Two Mile Hill 1881, censo de 1891 em Ancestry.com; Parish Register, Emmanuel, Clifton, Bristol Archives P.EC/R/2/a; Montague Summers, *Antinous*, Timothy D'Arch Smith e Edwin Pouncey (orgs.) (1907; Londres: Cecil Woolf, 1995), p. 11.

2 Montague Summers, *The Galanty Show* (Londres: Cecil Woolf, 1980), p. 81-5, 33, 59-61, 21; Joseph Jerome (Brocard Sewell), *Montague Summers* (Londres: Cecil Woolf, 1965), p. 2, 30, 88.

3 Joseph Foster, *Oxford Men and Their Colleges 1880-1892* (Oxford, 1893), 2:583; Summers, *Galanty*, p. 60-1, 47, 52, 57; Jerome, 5; Victoria Bates, *Sexual Forensics in Victorian and Edwardian England* (Basingstoke: Palgrave Macmillan, 2016), p. 13; Cambridge University Library GBR/0012/MS Add.9813/C1/108.

4 Summers, *Antinous*, p. 15, 19, 33-4, 36-7, 73-4.

5 Introvigne, p. 145-150.

6 Huysmans, p. 224-8, e *Là-Bas* (org.). Montague Summers (Londres: Fortune Press, 1946), p. 5-10; Simon Heffer (org.), *Chips Channon: The Diaries 1918-38* (Londres: Hutchinson, 2021), v. 1, 12 de janeiro de 1928.

7 Gloucestershire Heritage Hub PS/SO/M1/1 e 2, D5009 1908-1910 e D2430 1908-1915, Q/SIb7.

8 Bates, p. 12, 180-1; Arthur Hill (org.), *Henry Nicholson Ellacombe* (Londres: Country Life/Newnes, 1916), p. 43-5, p. 198-215, 53.

9 1911 Census and London Street Directory 1920, NW3, disponível em: Ancestry.com; Jerome, p. 19, 24, 25, 44, 58.

10 Heffer (org.), v. 1:14 e 24 de fevereiro, p. 8, 12, 23, e 30 de março 1928.

11 Jerome, xviii, p. 28, 17.

12 Jerome, xiii, p. 70-1, 22; 1939 Register; 1891 Census, disponível em: Ancestry.com.

13 Montague Summers, *The History of Witchcraft* (1926; Londres: Mystic Press, 1988), p. xiv, 32, 6-7, xvi, 1; algumas traduções são de E. A. Ashwin.

14 Summers, *History*, p. 10, 17, 22, 26; Heffer (org.), 12 de janeiro de 1928.

15 Sybil Thorndike, "Foreword". In: Jerome, p. ix, xv.

16 Andrews Newspaper Index Cards, 1790-1976, 11 de abril de 1950, disponível em: Ancestry.com; Gerard P. O'Sullivan, "The Manuscripts of Montague Summers", *Antigonish Review* 159 (2009), p. 111-31; Frederick Kaigh, *Witchcraft and Magic of Africa* (Londres: Lesley, 1947), p. 153, e Montague Summers, "Foreword", p. viii, x-xii.

Capítulo 9
O julgamento de John Blymyer: *pow-wow* e pobreza na Pensilvânia

1 Richard F. Weingroff, "From 1916 to 1939: The Federal-State Partnership at Work", *Public Roads* 60:1 (1996), disponível em: https://highways.dot.gov/public-roads/summer-1996/1916-1939-federal-state-partnership-work; Stephen H. Smith, "The Susquehanna Trail as a Ribbon of Concrete", *YorksPast* (7 de novembro de 2014), disponível em: https://yorkblog.com/yorkspast/the-susquehanna-trail-as-a-ribbon-of-concrete/; Arthur H. Lewis, *Hex* (Nova York: Trident, 1969), p. 78-9.

2 Karl Herr, *Hex and Spellwork* (York Beach, ME: Red Wheel/Weiser, 2002), p. 3.

3 Theda Kenyon, *Witches Still Live* (1929; Londres: Rider, 1931), p. 13.

4 J. Ross McGinnis, *Trials of Hex* (np: Davis/Trinity, 2000), p. 214, 205; Lewis, p. 42-4, 47, 55-7.

5 McGinnis, p. 6-8, 23-4, 191-2, 213, 402; 1910, 1920 United States Federal Census, disponível em: Ancestry.com; John George Hohman/Hoffman, *Pow-wows or the Long Lost Friend* (USA, 1820), disponível em: https://www.sacred-texts.com/ame/pow/index.htm; Lewis, p. 26-9, 62-8.

6 McGinnis, p. 4; Hohman, "To Remove Bruises and Pains".

7 Patricia A. Cooper, *Once a Cigar Maker* (Urbana: University of Illinois Press, 1987), p. 288.

8 1870, 1880, 1890, 1900, 1910, 1920 United States Federal Census, disponível em: Ancestry.com; McGinnis, p. 317, 25; Lewis, p. 53-4.

9 McGinnis, p. 215-20, 226, 104, 252, 282-3, 286; Lewis, p. 71-82, 84-5.

10 Lewis, p. 69; McGinnis, p. 228-30, 234.

11 Cooper, p. 205-9; Lewis, p. 20, 23-5, 35, 38-9, 48-50; McGinnis, p. 155-7, 165, 204, 186; 1900, 1910, 1920 United States Federal Census, "Emanuel Blymire Dies Suddenly at Home near East Prospect", US World War II Draft Registration Card, Pennsylvania Death Certificates 1906-1963, disponível em: Ancestry.com; no documentário *Hex Hollow*, feito com as famílias Blymyer/Blymire e Rehmeye, os parentes o consideram culpado (dir. Shane Free, Freestyle Media, 2015).

12 Lewis, p. 58-66; McGinnis, p. 221, 277, 3-21.

13 McGinnis, p. 65-70, 75-83, 222; Lewis, p. 96-103.

14 Lewis, p. 104-5, 120; McGinnis, p. 93, 95, 105, 173, 181-2, 235-6, 193-6, 208-16.

15 McGinnis, p. 214-19, 226-9; Lewis, p. 120-63; Pennsylvania Death Certificates, disponível em: Ancestry.com.

16 McGinnis, p. 222-3, 236, 240-3, 259, 277, 292-6, 301-2; Lewis, p. 164-71; "District Attorney Misled 'Hex' Slayer, Is Plea for New Trial", *Daily News* (15 de abril de 1929), np; "Curry Found Guilty; Life Term Is Asked", *Gettysburg Times* (11 de janeiro 1929), p. 1, disponível em: Ancestry.com.

17 Lewis, p. 176-83; Pennsylvania, US Prison, Reformatory and Workhouse Records 1829-1971, ESP, Bertillion Handbooks; 1940, 1950 United States Federal Census, disponível em: Ancestry.com; "Boy Sentenced to Life in Hex Death Paroled", *Daily News* (13 de julho de 1939); "Youth in Hex Case Paroled", *Gettysburg Times* (21 de junho de 1939), p. 4; FindAGrave.com; McGinnis, p. 363, 375, 377, 399, 404.

18 McGinnis, p. 220; Pennsylvania, US, Prison Records 5.407; 1930 United States Federal Census, US World War II Draft Registration Card 3.352, disponível em: Ancestry.com; "John Blymyer, 'Hex' Slaying Defendant, 76", *Philadelphia Inquirer* (13 de maio de 1972), p. 6.

19 "Witchcraft Trial in America", *Civil and Military Gazette* (Lahore) (5 de janeiro de 1929), p. 14; *Aberdeen Press and Journal* (14 de janeiro de 1929), p. 7; "Black Magic", *Evening Star* (Dunedin) (26 de janeiro de 1929), p. 5; McGinnis, p. 160, 274, *Philadelphia Record* (11 de janeiro de 1929), np; "Will Prosecute Witch Doctors", *Charleroi Mail* (15 de dezembro de 1928), p. 5, disponível em: Ancestry.com.

20 Owen Davies, *A Supernatural War* (Oxford: Oxford University Press, 2019); Hutton, *Triumph*, p. 171201, 205-52.

Capítulo 10
O julgamento de Nellie Duncan: atos de bruxaria e a Segunda Guerra Mundial

1 C. E. Bechhofer Roberts, *The Trial of Mrs Duncan* (Londres: Jarrolds, 1945), p. 337; Malcolm Gaskill, *Hellish Nell* (Londres: Fourth Estate, 2001), p. 230; Gena Brealey, *The Two Worlds of Helen Duncan* (Londres: Regency, 1985), p. 116.

2 1901, 1911 census, disponível em: ScotlandsPeople.gov.uk.

3 Brealey, p. 18-19, 24-6, 32-9; Gaskill, *Hellish*, p. 31-47, 62-3; Marriages, District of Saint Giles, Edinburgh, disponível em: ScotlandsPeople.gov.uk.

4 Kenneth Macauley, "Birth Control Knowledge in Scotland 1900-1975" (tese). Universidade de Glasgow (2015), p. 68, 71, 8990.

5 Brealey, p. 42-8; Gaskill, *Hellish*, p. 64-7, 73.

6 Alex Owen, *The Darkened Room* (Chicago: University of Chicago Press, 1989), p. 10, 93, 146-7.

7 Brealey, p. 20-2, 40-2, 48-68; Victoria Duncan, "Secrets of My Second Sight" e "My Clairvoyante Secrets", *People's Journal* (7 de outubro, 21 de outubro, 25 de novembro de 1933), p. 24, 24, 22; Gaskill, *Hellish*, p. 34-9, 72, 154; NA DPP 2/1204; *Parliamentary Debates* 481:24 (Londres: HMSO, 1º de dezembro de 1950), p. 1.464.

8 Macauley, p. 82; Gaskill, *Hellish*, p. 330, 332.

9 Brealey; Bechhofer Roberts, p. 37; Gaskill, *Hellish*, p. 114; K. M. Goldney, "Mrs Helen Duncan" (9 de maio de 1957), CUL GBR/0012/MS/SPR/Mediums Duncan, Mrs. Helen; Victoria Duncan, "Secrets of My Second Sight" (18 de novembro de 1933), p. 24.

10 Bechhofer Roberts, p. 37, 133; Gaskill, *Hellish*, p. 126-38; Harry Price, *Regurgitation and the Duncan Mediumship* (Londres: National Laboratory of Psychical Research, 1931); CUL GBR/0012/MS/SPR/Mediums Duncan; Manfred Cassirer, *Medium on Trial* (Stansted: PN Publishing, 1996), p. 16-48.

11 Victoria Duncan, "My Second-Sight Secrets", *People's Journal* (9 de setembro de 1933), p. 6-7; (16 de setembro de 1933), p. 6; "Secrets of My Second Sight" (7 de outubro de 1933), p. 24; (14 de outubro de 1933), p. 25; "My Second-Sight Secrets" (21 de outubro de 1933), p. 24; (28 de outubro de 1933), p. 25; (4 de novembro de 1933), p. 25; (11 de novembro de 1933), p. 25; "Secrets of My Second Sight" (18 de novembro de 1933), p. 24; "My Clairvoyante Secrets" (25 de novembro de 1933), p. 22; "Saved Man from Committing Terrible Crime" (2 de dezembro de 1933), p. 23; "My Second-Sight Secrets" (9 de dezembro de 1933), p. 25; "Mending Broken Hearts" (16 de dezembro de 1933).

12 1939 Register EBCQ County Borough of Portsmouth 90/1, disponível em; Ancestry.com; Bechhofer Roberts, p. 51; NA DPP 2/1204, CRIM 1/1581, HO 144/22172; CUL GBR/0012/MS/SPR/Mediums Duncan; "Humbug – Pest", *Daily Mirror* (1º de abril de 1944), s/p.; Phyllis Davies, "A Maid Saw Through Mrs Duncan's Claim to Be a Medium", *Daily Mail* (4 de abril de 1944), s/p.

13 Mass Observation, "Portsmouth 1941" File Report 850; "Portsmouth", Report 606 (março de 1941); "Portsmouth Shops and Shopping", Report 876 (setembro de 1941); "Notes on Air Raids in Portsmouth", Report 271 (junho de 1940); "Public Opinion", Report 1.147-8 (março de 1942); "I'm Getting Fed Up with Spies", Report

1.035 (janeiro de 1942) e Diary 5.049; "Channel Roar", *Hampshire Telegraph and Post* (14 de abril de 1944), p. 13.

14 Lucinda Moore, "Music and Morale – Lena Ashwell and the Healing Power of Concerts at the Front", *Picturing the Great War*, 18 de julho de 2014, disponível em: blog.maryevans.com; Bechhofer Roberts, p. 18, 337, 141, 153, 159, 208; *Evening News* (4 de setembro de 1943), p. 5.

15 Bechhofer Roberts, p. 36, 109, 232, 238, 280; NA HO 144/22172.

16 1939 Register, disponível em: Ancestry.com; NA DPP 2/1204, CRIM 1/1581; CUL GBR/0012/MS/SPR/36 Charles Loseby; Bechhofer Roberts, p. 93, 49-50, 132, 140; "'Group of Charlatans' Says Counsel", *Evening News* (15 de janeiro, 29 de fevereiro de 1944, 1º de maio de 1943), p. 5, 4, 5.

17 Bechhofer Roberts, p. 50, 57, 123, 190, 214, 223-4, 234, 250, 260, 277, 282, 293, 303; Brealey, p. 124, 130; 1939 Register, disponível em: Ancestry.com.

18 Bechhofer Roberts, p. 44, 79, 82, 92, 151, 283; NA DPP 2/1204; Royal Air Force Commands, Halifax II BB324, disponível em: http://www.rafcommands.com/database/serials/details.php?uniq=BB324; NA HO 144/22172; Brealey, p. 113; Gaskill, *Hellish*, p. 176; CUL GBR/0012/MS/SPR/36 Charles Loseby.

19 Bechhofer Roberts, p. 169, 173, 267, 274; Gaskill, *Hellish*, p. 243; 'Mrs Duncan Breaks Down at the Old Bailey', *Portsmouth Evening News* (29 e 30 de março de 1944), p. 4, 5.

20 UK Navy Lists 1942-1945, disponível em: Ancestry.com; Bechhofer Roberts, p. 53; NA DPP 2/1204, HO 144/22172, CRIM 1/1581.

21 Bechhofer Roberts, p. 14-15, 53, 64, 127; NA HO 144/22172; George Orwell, "Clink" (1932). In: *Decline of the English Murder* (Londres: Penguin, 2009), p. 1-14.

22 Bechhofer Roberts, p. 4; NA DPP 2/1204; Gaskill, *Hellish*, p. 198; CUL GBR/ 0012/ MS/SPR/36 Charles Loseby and Mediums Duncan.

23 NA CRIM 2/256 (6 de março), DPP 2/1204; James Morton, "Extraordinary Judgement", *Law Gazette* (27 de outubro de 2014); Peter Cotes, "Obituary: Judge Henry Elam", *Independent* (27 de agosto de 1993), p. 23; Bechhofer Roberts, p. 264; Gaskill, *Hellish*, p. 200-1, 294-5.

24 NA WO 339/14142; *London Gazette* supplement (6 de setembro de 1915), p. 8.830; Gaskill, *Hellish*, p. 196-7.

25 *Burke's Peerage* v. 3, p. 3.540, disponível em: https://www.burkespeerage.com/.

26 Bechhofer Roberts, p. 54–5; B. Abdy Collins, *Mrs Duncan's Trial* (Londres: Psychic Press, 1945).

27 Bechhofer Roberts, p. 43, 114-15.

28 Bechhofer Roberts, p. 306, 98-9, 311.

29 Hansard, 9 de abril, 19 de julho, 20, 27 de novembro de 1919, 4, 11, 19, 27 de fevereiro de 1920, disponível em: http://www.theyworkforyou.com; Fiona Reid,

"The Ex-Services Welfare Society and Mentally Wounded Veterans After the Great War", *War in History* 14:3 (2007), p. 347-71; Bechhofer Roberts, p. 18, 114-15, 119, 121; CUL GBR/0012/MS/SPR/36; Charles Loseby, *Parliamentary Debates*, disponível em: https://api.parliament.uk/historic-hansard/people/captain-charles-loseby/1920.

30 Bechhofer Roberts, p. 340, 261, 287, 337; Gaskill, *Hellish*, p. 154-6; NA DPP 2/1204, HO 144/ 22172, "Medium Sentenced for Fraud", *The Times* (4 de abril de 1944); "'Fake Séances to Cheat War-Bereaved' Charge" (1º de março de 1944); "Nine Months" Imprisonment for Medium', *Portsmouth Evening News* (1º de abril de 1944), s/p.; "Medium Weeps and Shouts at Verdict", *News Chronicle* (1º de abril de 1944), s/p.

31 CUL GBR/0012/NS/SPR/36 Charles Loseby and Mediums Duncan.

32 G.H. Bennett, "Women and the Battle of the Atlantic 1939-45". In: Angela K. Smith, *Gender and Warfare in the Twentieth Century* (Manchester: Manchester University Press, 2004), p. 111-31.

33 Bechhofer Roberts, p. 23-4, 337; NA HO 144/22172, CRIM 1/1581, 4/1709, DPP 2/1204; Brealey, p. 118; Gaskill, *Hellish*, p. 188, 323-4; CUL GBR/0012/MS/SPR/36 Charles Loseby and Mediums Duncan; 1939 Register, disponível em: Ancestry. com; Gaskill, *Hellish*, p. 282. Outra história acerca de segurança diz respeito ao HMS *Hood*.

34 Brealey, p. 133-4, 143, 148; Gaskill, *Hellish*, p. 340; NA HO 144/22172; W. A. E. Jones, "Helen Duncan's Wealth from Seances", *Daily Herald* (4 de abril de 1944); CUL GBR/0012/MS/SPR/Mediums Duncan; *Parliamentary Debates*; "Helen Duncan was Murdered", *Two Worlds* (26 de janeiro de 1957), p. 1.

35 NA HO 144/22172; Gaskill, *Hellish*, p. 199, 258-60; CUL GBR/0012/MS/ SPR/ Mediums Duncan.

36 NA HO 144/22172; *Evening News* (26 de agosto de 1943), p. 5; Maurice Barbanell, "Behind the Scenes in the Helen Duncan Case", *Psychic News* (8 de abril de 1944), p. 7.

Capítulo 11
O julgamento de Bereng Lerotholi e Gabashane Masupha: assassinato por magia e o fim do Império Europeu

1 Colin Murray e Peter Sanders, *Medicine Murder in Colonial Lesotho* (Edimburgo: Edinburgh University Press, 2005), p. 57, 88, 94; "Ritual Murder in Basutoland", *Manchester Guardian* (27 de agosto de 1948), p. 5; "Witchcraft Murder", *Daily Telegraph* (17 de novembro de 1948), p. 5; "Mr. Jones Takes On the Witch Doctors", *Daily Mail* (18 de julho de 1949), p. 2; Frederic D. Ellenberger, *History of the Basuto* (Londres: Caxton, 1912), p. 231-3.

2 Ellenberger, *History*, p. 249, 259-60, 267; Elizabeth A. Eldredge, "Land, Politics and Censorship: The Historiography of Nineteenth-Century Lesotho", *History in Africa*

15 (1988), p. 191-209; Hugh Ashton, "Ritual Murder in Basutoland". In: NA DO 119/1377.

3 NA DO 35/1177; "Woman Chief to Die for 'Witch' Murder", *Daily Mirror*, p. 8, e "Mr Jones", *Daily Mail* (27 de agosto de 1948), p. 2; Lord Wemyss, "Life in the Land of Witchcraft", *Dundee Courier* (12 de outubro de 1949), s/p.; "Death Law in Colonies", *Daily Telegraph* (5 de abril de 1947), p. 5; Peter Sanders, *Throwing Down White Man* (Pontypool: Merlin, 2011), p. 11.

4 "Seeiso Amelia 'Matsaba Mantšebo", *Dictionary of African Biography*. Henry Louis Gates, Emmanual Akyeampong e Steven J. Niven (orgs.) (Oxford: Oxford University Press, 2011), p. 320; Elizabeth Eldredge, *Power in Colonial Africa* (Madison: University of Wisconsin Press, 2007), p. 191, 202-4, 211-12; Murray e Sanders, p. 337-9, 35-6, 95; NA DO 119/1376, DO 35/1177; L. B. B. J. Machobane, *Government and Change in Lesotho 1800-1966* (Basingstoke: Palgrave Macmillan, 1990), p. 252.

5 Murray e Sanders, p. 37. "Basutoland" refere-se a uma unidade administrativa; basotos e lesotos são os povos e a nação moderna.

6 "Queen Dies for Ritual Murder", *Aberdeen Journal* (9 de junho de 1949), s/p.; Scott Rosenberg e Richard F. Weisfelder, *Historical Dictionary of Lesotho* (Lanham, MD: Scarecrow Press, 2013), p. 302; Peter Sanders, *Last of the Queen's Men* (Johanesburgo: Witwatersrand University Press, Morija Museum and Archives, 2000), p. 131; disponível em: http://members.iinet.net.au/~royalty/states/africa/lesotho.html; G. I. Jones, "Chiefly Succession in Basutoland". In: Jack Goody (org.). *Succession to High Office* (Cambridge: Cambridge University Press, 1966), p. 57, 69-70; Sanders, *Throwing*, p. 18.

7 NA FCO 1168 S197, CUL PS/MED/D/5.2; Murray e Sanders, p. 32-3, 103-5; Rosenberg e Weisfelder, p. 163; Sanders, *Last*, p. 136-44.

8 Rosenberg e Weisfelder, p. 76-7; Murray e Sanders, p. 30-3, 440, n. 24; NA DO35/1177; "Personalities of the Week: At Home and Abroad", *Illustrated London News* (29 de julho de 1939), p. 198; Marc Epprecht, *This Matter of Women Is Getting Very Bad* (Pietermaritzburg: University of Natal Press, 2000), p. 108, 110; CUL PS/MED/D/4; NA DO119/1373.

9 NA DO 35/1177; Murray e Sanders, p. 48; Machobane, p. 231-33; "Basuto Appeal to the King", *Manchester Guardian* (10 de novembro de 1949), p. 6; Sanders, p. 48-52.

10 CUL PS/MED/D/5.2; Murray e Sanders, p. 101, 108-9, 92, 244; G. I. Jones, *Basutoland Medicine Murder* (Londres: HMSO, 1951), p. 97; NA DO 119/1378, DO 35/4155, 4154; Epprecht, p. 114; J. A. Gray, "The Land of Moshesh", *South Africa* (novembro de 1948), p. 33-4.

11 "Ritual Murder Allegation", *Basutoland News* (3 e 10 de agosto de 1948), p. 2, 1; "Spiritual Danger", "Maseru Murmurings" (10 de agosto de 1948), p. 2, "Native

Medicine Men May Practice – But Not Witch Doctors" (17 de agosto de 1948), p. 1; Sanders, *Last*, p. 25.

12 Murray e Sanders, p. 100-8, 110-11, 114; o registro total ainda não foi descoberto: os arquivos nacionais de Lesoto são inacessíveis, mas há trechos em CUL PS/MED/D/5.1 e em outros arquivos citados; J. R. Crawford, "The History and Nature of the Judicial System of Botswana, Lesotho and Swaziland – Introduction and the Superior Courts", *South African Law Journal* 86:4 (1969), p. 478, 87:1 (1970), p. 77-8; NA DO 119/1372.

13 Murray e Sanders, p. 101; "Maseru Murmurings", "Ritual Murder Trials", *Basutoland News* (17, 24, 31 de agosto de 1948), p. 2, 1, 1; (7 de setembro de 1948), p. 1, 4; "Ritual Murder Charge", "Ritual Murder Case Continued", "Ritual Murder Case" (9, 16, 23 de novembro de 1948), p. 1-2, 1, 1; Lesotho National Archives, box 58. In: Murray e Sanders, p. 99-103, 107, 464-5, e NA DO 119/1372, 1374, 1377; Gray, p. 34.

14 Tumahole Bereng and Others v the King (13 de janeiro 1949), disponível em: https:// www.casemine.com/judgement/in/56b4961e607dba348f016d3b; "Bereng Griffith Lerotholi and Others v the King", NA DO 119/1374; "Our London Correspondence: Basutos' Appeal' and 'Basutos' Appeal Dismissed", *Manchester Guardian* (22, 26 de julho de 1949), p. 6, 8; "Ritual Murder", *Times* (8 de fevereiro de 1949), p. 3, s/t. (16 de fevereiro de 1949); "Allegation of Ritual Murder", *Basutoland News* (19, 26 de outubro de 1948), p. 2, 1; DO 119/1376, 1377, 1379, 1383, 4102; Crawford, "History", p. 80; Murray e Sanders, p. 109, 248, 264-5; Lambeth Palace Library, Fisher Papers 1949.64.

15 *Afro-American* (3 de agosto de 1949), p. 5; *New York Age* (13 de agosto de 1949), p. 25.

16 *Inkululeko* (19 de novembro de 1949). In: CUL PS/MED/D/8; *Afro-American* (3 de agosto de 1949), p. 5; NA DO 119/1379; Jones, *Basutoland*, p. v, 34; DO 199/1377, 1378, 35/4154, 1177; Eldredge, *Power*, p. 202-3; PS/MED/D/3, Murray e Sanders, p. 126; NA CAB 129/45/17.

Capítulo 12
O julgamento de "Shula": bruxaria na África

1 B. M. Khaketla, *Mosali a Nkhola*, trad. Johannes Malefetsane Lenake de *She's to Blame* (Cidade do Cabo: Oxford University Press, 2019), p. 2, 285; PS MED/D/9; Murray e Sanders, p. 176, 180-2; Nhlanhla Maake, "Murder They Cried: Revisiting Medicine Murders in Literature", University of the Witwatersrand Institute for Advanced Social Research (1996), disponível em: wiredspace.wits.ac.za.

2 N. M. Tlale, "Ritual Murders in Basutoland", *African World* (fevereiro de 1949), p. 11-12; "President Speaks on 'Liretlo' Murders'", *Mohlabani* (maio de 1957), p. 14, (junho de 1957), p. 12 (novembro de 1957), p. 16-18.

3 "The Ritual Murders of People with Albinism in Malawi" (2 de fevereiro de 2017), disponível em: https://www.amnesty.org.uk/ritual-murders-people-albinism-malawi; Decca Aitkenhead, "I Used to Work on Love Island: Now I Fight Against Child Sacrifice" (22 de janeiro de 2023), disponível em: https://www.thetimes.co.uk/article/fce00f56-9353-11ed-a195-2b5c5dce7b9b?shareToken=99e3374a255db7662399e001926737d1; Jones, *Basutoland*, p. v; David Pratten, *The Man-Leopard Murders* (Edimburgo: Edinburgh University Press, 2007), p. 11-18, 223, 227, 236-8, 271, 299; "Ritual Murders", *Western Morning News* (4 de agosto de 1949), p. 7; Richard Rathbone, *Murder and Politics in Colonial Ghana* (New Haven: Yale University Press, 1993); Jeremy Evans, "Where Can We Get a Beast Without Hair?": Medicine Murder in Swaziland from 1970 to 1988, *African Studies* 52:1 (1993), p. 27-42; Roger Gocking, "A Chieftaincy Dispute and Ritual Murder in Elmina, Ghana, 1945-6", *Journal of African History* 41:2 (2000), p. 197-219; Gerard Labuschagne, "Features and Investigative Implications of Muti Murder in South Africa", *Journal of Investigative Psychology and Offender Profiling* 1:3 (2004), p. 191-206; Jacques Mathee, "Indigenous Beliefs and Customs, the South African Criminal Law and Human Rights: Identifying the Issues", *Legal Pluralism and Critical Social Analysis* 53:3 (2021), p. 522-44; Murray e Sanders, p. 117, 133, 135, 92, 291; DO 35/4010, 35/1177, 1376, 1378, 35/4155.

4 "Witch-Hunt Murders Surge in Democratic Republic of Congo", *Guardian* (28 de setembro de 2021), disponível em: https://www.theguardian.com/world/2021/sep/28/witch-hunt-murders-surge-democratic-republic-congo-women-south-kivu-province; Marco Simoncelli e Davide Lemmi, "In Pictures: The Witch Hunts of Bangui", *Al Jazeera* (24 de março de 2020), disponível em: https://www.aljazeera.com/gallery/2020/3/24/in-pictures-the-witch-hunts-of-bangui; B. L. Meel, "Witchcraft in Transkei Region of South Africa", *African Health Sciences* 9:1 (2009), p. 61-4, disponível em: https://www.ncbi.nlm.nih.gov/pmc/articles/PMC2932523/.

5 "Ritual Murder", *Basutoland News* (2 de agosto de 1949), p. 4; "Christianity as Weapon Against Ritual Murder", *The Star* (Johanesburgo, 31 de maio de 1949), s/p.; DO 119/1377, 1378; "Basutoland Murders", *Basutoland News* (7 de setembro de 1948), p. 3; PS/MED/D/5.2; Adam Kuper, "Like Cutting a Cow", *London Review of Books* 28:13 (6 de julho de 2006), s/p.; DO 119/1378; Murray e Sanders, p. 126, 143-4, 159, 289.

6 Khaketla, *Mosali*, p. 270-1, 280, 289.

7 T. Selepe, "Deculturation: An Afrocentric Critique of B. M. Khaketla's *Mosali a Nkhola*", *Literator* 30:3 (2009), disponível em: thefreelibrary.com.

8 *I Am Not a Witch*, dir. Rungano Nyoni, Clandestine, BFI, Ffilm Cymru/ Channel Four, 2017, também estrelando Henry B. J. Phiri e Nancy Mulilo.

9 *Camps of Bondage*, dir. Justice Baidoo, JoyNews/ActionAid, 2019; *The Witches of Gambaga*, dir. Yaba Badoe, AWDF, 2011.

10 UN Resolution 47/8 (12 de julho de 2021), disponível em: https://documents-dds-ny.un.org/doc/UNDOC/GEN/G21/191/99/PDF/G2119199.pdf?OpenElement.

11 *Living in Bondage*, dir. Chris Obi Rapu, NEK, 1992-1993; *End of the Wicked*, dir. Teco Benson, Liberty Films, 1999; Mark Oppenheimer, "A Nigerian Witch-Hunter Defends Herself", *New York Times* (21 de maio de 2010), s/p.; Samuel Waje Kunhiyop, "The Role of Nollywood in Witchcraft Belief and Confession" (2 de fevereio de 2016), disponível em: https://henrycenter.tiu.edu/2016/02/the-role-of-nollywood-in-witchcraft-belief-and-confessions/; Gary Foxcroft, *Witchcraft Accusations and Persecution: Muti Murders and Human Sacrifice* (WHRIN, 2017), p. 18-19, disponível em: http://www.whrin.org/whrin-releases-latest-un-report/; Adedeji Arijeniwa, Emeke Precious Nwaoboli, Uyinmwen C. Oviasuyi e Ugo A. Tiekuro, "Perception of the Portrayal of Witchcraft in Nollywood Movies Among Benin Residents" (junho de 2021), disponível em: https://www. researchgate.net/publication/352056511; Benjamin Njoku, "Nollywood Celebrates Witchcraft, Voodoo, Say Kenyan Filmmakers', *Vanguard* (24 de outubro de 2009), disponível em: https://www.vanguardngr.com/2009/10/nollywood-celebrates-witchcraft-voodoo-say- kenyan-film-makers/; "Nollywood and AfricaMagic", *Modern Ghana* (2 de dezembro de 2009), disponível em: https://www. modernghana.com/nollywood/6004/nollywood-and-africamagic--pushing-the-nigerian-motion-pictu.html.

12 Bernard Dayo, "Nigeria's Cinematic Witches Were Rooted in Horrifying Reality", *Foreign Policy* (31 de outubro de 2021), disponível em: https://foreignpolicy.com/2021/10/31/nigeria-witches-nollywood-horror-cinema-yoruba/; Chijioke Azuawusiefe, "Nollywood and Pentecostalism: Preaching Salvation, Propagating the Supernatural", *CrossCurrents* 70:3 (2020), p. 207, 217.

13 Hutton, *Witch*, p. 28-41; N. V. Ralushai, "Witchcraft and Ritual Murders" (1996), disponível em: http://policyresearch.limpopo.gov.za/handle/123456789/406.

14 Marieke Faber Clarke e Pathisa Nyathi, *Lozikeyi Dlodlo* (Bulawayo: Amagugu, 2010), p. 36-48; Jennifer Weir, "King Shaka, the Diviners and Colonialism". In: Peter Limb (org.), *Orb and Sceptre* (Clayton, VIC: Monash University Press, 2008), p. 1-18; Stephen Ellis, "Witch-Hunting in Central Madagascar 1828-1861", *Past and Present* 175:1 (2002), p. 90-123; Simeon Mesaki, "The Evolution and Essence of Witchcraft in Pre-Colonial African Societies", *TransAfrican Journal of History* 24 (1995), p. 162-77; Hutton, *Witch*, p. 28; Andrew Kettler, "Smelling Out Anachronism: Embodiment and Hegemony in the Medicine Murder Cases of Basutoland", *Australian Feminist Law Journal* 45:1 (2019), p. 159-77.

15 Boris Gershman, "Witchcraft Beliefs as a Cultural Legacy of the Atlantic Slave Trade: Evidence from Two Continents", *European Economic Review* 122 (2020), p. 2, 5-8; Rosalind Shaw, "The Production of Witchcraft/Witchcraft as Production: Memory, Modernity and the Slave Trade in Sierra Leone", *American Ethnologist* 24:4 (1997), p. 856-76, e *Memories of the Slave Trade: Ritual and the Historical Imagination in Sierra Leone* (Chicago: University of Chicago Press, 2002); Wyatt MacGaffey, "The West in Congolese Experience". In: Philip D. Curtin (org.), *Africa and the West* (Madison: University of Wisconsin Press, 1972), p. 49-74.

16 Peter Geschiere, *Witchcraft, Intimacy and Trust* (Chicago: University of Chicago Press, 2013).

17 "Witchcraft Suppression Act 3 of 1957", disponível em: https://www.justice.gov.za/legislation/acts/1957-003.pdf, The Witchcraft Act at parliament.gov.zm.

18 Yaiman Bande, "Witches Get Stitches: Analyzing the Legal Framework of the Witchcraft Act cap. 90 of the Laws of Zambia" (12 de agosto de 2022), disponível em: https://www.linkedin.com/pulse/witches-get-stitches-analyzing-legal-framework-witchcraft-bande; Onesimus K. Mutungi, "Witchcraft and the Criminal Law in East Africa", *Valparaiso University Law Review* 5:3 (1971), p. 524-55; Katherine Luongo, *Witchcraft and Colonial Rule in Kenya 1900-1955* (Cambridge: Cambridge University Press, 2011).

19 Pratten, p. 106-7, 111.

20 Paul P. Murphy, "Born on the Dark Fringes of the Internet, QAnon Is Now Infiltrating Mainstream American Life and Politics" (3 de julho de 2020), disponível em: https://edition.cnn.com/2020/07/03/us/what-is-qanon-trnd/index.html.

21 Katrien Pype, "Branhamist Kindoki: Ethnographic Notes on Connectivity, Technology and Urban Witchcraft in Contemporary Kinshasa"; Koen Stroeken, "Witchcraft Simplex: Experiences of Globalized Pentecostalism in Central and Northwestern Tanzania". In: Knut Rio, Michelle MacCarthy e Ruy Blaines (orgs.), *Pentecostalism and Witchcraft* (Basingstoke: Palgrave Macmillan, 2017), p. 115-43, 257-79; "Witchcraft Is Real in Zambia: Amend the Act to Deal with Perpetrators – Magistrate Shanduba", *Lusaka Times* (28 de fevereiro de 2016), disponível em: lusakatimes.com; Leo Igwe, "Ukpabio's Witch Hunting Mission Must Stop", *News Ghana* (15 de setembro de 2017), disponível em: https://newsghana.com.gh/ukpabios-witch-hunting-mission-must-stop/. Ver Capítulo 13.

22 Robert Brain, "Child Witches". In: Mary Douglas (org.), *Witchcraft Confessions and Accusations* (Londres: Tavistock Press, 1970), p. 161-82; Peter Geschiere, "Child Witches Against the Authority of their Elders". In: R. Schefold, J. W. Schoorl e J. Tennekes (orgs.), *Man, Meaning and History* (Den Haag: Instituut voor Taal, Land en Volkenkunde, 1980), p. 268-99.

23 Angus Crawford, "Witnessing 'Child Witch' Exorcism in the DR Congo", *BBC News* (2 de março de 2012), disponível em: https://wwrn.org/articles/36966.

24 Mpoyo Gael, "The Agony of Congo's 'Child Witches'", *AfricaNews* (16 de março de 2018), disponível em: https://www.africanews.com/2018/03/16/the-agony-of-congo-s-child-witches//; Jean La Fontaine, *Witches and Demons* (Nova York: Berghahn, 2016), p. 75-80, 96, 46, 81; Ørbulf Gulbrandsen, "The Discourse of Ritual Murder: Popular Reaction to Political Leaders in Botswana". In: Bruce Kapferer (org.), *Beyond Rationalism* (Nova York: Berghahn, 2002), p. 215-31.

25 Disponível em: https://twitter.com/leoigwe?lang=en; Egodi Uchendu; https://www. researchgate.net/publication/334114165; Cletus Ukpong, "How Nigeria Can Gain from 'Witchcraft' Conference – Organisers", *Premium Times* (26 de novembro de 2019), disponível em: https://www.premiumtimesng.com/news/more-news/365343-how-nigeria-can-gain-from-witchcraft-conference-organisers.html; "The Sad Lessons I Learned from My Witchcraft Conference in 2019 – Prof Egodi", *The Authority* (22 de janeiro de 2021), disponível em: https://authorityngr.com/2021/01/22/the-sad-lessons-i-learnt-from-my-witchcraft-conference-in-2019-prof--egodi/; "UNN's Professor Uchendu: How 'Witchcraft' Can Help Pastors!", *The News* (26 de novembro de 2019), disponível em: https://thenewsnigeria.com.ng/2019/11/26/unns-professor-uchendu-how-witchcraft-can-help-pastors/; Akeem Alaq, "UNN: Nothing Stops the Conference on Witchcraft from Holding – Prof Egodi" (2019), disponível em: http://edugist.org/unn-nothing-stops-the-conference-on-witchcraft-from-holding-prof-egodi/; Chinedu Adonu, "CAN Warns UNN Against Witchcraft Conference, Declares Prayer" (21 de novembro 2019), disponível em: https://www.vanguardngr.com/2019/11/can-warns-unn-against-witchcraft-conference-declares-prayer/.

26 "African Prelate Says Development, Not Denunciation, Is the Way to Fight Witchcraft", *Crux* (6 de dezembro de 2019), disponível em: https://cruxnow.com/church- in-africa/2019/12/african-prelate-says-development-not-denunciation-way-to-fight-witchcraft; Ochereome Nnanna, "Fr Kukah's Witness to Justice", *Vanguard* (6 de novembro de 2014), disponível em: https://www.vanguardngr.com/2014/11/fr-kukahs-witness-justice/.

Capítulo 13
O julgamento de Stormy Daniels: bruxaria na América do Norte

1 Disponível em: https://www.thetrumparchive.com/.

2 Matilda Joslyn Gage, *Woman, Church and State* (1893; Watertown, MA: Persephone Press, 1980), p. 105.

3 Charles Godfrey Leland, *Aradia* (Londres: David Nutt, 1899), p. 113.

4 Ronald Hutton, *The Triumph of the Moon* (Oxford: Oxford University Press, 1995), p. 205-52.

5 Tierney McAfee, "A New Wife, Baby and Two Alleged Mistresses: Inside Donald Trump's World in 2006", *People* (7 de março de 2018), disponível em: https://people.com/politics/donald-trump-life-2006-stormy-daniels-affair/; Ben Schreckinger, "When Trump Met Stormy Daniels: The Strange Story of Four Wild Days in Tahoe", *GQ* (22 de março de 2018), disponível em: https://www.gq.com/story/donald-trump-stormy-daniels-karen-mcdougal-tahoe-weekend; Natasha Stoynoff, "Physically Attacked by Donald Trump – a PEOPLE Writer's Own Harrowing Story", *People* (12 de outubro de 2016), disponível em: https://people.com/politics/donald-trump-attacked-people-writer/.

6 Samantha Schmidt e Lindsey Bever, "Stormy Daniels Was Arrested and Accused of Touching Strip-Club Patrons. The Charges Were Dismissed", *Washington Post* (12 de julho de 2018), disponível em: https://www.washingtonpost.com/news/morning-mix/wp/2018/07/12/stormy-daniels-is-arrested-at-an-ohio-strip-club-michael avenatti-says/; Toby Luckhurst, "Why the Stormy Daniels – Donald Trump Story Matters", *BBC News* (3 de maio de 2018), disponível em: https://www.bbc.co.uk/news/world-us-canada-43334326.

7 Heather Greene, "Stormy Daniels' Religious Beliefs Under Scrutiny as Federal Trial Against Avenatti Begins", *Religion News Service* (24 de janeiro de 2022), disponível em: https://religionnews.com/2022/01/24/stormy-daniels-defends-her-religious-beliefs-as-federal-trial-against-avenatti-begins/; Thumper Forge, "Stormy Justice (and Justice for Stormy)", *Fivefold Law* (21 de junho de 2021), disponível em: https://www.patheos.com/blogs/fivefoldlaw/2021/06/21/stormy-justice-and-justice-for-stormy/; Meghann M. Cuniff, "'I Am Truly Sorry": Michael Avenatti Asks for 3-Year Sentence in Stormy Daniels Fraud", *The Recorder* (20 de maio de 2022), disponível em: https://www.law.com/therecorder/2022/05/20/i-am-truly-sorry-michael-avenatti-asks-for-3-year-sentence-in-stormy-daniels-fraud/?slreturn=20220701093526; Kara Scannell, "Michael Avenatti Sentenced to 4 Years for Stealing Nearly $300K from Stormy Daniels", *CNN Politics* (2 de junho de 2022), disponível em: https://edition.cnn.com/2022/06/02/politics/michael-avenatti-stormy-daniels-sentencing/index.html; Stormy Daniels tweet 19h21, 19 de junho de 2021, disponível em: https://twitter.com/stormydaniels/status/1406316322611417089.

8 Emily St James, "*Bewitched* Tweaked '60s Gender Roles and Became One of the First Feminist Sitcoms", *AV Club* (24 de setembro de 2012), disponível em: https://www.avclub.com/bewitched-tweaked-60s-gender-roles-and-became-one-of-t-1798233613; Sophie Moss, "Culture Throwback: Thinking Back on How *Charmed* Captured Feminism", *LunaLuna* (23 de novembro de 2015), disponível em: http://www.lunalunamagazine.com/blog/culture-throwback-thinking-back-on-how-charmed-captured-contemporary-feminism.

9 Cara Buckley e Melena Ryzik, "Rose McGowan Attacks Ben Affleck Over Harvey Weinstein: 'You Lie'", *New York Times* (10 de outubro de 2017), disponível em:

https://www.nytimes.com/2017/10/10/movies/rose-mcgowan-ben-affleck-matt-damon-weinstein.html.

10 Sandra E. Garcia, "The Woman Who Created #MeToo Long Before Hashtags", *New York Times* (20 de outubro de 2017), disponível em: https://www.nytimes.com/2017/10/20/us/me-too-movement-tarana-burke.html.

11 AP, "Stormy Daniels Strips near White House as Trump Reveals Brett Kavanaugh as Pick for Supreme Court" (10 de julho de 2018), disponível em: https://eu.usatoday.com/story/news/nation/2018/07/10/stormy-daniels-strips-nearby-trump-reveals-kavanaugh-court-pick/770535002/; Meredith B. Kile tweet (27 de setembro de 2018), disponível em: https://twitter.com/em_bee_kay/status/1045432500296634368; "Tucker Carlson Likens Sexual Assault Survivors to an Unruly Mob Complaining About Demonic Possession in *The Crucible*" (25 de setembro de 2018), disponível em: https://www.mediamatters.org/tucker-carlson/tucker-carlson-likens-sexual-assault-survivors-unruly-mob-complaining-about-demonic.

12 Alyssa Milano, "Alyssa Milano on Witnessing the Kavanaugh Hearings and Our Government's War on Women", *Refinery29* (22 de outubro de 2018), disponível em: https://www.refinery29.com/en-us/2018/10/214647/alyssa-milano-kavanaugh-supreme-court-abortion-laws-essay; Samuel Alito, "1st Draft, Supreme Court of the United States Nº 19-1392" (Dobbs vs Jackson Women's Health Organization *et al.*, 10 de fevereiro de 2022), p. 9-17, 24, 67; Deanna Pan, "Who Was Matthew Hale, the 17th Century Jurist Alito Invokes in His Draft Overturning Roe?", *Boston Globe* (6 de maio de 2022), disponível em: https://www. bostonglobe.com/2022/05/06/metro/who-was-matthew-hale-17th-century-jurist-alito-invokes-his-draft-overturning-roe/; Gilbert Geis and Ivan Bunn, *A Trial of Witches* (Londres: Routledge, 1997); Edward Coke, *The Third Part of the Institutes of the Laws of England* (1644; Londres, 1669), p. 44; Edmund Heward, *Matthew Hale* (Londres: Robert Hale, 1972), p. 71-87.

13 "Burials and Memorials", Department of Veterans' Affairs (25 de abril de 2007), disponível em: https://www.cem.va.gov/hmm/emblems.asp.

14 Disponível em: https://www.facebook.com/events/the-goat-new-orleans/spellbound-a-magickal-bazaar-w-tarot-by-stormy-daniels/178128680679827/; https://enchantments.nyc/.

15 American Religious Identification Survey About ARIS – ARIS (trincoll. edu); Sean McShee, "Estimating Growing Number of US Pagans" (9 de janeiro de 2019), disponível em: https://wildhunt.org/2019/01/estimating-growing-number-of-us-pagans.html; "Religion by Visible Minority and Generation Status: Canada, Provinces and Territories ", disponível em: https://www150.statcan.gc.ca/t1/tbl1/en/ tv.action?pid=9810034201.

16 "About the Wiccan Church of Canada", disponível em: http://www.wiccanada.ca/about. html.

17 Robin Levinson-King, "Canada's Last Witch Trials: Women Accused of Fake Witchcraft" (30 de outubro de 2018), disponível em: https://www.bbc.co.uk/news/world-us-canada-45983540; Gabby Bess, "Double, Double Trudeau and Trouble: Canada Legalizes Witchcraft", *Vice* (15 de junho de 2017), disponível em: https://www.vice.com/en/article/xw8m8n/double-double-trudeau-and-trouble-canada-legalizes-witchcraft; Kristine Phillips, "Canada Decriminalized Fake Witchcraft: But It Was Too Late for the 'White Witch of the North'", *National Post* (20 de dezembro de 2018), disponível em: https://nationalpost.com/news/canada/ canada-decriminalized-fake-witchcraft-but-it-was-too-late-for-the-white-witch-of-the-north.

18 Ewan Palmer, "Pastor Greg Locke Threatens to Expose 'Witches' in His Church in Viral Video" (15 de fevereiro de 2022), disponível em: https://www.newsweek.com/pastor-greg-locke-threatens-expose-witches-church-viral-video-1679331; Sarah Hughes, *American Tabloid Media and the Satanic Panic 1970-2000* (Londres: Palgrave Macmillan, 2021); disponível em: https://www.youtube.com/watch?v=Mp1Mm43pYzA; https://twitter.com/rightwingwatch/status/1441033387062571014; CNN, "Alleged Paul Pelosi Attacker Posted Multiple Conspiracy Theories" (28 de outubro de 2022), disponível em: https://edition.cnn.com/2022/10/28/politics/pelosi-attack-suspect-conspiracy-theories-invs/index.html.

19 Adrienne Drell, "Witchcraft Murder Defence Fails", *ABA Journal* 79:5 (1993), p. 40; L. O. Aremu, "Criminal Responsibility for Homicide in Nigeria and Supernatural Beliefs", *International and Comparative Law Quarterly* 29:1 (1980), p. 112-31; disponível em: https://scholarship.law.cornell.edu/scr/vol3/iss1/10/.

20 Naomi Blacklock, "Conjuring Alterity" (tese), Universidade de Tecnologia de Queensland (2019), p. 25-6; Starhawk, *The Spiral Dance* (1979; São Francisco: HarperSanFrancisco, 1999), p. 31.

21 Allan Smith, "Stormy Daniels Felt Her Life Was In Danger After Her '60 Minutes' Interview and Had Her Friend Record a Video of Her Final Will and Testament", *Business Insider* (1º de outubro de 2018), disponível em: https://www.businessinsider.com/stormy-daniels-book-full-disclosure-60-minutes-interview-2018-10?r=US&IR=T.

22 Coco Khan, "'It Was My Most Terrifying Experience – and I've Seen Trump Naked!': Stormy Daniels on StandUp, Tarot and Reality TV", *Guardian* (27 de janeiro de 2023), disponível em: https://www.theguardian.com/tv-and-radio/2023/jan/27/it-was-my-most-terrifying-experience-and-ive-seen-trump-naked-stormy-daniels-on-standup-tarot-and-reality-tv?CMP=Share_iOSApp_Other; https://twitter.com/StormyDaniels/status/1620921748727431169.

Epílogo: Enfim, o que é uma buxa hoje?

1 Conner Yearsley, "The Murder of Guatemalan Maya Spiritual Guide Jesús Choc Yat", *HerbalGram*, p. 130, 39; James Siegel, *Naming the Witch* (Bloomington, Indiana:

Stanford University Press, 2005); *Witchcraft Accusations and Persecution in Nepal* (WHRIN, 2014), disponível em: http://www.whrin.org/wp-content/uploads/2014/04/2480903_nepal_report_FINAL.pdf.

2 Kareem Shaheen, "Isis Militants Behead Two Syrian Women for Witchcraft", *Guardian* (30 de junho de 2015), p. 7; Colin Freeman, "Inside Islamic State's New Stronghold in Libya", *Daily Telegraph* (18 de janeiro de 2016), p. 4; "Al-Qaeda in Yemen Claims Killing of Men over Witchcraft" (10 de outubro de 2015), disponível em: Aljazeera.com/news; 'Saudi Man Executed for "Witchcraft and Sorcery" (19 de junho 2012), disponível em: https://www.bbc.co.uk/news/world-middle-east-18503550.

3 Lord Laming, *The Victoria Climbié Inquiry* (2003), disponível em: https://www.gov.uk/government/publications/the-victoria-climbie-inquiry-report-of-an-inquiry-by-lord-laming37.

Índice remissivo